编审委员会

主　任

苏泽林

委员（按姓氏笔画排序）

王公义　王运声　朱　江　孙佑海　孙海龙　李贵方　杨　晖
张　勇　陈卫东　陈国庆　陈绵麓　袁华之　钱列阳　郭立新
蒋惠岭　程　华　管　虹　薛宏伟　霍宪丹

编辑委员会

主　编

孙佑海

执行主编

杨　健

天大·中国司法论坛丛书
（第八辑 2022）

"数字中国"背景下公正司法研究

编审委员会主任　苏泽林
主　编　孙佑海

中国法制出版社
CHINA LEGAL PUBLISHING HOUSE

序

党的十八大以来，以习近平同志为核心的党中央高瞻远瞩，抓住全球数字化发展与数字化转型的重大历史机遇，系统谋划、统筹推进数字中国建设。习近平总书记强调，加快数字中国建设，就是要适应我国发展新的历史方位，全面贯彻新发展理念，以信息化培育新动能，用新动能推动新发展，以新发展创造新辉煌。[①] 完善法律法规体系，加强立法司法统筹协调，研究制定数字领域司法规范，及时调整不适应数字化发展的司法制度，是新时代数字中国背景下，数字法治特别是数字司法建设的重要任务。

在此背景下，2022年12月17日，由中国行为法学会司法专业委员会主办、天津大学法学院承办、云账户（天津）共享经济信息咨询有限公司协办的第八届"天大·中国司法论坛"以"数字正义"为主题，以线上线下相结合的方式成功举行。第十三届全国人大宪法和法律委员会副主任委员、中国法学会副会长、最高人民法院原党组副书记、副院长江必新，最高人民法院司改办副主任刘峥，中国行为法学会总监事李文燕，中国行为法学会副会长兼司法专业委员会副会长孙佑海，中国行为法学会司法专业委员会副会长、重庆市高级人民法院副院长孙海龙等国内法学学者、实务专家三百余人出席论坛。本次论坛共收到论文323篇，专家按照严格程序评选，共选出一等奖4篇，二等奖25篇，三等奖40篇，优秀奖70篇。

---

① 《习近平：以信息化培育新动能 用新动能推动新发展 以新发展创造新辉煌》，载《人民日报》2018年4月23日，第1版。

数字中国建设对数字法治提出了新的时代任务。完善数据产权制度、数据安全保护制度和数据跨境流动等基础制度；制定修订各行业数字化转型、产业交叉融合发展等应用标准；维护数据要素市场良好秩序，强化数据分类分级保护、数据安全审查、数据出境管理等制度措施，是优化数字化发展环境、强化数字中国关键能力、夯实数字中国建设基础、全面赋能经济社会发展的重要保障。

完善数字中国司法保障制度、维护司法正义是数字法治的重要使命。数字技术有利于助推现代司法发展，数字技术将推进实现更高水准的司法文明，数字技术必须将人民至上作为未来服务方向。要坚持以数字技术赋能司法领域，协同推进网络空间的多元治理。司法审判应当充分回应互联网时代人民群众司法需求，科学构建人民法院在线办案程序，积极适应数字技术与司法实践紧密融合。

自 2015 年以来，"天大·中国司法论坛"在天津大学法学院已经举办了八届，形成了一系列制度改革建议报告，并取得丰硕成果。而"天大·中国司法论坛"已成为中国行为法学会的一项品牌活动，对全国司法改革起到重要的促进作用。本次论坛全面贯彻落实党的二十大精神，选题紧密结合数字中国、数字正义等主题，紧贴司法实际，紧贴时代需求，就未来的司法实践和法治建设进行了深入研讨。天津大学法学院作为论坛承办单位，将本次论坛的部分成果结集出版，以期能对我国今后的数字法治建设尤其是司法建设产生积极而深远的影响。

本书的顺利编辑出版再次得到中国法制出版社的大力支持，在此一并致谢！由于时间仓促，编辑人员水平有限，疏漏之处在所难免，敬请读者指正。

编　者

二〇二三年十二月

目 录

一、数字智慧司法

在线仲裁背景下虚假仲裁的表现、成因及其规制（陈建华）..................003

航运企业数字化转型面临的海事网络风险司法体系保障研究
　　——基于中国海警局海上行政执法权（原浩天）..................015

数字司法背景下司法智能合约化研究：现状、图景与建构路径（王立源）..................026

远方的证言：数字法院背景下证人在线作证的现实困境与出路
　　——以1104份涉证人在线作证裁判文书为分析样本（高天保）..................040

民事诉讼中电子证据司法适用研究
　　——以天津法院100份民事判决书为研究样本（周　杨）..................060

二、数据活动规制

数字贸易争端解决规则的中国因应
　　——基于RCEP、CPTPP和DEPA的比较（李　佳）..................073

商业数据的知识产权保护路径选择（董声洋）..................085

竞争法视域下流量劫持行为的司法审查路径（赵丽娜　楼　炯）..................095

数字支付侵财犯罪刑事规制类型化研究（何仁利　宋文健）..................105

数字经济背景下新业态劳动者劳动权益司法体系保障研究（王　茜　王正叶　钟嫣然）
....116

个人信息携带权的演变、逻辑与权利建构（黄浩霖）..................................128

"数字经济新发展"对知识产权管辖理论的重塑与司法实践路径的创新（王颖鑫　庞海龙）
....142

数字正义视阈下平台经济反垄断的司法治理进路（李　钰）..........................154

元宇宙模式下的"作品类型开放"条款的司法适用问题（胡浩翔）..................168

大型平台反垄断困境与应对
　　——从"综合服务模块"入手（严德俊）..177

"一带一路"背景下数字化跨境服务增值税法律问题研究（武冬馨）..............192

平台算法推荐服务司法规制的证渊与调适（安宝熹）..................................202

数字经济时代下的企业合规
　　——以刑事合规为切入点（崔　科　崔四星）......................................214

三、互联网法治

从"撞钟者"到"守夜人"：不动产网络司法拍卖费用担负现实困境与司法应对
　　——基于诉源治理语境下的成本收益分析（王咏吉　王小丽　赵南方）..................227

民事在线诉讼"异步审理"模式实践及其优化路径（侯元颖）......................243

互联网新技术风险规制的法治逻辑与治理进路（仲思静　赵　燊）................261

互联网条件下人民法院工作面临的机遇、挑战和应对（詹飞飞　廖志明）......276

反思与重构：在线诉讼与线下诉讼交互转换规则的现状检视与完善
　　——以 S 市 H 区人民法院相关实践运行态势为分析样本（张　练）......................287

游戏视频侵权案件中游戏画面的合理使用
　　——以国内首例《王者荣耀》短视频侵权案为切入（张　铮）............................304

升级版"面对面"：数字时代背景下在线庭审对直接言词原则的稀释与拓展
　　——基于 T 市 H 区人民法院在线庭审的实践展开（姚依凡　刘　欣　刘　书）.........317

一、数字智慧司法

在线仲裁背景下虚假仲裁的表现、成因及其规制

陈建华

引 言

近年来我国数字经济发展迅速，取得了巨大的成就。2022 年年初公布的第 49 次《中国互联网络发展状况统计报告》显示，截至 2021 年 12 月，我国网民规模已达 10.32 亿，较 2020 年 12 月增长 4296 万，互联网普及率达 73.0%。[①]截至 2021 年年底，我国网络支付用户规模达 9.04 亿，较 2020 年年底增长 4929 万，占网民整体的 87.6%。[②]伴随着数字科技的飞速发展和互联网的广泛运用，加上新冠疫情防控常态化，法院更加注重在线诉讼的发展。2021 年 5 月 18 日，最高人民法院审判委员会第 1838 次会议审议通过了《人民法院在线诉讼规则》，该规则于 2021 年 8 月 1 日正式施行。在线诉讼发展的同时，在线仲裁（online arbitration）成为一种新型纠纷解决方式，并且即将迎来蓬勃发展的新时代。2019 年 4 月，中共中央办公厅、国务院办公厅联合发布的《关于完善仲裁制度提高仲裁公信力的若干意见》，要求积极发展互联网仲裁。这为在线仲裁的发展提供了国家政策依据、奠定了基础。此外，2021 年司法部公布的《仲裁法（修订）（征求意见稿）》[③]第四章规定"仲裁程序可以通过网络方式进行"。[④]因此，在线仲裁作为网上争议解决机制（Online Dispute Resolution）受到越来越多的关注，特别是在"一带一路"

[①]《CNNIC 发布第 49 次〈中国互联网络发展状况统计报告〉》，载百家号"中国新闻网"，2022 年 2 月 25 日。

[②]《我国网络支付用户规模达 9.04 亿》，载新华网，http://www.xinhuanet.com/politics/2022-06/16/c_1128745108.htm，2023 年 7 月 6 日访问。

[③] 本书冠以"中华人民共和国"的法律、行政法规、法律草案等，统一略去"中华人民共和国"字样。

[④] 本书文章成稿于 2022 年年底，为尊重作者研究逻辑，除个别处特别说明外，不对相关法律法规进行更新修改。

建设的背景下，在线仲裁不仅方便"一带一路"各国当事人进行商事争议解决，更有利于国家之间的经济往来。

所谓在线仲裁，是指仲裁程序通过线上方式进行，涵盖在线选择仲裁员、在线受案、在线缴费、在线庭审、在线举证、在线合议、在线裁决、在线送达等内容。[①] 考虑到在线仲裁如同在线诉讼一样容易产生虚假仲裁的风险，非常有必要对在线仲裁领域的虚假仲裁问题进行一番思考与研究。当前，理论界与实务界对这一新出现的法律术语缺乏统一的认识。譬如在理论界，有的学者认为，可以将虚假仲裁与虚假诉讼的内涵进行对照，以此界定虚假仲裁，即当事人之间事先串通，虚构法律关系向仲裁机构申请仲裁，以损害案外人合法权益。[②] 又如在实务界，浙江省台州仲裁委曾出台关于防范虚假仲裁案件意见，认为实施虚假仲裁行为的主体，除仲裁各方当事人外，应包括其他非仲裁当事人，如参加到仲裁的工作人员，同时指出虚构事实、捏造莫须有的法律关系是虚假仲裁最本质的内在属性。上述两种观点，前者对虚假仲裁的手段概括不全面，后者对虚假仲裁行为的主体的界定过于广泛。笔者认为，虚假仲裁是指为了获取非法利益，仲裁案件当事人之间以及当事人通过证人恶意串通、伪造证据、作假证、捏造虚假的民商事仲裁法律关系，并向仲裁机构申请仲裁，以获取具有法律效力的仲裁裁决或调解书，损害国家利益、社会公共利益或者案外人合法权益的行为。

一、问题：虚假仲裁成为在线仲裁实务中"重灾区"的主要表现

"诚信"是我国社会主义核心价值观之一。《仲裁法（修订）（征求意见稿）》第4条也规定，仲裁应当诚实善意、讲究信用、信守承诺。然而在仲裁实践过程中，出现了诸多虚假仲裁的案例。虽然在线仲裁可以节省当事人解决纠纷的时间和经济成本，更加高效便捷化解当事人之间的矛盾，但是在线仲裁作为不见面的仲裁，相较于线下仲裁按理说更容易产生虚假仲裁。现状究竟如何？笔者进行了观察与分析。

---

① 何然、李真慧：《涉外纠纷在线解决机制的优化路径》，载《人民司法》2022年第16期。
② 张伯晋：《走出虚假仲裁司法救济的盲区》，载《检察日报》2013年9月26日，第3版。

（一）"望闻"——在线仲裁中的证人气色声息难辨

通过观察，在线仲裁庭审程序中，证人作虚假陈述的案例层出不穷。在线仲裁通过网络视频进行庭审，证人在网络视频的另外一边，证人作证所处的环境会影响其表述，一旦受到旁人干扰，其作证的证明力就会大大减弱；同时在网络视频连接过程中难免存在一些问题，影响仲裁人员对证人察言观色。在证人手机摄像头清晰度不够时，即便其提供假证言，也无法观察清楚证人的脸部表情；在存在卡顿或网络连接不顺畅时，无法听清证人的语气，更无法知道其表达的态度。这些都在无形中为在线仲裁中证人做假证提供了可乘之机。[①] 更何况在实务中，因受限于摄像头取景范围，无法真实观测到证人周遭的真实环境，更无法了解到证人周围是否有其他人干扰、引导、教唆甚至威胁等，由此辨别证人是否作出了真实陈述变得更加艰难。有的学者通过调查研究发现，在广州仲裁委员会（以下简称广仲）2017年受理的648件在线仲裁案件中，审理过程中出现证人做假证情况的有88件，占全年在线仲裁收案总数的13.5%。[②]

（二）"问切"——在线仲裁中的当事人虚假辨别难分

趋利避害是人的本性。在线仲裁庭审中，为了防止自己承担可能败裁的不利后果，在相对宽松的线上仲裁环境中，当事人说谎的可能性比较大，比如否认已经收到具有法律效力的文件或者虚构已经向仲裁庭或对方发送具有法律效力的文件，最终以网络异常或延迟未能成功为由来推卸责任。例如，在2017年，广仲受理的线上仲裁案件中，在审理的过程中申请仲裁的双方或一方作出虚假陈述的案件有450件，占广仲2017年全年在线仲裁案件总数的69.4%，此虚假陈述的数量是非常惊人的。[③]

（三）"求真"——在线仲裁中的仲裁员虚假判断难查

我国仲裁员实行兼职聘用制，大多数仲裁员是兼职的律师或者高校教师，少数是退休法官、检察官，为此，难免存在某方当事人私下和在线仲裁员沟通，庭审前后进行暗箱操作，从而影响到仲裁的公正性与独立性的情况。在线仲裁背

[①] 卢云华等主编：《在线仲裁研究》，法律出版社2008年版，第48页。
[②] 关涛：《在线仲裁庭审程序研究》，湖南师范大学2018年硕士学位论文。
[③] 关涛：《在线仲裁庭审程序研究》，湖南师范大学2018年硕士学位论文。

下，这一情况更加严重。不像在线下仲裁中，一方当事人可以在庭审中通过观察对方当事人与仲裁员的眼神交流和交谈等情况来判断他们之前是否有过接触进而影响仲裁公正性和独立性。在在线仲裁中，即便在线仲裁员与某方当事人存在私下沟通交流的情况，也会因距离较远的原因难以被发现。此外，当前我国仲裁法对在线仲裁员的处罚力度不够，除在线仲裁员触犯我国刑法应当移交法院之外，严重的处罚只是将在线仲裁员从在线仲裁员名册中除名，无法对其产生威慑。

二、成因：在线仲裁更易产生虚假仲裁的根源透视

有学者认为，虚假仲裁行为之所以发展得如此之快，与社会转型时利益冲突、社会价值观扭曲以及民众道德缺失等因素息息相关，同时也与社会征信体系制度、仲裁制度以及法律救济机制不完善，刑事处罚不到位等因素密不可分。[1] 在线仲裁背景下虚假仲裁行为问题层出不穷，必然有多种原因。笔者认为，导致上述问题的原因有四个：一是诚实信用意识淡薄；二是现有在线仲裁制度供给不足；三是规制虚假在线仲裁法律缺位；四是现有在线仲裁技术层面存在缺陷。四个原因对虚假仲裁行为的发生都有关键作用，相互交叉影响。

（一）诚实信用意识淡薄

当前，在市场经济条件之下，诸多市场主体经不起利益的诱惑，诚实信用观念匮缺。从全国人民法院执行领域来看，诸多市场主体被限制高消费，甚至被纳入失信被执行人名单。诸多市场主体的诚实信用意识淡薄，通过实施虚假在线仲裁这一不诚信行为以获取非法利益在仲裁实践中也就并不鲜见。目前我国诚信机制尚不健全，市场经济发展中一些人有强烈的逐利意识，企图通过虚假仲裁，获取为诉讼做准备的免证事实、对抗生效判决的执行、侵占案外人财产、绕过有关程序直接完成财产所有权的变更、规避禁止转让政策、变相完成法定登记手续、逃避缴纳税费、不当增减共同财产、获得参与执行分配的优先债权等。[2] 这样一

---

[1] 王瑞华：《仲裁实务中虚假仲裁的识别与应对》，载《北京仲裁》2019年第3辑。
[2] 胡思博、李英辉：《检察机关打击虚假仲裁的现实必要性与程序设计》，载《中州学刊》2021年第12期。

来，不仅严重损害了在线仲裁当事人的合法权益，而且与在线仲裁制度的设立初衷相悖，极大地削弱了在线仲裁的权威性和公信力。因此，如何对在线仲裁当事人的失信行为进行规制，加大失信成本，加强诚信观念，确保诚实信用原则在在线仲裁程序中得到贯彻落实，是在完善在线仲裁制度的过程中必须面对的问题。

（二）现有在线仲裁制度供给不适应

仲裁本身所具有的自治性、合意性、秘密性、封闭性、灵活性、效率性等特点，也易于被有不良意图的人利用。虚假仲裁的危害性甚于虚假诉讼。在一定程度上，虚假仲裁的秘密性限制了案外第三人知晓案情、主张权利，其合意性则限制了案外第三人加入仲裁。[①] 而在线仲裁的核心内涵就在于仲裁活动是在互联网环境下进行的。证据收集、证据交换以及证据采信等传统的线下仲裁制度和有关规则已经无法适应在线仲裁的需求，导致在在线仲裁中更易发生虚假仲裁的情况。从证据本身来言，主要是证据形式具有脆弱性、易篡改性和不稳定性的特点，导致在线仲裁成为虚假仲裁的高发区。同时，电子数据、电子证据极易被盗取、销毁。此外，书证、鉴定意见、勘验笔录等线下证据材料，需要电子化处理之后，转换为虚拟性质的电子数据，必然面临真实性存疑的情形。

（三）规制虚假在线仲裁法律缺位

21世纪是信息化的时代，无论是发达国家还是发展中国家，都已进入以信息化产业为主导的新经济时代，网络仲裁的出现是顺应时代发展的必然结果。[②] 虽然虚假在线仲裁与虚假在线诉讼存在诸多相似的地方，但是我国对二者进行规制的法律却不同。我国《民事诉讼法》第114条和第115条规定，对于不构成犯罪的虚假诉讼行为，可以对当事人处以罚款和司法拘留等处罚。同时，我国《刑法》中也专门规定虚假诉讼罪，对实施情节严重的虚假诉讼行为的当事人处以刑事处罚。由此可见，我国现有法律对虚假诉讼的规制相对完善。但是，虚假在线仲裁是近年来新出现的产物，当前缺乏对虚假在线仲裁的直接规制措施。并且，由于

[①] 胡思博、李英辉：《检察机关打击虚假仲裁的现实必要性与程序设计》，载《中州学刊》2021年第12期。
[②] 陈健、蔡超静、王梦华等：《ODR理论视域下在线仲裁模式研究》，载《北京仲裁》2019年第2辑。

我国不断加大对虚假诉讼的规制力度，一些另有所图的不法分子选择尚无明确限制性规定的在线仲裁领域，很有可能造成虚假在线仲裁现象愈演愈烈。

（四）现有在线仲裁技术存在不足

在线仲裁不同于传统线下仲裁，需要全流程线上解决，电子数据、电子证据、在线庭审、电子送达应用于在线仲裁领域，网上立案、网上审理、网上结案成为在线仲裁的常态模式，充分展现出新时代现代化仲裁的专业、高效、经济优势特点。相较于传统仲裁周期长、受限于场所场地以及成本高等劣势，在线仲裁具有专业强、成本低、速度快以及不受空间限制等优点。但是，在线仲裁的良好进行需要具备较高的技术条件，尤其是设备、网络等诸多基础条件。当前，对于证人作证，在线仲裁的审理采取视频双向连接来发问或交叉询问方式，然而目前对于连接的设备并没有规定要求同步进行，因此为证人作虚假陈述提供了可乘之机，让其可以钻法律漏洞或利用技术缺陷。具体来说，对于证人连接视频设备的摄像头并没有限制像素质量，如证人使用像素质量较差的设备作证，连接在另外一端的仲裁员势必无法清晰观察证人的面部活动，无法判断证人所作陈述的真假。同时，由于连接证人视频设备的摄像头可视范围一般较窄，在仲裁审理过程中基本全程只能看到证人本人的头部，由此可能存在第三人通过引导、威胁等方式影响证人陈述的情况。但要求证人购买昂贵且视角宽泛的视频连接设备并不现实，且与在线仲裁庭审程序节约仲裁参与人的成本理念相背离。此外，目前在线仲裁广泛运用于P2P、区块链以及互联网交易、互联网食品安全等新型互联网市场经济、侵权纠纷，这些纠纷本就产生于虚拟空间，与传统的现实空间明显不同，涉案当事人对对方的信誉、经济实力以及市场价值等都缺乏深层次的了解，有时甚至无法知道交易对方的身份信息，而现实中确实发生过限制民事行为能力人通过手机以监护人的身份进行网络交易的情况。因此，需要较高水平的认证技术来支持在线仲裁庭审，然而由于目前认证技术尚未达到这一水平，在线仲裁中往往很难避免当事人进行虚假陈述、提供虚假证据等情况。

三、识别与规制：让在线仲裁成为"诚信领域"

虚假仲裁一直都是仲裁理论界与实务界普遍关注的问题。毕竟仲裁界多数观点认为，虚假仲裁的存在实际上不仅损害仲裁人的利益，也危及仲裁权威与法律权威，应当对其进行规制。[①]因此，如何针对在线仲裁建立科学有效的虚假仲裁识别和风险防范机制，是值得我们认真思考与研究的问题。

（一）真假区分——构建在线仲裁辨识规则

"互联网+"的纠纷解决模式，目前尚未真正实现自动化，为此，还需要大量的仲裁人员、工作人员做大量的工作。在线仲裁作为一种新时代产物，首先面临着虚假仲裁识别问题。在当前在线仲裁案件越来越多的情况下，为了方便仲裁庭和仲裁员在大量的案件中精准分辨出虚假仲裁，既要完善虚假仲裁方面的规则，又要完善在线仲裁方面的规则。

1. 从虚假在线仲裁构成要件方面，构建起"制度屏障"。这主要指完善虚假仲裁构成要件方面的法律规定。笔者认为，在线仲裁背景下的虚假仲裁构成要件包括主体、主观方面、客体、客观方面。从这些构成要件上看，如何识别在线仲裁背景下的虚假仲裁呢？一是主体。可以是单位或者个人。二是主观方面。主观上只能是故意。实践证明，在线仲裁中的虚假仲裁一般表现为恶意串通等。三是客体。在线仲裁的基本前提就是有真实可信的民事法律事实，如果在线仲裁当事人捏造案件事实提起仲裁，会导致对方利益受损并造成仲裁资源浪费。在线仲裁实务中的虚假仲裁行为侵害的是第三者的合法权益，而不是仲裁相对方的权益。因为虚假在线仲裁的合谋者，是非法利益的共同体，其侵害的对象不可能是相对方，只能是第三者。四是客观方面。主要指在线仲裁的双方当事人恶意串通，合谋编制虚假事实和证据向仲裁机构提起仲裁，利用仲裁机构的仲裁权，非法侵占或损害国家、集体、公民的财产或权益。

2. 从在线仲裁阶段走向方面，构建起"程序屏障"。在线仲裁阶段包括受理阶段、庭审准备阶段、开庭审理阶段、仲裁裁决阶段等主要阶段。在这些阶段，如何构建起"程序屏障"呢？一是仲裁案件受理阶段。向在线仲裁当事人出具书面告知书，提示其如违反诚信原则进行在线仲裁活动，将承担不利的法律后果甚至面临处罚，必要时要求双方当事人签署诚信仲裁书面承诺书，让有虚假在线仲裁意图的当事人"悬崖勒马"。二是庭审准备阶段。通过充分阅卷，做好庭审提纲与

[①] 宋春龙：《民事诉讼视角下虚假仲裁的规制——以我国司法实践为切入点》，载《北京仲裁》2017年第4辑。此种观点也得到了最高人民法院的认同，《关于人民法院办理仲裁裁决执行案件若干问题的规定》首次规定了案外人申请不予执行仲裁裁决制度，以规制虚假仲裁。

阅卷笔录，留意虚假仲裁情况。三是开庭审理阶段。通过庭审把控，注重证据核对和审查，认真开展庭审调查，留意在线仲裁当事人、证人的声音、眼神等，必要时要求提供证据原件和依职权调取证据或者要求证人出庭，排除虚假仲裁合理怀疑，最大限度识别在线虚假仲裁。四是仲裁裁决阶段。注重证据链条，在证据不足的情况下，能够形成自由心证，对于在线仲裁当事人事先达成的和解协议，认真审查。对于涉及案外第三人合法权益的，在线仲裁机构可以依职权对案外人进行调查并形成笔录。对能够认定是在线虚假仲裁的，依法裁决驳回申请人的仲裁申请。

（二）排除干扰——构建在线仲裁监督救济体系

除了构建在线仲裁辨识规则之外，还迫切需要构建监督救济体系。如何构建在线仲裁监督救济体系呢？可以从完善在线仲裁案外人救济制度、建立虚假在线仲裁检察监督制度、增设虚假在线仲裁罪三个方面进行思考。

1. 完善在线仲裁案外人救济制度。"人类的权利自始就是与救济相联系的。当人类脱离了盲动或依附而获得了一定的权利时，也必有与之相适应的救济手段相随。没有救济可依的权利是虚假的，犹如花朵戴在人的发端是虚饰一样。"[1] 虚假仲裁侵犯的往往是案外人的权利。在仲裁一裁终局原则的影响下，仲裁裁决一经作出即发生法律效力，受到侵害的案外人无法通过上诉、再审等途径寻求救济。目前，案外人只有两种救济途径：一是案外人申请不予执行仲裁裁决；二是案外人提起执行仲裁裁决异议之诉。但这两种途径都将案外人置于被动地位，无法使案外人的权利得到有效救济。那么如何完善在线仲裁案外人救济制度呢？一是建立案外人撤销在线仲裁裁决之诉制度。案外人申请撤销在线仲裁裁决，往往是基于其实体权利受到侵害，必须扩大申请理由的范围。对于案外人申请撤销在线仲裁裁决的理由，可以参考我国《民事诉讼法》第59条第3款关于第三人异议之诉的条件，但同时应当增加限定条件，即"案外人有证据证明在线仲裁裁决可能侵害其合法权益的，可以申请撤销"。可喜的是2021年《仲裁法（修订）（征求意见稿）》第77条规定，当事人提出证据证明裁决具有"裁决因恶意串通、伪造证据等欺诈行为取得的"，可以向仲裁地的中级人民法院申请撤销裁决。二是建立案外人提出

---

[1] 程燎原、王人博：《赢得神圣——权利及其救济通论》，山东人民出版社1998年版，第368页。

执行异议和执行异议之诉制度。在实务中，有人民法院对构建这一制度进行了探索。例如，珠海市中级人民法院建立先由案外人在执行案件中提出执行异议，经执行局、审判委员会讨论后，认为仲裁裁决违反公共利益的，依职权启动不予执行仲裁裁决的审查制度。[①] 在笔者看来，对已经进入执行程序的在线仲裁背景下的虚假仲裁案件，可以考虑建立在线仲裁案外人提起执行异议和执行异议之诉的制度，以期保护好案外人的合法权益。三是建立在线仲裁案外人提起侵权之诉制度。《民法典》第540条规定的债权人撤销之诉，确立了恶意转移财产债务人全部赔偿原则，笔者建议，对于在线仲裁背景下虚假仲裁可以这样作出规定：人民法院认定在线仲裁中虚假仲裁侵害他人合法权益的，虚假仲裁参与人应当承担赔偿责任，必要时候，可以考虑由虚假仲裁参与人负担债权人行使权利产生的必要费用，譬如律师费等合理损失。

2. 建立虚假在线仲裁检察监督制度。仲裁裁决是靠国家强制力来执行的，因此对于仲裁的监督不可或缺，这也是国家对仲裁实行监督的基本原理和理论根据。[②] 在线仲裁背景下，虚假仲裁的违法现象会更加严重，放任不管将会对我国的仲裁公信力造成严重的伤害，与党中央提出的全面依法治国的理念相违背。为此，防范与打击在线仲裁背景下的虚假仲裁行为具有现实必要性和迫切性。其中一个可行方案是建立虚假在线仲裁检察监督制度。譬如广东省广州市人民检察院与广仲于2020年4月共同签署出台《关于加强仲裁与检察监督工作衔接的实施意见》，该意见提出，要重点监督虚假仲裁。[③] 笔者认为，当前，我们可以将"违背社会公共利益为由不予执行或者撤销我国内地仲裁机构的仲裁裁决"交由地方市级人民检察院向市级中级人民法院提出司法建议的形式进行共同审查。

3. 增设虚假在线仲裁罪。2015年11月1日起施行的《刑法修正案（九）》专门增设了虚假诉讼罪。近年来，最高人民法院、最高人民检察院对虚假诉讼进行

---

① 章宁、张丹、谭炜杰：《珠海中院首创仲裁案件案外人救济司法审查机制》，载《法制日报》2015年1月6日，第7版。
② 学界对仲裁的司法监督依然存在误识。狭义上的民事诉讼与仲裁的确是不同的纠纷解决方式和途径，但广义上的民事诉讼包含着非讼程序和各种民事司法监督程序，例如对人民调解协议的确认程序，也包括对仲裁的监督程序。从这个意义上讲，广义上的民事诉讼并不是与仲裁平行的诉讼程序。
③ 程景伟：《广州出台实施意见 重点监督虚假仲裁》，载中国新闻网，http://www.chinanews.com/sh/2020/04-21/9163215.shtml，2023年7月6日访问。

了重点打击，出台了一系列指导意见、司法解释。[①] 由此，我们可以借鉴虚假诉讼构罪的经验做法，在刑法中增设虚假在线仲裁罪。具体规定如下："人民法院认定在线仲裁当事人实施了虚假仲裁，从而骗取生效仲裁裁决损害国家利益、社会公共利益或者案外人合法权益的，可以根据情节轻重予以罚款、拘留；构成犯罪的，依法追究刑事责任。"

（三）后勤保障——建立在线仲裁基础设施

为了保障在线仲裁能够顺利平稳运行，需要稳固的技术支持和后期保障。对于技术支持和后期保障，笔者提出以下两点建议。

1. 严格确立设备基本要求。"工欲善其事，必先利其器。"当前可以通过技术以及规则的完善减少甚至避免在线仲裁各类问题的出现。目前，我们最需要做的是严格确立设备基本要求。一是建立机制，确保在线仲裁网络连接稳定并且安全。通过建立网络连接稳定并且安全的机制，譬如统一规定利用区块链技术，确保宽带连接和网速足够顺畅，基本上不存在干扰网络安全稳定的案外因素，可以顺利进行视频会议。[②] 又如统一规定在电子证据产生的同时即以哈希值校验[③]形式提交平台进行安全传输和存证，可以有效解决电子证据的易篡改、易伪造等问题。二是确立视频连接设备的质量标准，通过法律制度来明确仲裁员、当事人等仲裁各方参与人视频连接设备的质量标准、网络质量，以及未按法律规定使用视频连接设备所应承担的后果。譬如因为设备不达标或者信号不太好等问题导致在线仲裁受到较大影响甚至无法完成，应另行安排庭审时间或者转为线下进行仲裁。视频连接设备应当兼具图像与声音两个功能，或同时配备图像与声音两种不同功能的连接设备。对于连接设备的质量方面，图像功能要达到目前智能设备领域的平均像素水平且能够保证周围环境均在可视范围之内，声音功能要确保传输与原声损

[①] 最高人民法院于2016年6月专门制定了《关于防范和制裁虚假诉讼的指导意见》。2018年9月26日，最高人民法院、最高人民检察院公布了《关于办理虚假诉讼刑事案件适用法律若干问题的解释》。2021年3月10日，《关于进一步加强虚假诉讼犯罪惩治工作的意见》施行，对建立健全虚假诉讼犯罪惩治配合协作和程序衔接机制、进一步加强虚假诉讼犯罪惩治工作作了具体规定。

[②] 张倍维：《国际商事网络仲裁裁决的承认与执行》，中国政法大学2021年硕士学位论文。

[③] 哈希值校验，是指通过哈希函数将任意长度的内容，通过哈希函数算法变成不同长度的比特串，即哈希值输出。由于哈希函数是不可逆的单向函数，所以不同的电子数据生成的哈希值几乎不可能相同，因此哈希值校验具有极高的准确度。

失比控制在目前智能产品的平均标准，确保仲裁案件当事人对于涉争问题拥有平等自由充分的陈述机会，不会产生争抢发言等失序行为，影响仲裁案件当事人真实意思的正确表达。对于证人视频连接的设备至少需要两个，以便能够环视作证现场的周围环境，并且不得人为干扰证人作证，一旦发现有人为因素影响证人作证，证人证言的效力将面临失效等后果，并且证人作证前后确保证人未旁听仲裁案件庭审以及与仲裁当事人在庭审期间私下交流，防止当事人对证人证言的客观性和公正性产生影响。

2. 增加宣传力度。在线仲裁"还属于一种新兴事物，这种在线纠纷解决机制目前主要在我国经济发达地区较为盛行，由于缺少宣传，很多地方对于网络仲裁还是比较陌生的"[1]。为了营造严厉打击在线仲裁实务中的虚假仲裁违法犯罪的强大舆论声势，可以通过微信公众号、抖音、以案说法电视节目、新闻发布会、专项打击行动等多种形式，依法严厉打击在线仲裁实务中的虚假仲裁行为，增强全社会对在线仲裁实务中的虚假仲裁违法犯罪行为的防范意识，震慑在线仲裁实务中的虚假仲裁违法犯罪行为，进一步提升在线仲裁的公信力。此外，我们还需要从源头上治理在线仲裁背景下的虚假仲裁。正如有仲裁界实务学者认为，不仅需要仲裁机构及仲裁庭给予充分的重视，构建完善的风险防范制度及内部控制制度，防范虚假仲裁行为的发生，同时要结合此类事件发生的社会原因，逐步通过完善社会征信体系建设、健全信用监督管理机制从源头上来杜绝虚假仲裁行为。[2]

四、结语

正所谓："技术是工具，效率是手段，正义才是根本。"[3] 截至 2022 年 5 月，全国 270 多家仲裁机构中有 30 多家已经开始探索建立在线仲裁规则，[4] 然而大多数仍持观望态度，离"线上线下仲裁常态化并行"的仲裁模式新格局，还有相当长一段路要走。但是基于"未雨绸缪"的思维，我们需要对在线仲裁视野下的虚假仲裁进行前瞻性的思考。对于在线仲裁而言，虚假仲裁行为既是对仲裁秩序及仲裁

---

[1] 郎兴洁：《我国网络仲裁机制研究》，云南师范大学 2021 年硕士学位论文。
[2] 王瑞华：《仲裁实务中虚假仲裁的识别与应对》，载《北京仲裁》2019 年第 3 辑。
[3] 胡仕浩、龙飞主编：《多元化纠纷解决机制改革精要》，中国法制出版社 2019 年版，第 452 页。
[4] 2022 年度中国仲裁机构工作报告。

公信力的严重挑衅，也是对在线仲裁机构及在线仲裁庭程序管理风险意识和防范能力的重大考验。为此，我们需要积极应对、多措并举，努力破解困境，从源头上化解在线仲裁背景下的虚假仲裁难题，为构建"一带一路"涉外商事法律制度贡献一份力量。

（**作者简介**：陈建华，湖南省宁远人，法学博士，湘南学院客座教授，湖南师范大学硕士研究生导师，湖南省郴州市中级人民法院执行局副局长。）

航运企业数字化转型面临的海事网络风险司法体系保障研究

——基于中国海警局海上行政执法权

原浩天

一、构建航运数字经济安全司法体系保障前提

（一）数字时代航运业发展中的网络安全威胁

2020年，新冠疫情的出现加快了社会生活生产活动的数字化场景应用，一方面网络信息服务助力了疫情防控，另一方面网络技术快速发展也挑战了现有的国家网络安全法律的规范基础，以及国家网络安全保护、监督管理的组织机构能力。

具体从航运网络风险的角度来看，比如"海莲花（APT32）"是来自越南的高级持续性威胁攻击黑客组织APT（Advanced Persistent Threat），自2012年4月起就对我国的海事机构、海运港口和航运企业领域进行网络攻击，这主要是与当时敏感的中国南海局势有关。[①] 2020年2月，该组织利用新冠疫情话题，向中国医疗行业主管部门和疾病预防管理部门发送鱼叉邮件攻击，意图窃取中国新冠疫情信息。[②] 境外APT组织会抓住被攻击国家的薄弱区域发动网络攻击，海上网络安全方面，不仅是依赖网络技术环境发展的航运业要关心的问题，我国海上网络安全主管机构也应当有防范意识和积极的应对措施。船东和船舶网络运营商与黑客和网络恐怖分子的网络战，需要海上安全执法力量的介入以维护航运业安全秩序。

---

① 宋汀：《2019年涉华APT态势简析》，载《中国信息安全》2019年第12期。
② 国家计算机网络应急技术处理协调中心：《2020年中国互联网网络安全报告》，载国家互联网应急中心网，https://www.cert.org.cn/publish/main/46/2021/20210721130944504525772/20210721130944504525772_.html，2022年11月8日访问。

海事网络风险涵盖很多方面，比如船舶网络安全，船东船舶管理公司、航运企业安全以及港口、岸基系统安全。随着船舶数字化快速发展，航运业对网络的依赖程度越来越高，相应地，船舶网络安全问题也逐渐显现。船上有IT（信息技术）系统与OT（操作）系统，以往这两个系统还是彼此隔离的，也并不接入岸基系统。但随着近年来数字和通信技术的发展，IT系统和OT系统也开始融合，并且越来越多的船舶和船上智能设备系统接入互联网。这也是船舶网络遭受攻击的基础。同时也要提高船上船员防范网络攻击的意识，避免出现更多的人为引起的网络事件。例如船员受到船用GPS（卫星定位信号）欺骗的网络风险；船东公司对于船上网络系统安全的规章制度内容并没有及时纳入已更新的中国船级社网络安全管理要求；以及国际运输中航运信息数据的对外流动未按要求申报等，都证明了海事网络风险是真实存在的，这也是航运界目前应该重点关注的安全问题。

（二）中国海警局对海事网络安全维权执法现状

《海警法》第1条明确立法目的是"规范和保障海警机构履行职责，维护国家主权、安全和海洋权益，保护公民、法人和其他组织的合法权益"，第12条列举了十条具体职责以及一个其他法律规定的兜底条款。虽然并没有具体到海上网络安全方面，但是根据中国海警局公布的《海警机构海上行政执法事项指导目录（2021年版）》[①]，涉及的海警机构可以据以进行海上网络安全执法的具体法律规定有：对非法侵入计算机信息系统的处罚，比如《治安管理处罚法》第29条就有"故意制作、传播计算机病毒等破坏性程序，影响计算机信息系统正常运行"的表述规定；《计算机信息网络国际联网安全保护管理办法》第6条和第20条；《互联网上网服务营业场所管理条例》第25条和第29条；对未按照规定提供反恐怖网络执法协助的处罚，比如《反恐怖主义法》第18条和第84条。从以上有关网络治安法律条文的梳理，可以看出海警机构在其职权范围内是有权对涉及海上网络安全的违法行为进行行政处罚的，海警机构在执法实践中扮演着"海洋警察"的角色。

结合2020年2月20日最高人民法院、最高人民检察院和中国海警局联合发布的《关于海上刑事案件管辖等有关问题的通知》[②]规定的海警机构对海上发生的

---

① 中国海警局：《海警机构海上行政执法事项指导目录（2021年版）》，载中国海警局网，http://www.ccg.gov.cn//2021/xxgk_1103/908.html，2022年11月8日访问。
② 《最高人民法院、最高人民检察院、中国海警局关于海上刑事案件管辖等有关问题的通知》，载中国海警局网，http://www.ccg.gov.cn//2020/zcfg_1201/168.html，2022年5月8日访问。

刑事案件的管辖原则来看，中国海警局实践履行了不同于传统的行政主体理论的分工执法模式。

（三）分析海警局职能演变的目的

传统的海上维权执法权力属于行政权，而狭义的行政法理论认为行政权只能由行政机关享有[①]，行政机关与武装力量分开设立，是当今世界各国的通行做法，我国也采取这一做法。我国《宪法》和《国防法》规定，国务院和地方各级人民政府是国家的行政机关，中央军委和军事部门是国家的军事机关，行政机关与军事机关互不隶属，行政机关不领导和管理武装力量组织，武装力量也不担负行政管理职能。但是行政权会随着政府公共服务管理领域的扩大和深化而变化，这是社会发展的客观规律。

从2018年7月1日施行的《全国人民代表大会常务委员会关于中国海警局行使海上维权执法职权的决定》中规定的中国海警局的海上维权执法权，就可以看出我国对《海警法》的立法倾向：海警机构行使海上维权执法权在实务中采用的是综合说[②]，即海警机构行使的是广义上的行政权，被纳入行政主体。行政权力分工的法治建设和海上力量的改革，原因之一是我国受到其他海洋国家的影响，他们从实践专业角度解决了政府机构力不从心的问题，成立专门的海上维权执法机构来分担执法压力，比如美国海岸警卫队、韩国海洋警察厅以及日本海上保安厅。面对新兴的数字安全问题，我国成立行政与武装力量结合的中国海警局。与作为完全的行政主体单位海事局不同，海警机构被《海警法》赋予行政职权，但总体上还是受到军事法调整。

上述改革在我国立法历程上具有建设性意义，也为接下来完善海上网络安全执法体系奠定了法律基础。特例出现也是为了专业高效地解决关于海上维权执法所遇到的新兴法律问题，比如在网络空间中的数字安全维权执法问题。行政执法规范的类型化，有助于后续构建完整的数字安全法治保障体系。

---

① 王世涛：《部门行政法的理论基础与体系建构——以海事行政法为视角》，载《中国海商法研究》2020年第4期。

② 杨丽美、郝洁：《〈中华人民共和国海警法〉视野下中国海警局法律制度释评》，载《中国海商法研究》2021年第4期。

二、航运数字经济安全司法体系构建面临问题

（一）航运数字经济安全司法体系规则受"双重"影响

海上安全问题深受"传统安全"与"非传统安全"因素的影响。传统安全问题一般是军事、政治安全，比如中国南海航行自由问题。非传统安全问题一般是海盗、恐怖主义和非法捕鱼等威胁。[①] 传统和非传统安全威胁相互交织引起的其他海上安全事件种类有很多，相应的应对措施也需要具有独特性，从而提供有效的海上安全法律保障。[②] 针对海上网络安全法律体系的构建，需要考虑网络本身的特性，因为网络攻击可以使传统、非传统安全问题相互交织出现，海上网络安全法律注定是涉及国家主权、行政权力与军事力量的多方协作的复杂体系。

一是海上网络安全执法体系受传统安全和非传统安全问题交织出现的影响，从交通工具的出厂设置角度来说，自身如何设计就会按照预设系统来运行，而一旦与互联网链接，那么安全事故原因就不能只考虑是交通工具本身或驾驶人的问题。网络跨领域特性会导致原本并不关联的传统安全问题集合成新的风险。[③] 比如"多式联运合同"中各承运人在不同运输区段承担相应责任，由于网络可以跨越地理区域，运输过程中网络入侵会影响到风险转移的节点，对后续的法律关系中责任承担分析造成困难。还有船舶开航前遭遇的网络攻击对预定航线数据修改，却是在航程中发生的船货海损，是否会造成船舶不适航的法律问题等。

二是由于海事网络安全问题的出现与航运公司内部员工操作船舶计算机网络系统密不可分，所以海上网络安全法律体系的构建，同样受到行业规范化的标准指南影响。2017年6月16日，国际海事组织（IMO）在第98届海上安全委员会通过MSC.428（98）号决议《安全管理系统中的海事网络风险管理》[④]，建议各成员国海事管理机关适当解决安全管理系统中的网络安全风险问题，同时也建议海上网络风险中所有的利益相关方注意建立适当保障措施。IMO《2021海上网络风险船舶管理指南》[⑤] 的推出又更新了船舶网络保护指导对策。这些指导性文件以非

[①] 陈敬根、汪阳：《海洋法律争端中海事安全议题的导入》，载《江西社会科学》2017年第6期。
[②] 王杰、吕靖、朱乐群：《应急状态下我国海上通道安全法律保障》，载《中国航海》2014年第2期。
[③] 方阁、初北平：《海事网络安全风险保险的法律治理研究》，载《江西社会科学》2020年第5期。
[④] IMO Maritime cyber risk management in safety management systems.
[⑤] 《IMO推出〈2021海上网络风险船舶管理指南〉》，载《船舶标准化工程师》2021年第2期。

强制性的行业标准的方式，避免 IMO 成员国内规则修订的冗长程序，对于航运业的主管机关构建对抗海上数字安全威胁的体系起到阶段性的指导作用。国际船级社协会（International Association of Classification Societies，IACS）于 2018 年发布的针对网络安全的 12 项建议，对跨行业的合作开发和维护船舶网络完整性提供了指导。①

我国为 IMO 的 A 类理事国，上述文件的出台提升了我国海事相关企业、事业单位和行政机关对海上网络安全的关注度。从《国内船舶安全管理体系审核指南 2006》②中根本未含有"网络安全"一词，到 2017 年 7 月发布《船舶网络系统要求及安全评估指南》专门规范船舶网络的建设和安全评估工作，并后续修订到 2020 年版③，提出船舶网络安全系统防火墙附加建议，以及为了满足 MSC.428（98）号决议要求和帮助船舶管理公司完成船舶网络安全系统评估、建立网络安全管理体系编写发布了《海事网络风险评估与管理体系指南 2019》，④这些都证明了我国在防范海上网络安全方面做出的努力。

虽然中国船级社遵照 IMO 的规定发布了相应的规范国内网络安全的指南，但是在执行层面，国际组织是没有办法像国内的行政执法机关一样直接强制违法主体来执行某一个规则的。面对那么多的国际层面的规定，国内想要修正和改变参与制定这些国际规则的发达国家在里面已经植入的利益和价值取向是非常困难的。这些国际层面的规定在进入国内法的过程当中，需要国内法制定者和执行者补充相当多的细节和辅助性机制。这也是影响我国构建海事网络安全执法体系的原因之一。

（二）数字时代下网络攻击犯罪行为的隐秘性

网络攻击者通过破译密码、IP 频繁更改、APT 攻击等非法方式获得被攻击网

---

① 《12 IACS RECOMMENDATIONS ON CYBER SAFETY MARK STEP CHANGE IN DELIVERY OF CYBER RESILIENT SHIPS》，https://iacs.org.uk/news/12-iacs-recommendations-on-cyber-safety-mark-step-change-in-delivery-of-cyber-resilient-ships/，2022 年 11 月 8 日访问。
② 中国船级社：《国内船舶安全管理体系审核指南 2006》，载中国船级社网，https://www.ccs.org.cn/ccswz/specialDetail?id=201900001000006195，2022 年 11 月 8 日访问。
③ 中国船级社：《船舶网络系统要求及安全评估指南 2020》，载中国船级社网，https://www.ccs.org.cn/ccswz/specialDetail?id=201900001000010705，2022 年 11 月 8 日访问。
④ 中国船级社：《海事网络风险评估与管理体系指南 2019》，载中国船级社网，https://www.ccs.org.cn/ccswz/specialDetail?id=201900001000009917，2022 年 11 月 8 日访问。

络信息系统的操作权限进行非授权违法操作，其手法多样且隐秘，会给他人造成巨大经济损失，威胁社会正常生产经营安全，甚至是国家安全。又如，攻击者用伪造的 GPS（Global Positioning System）信号对船舶自动识别系统（AIS）进行干扰，AIS 实时监控船舶地理位置与所处航线，其他船舶会在海事局公布的 AIS 信息系统定位自己和获取他船地理位置信息，如果 AIS 传输信息错误会对外传导船舶的错误地理信息，引起海上交通事故。甚至使船舶信息消失，使之"消失于公海"无法有效获得救助。或者攻击者通过 Wi-Fi、高频无线电和内部从业人员所使用的 U 盘，直接入侵船只网络系统修改数据，使船舶按照错误航线航行，直至引入海盗控制的海域，受害者就不得不向海盗支付赎金，且在支付赎金后，船舶上的网络系统早已被完全入侵，所有的价值数据信息还会被用于再次勒索或暴露在暗网上，正常的网络渠道根本无法检索到他们的数据。恐怖组织利用"暗网"等平台的隐蔽性也会增加执法网络监管的难度。[①]

（三）海警局针对海上网络安全维权执法"只罚不治"的困境

关于海上网络安全维权执法，《海警机构海上行政执法事项指导目录（2021 年版）》虽然比较清晰地列举了目前海警机构能够依据哪些现行法律对海上网络安全违法行为进行行政处罚，但是对于海上网络安全的"整治工作"的规划完全处于空白状态。比如对于网络入侵突发事件，海警机构不能只是做出事故发生后的行政处罚，还应当做到事件发生过程中解决阻断海上网络入侵，甚至是做到事发前的预防，这些都是海事监管行政部门要借助军事力量即海警局的真正目的。海警机构并未发挥出海上维权执法方面的实力，建议构建内部海上网络安全管理中心，不仅要保护航运业也要负担起其他海事行政机构海事网络系统的安全保障工作。

在航运企业全面跨入数字时代的趋势下，海警机构和海事局都应该加强海事安全数据保护意识，尽快落实海事网络安全执法体系建设任务。但是网络数据作为生产资料对于海事执法机关来讲还是一个新兴事物，需要一个认知循序渐进的过程。所以海警局分担海上行政执法压力，与行政机关海事系统、事业单位中国船级社和社会上航运企业单位形成协作，统一对抗海上网络安全风险问题任重道

[①] 李彦、马阳阳：《大数据时代网络恐怖主义国际治理的问题与对策》，载《中国信息安全》2022 年第 3 期。

远。而且在这个任务建设中，秉持事前监测与多方共同防治而非事后处罚的思路来指导海事网络安全执法体系的构建，无疑会产生更高的海上执法效率，而且能够从实践的角度来平衡既要用网络平台保护海事数据安全又要避免利用网络平台的弊端之间的矛盾，从而更好地挖掘数据价值和激发数据技术改革创新。

三、构建航运数字经济安全执法体系对策

（一）明确以海警局为主海事局为辅的海事网络安全执法力量

我国自然地理海岸线长的特点，导致海上事务繁杂，《海警法》出台以前，存在"五龙治海"乱象，容易错过应对突发紧急情况的最佳时间，影响执法效果。

海警局与海事局都是"为海而生"，是建设"海洋强国"的主力军。两者在海事安全方面的海事行政执法权既有联系又有区别。海事局的主要职责是承办交通运输部交办的船舶相关的登记管理、海洋环境污染防治、航道通航秩序以及航海安全保障等基本工作。从2015年开始，长江海事局提出了"智慧长江""云上海事"建设工作目标，通过信息化的建设和发展，实现海事监管和服务的现代化。

海警机构在我国管辖海域及其上空行使海上维权执法权。其中海上维权执法工作的基本任务是开展海上安全保卫，预防、制止和惩治海上违法犯罪活动。当然海上网络攻击违法犯罪活动，也同样包含在内，因为以入侵海事基础设施网络为源头引起的违法犯罪活动也是在海警机构职责范围之内的，但是海警机构面对新型的海事网络风险，不能持"只罚不治"的态度，应形成以中国海警局为主，以海事局为辅的"二元格局"，形成专门针对海事网络安全的海上维权执法的法治队伍。这样可以有效避免我国各个地方海事局管辖水域，海域网络安全防控能力不统一的弊端。

因此，为更好地应对突发海事网络安全事件，海事局与海警局应当协作配合，强化海事网络安全管控，共创平安海上网络环境。在海上搜救、海上犯罪事故调查合作、海事网络信息共享等方面的工作协作中，发挥双方的优势，共同为实现海洋强国战略做出贡献。

（二）与国务院相关部门联合发布部门规章突破困境

关于前述海警局"只罚不治"的海上网络安全执法困境，实际上《海警法》

第 82 条作了规定："中国海警局根据法律、行政法规和国务院、中央军事委员会的决定,就海上维权执法事项制定规章,并按照规定备案。"这意味着海警局能以制定规章的方式来构建海上网络安全执法体系。

《海警法》给予海警机构一定的"立法权"对于中国海警局履行海上维权执法职责是很有必要的。[1] 关于海警机构制定的规章的法律位阶问题,《立法法》第 117 条规定:"……中国人民武装警察部队,可以根据法律和中央军事委员会的军事法规、决定、命令,在其权限范围内,制定军事规章……"但是海警机构是人民武装警察部队海警部队,属于武装警察部队的一部分,不能越级制定军事规章。再加上前述分析的海警机构是行使一定行政权力的军事力量,所以海警机构自己制定的规章不能够在《立法法》中找到合适的依据和定位。这会导致制定出来的规章很可能归于无效,将彻底击碎海上网络安全执法体系的构建基础。

针对海警局制定规章的效力问题,除了修改《立法法》,特别授权海警局制定规章参照国务院各部门规章制定并备案,[2] 还可以根据《网络安全法》第 15 条、第 16 条规定"国家支持网络相关行业参与国家对行业标准的制定并鼓励其开展网络安全认证、检测和风险评估技术服务"。

《网络安全法》中规定网络运营者可以与中国海警局合作从侦查技术措施上解决网络攻击责任主体认定难的问题。其中第 52 条规定"负责关键信息基础设施安全保护工作的部门,应当建立健全本行业、本领域的网络安全监测预警和信息通报制度,并按照规定报送网络安全监测预警信息"。结合《海警法》规定的海警机构的十项职责,海警局应当构建其职责范围内网络安全监测和信息通报制度,并按照《网络安全法》第 53 条,制定网络安全事件应急预案,并定期组织演练。2021 年国务院发布的《关键信息基础设施安全保护条例》中规定,关键信息基础设施的认定是由"保护部门"自主认定并报备国务院公安部门备案。第 9 条有三款认定规则,其中"网络设施、信息系统等一旦遭到破坏、丧失功能或者数据泄露可能带来的危害程度"是保护部门需要考虑的因素。中国海警局无疑是海事基础设施的保护部门,《关键信息基础设施安全保护条例》第 23 条、第 24 条规定了保护部门的义务,应当建立网络安全信息共享机制,建立健全本行业、本领域的关键信息基础设施网络安全监测预警制度,及时掌握本行业、本领域关键信息

---

[1] 张保平:《〈海警法〉的制定及其特色与创新》,载《边界与海洋研究》2021 年第 2 期。
[2] 张保平:《〈海警法〉的制定及其特色与创新》,载《边界与海洋研究》2021 年第 2 期。

基础设施运行状况、安全态势，预警通报网络安全威胁和隐患，指导做好安全防范工作。

2021年12月，国务院印发《"十四五"数字经济发展规划》，强调加强数字经济安全体系，就要增强网络安全防护能力、提升数据安全保障水平、切实有效防范各类风险。具体在海事网络安全执法体系中，国务院部门与国家网信部门以及海警局可以联合发布海上网络安全保障体系的部门规章，以建立健全网络安全保障体系。比如海警局可以与自然资源部联合颁布部门规章，原国家海洋局现已被自然资源部吸收，但是对于海洋安全保护有丰富的经验，相关人员应继续发挥专业作用。这样既可以加强海上网络安全统筹平台，也使得海警机构能够主动补充合规的具体海上网络安全治理执法规定，来加强海上突发事件应急指挥能力。

（三）参考USCG海上运输系统（Marine Transportation System，MTS）恢复部门有效应对网络入侵措施

在美国遭遇Katrina海上飓风自然灾害时，美国海上运输系统被严重扰乱，USCG作为美国海事主要管理机构，借此次事故经验建立"MTS恢复程序"并使其制度化，从而有效应对海上运输通道网络中断事件，提高美国处理因各种原因而发生的海上运输通道中断状况的能力，包括网络攻击。[1]

"MTS恢复程序"的重要之处在于USCG恢复部门直接与海事监管部门和港口当局的利益相关方接触，获取应优先恢复的海事基础设施信息，确定恢复行动执行顺序优先协助受影响港区，恢复船舶交通，确保用足够的资源来应对事故灾害。因此，MTS恢复部门的工作需要广泛的海事机构和其他相关单位参与。

由此，在建立海上网络安全执法体系时，海警机构要通过多方力量协同配合来实现对海上网络系统的保障。比如与海军、海事部门、航运企业以及相关网络技术服务公司合作，形成防范海上网络攻击的综合布局。我国海警机构在进行海上维权执法过程中，要注重与非行政相对人合作，积极获取与海上网络安全事故有关联的个人或组织掌握的关键基础设施受损信息，并以《海警法》赋予的一定程度的自行立法权为基础，构建海上网络安全执法应急合作体系。

---

[1] Dr. Joe DiRenzo III, Dr. Nicole K. Drumhiller, Dr. Fred S. Roberts, Issues in Maritime Cyber Security, Westphalia Press, 2017, pp.219-224.

（四）构建应对突发海上网络攻击事件的合作机制

"多主体"合作方式，可以最大限度地利用民间力量。[1] 这就需要海上执法机关尝试与私营主体合作，执法分工以及下放权力、转移权力，形成公私共治格局。[2] 对于当前我国海洋强国建设进程中构建海事网络安全执法体系和海警机构治理能力提升具有新的意义，鼓励网络技术安全平台参与监管海事安全环境的变革，也应成为建立新的国家海事安全治理体系的必要。[3] 由于航运企业、船舶管理公司和海事研究机构等私营主体在网络安全技术方面具有一定的专业性，这些民间力量直接参与到海上网络安全防治任务中，可以协助海警机构获取网络事件中所有利益相关方的信息，快速定位到急需恢复的海事基础设施网络系统。网络平台的合作共享信息机制和较强的技术竞争力会使海事公权力治理与公众市场联系得更加紧密，立法者将网络平台用户、企业纳入平台治理的决策会对未来实践立法，多方有效合作协同具有重要意义。[4] 所以海事网络安全平台的构建需要借助私营企业的力量，海警机构与海事局利用海事网络安全平台快速获取关键信息，搭建信息监管共享网络，联系执法机关、用户、平台服务方多方共同防御海事网络攻击。

四、结语

国家海上安全是一项涉及政治、军事、法律、科技等多领域的系统工程，随着我国海洋强国战略的实施，航运界应用数字通信技术发展，这带来许多新的海上数字安全威胁，比如海上网络攻击。从 2016 年的《网络安全法》中的网络安全等级保护要求和标准指导着各种与网络安全相关联的企业的网络安全治理，到 2021 年出台的《数据安全法》《个人信息保护法》《关键信息基础设施安全保护条例》，这三驾马车的相继落地为我国网络与数据安全奠定了重要的法治基础。当然具体到海上非传统安全问题还需要以海警局为主联合地方海事交通

---

[1] 包霞琴、黄贝：《日本网络安全政策的现状与发展趋势》，载《太平洋学报》2021 年第 6 期。
[2] 黄炎：《跨境数据治理体系的多维变革及因应之策》，载《太平洋学报》2022 年第 4 期。
[3] 蔡从燕：《公私关系的认识论重建与国际法发展》，载《中国法学》2015 年第 1 期。
[4] 张欣：《数字经济时代公共话语格局变迁的新图景——平台驱动型参与的兴起、特征与机制》，载《中国法律评论》2018 年第 2 期。

部门，充分依托政府与民间组织合作构建的网络安全中心实时监测预警海事网络威胁，建立"三重"监管机制的联动执法，改善整个海事基础设施网络系统的防御能力。

（**作者简介：**原浩天，上海海事大学法学院国际法学硕士研究生，主要研究方向为海商法、海事行政执法权。）

数字司法背景下司法智能合约化研究：
现状、图景与建构路径

王立源

引　言

2022 年 5 月，最高人民法院发布了《最高人民法院关于加强区块链司法应用的意见》（以下简称《区块链司法应用意见》），其中明确了区块链技术在人民法院中的总体要求，对于我国区块链司法应用模式的完善与发展具有指导意义。《区块链司法应用意见》中特别强调了智能合约在我国诉讼程序中的应用。智能合约作为区块链关联技术的一种，在智慧法院建设中具有重要作用。早在 2016 年，工信部发布的《中国区块链技术和应用发展白皮书（2016）》中便已经指出，智能合约是区块链技术发展到 2.0 阶段的一项关键技术。此后工信部联合多家有关单位发布的《2018 中国区块链产业白皮书》中提及智能合约是由事件驱动的、具有状态的、获得多方承认的、运行在区块链之上的且能够根据预设条件自动处理资产的程序。智能合约最大的优势是利用程序算法替代人为仲裁和执行合同。其本质是运行在区块链中的应用或程序。智能合约的核心价值在于其可以凭借去中心化的强制履行机制实现价值转移，不依靠权威第三方实现自动执行，从而大幅提高交易效率、降低交易成本。[①]

我国诉讼制度改革的直接目标在于降低诉讼成本，提高诉讼效率。最高人民法院 2017 年印发的《最高人民法院关于加快建设智慧法院的意见》指出，建设智慧法院的目标包括"构建网络化、阳光化、智能化的人民法院信息化体系，支持

[①] See David Horton, Tomorrow's Inheritance, The Frontiers of Estate Planning Formalism, Boston College Law Review, Vol.58, 2017, p.576. 转引自程乐:《双层结构下智能合约条款的建构路径》，载《法学评论》2022 年第 2 期。

全业务网上办理,全流程审判执行要素依法公开"等内容。现阶段我国在线诉讼已得到一定程度的发展,但在其运作过程中仍依赖人工操作。通过运用智能合约技术可以将相关诉讼流程编辑为代码嵌入到智能合约运行平台中,平台可以自行从底层区块链中提取相关数据信息推进诉讼程序。智能合约的上述功能场景不仅可以节省法院在诉讼程序中的人力物力,同时也可以实现司法程序的阳光化和智能化。基于此,智能合约技术在智慧法院建设中具有广阔的应用前景。我国当下正处于智慧法院从 3.0 向 4.0 进阶的关键阶段,智能合约技术对于完善人民法院司法过程中的智慧审判、智慧执行、智慧服务与智慧管理具有重要意义,其自动执行的特性以及基于区块链的技术优势可以有效降低诉讼成本、提高诉讼效率并充分利用司法大数据资源以提高我国司法制度的智能化水平。本文以民事诉讼为例,对司法智能合约化的现状、优势与局限、可行性以及建构路径进行分析,以进一步助力我国智慧法院 4.0 的建设。

一、司法智能合约在我国不同诉讼阶段中的应用现状

智能合约的工作理论早在 1995 年就被 Nick Szabo 提出,但由于缺乏能够支持可编程合约的数字系统和技术一直未能实现,直到区块链技术诞生这一问题方才得以解决。[1] 智能合约有广义与狭义之分,广义的智能合约是指数字形式可自动执行的协议,狭义的智能合约是指部署在区块链上的可自动执行的代码。[2] 基于其自动执行功能,智能合约技术支持诉讼流程可以作为其应用场景之一。将智能合约与司法区块链相结合,一方面可以发挥智能合约自动执行的优势,另一方面可以充分调动区块链中存在的数据,实现诉讼进行过程中各方数据的交互,从而提升我国司法效率。[3] 目前我国已有法院针对智能合约技术进行实践探索,主要应用领域集中在立案和执行阶段。

关于立案阶段司法智能合约的应用,2019 年 10 月北京市互联网法院首次利用智能合约的自动化功能实现一键执行立案,省略了以往诉讼流程中的需要胜诉原告重新向法院提交判决书、调解书、申请执行书相关材料并由法院审核的烦琐程

---

[1] 贺海武、延安、陈泽华:《基于区块链的智能合约技术与应用综述》,载《计算机研究与发展》2018 年第 11 期。
[2] 朱岩、王巧石、秦博涵等:《区块链技术及其研究进展》,载《工程科学学报》2019 年第 11 期。
[3] 曹建军:《民事诉讼电子化的目标与路线》,载《法治研究》2022 年第 3 期。

序。[1]鉴于相关生效裁判文书已经上传至法院系统区块链中，当事人若选择申请执行，通过智能合约可以直接调取案件信息并生成执行文书并上链，大幅简化了执行立案流程。2020年8月，上海市高级人民法院将智能合约系统引入法院立案程序，通过自动化的形式将调解转立案或者待立案转正式立案的程序进行优化，当事人可以凭借智能合约将案件相关信息提交至系统，系统可以自动甄别并判断是否立案并自动完成相关程序性工作，包括自动读取并填写立案相关信息，之后将相关结果发送给负责立案审查的法官，从而简化立案流程。[2]

关于执行阶段司法智能合约的应用，2019年10月杭州互联网法院已经上线区块链智能合约司法应用，其目标在于将当事人签署的合约通过智能合约的形式上传至区块链平台，若合约无法履行则将多元化调解、信用联合奖惩、立案、审判、执行等诸多程序全流程智能化，形成集合化智能合约体系。2021年4月，杭州西湖法院探索在金融纠纷领域通过区块链与智能合约技术赋能调解协议以增强其约束力与执行力。当双方当事人达成调解协议后，可以选择将调解协议上传至区块链平台中并转化为智能合约，日后若一方当事人未履行调解协议所约定的义务则智能合约可以自动进入执行程序并智能扣款。整个调解协议转执行的流程均被记录在区块链中，内容真实且不可篡改。在这一区块链智能合约系统中，除了法院与当事人双方，金融系统也被纳入智能合约主体，执行程序效率得到极大提升。这种可信、协同的"准执行机制"对于法院以及当事人具有巨大便利，是诉源治理的重要举措。[3]2021年12月，杭州互联网法院开始试行终本案件智能合约系统，通过数字化、智能化手段自动采集、反馈案件信息并自动执行。这种自动化的执行措施不仅使法院执行工作人员从重复性工作中解放出来，同时也显著提高了执行效率以及执行过程中的透明度，实现了终本案件的整体智治。[4]

通过上述有关司法智能合约化的司法实践可以看出，我国现阶段有关司法智能合约化的探索涵盖了调解、立案、执行过程中的程序性事项，其对应的恰好为

---

[1] 贾彦颖：《智能合约技术 实现"一键立案执行"》，载《人民法治》2019年第22期。
[2] 陈和秋：《"智能合约"推动智慧司法再突破》，载《民主与法制时报》2020年9月17日，第2版。
[3] 汤喻、郑舜：《司法链智能合约增强诉前调解协议约束力执行力》，载《民主与法制时报》2021年5月19日，第2版。
[4] 《杭州互联网法院开发运用终本案件智能合约系统"唤醒沉睡的执行案件"》，载微信公众号"杭州互联网法院"，2022年7月14日。

《区块链司法应用意见》第 13—16 条的相关内容，涵盖立案信息流转、调解与审判衔接、审判与执行衔接、提高执行效率等方面。可以看出《区块链司法应用意见》充分结合了我国各地法院对于司法智能合约化探索实践的精华，并在此基础上进一步明确了司法智能合约发展的方向。

二、智能合约技术、司法智能合约的特性与比较

（一）智能合约技术本身的特性

智能合约技术中存在四大核心技术概念，即数字身份、数字资产、合约仲裁平台以及数字资产托管所。前两者指向智能合约当事人，后两者指向智能合约平台。这是广义上，也就是普遍意义上的智能合约所需要具备的条件。个人通过数字身份将自身映射到代码中，将数字资产存入数字资产托管所，以此与他人达成智能合约。如果存在违约行为则通过合约仲裁平台的代码进行裁判，合约仲裁平台依照智能合约将相应数字资产进行转移。需要注意的是，此处的合约仲裁平台并非第三方仲裁机构，其本质上属于代码裁判，即通过发现纠纷当事人之间的智能合约并依照智能合约自动转移数字资产。因此，智能合约可以被概括为数字化的"个人＋平台＋资产"的一套体系。[1]

由于智能合约本质上是用计算机语言取代合同语言记录相关条款，由程序自动执行的合约，因此部署在区块链上的智能合约也具有区块链中的数据公开透明、不可篡改的特点。同时，智能合约具有"去中心化"的执行以及裁决机制。此外，智能合约在运行以前就已经通过计算机语言对合约中条款设置的内容进行了设定，因此智能合约在运行过程中不会产生分歧，一旦触发相应事件便会立即执行生效，因此智能合约具有高效、快捷的特性。[2]在执行过程中，智能合约会严格按照事先约定的内容对相关事项进行处理，无需借助第三方仲裁。综上所述，智能合约技术本身具有自动执行、安全、透明、去中心化的特性。

（二）司法智能合约的特性

将智能合约技术应用至司法领域，其目的多体现在借用智能合约技术可以促

---

[1] 谭佐财：《智能合约的法律属性与民事法律关系论》，载《科技与法律》2020 年第 6 期。
[2] 马春光、安婧、毕伟等：《区块链中的智能合约》，载《信息网络安全》2018 年第 11 期。

进司法效率提升的部分，而不包括智能合约中所蕴含的去中心化的纠纷解决机制。因此，司法智能合约化的特性包括以下三点。

1. 诉讼程序自动执行

司法智能合约通过提前设计好的程序语言，将法律语言转化为程序语言，从而实现司法程序本身可以根据智能合约的设置自动执行。同时，通过与司法区块链的配合，可以充分调动存储在区块链中的数据信息。此时传统诉讼所需要的当事人提交相关材料、人工审核材料等程序均可被省略，进而大幅提高案件审理效率。此外，诉讼程序自动运行还可以减少人工干预，从而减少人工对诉讼流程的影响，更有利于保障当事人的合法权益。

2. 诉讼流程去中心化，不易篡改，不可逆转

区块链以及智能合约相关技术均以去中心化为特征。所谓去中心化是指不需要权威机构增加信任度，将信任机制交给提前设定好的代码，减少人工干预的影响。[1]此外，智能合约还具有不可篡改、不可逆转的特点，只要是提前编辑好的智能合约，一旦开始自动执行便不会逆转回之前的步骤，使得整个智能合约程序完全按照之前的设定，也就是《民事诉讼法》等法律法规规定的程序运行，诉讼进行过程中的内容也无法被篡改。

3. 诉讼流程全程透明可追溯

通过智能合约进行程序的设置，全过程都在区块链中留痕可追溯，当事人可以通过相关平台查看程序进度，从而提升诉讼流程透明度。智能合约完全依照法律以及相关规定的相关内容进行设计，司法智能合约的设计以及运行全程对当事人可见，诉讼流程依照司法智能合约进行即可。另外，智能合约下的诉讼流程不存在第三方干预，即使出于保障当事人诉讼权利的行使或实质化庭审等目的需要修正部分诉讼程序，这些程序性操作也会全程留痕可查验。

（三）去中心化的技术与中心化的纠纷解决机制之间的辩证关系

传统智能合约技术强调的是通过智能合约实现去中心化的纠纷解决机制，当事人通过数字平台签订智能合约之后，通过智能合约自动执行，如果存在违约情形，则可以通过代码化的合约仲裁直接将对方的数字资产进行转移，全程无需第三方干预。这种去中心化的纠纷解决方式与法院所承担的纠纷解决功能存在一定

---

[1] 韩璐、袁勇、王飞跃：《区块链安全问题：研究现状与展望》，载《自动化学报》2019 年第 1 期。

重合。法院作为行使司法权力的国家机构，其中心化纠纷解决性质在一定程度上会排斥去中心化的智能合约式纠纷解决功能。

虽然智能合约去中心化纠纷解决的方式与运用国家司法权的中心化纠纷解决方式存在本质上的差异，但是智能合约的工作方式对于包括司法机关在内的国家公权力机关在处理程序性事项方面具有积极意义。智能合约的自动执行功能可以显著提升程序进行效率以及降低人工成本。因此，智能合约技术不会影响法院对案件的实质性审理以及判决的部分，法院可以在诉讼过程中的部分程序性事项上采用智能合约的工作方式。可以说，司法智能合约在本质上仍是中心化的纠纷解决方式，但是在程序进行的过程中实现了去中心化，即去人为干预，全程可见，不可篡改，不可逆转等。需要注意的是，司法智能合约所基于的主要区块链为司法联盟链，即法院通过其权威以及公信力将法院数据与其他主体数据进行联合，此处的信任机制并非技术信任而是对国家公权力机关的信任。例如在执行程序中，司法智能合约无需当事人通过数字资产进行去中心化的合约执行。司法智能合约通过司法区块链连接银行等机构，其信息连接需要司法部门进行背书。如果当事人拒不执行法院裁判则可以通过司法智能合约直接执行其相应财产，这也是一种中心化的执行思路。

综上所述，在抛开传统智能合约去中心化裁决的特质之后，司法智能合约吸收了智能合约中自动执行、全程可见、不可篡改、不可逆转等优势，在司法程序方面避免了人为干预可能带来的影响，提高了司法效率，节省了司法成本，提高了司法程序的公信力，更有利于当事人之间纠纷的迅速解决。

三、司法智能合约化的局限与克服

司法智能合约化的局限包括智能合约技术方面的局限以及司法智能合约化在法律方面的局限。前者指向的是结合智能合约技术本身的特性而言，在司法智能合约化的过程中存在的问题；后者指向的是将司法智能合约代入到我国司法制度中，结合司法制度的目的实现以及诉讼参与人的权利保障等方面存在的问题。

（一）司法智能合约化的技术局限与克服

1. 司法智能合约的可行性审查问题

《区块链司法应用意见》指出，针对司法智能合约要健全事前审核和测试评估机制，确保智能合约的合法性、有效性、安全性和可靠性。由于智能合约司法关系到当事人诉讼权利与实体权利的实现，因此智能合约在设计过程中应当真实反映《民事诉讼法》以及相关司法解释、法院内部工作规定的内容，以上述内容为准进行制度设计。因此，技术人员在进行代码设计的过程中需要与法院合作以将上述规定转化为机器可读的代码语言。智能合约系统在建构完成之后需要找第三方鉴定机构进行审核和测试评估，此时的智能合约审查不仅包括对智能合约本身可能存在的程序漏洞的审查，同时更要针对司法智能合约能否体现相关规定的内容进行审查，以此来保障智能合约司法的合法性、有效性、安全性和可靠性。[1]

由于司法智能合约是一套非常复杂的程序语言，若要应对诉讼法流程中可能存在的诸多问题仍需实践予以检验。此时可以考虑先行在诉讼标的数额较小的案件中试行司法智能合约，待到相关技术以及合约内容较为成熟以后再向数额较大的案件中推行。相较于初步适用于司法程序的智能合约技术来说，其在程序正义的实现方面可能存在一些技术或者设计上的瑕疵，不利于当事人之间纠纷的妥善解决。相较于司法智能合约所带来的效率方面的优势而言，适用传统诉讼流程所带来的相对稳定的程序正义是一种更为负责的方式。[2]因此司法智能合约在前期运行中宜先在小额诉讼、简易程序中试用，通过在试用中寻找程序语言与法律语言之间的平衡，之后再推向其他较为复杂的民事案件，以此来逐步实现民事诉讼程序的智能合约化。

2. 司法智能合约中的信息安全问题

司法智能合约中的信息安全问题包括两方面，一为司法程序中法院内部数据安全以及当事人在案件审理过程中的隐私保护问题，二为司法智能合约本身可能存在的技术漏洞问题。就前者而言，在智能合约进行过程中，包括很多证据等当事人隐私问题，这些证据被储存在司法区块链中，如果使用不当则会在一定程度上威胁当事人的数据安全；此外，由于智能合约部分中存在一部分法院内部数据，例如法院审判相关数据信息、法院内部工作制度等不宜公开的内容，这些信息在司法联盟链的传播过程中可能存在信息泄露的风险。因此司法智能合约化所基于

---

[1] 韩璇、袁勇、王飞跃：《区块链安全问题：研究现状与展望》，载《自动化学报》2019年第1期。
[2] 张卫平：《在线诉讼：制度建构及法理——以民事诉讼程序为中心的思考》，载《当代法学》2022年第3期。

的区块链技术不应局限于联盟链，而应当有一部分区块链在性质上属于私链，从而保障法院内部信息数据的安全。另外，在司法联盟链的构建过程中也应当注意数据保密工作，包括在联盟链中设置相应读取节点数据库的权限，以及通过应用"零知识证明"来避免节点与节点之间进行数据交互过程中可能存在的隐私泄露问题。① 以上数据安全相关内容均可通过智能合约的设计来自动实现。就后者而言，由于司法智能合约在执行阶段关联到包括银行在内的诸多金融机构，若司法智能合约遭到技术入侵，可能导致银行系出现自动扣划账款等情况从而造成严重后果。因此，司法智能合约在设计过程中应当注重对各个节点的接入进行多重保护，司法智能合约本身的设计以及运行过程中也应当注意相关技术漏洞的及时发现和填补。

3. 司法智能合约中的程序回溯问题

关于司法智能合约在运行过程中若出现当事人认为自身诉讼权利未能实现或智能合约本身出现程序问题的情况下应当如何回溯司法程序的问题。虽然智能合约技术不可篡改、不可逆转的特性对于规范司法流程具有积极意义，但其在司法程序的便宜性上无法达到传统诉讼模式的程度，因此需要通过一定技术性手段加以克服。可以考虑将司法智能合约进行分段处理以避免因当事人诉讼权利未得到有效保障而致使全部诉讼流程无效的情况。当事人在认为自身诉讼权利受到侵害的情况下，可以向法院提出程序异议，法院则视情况将案件审理情况回溯到权利未受侵犯的诉讼阶段，以保证诉讼程序能够继续运行。在司法智能合约在设计、发布、运行过程中出现问题的情况下，应当以已经存储在司法区块链中的数据为准继续进行诉讼。

（二）司法智能合约化的法律局限与克服

1. 司法智能合约的程序正当性问题

在没有法律明确规定的情况下，司法智能合约的程序正当性如何得到保证？此时可以参照在线诉讼改革中的相关做法，即经过当事人的同意和授权，人民法院可以采用在线诉讼的形式进行审理。同理，在司法智能合约尚未得到法律明确

---

① 即联盟链中每一个节点都拥有一个私钥，每个节点产生的数据只有该节点可以调取。如果节点与节点之间要进行数据交互，就必须知道对方节点的私钥，以此来保证在信息流通的同时避免数据泄露。参见杨东、徐信予：《区块链与法院工作创新——构建数据共享的司法信用体系》，载《法律适用》2020年第1期。

规定的情况下，也可以采用经当事人同意和授权的方式赋予司法智能合约以程序正当性。①问题在于，采用在线诉讼的形式会在一定程度上影响当事人的实体或诉讼权利的实现，因此需要当事人同意以使其获得正当性。而司法智能合约化的正当性问题仅仅体现在对部分对信息技术缺乏了解、无法有效利用司法智能合约的当事人来说才有可能导致权利的减损，其在程序运行过程中并不会对当事人的程序权利的行使造成实质性影响。其本质上仅仅是将民事诉讼相关法律法规所要求的程序智能化，即由智能合约系统代替部分人工在司法流程中所发挥的作用。换言之，如果未来司法智能合约技术发展到可以稳定、全面实现智能化民事诉讼流程，《民事诉讼法》或相关法律法规中明确规定了司法智能合约相关内容，那么对于其适用便不再需要征得当事人的同意和授权。

2. 当事人处分权的实现问题

由于司法智能合约自动执行诉讼流程的特性，因此诉讼进行过程中当事人的处分权的实现是民事诉讼基本原则体现于司法智能合约中的重点。尽管司法智能合约强调的是诉讼效率的提升，但是在当事人主义诉讼模式下，诉讼当事人对于其实体权利以及诉讼权利的自由处分仍应当加以重视。②由于禁止任意诉讼原则的存在，当事人对于民事诉讼程序并不具有任意改动的权利，其享有的仅仅是针对自身诉讼权利或者实体权利的处分权，在处分权的行使下相关诉讼程序才会发生相应变动。民事诉讼基本原则、基本的诉讼程序和方式不能以当事人的同意为根据予以改变。③因此，司法智能合约对于诉讼流程的设计只需严格遵循相关法律法规的规定即可，无需根据当事人的同意加以个性化处理。当事人处分权的对象是自身诉讼权利，在司法智能合约的设计过程中，对于涉及当事人享有处分权的诉讼权利相关事项，可以在程序开始前加入当事人予以确认的环节，尽可能保障当事人处分自身权利的自由。

3. 司法智能合约的中心化决策问题

关于司法智能合约中所应当包含的法院中心化决策的要求，司法智能合约并

---

① 张卫平：《在线诉讼：制度建构及法理——以民事诉讼程序为中心的思考》，载《当代法学》2022年第3期。
② 张卫平：《论民事诉讼制度的价值追求》，载《法治现代化研究》2021年第3期。
③ [日] 林屋礼二、小野寺规夫主编：《民事诉讼法辞典》，东京信山社2000年版，第291页。转引自张卫平：《在线诉讼：制度建构及法理——以民事诉讼程序为中心的思考》，载《当代法学》2022年第3期。

不涉及根据智能合约自动得出法院裁判结果并自动执行。在案件审理过程中，智能合约的作用主要集中在相关程序的自动进行上，凸显为程序的合规、透明以及不可篡改。司法裁判的结果仍由法官根据双方当事人的辩论以及相关证据等内容，通过自由心证得出裁判，其中心化的审理不会受到智能合约的影响。此外，司法智能合约下的执行工作也可以实现中心化。因为其中省略了诸多人工操作的流程，执行款项一旦错扣便难以直接弥补，所以执行对象以及执行财产的确定仍应由法院执行人员进行链下确认以防止执行错误，确认之后再自动执行，而不能将所有的程序均交与智能合约来实施。需要强调的是，智能合约在现阶段只能是程序性事项的自动执行，对于需要人工裁判、审核的事项尚不具备妥善判断的能力。就执行标的而言，即使当事人没有类似虚拟货币等数字资产，通过司法区块链与银行、不动产登记机构的信息库相连接，也可以通过智能合约系统轻松实现对生效裁判文书、调解书的执行。这种自动执行的实现同样需要法院执行人员的背书方可实现。

四、司法智能合约的构建与运行

（一）基于司法区块链技术的智能合约审判平台

司法智能合约化的实现首先需要构建智能合约平台。可以发挥区块链技术的优势构建智能合约审判平台，将司法区块链作为存储智能合约的载体，我国现阶段司法区块链并非完全去中心化的公链，主要是限制节点接入的联盟链。联盟链的优势之一在于其可以控制接入主体，一方面对法院内部数据安全性具有一定保障功能，另一方面也可以控制其中运行的数据信息的数量，减少区块链存储的负担。司法联盟链的主要功能在于与法院之外的数据节点进行衔接，从而实现法院与其他主体的数据交互。就司法智能合约而言，由于其中牵涉法院系统内部业务较多，因此在联盟链之外可以使用私链的方式对法院内部工作流程进行智能合约式构建，即在不需要衔接其他主体的情况下使用私链，如立案、调解等阶段，在审判和执行阶段可以采用联盟链进行处理，方便证据的调取以及执行的顺利进行。[1]基于上述考虑，司法智能合约平台的基本架构可以参考以太坊的多层次架构，

---

[1] 史海建：《区块链原理与应用前瞻》，载《中国科技纵横》2017年第10期。

区分 Layer0、Layer1 和 Layer2 三层结构。其中 layer0 为底层协议；Layer1 包括数据层、共识层和激励层，作为司法区块链的联盟链和私链均属于 Layer1；Layer2 包括合约层和应用层，主要承载智能合约的各项应用从而减少 Layer1 的数据压力以提高运行效率，同时也可以使得各个司法智能合约应用相对独立，以此来实现司法智能合约出现争议或问题时的回溯和修正。

（二）司法智能合约的三段式设计与运行

司法智能合约的设计关键在于将《民事诉讼法》及相关司法解释以及法院内部工作规定中的法律语言转化为代码语言。这其中需要用到的程序语言过于繁杂，极易出现错误导致智能合约无法正常运作。如上所述，由于智能合约存在不可回溯的特性，一旦诉讼前期过程出现程序问题或由于当事人或法院操作不当需要重新进行某一诉讼程序时，无法实现全流程合一的智能合约系统运行而只能重新开始程序。因此本文认为可以由多个智能合约来组成司法智能合约体系，以此来应对诉讼过程中可能出现的程序回溯问题。由于不同阶段之间的衔接本身就是智能合约的功能之一，因此还需对智能合约的分段进行细化，即在审前的程序性阶段实现自动化衔接，在实质性庭审阶段由法院和当事人主导，判决作出后继续自动化完成后续流程。这样既可以实现效率的提升，又可以实现庭审的实质化。

智能合约分段化设计的重点在于将民事诉讼程序中各个流程的不同区块链运行智能合约化，并在不同区块链的上层构建不同于诉讼程序的智能合约，使其在《民事诉讼法》以及相关规则的框架内运行。如上所述，参照以太坊的架构，将整个系统区分底层协议、核心层、顶层应用三部分。[1] 司法区块链作为基础区块链属于核心层，司法智能合约属于应用层。司法区块链既包括司法联盟链，同时也包括法院内部私链。在司法区块链作为 Layer1 的基础上，设置处于不同诉讼阶段、承载不同诉讼功能的司法智能合约作为 Layer2。司法智能合约在运行完毕后将相关结果以及数据传输至司法区块链中。以太坊这种分层式架构不仅可以减少司法区块链在运行过程中的存储压力，同时也可以实现上述诉讼程序回溯以及修改的功能。在此架构下，关于司法智能合约的分段主要可以分为以下三个部分。（如图1 所示）

---

[1] 李洋、门进宝、余晗等：《区块链扩容技术研究综述》，载《电力信息与通信技术》2020 年第 6 期。

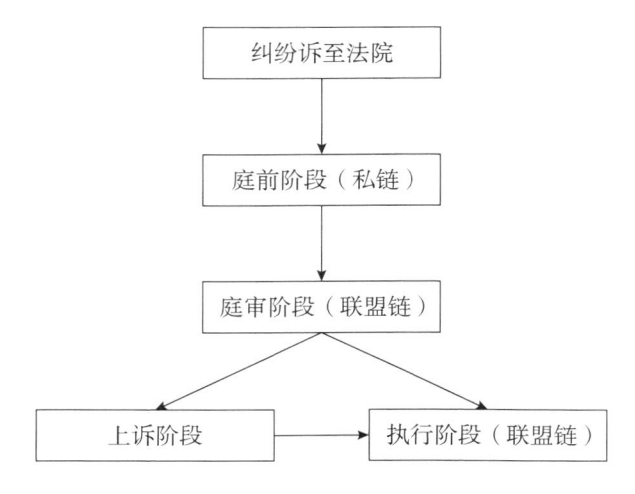

```
                    ┌──────────────┐
                    │  纠纷诉至法院  │
                    └──────┬───────┘
                           ↓
                ┌──────────────────┐
                │  庭前阶段（私链） │
                └────────┬─────────┘
                         ↓
              ┌────────────────────┐
              │  庭审阶段（联盟链） │
              └──────┬──────┬──────┘
                     ↓      ↓
          ┌──────────┐   ┌──────────────────┐
          │  上诉阶段 │   │ 执行阶段（联盟链） │
          └──────────┘   └──────────────────┘
```

图 1　三段式司法智能合约程序构造

第一阶段为庭前阶段，包括收案、调解、立案、送达、提交答辩状等流程。庭前的关键步骤为立案，在立案过程中，智能合约可以通过截取案件相关信息，结合法院案由相关规定，自动抽取案件要素信息并进行审核以实现自动判断能否立案；[①] 另外，在立案信息传递方面，智能合约可以实现立案材料分级分类流转，在各项诉讼材料的提交期限之内收集相关材料经自动审核后自动上链。智能合约在立案阶段所进行的审查应当为形式审查，即结合我国民事诉讼立案相关规定以及当事人所提交的材料进行形式上的判断，一旦符合相关规定则自动触发庭前智能合约业务流程。

第二阶段为庭审阶段，包括庭审中的一系列诉讼流程，以口头辩论终结为止。由于庭审阶段涉及当事人各项诉讼权利的行使以及法官需要根据诉讼进展情况行使一定诉讼指挥权，因此在庭审过程中不宜通过智能合约对庭审内容进行细化到具体流程的安排。庭审过程中智能合约的用武之地在于运用区块链技术进行存证以及调取证据时省略其中需要人工核验的部分以提高庭审效率。另外诉讼进行过程也需要全程记录并上传至司法区块链中以备后续核查并自动生成庭审笔录等相关庭审材料。

第三阶段为执行阶段。庭审程序结束后法院发布判决书，当事人决定是否上诉，若上诉则进入上诉审程序，若服判息讼则进入执行程序。一旦确认一方当事

[①] 曹建军：《民事案由的功能：演变、划分与定位》，载《法律科学（西北政法大学学报）》2018 年第 5 期。

人未按期履行生效判决，那么智能合约系统可以自动进行执行立案操作。在执行程序中，通过司法联盟链中的银行等主体配合执行，司法智能合约可以直接将被执行人的相关账户中的财产进行转移。在执行法官进行异地执行的过程中，智能合约系统可以自动检索被执行人名下财产并通过去中心化的数据串联机制与当地有关部门进行配合，减少执行法官在执行过程中所需要消耗的人力、物力成本，切实提高执行效率。此外，终本案件中的对被执行人财产信息的收集等程序性事项亦可依赖司法智能合约进行定期核查，一旦智能合约在司法区块链系统中发现被执行人存在可被执行的财产，即可自动恢复执行程序。将执行人员从此类程序性、重复性工作中解放出来，对于解决提高我国执行效率具有积极意义。

以上三个阶段采用不同性质的区块链作为司法智能合约的底层架构，充分顾及了司法智能合约运行中的数据安全问题以及功能实现问题。上述三个阶段包含了三个不同的智能合约系统，庭前阶段的智能合约系统重在立案相关程序；庭审阶段的智能合约系统通过调取司法联盟链中存储的数据作为证据便于法院进行裁判，此外还包括将庭审内容及过程上传至区块链中保存；执行阶段的智能合约系统重在通过自动执行的形式实现法院生效裁判文书内容。每个智能合约系统内的合约生成、合约发布以及合约执行均由法院进行选择、上传信息以及发布合约等操作并经当事人确认。在智能合约的执行阶段，由于智能合约的执行依靠事件触发，当某一事件达成，例如上一个程序终结进入下一个程序之前，依靠智能合约的定期遍历机制可以感知相关程序状态的改变从而触发执行。执行完毕后司法全过程会被记录在区块链中并达到执行完毕的状态。自此，所有的诉讼程序均在司法智能合约系统中进行完毕且有据可查，司法智能合约可以自动生成完备的案件卷宗并上传至司法区块链进行电子化存档。

五、结语

司法智能合约技术有效减少了传统司法过程中需要人为操作的程序数量，一方面提升了司法效率，降低了司法成本；另一方面减少了诉讼过程中的人为干预，提高了司法公信力。通过保证司法智能合约的"中心化"，可以保障庭审的实质化审理以及当事人诉讼权利的实现。司法智能合约化本质上是诉讼流程中程序性事项的智能化，并不影响司法公正解决纠纷功能的实现。在线诉讼在我国已经得到了飞速发展，解放了进行诉讼活动所需的空间限制。随着司法智能合约化的发展，我国诉讼流程可以进一步实现智能化，破除诉讼过程中的人力限制。区块链和智能合约对于我国智慧法院的建设意义重大，但其中的挑战仍然存在。司法智能合约的关键是如何将纷繁复杂的诉讼流程转化为代码语言，在保证程序顺利进行的情况下仍能完备地实现诉讼制度的诸多价值和功能。因此，法院信息化 4.0 版本需要法律界与技术界人士通力合作，以实现我国司法制度在信息时代的跨越式发展。

（**作者简介**：王立源，中央财经大学法学院博士研究生。）

远方的证言：数字法院背景下证人在线作证的现实困境与出路

——以1104份涉证人在线作证裁判文书为分析样本

高天保

网络技术的高速发展使社会发生了深刻的变革，司法也在科技进步的洪流中不断创新发展，审判方式和内容也不断融入新的元素。在线诉讼便是互联网技术和云审判系统高度发展的产物，而在线作证又是人民法院运用信息化技术开拓的新场域，一定程度上缓解了证人出庭率较低、司法成本高等一系列问题。但目前来看证人在线作证发展尚不成熟，在线作证相关规定尚不完善，需要从机制构建层面进一步加以规范，从而保障当事人"接近电子司法正义"的权利。①

一、俯瞰：在线作证实践运行情况与困境

证人在线作证并非一时的产物，从立法层面来说，关于远程视频作证的适用情形，《民事诉讼法》第 76 条规定了四种情形；②《最高人民法院关于进一步推进案件繁简分流优化司法资源配置的若干意见》第 10 条明确规定经当事人同意，适用简易程序审理的民事案件可以采用远程视频方式开庭，证人、鉴定人、被害人可以使用视听传输技术或者同步视频作证室等作证；《最高人民法院关于民事诉讼证

---

① 高翔：《民事电子诉讼规则构建论》，载《比较法研究》2020 年第 3 期。
② 《民事诉讼法》第 76 条规定："经人民法院通知，证人应当出庭作证。有下列情形之一的，经人民法院许可，可以通过书面证言、视听传输技术或者视听资料等方式作证：（一）因健康原因不能出庭的；（二）因路途遥远，交通不便不能出庭的；（三）因自然灾害等不可抗力不能出庭的；（四）其他有正当理由不能出庭的。"

据的若干规定》第77条也对利用视听传输技术作证进行了粗略规定。[1]随着近年在线诉讼在全国的推广,在线作证作为在线诉讼当中的一个小"切口"也逐渐被人重视。

(一)规则构建与在线作证实践需要不匹配

为全面推广应用在线诉讼,全国各地都开始陆续推出在线诉讼操作指南。本文选取了7家典型法院关于证人在线作证的相关规定进行对比。(如表1所示)

表1 典型法院在线诉讼规范及在线作证条款类型化列举

序号	法院类型	规则名称	涉及证人在线作证相关条款	是否为证人在线作证专门规定
1	最高人民法院	《人民法院在线诉讼规则》	第26条[2]	否
2	互联网法院	北京互联网法院:《北京互联网法院电子诉讼庭审规范(试行)》	第16—18条[3]	否
		杭州互联网法院:《杭州互联网法院网上庭审规范》	规定在规范的"开庭准备"部分[4]	
		广州互联网法院:《广州互联网法院关于在线庭审若干问题的规定(试行)》	第15条[5]	

---

[1] 《最高人民法院关于民事诉讼证据的若干规定》第77条规定:"证人经人民法院准许,以书面证言方式作证的,应当签署保证书;以视听传输技术或者视听资料方式作证的,应当签署保证书并宣读保证书的内容。"

[2] 《人民法院在线诉讼规则》第26条规定:"证人通过在线方式出庭的,人民法院应当通过指定在线出庭场所、设置在线作证室等方式,保证其不旁听案件审理和不受他人干扰。当事人对证人在线出庭提出异议且有合理理由的,或者人民法院认为确有必要的,应当要求证人线下出庭作证……"

[3] 《北京互联网法院电子诉讼庭审规范(试行)》第16条规定:"证人在线参加庭审的场所需经法院认可,且不得与当事人及其他诉讼参与人于同一场所参加庭审。必要时,法院可以要求证人到法院参加庭审。"第17条规定:"法院应当采用音视频信号隔离等方式,确保证人在线作证前及完成作证后不能在线旁听庭审。"第18条规定:"证人在线参加庭审的,不公开庭审直播。但庭审结束后应当及时公开庭审录像。"

[4] 《杭州互联网法院网上庭审规范》中规定:"有证人、鉴定人、勘验人、检查人等出庭的,对其身份进行在线识别认证后,告知其在线等待,等候登陆传唤。"

[5] 《广州互联网法院关于在线庭审若干问题的规定(试行)》第15条规定:"证人出庭作证的,不得旁听法庭审理,不得与当事人及其他诉讼参与人于同一场所参加庭审。"

续表

序号	法院类型	规则名称	涉及证人在线作证相关条款	是否为证人在线作证专门规定
3	高级人民法院	天津市高级人民法院:《天津市高级人民法院在线诉讼规程（试行）》	第31条①	否
4	地方区级法院	广州市越秀区人民法院:《境外证人远程在线作证的指引》	全部	是
		浙江省宁波市北仑区人民法院:《关于民事诉讼证人在线出庭作证的实施办法（试行）》	全部	是

通过对比发现，无论是最高人民法院、高级人民法院，还是专门的互联网法院几乎均没有专门制定在线作证的规定，大部分都是在在线诉讼的相关规定中对在线作证的场所、方式，不得旁听等方面作了要求，内容实质上也大同小异，只有极个别区级法院根据自身需要制定了专门规定。目前来看，在线作证实践运行中缺少全国性的专门规定，也并未形成清晰明确的具有可操作性的全国性指引。

（二）1104份涉证人在线作证裁判文书探析

本文以"在线作证""远程作证""视频作证"等为关键字，以2022年11月10日为时间节点，在"中国裁判文书网"进行案件检索，共检索出相关裁判文书1104份，利用WPS"查找"功能查看每份文书中涉及在线作证部分的论述，以此总结在线作证在司法实践中呈现的特点。（相关结果如图1所示）

1.民事案件为主。由于案件性质、庭审要求、证据审查程度等因素的不同，涉及在线作证的案件当中民事案件占绝大多数，有1023件。刑事案件、行政案件所占比例极小，仅有81件。按照裁判文书网分类统计数据，民事案件当中合同、无因管理、不当得利纠纷占有较大比重，婚姻家事、劳动纠纷、侵权纠纷等比重较小。

---

①《天津市高级人民法院在线诉讼规程（试行）》第31条规定："证人申请参加在线庭审的，人民法院应当对其场所进行核实，确保其与当事人、其他诉讼参与人不在同一场所，并在线释明作伪证的法律后果等证人作证的基本要求。采取音视频隔离的方式，确保证人在线作证前及完成作证后不能在线旁听庭审。"

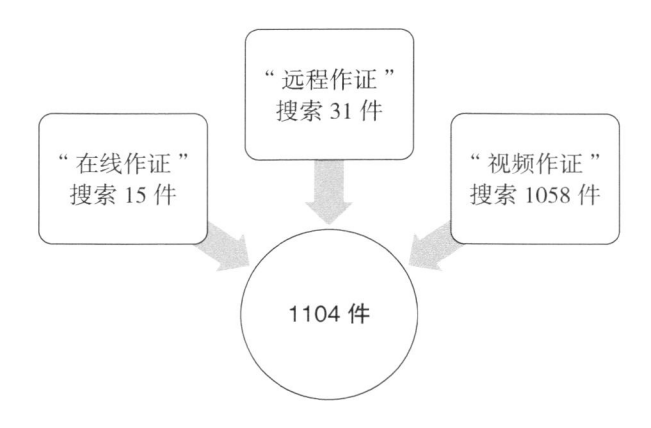

```
        "远程作证"
         搜索 31 件
"在线作证"              "视频作证"
搜索 15 件              搜索 1058 件
              1104 件
```

图 1　裁判文书网不同关键词检索结果

2. 当事人鲜少提出异议。当事人对于在线作证提出异议的数量较小，且少量提出异议的理由较为集中：一是认为证人身份难以识别，无法确定是否可以作为证人，证言采信度低。二是认为证人不符合在线作证条件，不应当允许其通过线上进行作证。三是认为在线远程作证具有不可控性，存在联手串供或者恐吓、胁迫等情形，证人证言不可信。

3. 多使用非官方平台。由于在线诉讼从 2021 年才正式起步，之前多处于探索尝试阶段，平台建设、相应规则都不健全，所以存在大量使用非法院官方平台进行在线作证的情形，其中利用微信视频、QQ 视频、腾讯会议等视频软件进行在线作证的占有很大比例，存在一定的信息泄露风险。

4. 申请理由相对随意。提及申请在线作证理由的裁判文书中，以身在国外、地处外省为理由的占比达 80% 以上，理由较为随意，严格来讲多不符合《民事诉讼法》通过视听传输技术作证的条件，因为除了距离是考量因素外，仍需考虑交通便利程度这一因素。另外，存在疫情防控政策已经变化仍以疫情管控无法线下作证理由申请在线作证的情况。

5. 在线作证使用率低。通过裁判文书网公布的上网文书来看，在文书数量已经突破一亿三千万的情况下，抛开需要证人出庭作证的案件基数本就不多的情况来看，检索出使用在线作证方式的案件数量仅为 1104 件，当然，本文可能存在因检索关键词局限导致统计数据不完全精准的情况，但仍可看出使用在线作证案件占比极低，并且在《人民法院在线诉讼规则》正式施行之后，全国在线作证案件仅为 183 件，使用率不高，应当深入分析。

（三）采用在线作证方式意愿问卷分析

基于在1104份裁判文书中发现的在线作证使用率低这一重要问题，本文选取"法官"和"群众"两类主体，在T市四家法院不同审判庭抽取40名法官，在诉讼服务中心抽取200名群众，对是否愿意采取在线作证方式参与诉讼进行调查。（结果如表2、表3所示）

表2 40名法官在线作证意愿调查情况

群体	年龄结构（岁）	意愿（人）愿意	意愿（人）不愿意	备注
法官	25—35	13	3	不愿意采用在线作证的15名法官中，刑事法官占9名
	36—50	8	6	
	超过50	4	6	

对于法官群体而言，不愿意采用在线作证的人数接近调查人数的一半，主要原因有以下几个方面。

1.时间成本高。因为在线作证依赖科技信息化平台，对证人应用智能化设备有一定要求，在线作证前需要提前引导证人注册个人账号、指导操作方法、检测网络环境等，需要耗费大量的时间成本，大大增加了法官的工作量。

2.缺乏严肃性。证人通过在线方式作证，所处环境缺乏仪式感和庄严感，同时也无法保证证人是否受到胁迫，是否提前知道庭审信息，难以保证证言真实性。尤其是刑事案件，对于证据的审查程度更高，刑事法官采用在线作证更为谨慎。

3.在线作证恣意性大。由于证人所处环境不受法院控制，证人的言行举止随意性较大，影响庭审规范性。同时，在线信号的强弱直接影响庭审的节奏，画面的卡顿、闪退也会影响庭审连贯性。

表3 200名群众在线作证意愿调查情况

群体	年龄结构（岁）	意愿（人）愿意	意愿（人）不愿意	不愿意原因
群众	20—30	40	10	担心泄露隐私、打击报复；担心占用过多自身时间
	31—40	33	15	不愿意参与诉讼活动；担心泄露隐私；担心占用过多自身时间
	41—50	32	19	电子设备、软件操作困难；担心泄露隐私；不了解在线作证
	超过50	27	24	不了解在线作证；电子设备、软件操作困难

对于群众而言，大部分人不愿进行在线作证的根源并不完全在于线上和线下的形式问题，而是仍抗拒作为证人作证，主要是担心牵扯案件当中给自身带来打击报复，担心自身需要投入时间、经济成本。小部分人不愿意进行在线作证与年龄有一定关系，不了解在线作证，且对电子设备、软件操作存在障碍是主要顾虑，这些问题需要通过在线作证程序、制度设计来解决。

二、反思：证人在线作证困境根源

相比传统的出庭作证模式，在线作证的模式在改变出庭作证率低、减少诉讼成本、提高诉讼效率等方面具有天然优势，但模式创新带来"红利"的同时也伴随着诸多法理、法规、技术方面的挑战。

（一）直接言词原则削弱之顾虑

正如德国学者约阿希姆·穆泽拉克所持有的"利用电子化技术手段实施民事诉讼行为，改变了直接言词原则的实现方式，是对僵化固守的民事诉讼原则的挑战"[①]观点一样，大多数人也认为传统的线下作证中，法官面对面听取证言，判断案件事实的过程就是全面贯彻"直接言词"原则的过程，该原则要求法官在直接参与案件审理的基础上作出裁判，其在证明机理上的一个基本要求，是法官只有从庭审中当事人、证人等参与主体的语言、表情、语气、行为中得到直接感知，才有可能准确判定案件事实，为正确适用法律提供涵摄的前提条件，并增强当事人对案件审理的信赖感和满足感。[②]但在线作证场所的改变，在一定程度上削弱了直接言词原则的现实效果。面对面的直接言词原则除了保证基本的对话外，更能让法官通过直接对话观察证人作证时的动作、表情，通过这些微表情、微动作进而判断证人证言的可采性，通过分析证词前后的逻辑性和连贯性，判断证词的真伪和被加工程度。而在线作证因受到画面大小、画质、硬件设备、网络速度等因素的综合影响，证人作证时肢体语言无法完全展现，微表情经过音视频传输技术的转换也无法真实还原，这种技术的障碍和空间的隔绝让法官难以通过观察行为举止发挥其积累的经验技巧，压缩了对证人心理判断的空间。

---

① [德] 穆泽拉克：《德国民事诉讼法基础教程》，周翠译，中国政法大学出版社2005年版，第68页。
② [日] 小林秀之：《新证据法》，弘文堂1998年版。转引自李峰：《司法如何回应网络技术进步——兼论视听传输技术作证的运用规则》，载《现代法学》2014年第3期。

（二）在线作证相关规定粗略

虽然本文第一部分罗列了很多涉及证人在线作证的法律规定，但均是宏观指导性的工作指引，在具体问题上，例如在线作证适用范围、当事人异议权的行使与审查、在线作证程序流程等重要问题具体规定缺失，导致全国各地法院无章可循，实际操作过程中千差万别。

1. 在线作证适用范围未明晰。虽然《民事诉讼法》中规定了四种可以利用视听传输技术进行在线作证的情形，但是该条文制定于在线诉讼还未推广时期，针对的是线下庭审中的作证问题。虽然该条文仍可以适用于在线作证，但由于场所的变化、科技因素的融入不免存在更多例外情况，当遇到当事人申请在线作证时，由于缺乏具体明确的适用范围规定，人民法院对在线作证的申请是否准予，完全依赖于人民法院自由裁量，缺乏法律依据，难以让当事人信服。

2. 在线作证违规行为惩戒不明。在线作证与线下作证的最显著区别在于现场是否在法院可控范围之内。线下法庭相对严肃的环境对各方当事人的情绪有一定压制作用，即便证人与当事人在法庭发生言语冲突，或者证人在作证过程中情绪激动，也有法院的工作人员当面制止。但线上作证不同于线下，相对宽松的环境减少了证人的心理压力，一旦当事人与证人之间发生言语冲突，法院除了中断诉讼并无其他解决方案，对于如何规范证人在线作证过程中的言谈举止，如何对严重影响庭审的作证行为进行惩戒需要进一步规定。

3. 在线作证操作流程不清。虽然规定了证人可以在线作证，但是缺乏针对该程序的细化设计，各个环节如何操作尚不明晰，各地法院在证人在线作证过程中都是"摸着石头过河"。针对在线作证缺乏线下相对庄严的法庭氛围，如何细化在线作证操作流程，通过形式化程序性的流程来弥补在线氛围的缺失，进一步通过程序确保证人如实作证十分重要。

4. 当事人异议权的行使与法院认为有必要采用线下作证规定模糊。《人民法院在线诉讼规则》第26条规定了证人应当线下作证的两种情形，[①]一种是当事人提出异议且理由合理，另一种是人民法院认为有必要线下作证。这两种情形的规定并无问题，但却没有具体规定什么是合理理由，什么属于依职权认为有必要的情形，当事人提出异议后人民法院如何审查等一系列问题，在这种缺乏明确指引的情况

[①]《人民法院在线诉讼规则》第26条第1款规定："……当事人对证人在线出庭提出异议且有合理理由的，或者人民法院认为确有必要的，应当要求证人线下出庭作证。"

下,当事人异议权可能被滥用,也易造成诉讼成本增加,更容易导致证人出庭作证意愿降低。

(三)在线作证客观条件不充分

在线作证效果的实现,除了需要配备专门的规范性制度,更依赖于技术、场所、设备等硬件条件的协同,针对在线诉讼实践中的技术痛点、难点,特别是硬件设备等支撑条件存在的问题,我们亟须对之进行改造升级,以有效推行线上诉讼的审判方式。①

1. 空间隔绝问题难保证。确保证言的真实性、客观性是证人作证的第一要义,这就要求证人在空间上隔绝,不得旁听庭审,不得听取其他证人作证,以免存在证言"加工污染"。在传统的线下庭审中,通常要求证人在法庭外等候,证人在庭外等候期间处于法院的监控之下,从而实现证人与其他庭审环节的物理隔离。但在线上、远程背景下,在证人的空间隔绝问题没有有效的技术手段、规范周密的惩处措施及固定严格的作证场所予以保障的情形下,证人很容易被"干扰"。因为只要在证人远程在线作证过程中没有切断网络信号,就无法排除证人了解庭审过程的可能性,再加之全国各地并没有全面建设配备在线作证场所,实现远程的空间隔绝难以控制。②另外,证人在线作证与网络直播公开存在矛盾,在庭审网络直播的前提下,如果允许证人在线作证,则没有办法完全确保证人在作证前不以观看庭审直播的方式旁听该案件,因此,实践中很多原本可以在线进行庭审的案件,因有证人在线作证不得不改为线下进行。③

2. 在线作证平台待完善。由于我国在线诉讼处于起步阶段,在线诉讼平台的建设、在线设备的安装在大部分地区都处于初期发展阶段,以T地区法院为例,进行在线诉讼的方式大致有三种:一是通过本院配备的网络法庭(云审系统)进行远程庭审,二是通过人民法院在线服务平台进行远程庭审,三是通过腾讯会议等其他平台进行远程庭审,不同的在线诉讼平台建设程度不同,或多或少存在一定的障碍。(如表4所示)

---

① 左卫民:《中国在线诉讼:实证研究与发展展望》,载《比较法研究》2020年第4期。
② 吴立群、王屹松、王颖鑫等:《关于在线庭审证据审查规则的调研》,载天津市第三中级人民法院网站,http://tj3zy.tjcourt.gov.cn/article/detail/2021/10/id/6303617.shtml,2023年7月6日访问。
③ 李经纬:《疫情防控常态化背景下民事电子诉讼制度之完善》,载《法律适用》2021年第5期。

表 4　T 地区法院在线作证平台情况

平台名称	是否可以在线作证	身份识别方式	优　点	缺　点
网络法庭（云审）	是	人脸识别、身份证认证、手机号认证	平台在线庭审、作证功能齐全	网络法庭配备有限、庭审场所不灵活
人民法院在线服务平台	否	人脸识别、身份证认证、手机号认证	庭审场所灵活、庭审设备简单	平台角色缺少证人身份，在线作证功能缺失
腾讯会议等其他平台	是	肉眼对比辨认	方便灵活、操作简单	识别方式不精准、非官方平台

3. 在线作证效果难保证。线下庭审中，法庭氛围庄严肃穆，客观因素会提升诉讼参与人的自律意识，而在线庭审中由于客观约束因素减少，诉讼参与人的行为自律性会降低，突出体现在在线行为随意性与诉讼行为规范性之间的矛盾。[①] 证人在线作证也面临同样的问题，在固定作证场所没有全面建立的情况下，绝大多数证人在线作证都是通过自身的手机终端进行，这种情况下证人所处地点的网络环境、网络的流畅度、画面的清晰度等方面都难以控制，网络卡顿、背景嘈杂、画面不完整等情况时有发生，甚至会存在视频突然中断情况，严重影响庭审的连贯性。本文抽取 T 市两地法院近两年 10 件涉及在线作证的案件，情况如下。（如图 2 所示）

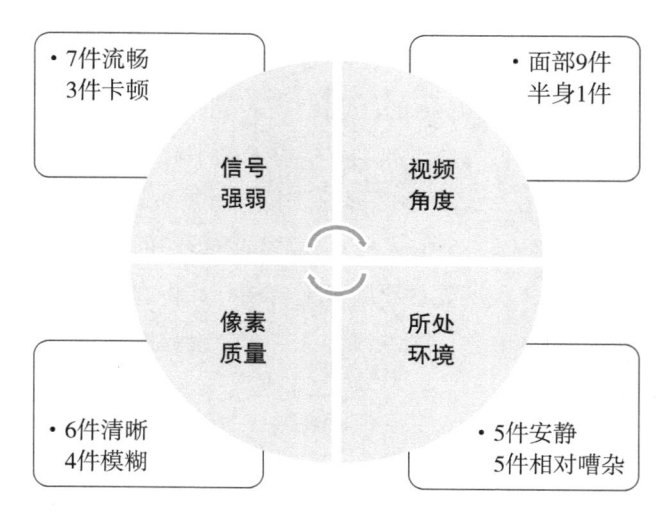

信号强弱
- 7件流畅
- 3件卡顿

视频角度
- 面部9件
- 半身1件

像素质量
- 6件清晰
- 4件模糊

所处环境
- 5件安静
- 5件相对嘈杂

图 2　T 市两地法院 10 件证人在线作证案件情况

[①] 李经纬：《疫情防控常态化背景下民事电子诉讼制度之完善》，载《法律适用》2021 年第 5 期。

4. 新兴技术研发应用不够成熟。根据案件类型情况的不同，法院可能基于对证人的保护，尤其是刑事案件当中会采取证人屏蔽作证方式。屏蔽作证主要是指在刑事诉讼过程中，为了保护特定证人的人身财产安全，在不暴露证人身份信息、面貌特征、声音等情况下，通过对证人隐名、蒙蔽面部、改变声音等特定的隐蔽手段，让证人接受询问、质证、履行作证义务。[1] 这种屏蔽作证的方式可能会引起不同程度的失真。证人证言通过单纯的录像方式储存存在被篡改的可能性。而目前电子存证比较好的技术就是区块链技术，因为区块链的链式结构，使得即使在某时某刻发生了变更，信息也会被完整记录，从而保证不可被篡改，使得"作恶"的成本大为增加。[2] 但目前各地法院对区块链技术的掌握甚至是了解都较为浅显，如何强化司法区块链存证建设，如何将区块链等新兴技术与司法活动深度融合还需探索。

三、破茧：证人在线作证常态化建立破局

推动证人在线作证形成常态化趋势，提高证人在线作证的推广率和使用率，根源性解决证人出庭率低、成本大的问题，应先从思想理论上确立和阐释与在线作证相适应的审判机理入手，进而在实践中搭建以"智能化、制度化、隔离实质化"为核心的改革路径。

（一）直接言词原则的发展与革新

直接言词原则是法治文明的体现，突出法官亲自坐席裁判和证据的原始性，注重保障诉争双方的辩论权，有利于接近事情真相。[3] 不可否认，证人在线作证与传统线下作证伴生的"现场性""公开性""直接言词原则"等机理存在一定扩张之地，但并非否定和排斥。[4]

其一，在线作证并未改变"现场性"和"公开性"，证人在线作证与线下作证的关键区别在于打破了场所的限制，进而有人认为缺乏了"现场性"，但"现场

---

[1] 章青山：《证人隐蔽作证——我国刑事诉讼环境下证人保护之必要》，载豆丁网，https://www.docin.com/p-2596049454.html，2022年5月15日访问。
[2] 伊然：《区块链存证电子证据鉴真现状与规则完善》，载《法律适用》2022年第2期。
[3] 姜玉卿：《略议直接言词原则的内在诉讼价值》，载《法治论丛》2004年第4期。
[4] 左卫民：《中国在线诉讼：实证研究与发展展望》，载《比较法研究》2020年第4期。

性"并非指距离的远近,而是应当指亲历庭审的过程,依靠视频依旧可以保证现场感。而"公开性"目的则是便于群众监督司法的运行,这并不排斥通过在线作证的方式,因为在线活动的庭审纪律与线下庭审纪律相同,证人以及各方当事人的行为举止依旧受约束。

其二,有必要重新解读在线作证中"直接言词原则"的内涵,该原则包括直接审理、言词询问、直接采证三个方面,从语义来看,在线作证对于"直接审理""言词询问"并没有什么突破和背离,而主要的矛盾点在于证人在线作证过程中人们担心法官难以察言观色,难以保证证人所处环境的独立性,进行影响法官的"直接采证"。但这些担心随着技术的不断升级已经不是障碍,通过5G通信技术,完全可以全方位展示证人的面部表情和肢体动作,诸多问题也便都可迎刃而解。

其三,证人愿意通过在线的方式作证,相比于因考虑出庭成本拒绝出庭作证而只提供书面证人证言来讲,这种通过技术手段促进证人出庭率提高的方式,反而是进一步在实践中贯彻了"直接言词原则"。并且,庭审实质化强调的是对证人实质的询问和调查,[1] 通过在线方式作证,交叉询问并不存在任何阻碍,同样可以保证询问的效率和质量,完全符合直接言词原则。

(二)智能化、制度化、隔离实质化在线作证机制搭建

证人在线作证制度的完善应在现有基础上针对存在的问题,以"技术性、规范性、独立性"为导向,着力技术研发投入、规章制度建立、硬件设施配备,从而真正推动证人在线作证走向"智能化、制度化、隔离实质化"。

1. 证人在线作证技术功能优化

一是统一完善全国在线作证平台。由于缺乏统一的要求,各地法院开展在线诉讼的方式五花八门。最高人民法院应当进行统一部署,在现有"人民法院在线服务平台"的基础之上,进一步完善证人在线作证功能,并将该平台作为全国统一的在线服务平台,除各级法院利用配备的网络法庭开庭外,其他线上活动均只能通过"人民法院在线服务平台"开展,规范全国在线诉讼活动。同时要进一步对该平台在线作证人脸识别进行升级,确保证人身份准确,溯源可查。要简化在

---

[1] 顾永忠:《庭审实质化与交叉询问制度——以〈人民法院办理刑事案件第一审普通程序法庭调查规程(试行)〉为视角》,载《法律适用》2018年第1期。

线作证、在线诉讼操作流程，便于当事人操作，避免因流程烦琐导致线上作证、诉讼等活动受到影响。

二是强化区块链技术的研发投入。就全国范围来讲，区块链等新兴技术与司法活动的深度融合仍处在初级阶段，各级法院对于新兴技术的探索不充分、应用也不广泛。证人证言对于案件事实的认定有时候起到至关重要的作用，在刑事案件当中其更是重中之重，要强化对于新兴技术的推广和研发，将在线作证与区块链等技术深度融合，确保在线作证的证人证言，尤其是经过技术处理的证人证言的完整性、真实性、原始性，杜绝电子存档被修改、攻击，着力完善技术安全保障措施，为在线作证、在线诉讼的推广提供稳定、安全的网络环境。

三是探索增加在线作证防录屏功能。线下开庭严禁庭审过程中录音录像，在线诉讼的一个难题便是无法控制案件当事人通过手机端进行庭审录制，导致案件信息泄露，证人隐私曝光，一旦类似情形造成不良后果，极易形成社会舆论热点事件，更会严重损害证人在线出庭作证的积极性。基于此，应当在现有"人民法院在线服务平台"中增加防录屏功能。虽然根据目前的技术手段，还无法做到在法院端控制当事人手机端的录屏设置，但可以参考目前防录屏提示效果和跑马灯滚动两种方式，减少当事人私自录屏情况的发生。（如图3所示）

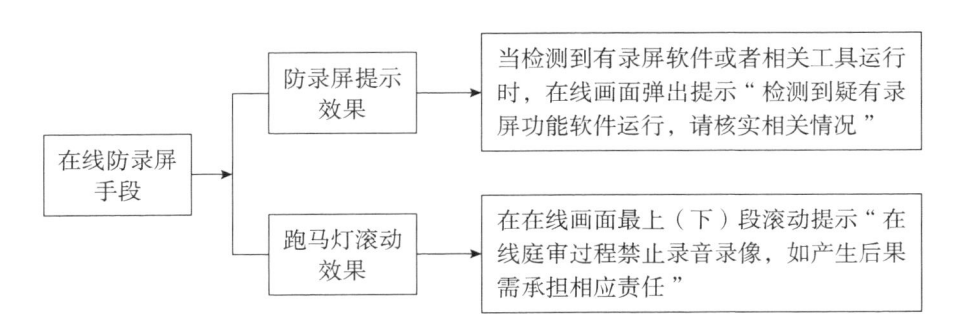

图3 防录屏提示效果和跑马灯滚动效果

四是上线虚拟背景展示功能。按照《人民法院在线诉讼规则》，为了强化在线庭审的严肃性和庄严性，给予证人在线作证同样的威慑力，法官在线开展庭审活动时，应当在环境要素齐全的在线法庭进行，在线法庭应当保持国徽在显著位置，审判人员及席位名称等在视频画面合理区域。但是在特殊情况下，有时候并不能完全保证在法庭进行庭审，这时候按照规定就需要进行审批。上线虚拟背景展示功能之后，可以在任何场景下保持法官背景均是在线法庭的展示画面，不再受限于开庭场所的困扰。

2. 证人在线作证制度规定细化

一是明确在线作证范围。现有《人民法院在线诉讼规则》及各地高院制定的相关规范中，均未对可以进行在线作证的范围进行规定，这就给当事人在线作证异议权留下了滥用空间，一方当事人可能会基于诉讼对立情绪、拖延诉讼、削弱证人作证意愿等考虑因素，对在线作证请求一律提出异议，要求进行线下作证，由于缺乏具体的在线作证适用范围的条款，则需法院对异议权进行合理性审查，增加了法院的司法负担。同时，异议权滥用就会造成申请在线作证一方当事人诉讼负担增加，证人线下作证的费用需要由申请一方承担。另外对于证人而言，因无法进行在线作证，考虑到线下作证的时间、金钱、风险成本，大多数也都降低了进行出庭作证的意愿，导致案件审理事实查明困难。因此，可以从正反两个方向对在线作证适用范围作出明确细化规定。

正向规定范围：结合《民事诉讼法》《刑事诉讼法》《行政诉讼法》及其司法解释、《人民法院在线诉讼规则》等相关在线作证规定，以"列举＋兜底"形式明确列举 5 种情形及 1 种兜底条款。（如图 4 所示）

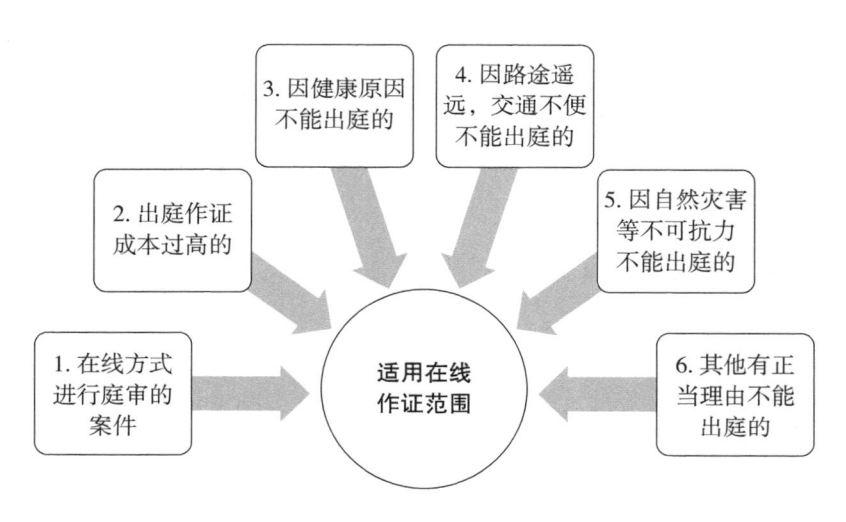

图 4 适用在线作证的 6 种情形

反向规制范围：为了防止虚假证言和在线作证适用泛化，建议从审理程序、证人情况、当事人诉讼表现、客观情况等方面做出 6 项反向规制。（如图 5 所示）

```
                    ┌──────────┐
                    │ 不得申请 │
                    │ 在线作证 │
                    └──────────┘
```

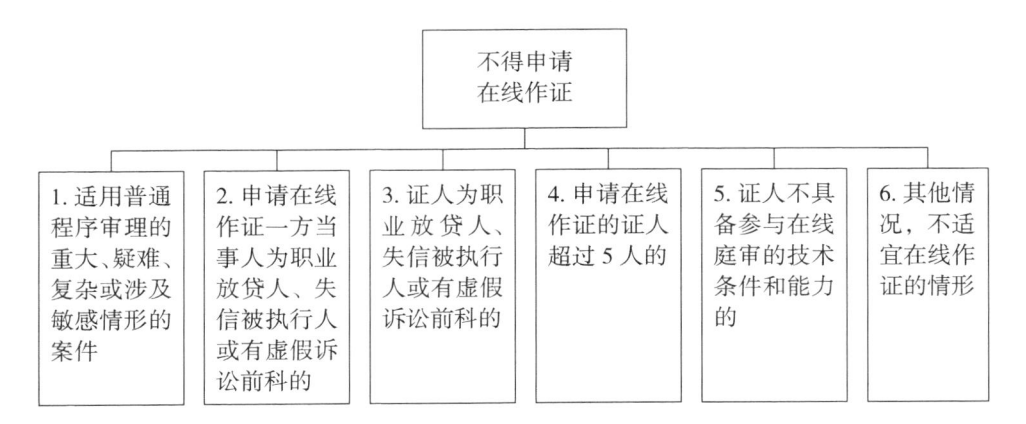

| 1.适用普通程序审理的重大、疑难、复杂或涉及敏感情形的案件 | 2.申请在线作证一方当事人为职业放贷人、失信被执行人或有虚假诉讼前科的 | 3.证人为职业放贷人、失信被执行人或有虚假诉讼前科的 | 4.申请在线作证的证人超过5人的 | 5.证人不具备参与在线庭审的技术条件和能力的 | 6.其他情况，不适宜在线作证的情形 |

图 5　不得申请在线作证的 6 种情形

二是明晰在线作证流程。为防止证人因在线缺乏司法约束及庭审庄严感，从而增加虚假陈述的可能性，要对在线作证进行一系列的程序性细化。作证开始后，首先要求证人选择安静、无干扰、光线适宜、网络信号良好、相对封闭的场所，不得在可能影响庭审音频视频效果或者有损庭审严肃性的场所进行作证，作证过程中至少保持上半身完全展现在视频画面上，由法官向其强调如实作证的义务及虚假作证可能承担的法律后果。制作《如实作证承诺书》《证人誓词》等文书，供证人在线作证使用。运用电子签名及时签署作证笔录，及时对作证过程进行录音录像，在线庭审结束后及时归档保存。（如图 6 所示）

检测证人作证环境 → 法官告知如实作证义务及相应法律后果 → 证人签署《如实作证承诺书》

证人在线签署笔录 ← 证人在线接受询问 ← 证人宣读《证人誓词》

图 6　证人在线作证流程

三是规范异议权行使步骤。当事人申请在线作证的，应当在举证期间内提出申请。从现实需求和适用范围角度，首先由法院进行审查，不符合在线作证条件的，不予准许。符合在线作证条件的，征询对方当事人意见，其有权在法院规定的时间内提出异议，提出异议的需说明详细理由。异议成立的，通知申请在线作证一方当事人，并告知其线下作证。异议不成立的，则告知申请在线作证一方当

事人准予在线作证，并向证人送达《在线作证通知书》，明确告知相关权利义务。（如图 7 所示）

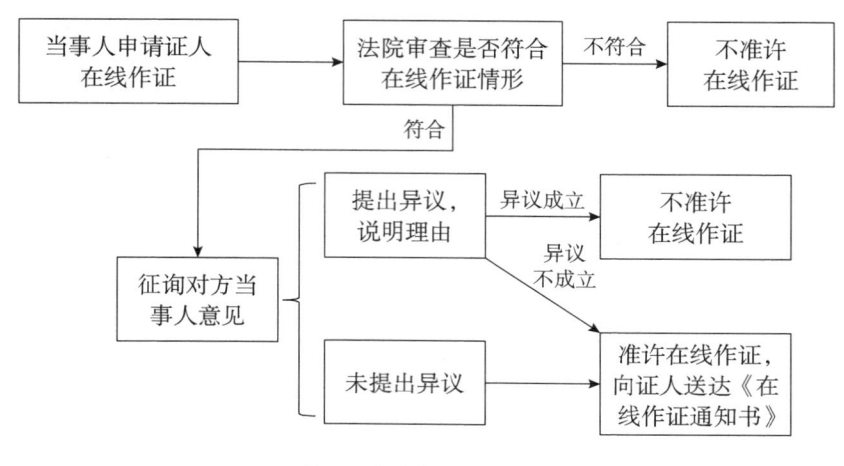

图 7　当事人异议权行使流程

3. 证人在线作证隔离创新方法

要想真正实现证人在线作证的"隔离"，需要从"程序隔离""物理隔离""虚拟隔离"三个不同层面建立不同的机制。

（1）程序隔离方法

法官控制证人在线作证"准入权"。无论是通过网络法庭还是"人民法院在线平台"进行在线作证，要保证证人进入在线作证页面由法官端控制，只有通过法官在庭审过程中发送的在线作证链接，证人才能进入线上庭审界面，从而防止证人旁听。

证人在线作证程序"前置"。在不影响案件公正合法审理的前提下，可以尝试打破庭审各环节的先后顺序，将证人在线作证的环节提前，可以在法庭调查前，优先安排证人进行作证，接受法官以及各方当事人的询问和质证，从根源上解决证人在等待作证期间获悉法庭调查情况的可能性。

（2）物理隔离方法

《人民法院在线诉讼规则》规定，"人民法院应当通过指定在线出庭场所、设置在线作证室等方式，保证其不旁听案件审理和不受他人干扰"。但目前从各地运行情况来看，在线作证室在大部分地区仍没有广泛建立，大部分的在线作证场景中，仍是证人自行选择合适地点进行作证。由此，应加大资金投入，强化各部门联动配合，搭建在线作证室等配套设置。

多方联动搭建在线作证室。在线作证室的搭建应本着"盘活现有资源，强化联动配合"原则，单独选择场地在全国各地铺开建设可能会造成较大财政负担，应当考虑在具有矛盾纠纷化解职能的机关或者单位改造建立在线作证室（如图8所示）。一方面，要强化跨区域法院之间的联合共建，由最高人民法院牵头，要求各地区各级别法院在现有远程网络法庭的基础上升级改造，增加在线作证功能，实现跨区域协同在线作证。例如2020年4月，最高人民法院第六巡回法庭在审理一起建设工程施工合同案件中，采取"异地法院配合"模式，有效破解了证人出庭难题。[①]另一方面，要强化与司法所、矛盾调处中心、律师事务所的联动配合。由中央政法委、最高人民法院、司法部等部门牵头，共同筹划在上述单位建立在线作证室试点，并汇总制定名册下发给相关单位，便于需要在线作证时让证人选择就近地点参与庭审。例如成都中院在市律协和部分具备条件的律所试点建立"5G智慧参审室"，当事人可就近利用"5G智慧参审室"配备的电子诉讼综合平台处理并提交证据、发表质证意见、参加在线庭审等活动。[②]

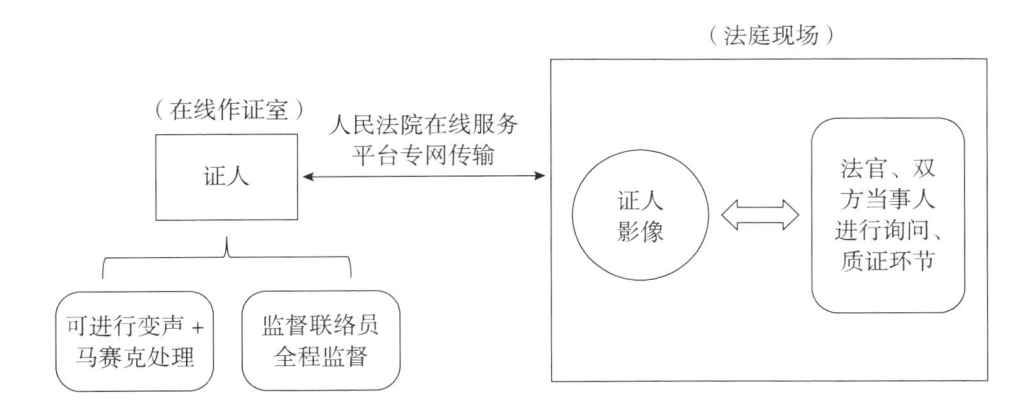

图8 在线作证室示意

搭载在线隐蔽作证系统。为进一步完善证人在线作证保护机制，维护证人合法权益，免遭案件当事人的打击报复，切实保证证人出庭率，应当在后期建立的

---

① 历文华、朱建伟：《最高人民法院六巡跨省联动破解在线诉讼证人出庭难题》，载《人民法院报》2020年4月18日，第1版。

② 王鑫：《成都中院启用"5G智慧参审室"——电子诉讼新模式推进繁简分流改革》，载《人民法院报》2020年5月21日，第4版。

在线作证室或者在现有的"人民法院在线服务平台"搭载"模片摄像机"（可对图像进行马赛克处理）和"变声话筒"，在线作证过程中证人上半身均以模糊处理的方式展现在法庭当中，声音也进行大幅度改变，解决证人的后顾之忧。其实，现在很多地区已经有了尝试，并积累了一些经验，例如河北唐山中院建立同步视频作证室，让证人"隐身"出庭；忻州中院建立"变声器+马赛克"证人保护系统。

配备在线作证监督联络员。除了建立在线作证室外，也需要建立日常沟通联络机制，选派专职或兼职监督联络员。该联络员负责在线作证相关工作的沟通安排，负责在线作证设备的调试和维护，负责在在线庭审过程中监督证人杜绝旁听等工作。

（3）虚拟隔离方法

设置线上候审室。考虑到目前在线作证室并未完全建立，多为证人自行选择地点进行在线作证，为了保证庭审过程中证人的绝对独立，可以尝试设置线上虚拟候审室。由法院的书记员或者法官助理在案件在线开庭后证人作证前，通过微信视频、QQ视频等方式与证人保持通话，通过视频方式要求证人展示所处空间是否存在他人、是否存在其他通信设备等，并通过在线视频的方式测试所处地点的信号强弱程度，确保在线作证前证人对庭审过程不知晓，保证在线作证过程流畅、清晰，不存在卡顿等现象。

四、结语

我国目前已经进入5G时代，科学技术在迅速发展，司法也在技术的洪流中快速进步，证人在线作证便是该背景下网络技术与司法实践需要相结合的产物，是技术服务司法的直观体现。虽然目前在线作证在实践中存在多种风险和挑战，在司法运行中也存在使用率较低的突出问题，但随着技术的革新、法律规范的完善、思想理念的转变、司法理论的深入，在线作证必将为各类群体广泛接受，也必将成为日后证人作证的主流方式，真正实现证人便出庭、愿出庭、敢出庭，真正做到科技助力司法发展，不断推进我国审判体系和审判能力现代化。

附件：

关于诉讼活动中证人在线出庭作证的实施办法（试行）[①]

为支持和推进在线诉讼，规范诉讼中证人在线出庭作证程序，维护诉讼秩序，提高庭审效率，保障诉讼参与人的合法诉讼权利，依据《中华人民共和国刑事诉讼法》《中华人民共和国民事诉讼法》《中华人民共和国行政诉讼法》《人民法院在线诉讼规则》等相关规定，结合人民法院工作实际，制定本办法。

第一条【证人在线作证含义】 证人在线出庭作证，是指通过视听传输技术，以网络连接方式出庭陈述证言，接受审判人员和当事人、诉讼代理人询问。

第二条【证人在线作证原则】 证人在线作证应当遵循以下原则：

（一）客观陈述原则。证人在线作证应当如实、客观陈述亲身感知的事实，作证时不得使用猜测、推断或者评论性语言。

（二）权利保障原则。应当充分保障证人合法权益，对于对证人存在打击报复可能性的案件，依法对证人在线作证画面进行模糊、变声处理，保证证人人身安全。

（三）作证隔离原则。在线作证证人不得旁听法庭审理，不得与当事人及其他诉讼参与人于同一场所参加庭审，充分保证证人证言的独立性、客观性和真实性。

第三条【证人在线作证适用范围】 人民法院综合考虑案件情况、当事人意愿和技术条件等因素，可以对以下案件适用证人在线作证：

（一）在线方式进行庭审的案件；

（二）出庭作证成本过高的；

（三）证人因健康原因不能出庭的；

（四）因路途遥远、交通不便，不能出庭的；

（五）因自然灾害等不可抗力不能出庭的；

（六）其他有正当理由不能出庭的。

第四条【不得申请在线作证的情形】 下列情形下案件当事人不得申请证人在线作证：

（一）适用普通程序审理的重大、疑难、复杂或涉及敏感情形的案件；

---

① 作者试拟稿。

（二）申请在线作证一方当事人为职业放贷人、失信被执行人或有虚假诉讼前科的；

（三）证人为职业放贷人、失信被执行人或有虚假诉讼前科的；

（四）申请在线作证的证人超过5人的；

（五）证人不具备参与在线庭审的技术条件和能力的；

（六）其他不适宜在线作证的情形。

第五条【证人在线作证申请的处理】 当事人应当在举证期间内提出证人在线作证申请，当事人申请证人在线作证的，人民法院应当先行审查是否符合在线作证适用范围，是否存在禁止申请证人在线作证的情形，不符合条件的，不予准许。符合条件的，人民法院应当征询对方当事人的意见，对方当事人提出异议且有合理理由的，不予准许在线作证。对方当事人没有提出异议的，准许在线作证并向证人送达《在线作证通知书》。

第六条【证人在线作证流程】 证人在线作证前，人民法院应当先行检测证人作证网络及现实环境，证人登录系统进入作证画面后，法官应当告知其如实作证的义务以及虚假陈述需要承担的法律后果，由证人在线上签署《如实作证承诺书》，并宣读《证人作证誓词》，然后开展法庭询问和质证等环节，证人在线作证结束后应线上签署作证笔录。

第七条【证人在线作证环境要求】 证人参加在线庭审，应当仪表整洁、文明着装，选择安静、无干扰、光线适宜、网络信号良好、相对封闭的场所，不得在可能影响庭审音频视频效果或者有损庭审严肃性的场所参加庭审。

第八条【证人在线作证地点】 证人在线作证的，可选择在所在地就近设置的在线作证室或法院指定地点进行在线作证，作证过程由在线庭审监督联络员全程监督。也可选择在家中、办公室等私人场所进行在线作证，但作证前需在线上虚拟候审室等待，并配合法院工作人员对所处环境进行线上检查。

第九条【证人在线作证隐蔽措施】 法官可以根据案件情况以及证人的申请，对证人在线作证画面进行技术处理，依法保证证人的合法权益。

第十条【证人不得随意截屏录像】 适用在线作证的案件，应当按照法律和司法解释的相关规定公开庭审活动。未经人民法院同意，证人不得违法违规录制、截取、传播涉及在线庭审过程的音频视频、图文资料。

第十一条【线上线下作证程序转换】 人民法院在审理过程中发现存在不适宜证人在线作证情形的，应当及时要求证人线下出庭作证。

第十二条【证人在线作证程序前置】 在不影响案件审理情况下，人民法院为保障证人证言不受干扰，可以将证人在线出庭作证环节前移，在双方当事人陈述诉辩意见后进入法庭调查前，优先由证人进行在线作证。

第十三条【遵守法庭纪律】 证人在线作证过程中应当尊重司法礼仪，遵守法庭纪律。人民法院根据在线庭审的特点，适用《中华人民共和国人民法院法庭规则》相关规定。

（**作者简介**：高天保，天津市津南区人民法院四级法官助理。）

民事诉讼中电子证据司法适用研究

——以天津法院100份民事判决书为研究样本

周 杨

所谓电子证据，是指任何以电子形式存储于介质中，通过相关设施反映出来的信息，被用作证明案件客观事实的一切材料及其派生物。近年来，随着互联网的普及和信息技术的发展，社会已步入信息化时代，各类移动通信设备成为大众生活中必不可少的工具，各行各业中的应用也越发广泛。在当事人出现纠纷时，越来越多法律事实的认定需要依靠电子数据，诸如电子邮件、QQ聊天记录、微信转账凭证、手机短信等电子证据，在民商事案件中出现的频率有逐渐增加的趋势，重要性日益凸显。虽然诸如网络聊天记录等电子数据早已被当作证据材料在庭审中出现，但司法实践中，当事人举证时会存在一些误区，例如简单制作几张截图作为书面证据提交，导致法官认证时很难准确认定其与待证事实间的关联性，使得对电子证据的审查认定成为一大难题。本文主要从司法实践层面分析电子证据在民事诉讼中的应用，希望能对审判实践有所裨益。

一、电子证据在民事诉讼案件中的实证分析

当事人提出的电子证据若想要在审判程序中得到法院认可，涉及取证、举证、质证、认证等不同诉讼阶段，但是受当事人举证能力、不同法官对电子证据的裁量标准差异等诸多现实因素影响，电子证据对证明待证事实呈现出不同的诉讼效果，需要进行实证分析。2020年5月1日正式实施的《最高人民法院关于民事诉讼证据的若干规定》第14条，详细列举了电子数据的表现形式。这也正式宣布了微信聊天记录、电子邮件、手机短信、支付宝等存储在电子介质中的信息可以作为证据使用。

（一）样本文书检索过程

本文实证研究样本的数据来源于天津法院办公办案平台"法院裁判文书全文检索"模块中的办案数据，具体搜索路径为：搜索栏输入关键词"电子证据"，案件性质选择"民事纠纷"，时间范围选择"2020年5月1日以后"，文书类型选择"判决书"，出现结果后搜索栏选择"结果中检索"，出现177份各类案由的民事判决书。搜索结果以相关度由高至低顺序排列，本文按顺序选取前118份文书（相关度较高）作为研究对象。经过剔除部分关联串案文书以及实质上与本文研究问题无关的文书，最终保留100篇民事判决书作为研究样本。

（二）样本文书中电子证据相关特征分析

笔者对自2020年5月1日以来涉及电子证据的样本文书进行了深入分析。

1. 从审判程序上看。涉及一审程序66件，二审程序34件，再审程序0件，可以看出电子证据主要出现在一、二审案件中，换个角度看，也能说明电子证据尚没有成为当事人申请再审的主要理由。

2. 从案由分布上看。涉及侵害作品信息网络传播权纠纷、网络侵权责任纠纷、商品房预售合同纠纷、劳动争议纠纷、民间借贷纠纷、通海水域货运代理合同纠纷、著作权侵权纠纷、金融借款合同纠纷、财产损害赔偿纠纷、买卖合同纠纷、建设工程施工合同纠纷、租赁合同纠纷等十几种法律关系，其中以劳动争议纠纷、侵害作品信息网络传播权纠纷和租赁合同纠纷居多，分别达到19份、17份和14份，由此可见电子证据主要出现在劳动争议、知识产权及合同类相关案件中。

3. 从文书涉及的法院分布上看。除一家基层法院外，天津全市所有法院均有涉及，其中高院2件、一中院16件、二中院7件、三中院17件、海事法院2件，以和平法院、滨海新区法院为代表的基层法院共计56件，也说明电子证据主要出现在中级、基层法院审理的案件中。需要特别提示的是，具有知识产权案件审判职能的法院作出的文书中，电子证据出现的频率较高，也在一定程度上说明了该类证据在知识产权案件中的重要性。

4. 从电子证据的表现形式上看。主要包括微信聊天记录、微信转账及红包明细、支付宝交易明细、手机短信、电子邮件、QQ聊天记录等，既包括电子证据是直接证据、单个证据的案件，也包含电子证据是间接证据、整组证据链条中一环的案件。其中出现次数最多的，还是微信聊天记录，达到了37份。

5. 从电子证据的认证情况上看。通过对文书认证部分内容进行统计分析，判决书对电子证据的审查判断基本围绕着证据三性展开。其中，对于电子证据采纳与否，真实性是审查判断的重点。对于电子证据予以采纳的，多数是法官通过与其他证据相结合、借助公证等方法，认为电子证据真实性经过了检验。样本文书多表述为"雷某提交的转账电子证据与其多次陈述、录音吻合，足以认定转账的50000元，属于杜某某的借款"，"被告提供公证书，证明电子证据的真实性"，"上述证据虽为电子证据，但证据较为完整，故本院对原告的证据予以采信"。也有文书采纳了第三方存证平台的证据，例如"某平台运营者某网络科技（北京）有限公司为独立于本案原、被告的民事主体，且其通过了公安部安全与警用电子产品质量检测中心的检验认证，亦与北京网络行业协会电子数据司法鉴定中心签订《司法鉴定及数据保全技术合作协议》，具备作为第三方电子存证平台的资质。虽然取证的整个过程由原告自行操作，且无证据证明原告操作前对取证环境的清洁性进行了检查，但根据某科技电子数据技术原理说明，及某网络科技（北京）有限公司与中国科学院国家授时中心签订的《产品购销合同》等，某平台取证可以保障计算机环境和软件程序环境清洁、网络路径清洁、取证程序声称的电子数据客观真实反映实际情况。结合勘验过程，本院认为，在无相反证据的情况下，某平台取证数据保全真实性应予以确认，可以作为认定事实的初步证据"。

对于电子证据不予采纳的，大多数是因为法官经审查后认为证据的真实性无法保障。例如样本文书表述为"陈某仅提交了微信聊天记录欲证实其与某公司之间存在劳动关系，因微信聊天记录属于电子证据，容易篡改，且聊天对象身份无法核实，故在无其他证据佐证的前提下，对证据的真实性和证明目的均无法认定"，"第三人提交的系电子证据的传来证据，且无原始载体进行核实，故对其真实性及证明力不予确认"，"网络直播平台视频系电子证据，但该证据并未进行公证或委托第三方加以存证固定，无法核实其真实性和合法性，故该视频不足以达到证明目的，本院不予采用"。

二、审判实践中电子证据审查认定中的难点

通过对样本文书的分析，结合审判实践中的情形，电子证据审查认定中的难点主要表现在以下几个方面。

（一）审查认定的法律依据缺乏

2020年5月前，我国电子证据的刑事法律规范体系已经形成，包括"两高一部"《关于办理刑事案件收集提取和审查判断电子数据若干问题的规定》，公安部《计算机犯罪现场勘验与电子证据检查规则》《公安机关办理刑事案件电子数据取证规则》等。[1] 而对于电子证据在民事诉讼中的应用，涉及的相关内容缺乏完整性、系统性，同时具有约束性的刚性条款较少，电子证据立法滞后于信息化建设发展，导致不少案件缺乏有效的电子证据支持。[2] 民事诉讼法司法解释仅明确了电子证据的定义，但未对其举证、质证、审查认定作出专门规定，无法保证证据有效性，导致司法实践中，往往出现认定标准宽严不一的情况。

2020年5月新实施的《最高人民法院关于民事诉讼证据的若干规定》，在2015年民事诉讼法司法解释第116条阐释电子数据含义的基础上，进一步明确了电子数据的范围和审查标准。新规将电子证据分为五大类：网页、博客、微博客等网络平台发布的信息；手机短信、电子邮件、即时通信、通讯群组等网络应用服务的通信信息；用户注册信息、身份认证信息、电子交易记录、通信记录、登录日志等信息；文档、图片、音频、视频、数字证书、计算机程序等电子文件；其他以数字化形式存储、处理、传输的能够证明案件事实的信息。拓宽了电子证据的认定范围，也为当事人收集、准备证据材料提供了有力指引，将已经较为成熟的电子证据体系以类型化的方式正式写入了司法解释，解决了依据不足的问题。对比2020年5月1日后作出的判决书，其涉及电子证据方面，说理、论证、援引的法律依据也明显比之前的文书更为充分、详细。

（二）证据真实性难以认定

作为一种新类型证据，电子证据以"0"和"1"两个二进制数字信号形式存在，其本质是数字传输，以数字技术为主导，以相关电子产品为载体。[3] 电子证据通常无法独立存在，需要依附于电脑、手机SIM卡等存储介质及应用App、各类操作系统中，取得和保存过程均需要一定的科技支持。该类证据在传送、存储过

---

[1] 刘品新、陈丽：《电子证据的迭代与立规》，载《人民法院报》2020年10月22日，第5版。
[2] 南佳艺：《电子证据在民事诉讼中的应用》，载《法制博览》2019年第19期。
[3] 杨阳、张耀、尤志龙等：《基于电子证据的智能手机取证App的合法性研究》，载《黑龙江科技信息》2015年第19期。

程中容易被污染，倘若出现黑客侵入等情形，存在较大的损毁、灭失风险，天然存在不稳定、易篡改的特征，因此审判时对于电子证据的真实性很难认定。审判实践中，电子证据相较于传统证据有着不同的审查方法，采信电子证据应当对其来源、形成过程及设备情况进行审查。受限于客观情况，法院通常无法主动实施核查IP地址、服务器等取证行为，也难以启动鉴定，实践中形成了书证化的审判习惯，即将电子证据原件以拍照、打印等方式进行固定，进而转化为书证及视听资料等形式。但这样的做法，与电子证据本身的质证规律不符合，同时其取证过程也很容易侵犯公民个人隐私，给审判带来不便。法院需要依据技术特征及证据"三性"，对证据收集和审查作出判断。取证困难且认证风险高，导致法官对于电子证据通常采取审慎的态度，往往难以对其真实性轻易形成内心确信，导致了电子证据证明力在司法实践中认定的困境。

（三）通信软件使用主体认定困难

在移动互联网时代，微信等即时通信软件的运用已经深入社会生活各方面，工作、生活中的信息不再依赖纸质媒介记录。当前很多企业均采用无纸化办公方式，与之对应，证据载体也经常体现为电子形式。例如，民事审判实践中，在审理买卖合同纠纷、租赁合同纠纷等案件时，会发现当事双方企业的工作人员经常通过这类即时通信软件交流业务、磋商内容，当事人达成合意后，合同实体条款、违约责任承担方式、标的物价款、产品标号等具体内容，也大都通过电子邮件互签方式完成。甚至某些内部管理较为粗疏的中小企业，小数额的货款支付也往往也会在员工个人之间通过微信转账等方式完成。再比如，民间借贷案件中，很多当事人之间不再跟传统借贷一样，签署完整的借条后再出借款项，而是将借贷形成的合意及款项支付均通过微信完成。因此，微信及QQ聊天记录、支付宝记录等作为证据在诉讼中出现的频率非常高。然而，当事人使用的通常是自己注册的虚拟名称，上述通信软件也没有要求实名认证。一方当事人在诉讼中将相关信息记录作为证据提交时，另一方经常否认自己是涉案通信软件的实际使用者，导致双方产生争议后，本证一方意见是否真实也难以认定，在无其他证据进行佐证时，还需要进一步举证，给法院认定事实带来障碍。

（四）权威鉴定机构缺乏

电子证据是信息技术与司法实践结合的产物，若想要使本方提交的证据达到高度可能性的民事诉讼证明标准，进而被法庭采信，当事人、委托诉讼代理人需要使用通俗的方式把电子数据中蕴含的与待证事实相关的信息准确表达给法庭，以保证电子证据在庭审中经得起质疑。正因为电子证据的质证对专业技术有着较高要求，而审判人员又普遍缺乏相关方面的专业知识，进而影响了电子证据质证、认证程序的顺利开展。同时，由于相关权威鉴定机构较少，此领域的专家证人也较为匮乏，也成为目前司法实践中亟待解决的难题。

三、发挥电子证据证明作用的完善建议

诉讼以审判为中心，审判以庭审为中心，庭审则以证据为中心。审判程序中，证据的效力问题是诉讼最核心的问题。规范电子证据的审查判断程序对于更好发挥其对待证事实的证明作用有重要意义。

（一）诉讼中对电子证据审查判断的主要考虑因素

电子证据很容易被删除和篡改，庭审中，当事人经常会对证据生成和储存过程中是否有过更改表示异议。从证据规则角度看，其收集、审查判断和认证的核心是真实性，故对电子证据的审查判断主要是围绕着真实性展开。[①] 主要包括以下方面。

一是遵循电子证据的独特规律，综合认定证据的真实性。例如，对于举证责任分配，通常应依照各方诉讼参与人与电子证据的关联程度，并结合本证与反证不同的举证要求进行合理分配，需要注意的是，应分配给证据保存一方相对更严格的举证义务。再比如，对于当事人提交的手机信息截屏、网络信息内容打印件等证据，不宜片面、机械地直接以不符合传统证据的认证标准为由予以排除，而是要尊重电子证据的独特规律，通过现场登录、重新演示等方式，验证电子证据在存储、传输过程中有无删改、破坏情形，是否经历过剪辑修改。同时，重视证据链条的完整性，对于有瑕疵的电子证据，通过印证证明的方法，确保与其他证据形成证据链条，综合认定案件事实。

二是考察电子证据的生成、存储的计算机系统是否可靠，是否处于正常运行

---

① 郭鹏飞、钱红红、于立君：《微信电子证据的收集和审查判断》，载《辽宁公安司法管理干部学院学报》2020年第2期。

状态。由于电子数据是计算机系统运行的产物，其存在依附于计算机系统，因此系统是否可靠、是否处于正常运行状态，对证据的真实性影响很大。所以，法官在判断证据真实性时，应着重考察计算机系统的软件、硬件是否存在漏洞，运行期间是否有异常情况。

三是考察数据保存、传输、提取的方法是否可靠，形成过程是否正常。电子数据的完整性是其真实性、客观性的体现，因此电子数据是否完整保存、传输和提取以及相关方法是否可靠是重要的考量因素。[1] 庭审中，可以通过考察电子数据的访问操作日志了解是否存在删除、修改，通过审查电子数据的完整校验值或者比对备份数据的方式，查验电子数据的完整性与客观真实性；要审查提取数据的打印、输出方法是否可靠，是否形成于人们正常的往来活动。

（二）善于运用区块链、第三方平台辅助取证

基于电子证据的易篡改、真实性难以保证的特点，证据保全十分重要，但是传统的取证、保全方法与电子证据的特性不匹配，影响了其证明作用的发挥。《最高人民法院关于民事诉讼证据的若干规定》的一大亮点是对电子数据作了具体规定，其中最夺人眼球的是第三方平台的规定。所谓第三方平台，即诉讼两造之外负责提供取证存证技术的主体，包括官方及民间的各类组织。第三方存证机制因其便捷可靠的特性，弥补了电子证据自身的缺陷，得到了实务界的关注，司法实践中常出现的是电子签名、可信时间戳、区块链。例如吉林省吉林市船营区人民法院在审理一起金融借款案件过程中，诉争双方对某个电子图片证据真实性有异议，承办法官通过本院专属数据通道"吉林市船营区人民法院电子证据平台"，在线验证了电子图片证据，提高了审判质效。[2]

（三）完善电子证据的鉴定体制

法官缺乏专业技术知识，加之现有司法鉴定能力不足，导致电子证据的证明力很难保证，给法官适用带来了很大障碍。

对电子证据的鉴定能力受到信息技术水平的制约，应对症下药，通过增强与

---

[1] 最高人民法院民事审判第一庭编著：《最高人民法院新民事诉讼证据规定理解与适用（下）》，人民法院出版社 2020 年版，第 237 页。

[2] 孙兵：《吉林船营区法院：区块链助力电子证据验证》，载《人民法院报》2020 年 10 月 13 日，第 4 版。

专业鉴定机构的联系，与大学等科研机构开展合作等方式，加强高科技技术型人才的培训，升级电子证据的鉴定技术。同时组织法官对相关业务知识开展学习，引导法官准确适用电子证据，从而更好地发挥其在诉讼中的作用，更好地满足信息时代民事审判的要求。

（四）结合电子证据特征进行举证

要想充分发挥电子证据的证明作用，除了前述举措外，更取决于当事人能否适当举证。笔者结合自身审判经验，对各类常用电子证据的举证进行梳理，并提出建议。

1. 电子证据应及时收集

一方面，在诉讼过程中，双方当事人均应注意及时收集相关电子证据，以更好证明待证事实。例如，在使用微信等即时通信工具实施转账行为的同时，可以在沟通过程中要求借款人发送身份证照片、借条等，以保证产生纠纷时能准确确定其身份；结合手机录屏功能，将相关 App 从登录到转账记录展示以及查阅接收款项一方身份的完整过程录制成视频影像，清晰完整地还原证据收集过程，必要时可以请公证机关对取证过程进行公证，其证明力必然更有保障。另一方面，针对当事人自身难以完成举证的电子证据，根据《民事诉讼法》规定，当事人可以申请由人民法院调取。需要注意的是，向法院申请调取相关电子证据前，必须明确需要调查的具体内容及申请查阅信息的保存主体，才能做到"有的放矢"。以微信证据的调取为例，个人用户、公众号、小程序的注册信息需向深圳市腾讯计算机系统有限公司调取，而有关微信钱包的转账记录则需要向财付通支付科技有限公司调取。

2. 原始载体应妥善保存

依据《最高人民法院关于民事诉讼证据的若干规定》，当事人以电子数据作为证据的，应当提供原件。受限于该类证据的本身特征，如果当事人在诉讼中仅能提交微信聊天记录、转账记录截图而无法提供原始载体的话，法官难以对电子证据的真实性形成内心确信，当事人则面临着败诉风险。因此，对于存有电子数据的原始载体应当妥善保存，以备使用。由于原始载体可能遭受数据丢失或删除等风险，必要时可以向公证机关申请对电子证据的公证。

3. 电子证据提交、出示方式

当事人提交、出示电子证据的，应采用截图、拍照或录音、录像等方式固定内容，并将相应的纸质件、存储载体提交法院。（1）提供即时通信工具聊天记录作为证据的，建议对聊天双方当事人的个人信息界面进行截图固定，并由账户持有人当庭登录，展示用户账号个人信息界面显示的备注名称、昵称、微信号等具有身份指向的内容，二者相互佐证；（2）电子证据中包含音频、视频的，应当提交与音频、视频内容一致的文字解说，可将涉及关键事实的内容用特殊字体或者符号进行标注，并准备好笔记本计算机、音响等设备当庭展示证据内容，方便法官审阅及对方质证；（3）电子证据中包含图片、文本文件的，应提交该图片、文本文件的打印件，图片采用彩色打印更能还原现场的，最好用彩色打印，在庭审时对相关证据按照重要程度逐一进行展示；（4）展示转账及聊天详情内容时，应进入通信对话框，将使用过程中生成的图片、转账支付等信息点击打开展示，说明转账人及收款人的姓名、转账金额、转账时间及相应账号等信息，涉及网上银行转账的，还可以提交相应银行账户交易清单佐证；（5）需要注意的是，经过剪辑的证据证明力会难以保证，故尽可能向法院提交连续、完整的电子证据，不要进行剪接、变造等，以体现证据的真实客观性。

4. 应形成线上线下相互佐证的证据链条

通常来看，案件中的大多数证据都是间接证据，需要与其他证据结合形成证据链条，才能满足民事诉讼证明标准，证实待证事实。对电子证据的提出方而言，由于证据自身的特殊性，更需要线下证据与线上证据相互验证，才能争取法官支持其主张。故举证及质证过程中，除了应当展示电子证据原件内容，还要配以相关衍生证据或者其他书证、物证进行对应展示。如果举证质证过程中需要特殊举证方式及专业技术人员辅助，还可以向法庭提出申请，经过法庭许可后申请专家辅助人出庭就电子信息专业知识进行说明。在电子证据的举证过程中还要适当考虑审判人员的理解能力和知识水平，以保证充分发挥电子证据的效力。

四、结语

未来民事案件中出现电子数据的情形将会越来越普遍，实现司法审查困境的突围仍需做大量工作。[①] 如何有效保障电子证据发挥其证明作用，是审判程序中亟

[①] 张吉豫：《大数据时代中国司法面临的主要挑战与机遇——兼论大数据时代司法对法学研究及人才培养的需求》，载《法制与社会发展》2016年第6期。

待解决的重要问题。面对现代信息技术的迅猛发展，法官要及时转变观念，增强对电子证据相关知识的学习、研究，以更好地适应审判实践需要，保障电子证据在民事诉讼中发挥其应有价值。

（**作者简介**：周杨，法律硕士，现任天津市北辰区人民法院研究室副主任，二级法官。）

二、数据活动规制

数字贸易争端解决规则的中国因应

——基于RCEP、CPTPP和DEPA的比较

李 佳

引 言

统计数据显示，截至2021年，中国数字经济规模达到45.5万亿元，占GDP比重达到39.8%。[1]为实现贸易现代化以及面对全球数字经济挑战，我国积极参与数字贸易相关的双边或多边协定，在友好磋商基础上努力实现数字贸易争端解决的规范化。《区域全面经济伙伴关系协定》（RCEP）、《全面与进步跨太平洋伙伴关系协定》（CPTPP）和《数字经济伙伴关系协定》（DEPA）等区域协定的发起为数字贸易争端解决带来新的契机。

数字贸易在当前的国际经济中展示出了强劲的发展势头，但与实践的兴盛相反，其争端解决机制则呈现出规则缺位的状况。首先，数字贸易领域关于争端解决的规定存在碎片化现象[2]。数字贸易是随着网络技术发展和网络平台搭建而兴起的，在以互联网为载体的基础上实现货物和服务交易。与传统贸易相比，其中还伴随着数据流通的问题。而涉及数据保护和数据流通等领域的法律规制目前方兴未艾，以WTO为主的现行国际贸易法对数字贸易争端解决产生不确定性[3]。各国为占领数字贸易高地，在不同的自贸协定领域制定数字贸易相关争端解决规则，这导致数字贸易领域的争端解决规则的碎片化。其次，相比于传统贸易中国家作为主要的主体形式，数字贸易争端主体的范围更广，还

---

[1]《2022年世界互联网大会蓝皮书发布 数字经济为全球经济增长注入新动能》，载环球网，https://3w.huanqiu.com/a/24d596/4APc94lPAPL，2022年11月11日访问。

[2] Anne Meryl M. Chua et al., The Spaghetti Bowl Phenomenon in Free Trade Agreements (FTAs) among APEC Economies, Journal of Global Business and Trade, Vol.14, No.2, 2018, p.45.

[3] 谭观福：《国际贸易法视域下数字贸易的归类》，载《中国社会科学院研究生院学报》2021年第5期。

包括企业甚至是个人。数字贸易中所涉及的数据流通环节关联着企业对数据的掌控和个人对信息保护的需求，复杂程度远高于传统贸易。最后，数字贸易中交易的即时性要求争端解决的高效率。传统国际贸易争端解决机制流程烦琐、耗时长，与数字贸易所提倡的即时性并不兼容。以 WTO 争端解决机制为例，磋商程序为必经步骤，专家组相关程序最长可达 6 个月，并与斡旋、调解、调停等程序步骤联通，增加了程序步骤与时间成本。与此相对应，数字贸易的交易过程包含大量的相关事实，对对其进行认定的专家和技术的需求远高于传统贸易。鉴于传统贸易与数字贸易之间的差别，在当前对数字贸易相关研究中应该关注该领域不同于传统贸易的争端解决规则。全球区域贸易协定中约有四分之一包含数字贸易条款[①]，其中 RCEP、CPTPP 和 DEPA 均对数字贸易争端解决作出了相关规定。为更好地维护我国利益，可以在比较这些具备代表性的区域经贸协定中所包含的数字贸易争端解决规则的基础上，提出中国的应对措施。

一、"规则导向"范式下数字贸易争端解决规则的评估

在国际经贸争端解决领域，有学者形容是从权力到规则导向的转变。[②] 从 John H. Jackson 的描述来看，规则导向指的是为确保因普遍而广泛的共同社会意识所形成的、能为各方提供利益的规则得到遵守和执行，通过完善制度等方式予以维护。[③] 与之相对地，"权力导向"则指的是通过主权国家双方之间的权力对比状况所形成的争端解决范式，主要可以通过国外援助、军事威胁、经济管制等方式施加影响。"规则导向"注重在已有的规范指引下通过既定的方式解决争端，掺杂权力影响的报复措施等行径不属于"规则导向"的争端解决方式。詹姆斯·麦考尔·史密斯（James McCall Smith）通过实证研究发现区域贸易协定争端解决机制的"规则导向"化趋势，并提出从第三方评估、第三方裁定、仲裁、起诉权及补

---

① Marc D. Froese, Digital Trade and Dispute Settlement in RTAs: An Evolving Standard?, Journal of World Trade Vol.5, 2019, p.53.
② Brewster, R., Rule-based dispute resolution in international trade law, Virginia Law Review, 92（2），2006, p.251.
③ John H. Jackson, The Crumbling Institutions of the Liberal Trade System, Journal of World Trade, Vol.12, 1978, p.99.

救五个方面对"规则导向"争端解决机制进行评估。[1]

依照"权力导向"与"规则导向"的争端解决范式，有学者将经贸协定中已有的争端解决机制概括为政治解决模式、司法解决模式和混合解决模式三大类型。[2]政治解决模式主要是指以外交方法解决区域贸易协定成员间发生的争端，包括磋商、斡旋和调停。外交方式依赖于当事各方的善意和外交政策，争端解决的结果具有不确定性。司法解决模式是指以国际司法机构等固定的常设机构来解决争端的方式。法官由区域贸易协定成员依规定的条件定期选举产生，具体审理案件的法官由国际司法机构依确定的程序指定，而非由争端当事方选任；且争端解决可依循先例，结果具有确定性和可预测性。混合解决模式是指在争端解决程序中将国际争端解决的政治解决方法与法律解决方法结合在一起的争端解决方法。当然，从目前的双边和多边经贸协定样本来看，大多数都采用混合模式对贸易争端解决予以规定，本文所选取的RCEP、CPTPP和DEPA均属此列。

规则导向的争端解决规则在应对贸易壁垒、防范投资风险、契合数字贸易发展趋势方面具备优势。[3]从WTO国际贸易争端解决到多边经贸协定中的争端解决措施，消除贸易壁垒一直是被关注的重点。就传统国际贸易领域而言，尽管我国积极融入世界经贸格局并签署了一系列的协定，但在国际经贸交往中依然面临着其他国家基于各种原因而实施的保护主义措施。但是，数字技术本身的发展能够减少国际贸易中的信息摩擦与信息不对称的现象。互联网中介平台为中小企业提供的网络基础设施以及一体化的人员培训、客户服务和数据分析等配套服务，极大地降低了中小企业自建网络平台的技术性壁垒及成本。[4]因技术本身具有中立性，技术的发展确实能够带来这些正面影响。但是当技术被垄断于少数国家手中，自然会拉大现实中不同国家之间的数字鸿沟。

随着数字贸易的规模扩大，需要进行数据基础设施的建设，这涉及前期的国

---

[1] James McCall Smith, The Politics of Dispute Settlement Design: Explaining Legalism in Regional Trade Pacts, International Organization, Vol.54, 2000, p.137.
[2] 钟立国：《论区域贸易协定争端解决机制的模式及其选择》，载《法学评论》2012年第3期。
[3] 张悦、匡增军：《"一带一路"争端解决机制构建研究——以发展导向与规则导向为视角》，载《青海社会科学》2019年第6期。
[4] 盛斌、高疆：《超越传统贸易：数字贸易的内涵、特征与影响》，载《国外社会科学》2020年第4期。

际投资风险问题。数据基础设施的建设关涉数据的权利归属问题，其牵涉的利益相关者包括政府、企业、个人和国际组织等。因数据所有权和其背后的算法知识并不互通，前期的国际投资可能会面临较大的未知和风险。[1] 若我国企业与东道国政府发生投资争端，需通过某种硬法性质的规则来明确各方的违约责任和赔偿事宜。

此外，因现有国际争端解决机制无法调和当前世界经济贸易发展中的矛盾，新的制度供给需求出现。传统贸易下的 WTO 争端解决机制是众多国家相互妥协的产物，然而自多哈回合以来，WTO 多边谈判停滞不前，争端解决的实效无法保证。而且随着科技进步和经济全球化的发展，WTO 争端解决机制在数字经济和电子商务等新兴数字经济领域的发挥也存在很大局限性。鉴于此，国际社会对新型数字贸易争端解决规则的呼声越发强烈。

多边经贸协定下的争端解决机制是当事各方反复博弈的结果。这一博弈过程取决于区域经济一体化程度、对其他国家的经济依赖程度、成员国经济实力、多边贸易协定成员国数量、愿意提交的争端解决事项以及成员国之间的政治关系等。有学者通过博弈论的数字计算发现，对于具有市场势力的大国来说，参与国越少的机制对其越有利；而对于没有市场势力的小国则是参与国越多的机制对其越有利；同时多国参与的机制也更有利于世界的总福利。[2] 作为在数字贸易领域想要引领规则潮流的发展中国家而言，中国在多边经贸协定中对数字贸易的积极参与不仅能够增强我国自身的实力，也能够带动其他不发达国家在数字经济赛道上的发展。

二、"规则导向"下 RCEP、CPTPP 和 DEPA 中关于数字贸易争端解决规则的分析

之所以选择 RCEP、CPTPP 和 DEPA 这三个协定进行比较分析，是因为这三个区域协定参与国数量多，且在数字贸易领域具备很强的代表性，能够指引中

---

[1] 梁玉成、张咏雪：《算法治理、数据鸿沟与数据基础设施建设》，载《西安交通大学学报（社会科学版）》2022 年第 2 期。

[2] 李春顶、赵美英：《国际贸易争端解决机制的选择及有效性：理论与中国抉择》，载《财贸经济》2011 年第 5 期。

国在数字贸易领域的争端解决规则选择。2021年，中国正式提交加入CPTPP和DEPA的申请；2022年1月1日，RCEP在中国正式生效。这为我国数字贸易的发展提供了更高标准的要求。按照詹姆斯·麦考尔·史密斯提出的"规则导向"争端解决机制评估对RCEP、CPTPP和DEPA项下的数字贸易争端解决规则进行分析。

（一）数字贸易规则的分布特征

许多双边或多边经贸协定已经在数字贸易领域明确了相关规则。RCEP属于中国早期加入的对数字贸易进行规范的区域协定。与WTO争端解决机制相比，RCEP和CPTPP对电子商务进行了规定。这些协定见证了区域间政府在数字贸易领域的合作，以应对数字经济带来的挑战。

根据WTO统计数据，截至2021年年底，全球共有119个国际经贸协定中含有数字贸易条款，覆盖全球约110个国家。[1] 目前并未形成国际公认的数字贸易规则体系，但从现有的多边经贸协定中有关数字贸易条款的内容来看，其从功能上可以分为六类，即互联网基础设施建设、云计算、数字内容、电子商务、产业应用以及通信服务。[2] 在数字贸易规则部分，该三个多边协定存在一定的相似性。通过进一步的文本相似度检测发现，RCEP与CPTPP具有34.22%的相似性，RCEP与DEPA存在24.21%的相似性，而CPTPP与DEPA存在19.1%的相似性。[3] 无论是整个文本表述还是数字贸易章节的具体内容，这三个亚太地区的多边协定都保留着诸多相似内容，从中也可以看出数字贸易规则的发展趋势。

（二）争端解决规则的适用范围

尽管RCEP第12章关于电子商务的内容原则上不适用RCEP争端解决程序，但允许缔约方选择适用。这种开放性的制度设计适应了该协定成员国之间

---

[1]《数字贸易成为全球经济增长重要驱动力》，载中国服务贸易指南网，http://tradeinservices.mofcom.gov.cn/article/szmy/hydt/202208/136367.html&wd=&eqid=98377a94000aba8300000006643d4827，2022年11月17日访问。

[2] 王新奎主编：《推动形成全面开放新格局》，上海人民出版社2019年版，第66页。

[3] 王金波：《〈数字经济伙伴关系协定〉的内涵、特征与中国参与国际数字治理的政策建议》，载《全球化》2022年第3期。

发展水平差异大的实际情况。因 RCEP 电子商务章节产生的争议，仅会在两缔约方均在事前或事后明确同意的情况下才能提交争端解决程序，且缔约方可选择与 RCEP 特定相对方而非全体缔约方开启争端解决程序。[①] 该选择性条款在 CPTPP 和 DEPA 中都有涉及，即这三个多边协定争端解决规则属于争端方选择适用，并非强制适用。

在可诉诸争端解决的事项上，DEPA 的争端解决程序不适用于与数字产品非歧视性待遇、使用密码的信息和通信技术产品、通过电子方式跨境传输信息，以及计算设施的位置有关的争议。如上所述，这些条款大部分是重申确认缔约方在 CPTPP 项下已经作出的承诺。而在 CPTPP 项下，除越南、马来西亚两国对争端解决程序适用于特定数字经济规则作出一定期限的保留之外，CPTPP 的争端解决机制可以适用于所有缔约方就数字贸易相关规则引发的争议，包括前述被 DEPA 的争端解决机制排除的议题。[②]

RCEP、CPTPP 和 DEPA 多边经贸协定中的争端解决规则属于非强制性条款，当事人可自主选择是否适用。[③] 若争端当事方选择通过该协定项下的规则进行争端解决，便意味着排除了在其他条约下的争端解决机构就同一争端提出申诉的权利。该条款将选择权赋予起诉方，且争端各方可以通过书面形式一致同意排除将该条款适用于特定争端，这体现了场所选择条款本身的灵活性和自治性元素。[④] 从另一方面来讲，该条款赋予当事人选择权的同时也削弱了争端解决规则的强制力度。

（三）争端解决的程序对比

"规则导向"争端解决规则的五个方面主要体现在争端解决程序上（如图 1 所示）。与 RCEP 争端解决规则在数字贸易的适用不同，CPTPP 允许大部分国家就数字贸易领域所产生的分歧进行争端解决。

---

① 赵海乐：《RCEP 争端解决机制对数据跨境流动问题的适用与中国因应》，载《武大国际法评论》2021 年第 6 期。
② CPTPP 第 14.18 条。
③ RCEP 第 19.3 条第 2 款。
④ RCEP 第 19.5 条。

RCEP	CPTPP	DEPA
磋商：请求方以书面形式提出，应诉方7日内书面答辩。	磋商：请求方以书面形式提出，应诉方7日内书面答辩。	磋商：请求方以书面形式提出，应诉方7日内书面答辩。
组建专家组：对于未能按时用磋商解决的争议，请求方可请求组建专家组。	组建专家组：对于未能按时用磋商解决的争议，请求方可请求组建专家组。	组建仲裁庭：对于未能按时用磋商解决的争议，请求方可请求组建仲裁庭。
审查：专家组对争端事项进行评估和审查。	审查：专家组对争端事项进行评估和审查。	审查：专家组对争端事项进行评估和审查。
报告：专家组于120日内提交初步报告，并在30日内提交最终报告。	报告：专家组于150日内提交初步报告，并在30日内提交最终报告。	报告：仲裁庭于150日内提交初步报告，并在30日内提交最终报告。
执行：若认定争议措施与协定内容不一致，则应诉方在合理期限内需纠正。	执行：若认定争议措施与协定内容不一致，则应诉方在合理期限内需纠正。	执行：若认定争议措施与协定内容不一致，则应诉方在合理期限内需纠正。

图1 RCEP、CPTPP和DEPA争端解决程序对比

1. 专家组／仲裁庭的组成

RCEP的专家组审理程序在很大程度上借鉴了国际商事仲裁模式。在RCEP争端解决框架下，专家组应自设立之日起15日内确定专家组程序的时间表，并以7个月为限与争端各方进行磋商。CPTPP规定协定已对其生效的缔约方应在不迟于协定生效之日后120日内建立专家组主席名册，在争端方无法就专家组主席人选达成一致时，由已经选定的两名专家组成员通过协商一致、征求争端方意见、随机挑选等方式从专家组主席名册中选任主席，还可以委托独立第三方任命。[1]与此不同，DEPA规定，在未按照协定规定指定仲裁员主席时，由WTO总干事作出指定，或者在WTO总干事未作出指定时，争端任一方可以请求海牙常设仲裁法庭秘书长作出指定。[2]DEPA并未规定建立类似CPTPP项下的仲裁员或者主席名册。

2. 争端解决中的公众参与

在第三方参与争端解决程序设置中，与传统WTO争端解决的保密性相反，

---

[1] CPTPP第28.9.2条与第28.11.1条。
[2] DEPA第14-C.4条。

RCEP、CPTPP 和 DEPA 都赋予非争端第三方和专家参与争诉解决的权利，即"法庭之友"条款。这项制度客观上使得利益受到影响的非争端当事方有机会表达诉求，有助于克服法官或仲裁员在相关认知上的局限性。[1] 然而，在为争端解决机构提供有益信息的同时，社会各界对"法庭之友"制度的运用也表达了隐忧。[2] 除了"法庭之友"条款外，CPTPP 和 DEPA 还规定了公众参与条款，赋予社会公众在争端解决程序中更多的参与权。争端双方提交的意见、专家听证会的内容甚至是专家组提交的最终报告都可以向公众公开。这直接颠覆了 RCEP 中关于审议程序和陈述文本保密的规定[3]。

3. 最终报告的执行

RCEP 争端解决框架下专家组所作出的最终报告具有终局性，其对各当事方具有约束力。若经审查被诉方并未充分执行最终报告确立的义务，则起诉方有权采取措施，中止对被诉方给予 RCEP 项下的减让。[4] 这事实上强化了 RCEP 争端解决机制的制裁效果，从而有助于从反面塑造强有力的数字贸易争端解决机制。对于发展中国家而言，因在国际贸易中所处的弱势地位，RCEP 的中止减让救济措施可能效果并不理想。基于此，CPTPP 和 DEPA 对争端解决结果执行的救济措施增加谈判补偿。即争端被诉方若不履行最终报告或争议双方对应诉方是否履行最终报告存在争议时，应起诉方请求，应诉方应与起诉方就补偿展开谈判。[5] 在此基础上，CPTPP 在补偿和中止减让之外进一步规定了货币赔偿的执行方式。[6] 但是，在 DEPA 争端解决框架下并未规定报复性措施，这使得 DEPA 的约束力相比于传统自贸协定更低，但灵活性增强，其所设置的补偿措施更加符合数字贸易的发展趋势。

（四）数字贸易争端解决规则发展趋势

从 RCEP 到 CPTPP 再到 DEPA，可以发现，为了适应数字贸易的快速发展，数字贸易争端解决机制也开始出现相应的变化。这具体表现为在区域性的多边协

---

[1] 王春婕：《区域贸易争端解决机制比较研究》，法律出版社 2012 年版，第 184 页。
[2] 梁丹妮：《〈北美自由贸易协定〉投资争端仲裁机制研究》，法律出版社 2007 年版，第 162 页。
[3] RCEP 第 19 章第 13 条。
[4] RCEP 第 19 章第 16 条。
[5] DEPA 第 14-C.13 条；CPTPP 第 28.20 条。
[6] CPTPP 第 28.20 条。

定中所展现出的与 WTO 争端解决规则不同的灵活性、透明性和可行性。

1. 管辖权设置的灵活性

管辖权问题是争端解决机制的核心问题。相比于 WTO 争端解决机制的强制性，RCEP、CPTPP 和 DEPA 中争端解决机制适用范围的规定是"选择性适用"。与 WTO 相比，RCEP、CPTPP 和 DEPA 作为多边贸易协定，其缔约国和所规定的贸易事项可能已经超越了 WTO，不能仅采单一的争端解决机制去覆盖范围广的争端事项。从适用范围可知，无论是 RCEP、CPTPP 还是 DEPA，其争端解决规则的适用范围并未涵盖数字贸易的所有内容。数字贸易作为当前发展势头强劲的经济领域，后续可能还会出现更多的新事项，无法在单一的框架内予以解决。这种灵活的管辖权条款契合数字贸易的发展特点。此外，区域性的多边贸易协定内成员国众多，国家之间的发展水平存在很大的差距。因为不存在类似 WTO 的统一国际组织对各国之间的利益进行调和，所以在争端解决机制上需要采取更加包容的态度，以适应多边协定下国家发展的差距，尽可能维护弱势一方的权益。

早在传统国家贸易争端解决机制失灵时，多元化争端解决方式就成为区域国际贸易争端解决机制的创新。[①]RCEP、CPTPP 和 DEPA 中所采用的进行争端解决的混合模式，不仅包括常规项下的以磋商和谈判为代表的政治解决方式，还有借鉴仲裁和 WTO 的专家组等司法解决方式。无论是磋商还是专家组/仲裁庭，其所耗时长相比传统贸易争端解决都有所降低，大大提升了争端解决的效率。

2. 争端解决过程的透明性

WTO 争端解决机制在专家组程序中的诸多方面采取保密措施，试图保持最终裁决结果的公正性。但是，与传统贸易相比，数字贸易涉及的主体不仅包括国家，还包括企业甚至是个人。参与主体范围的变化不再要求程序的保密性，而是希望通过多方的参与以保证程序的公正性和结果的可靠性。因此，RCEP、CPTPP 和 DEPA 在争端解决程序上有了一定的革新，争端解决过程的透明性主要体现在对审议程序和陈述文本的公开和"法庭之友"条款两个方面。

陈述文本在原则上不公开是 WTO 争端解决机制对程序保密性的要求，而 CPTPP 和 DEPA 规定，争端各方都应尽可能地向公众公布相关的书面材料以及向专家组提交的关于争端问题的书面回复。专家组/仲裁庭审议程序和陈述文本的公

---

① 张正怡：《论晚近区域协定中投资争端解决机制的创新及其启示——以 TPP、TTIP、CETA 为例》，载《国际商务（对外经济贸易大学学报）》2018 年第 3 期。

开对于争端解决的公正性的增强有着积极的作用,同时也契合了数字贸易中参与主体范围扩大的发展趋势。对于作为参与主体的中小企业和个人以及第三方公众来说,获取争端解决相关信息的权利也得到了肯定和保护,这有效地适应了数字经济下争端主体扩大的发展现实。在争端解决过程中,RCEP、CPTPP 和 DEPA 中"法庭之友"的加入会在国际贸易、非政府组织等诸多领域发挥积极的作用,也体现出了大众对争端解决程序的透明度的要求。①因此,"法庭之友"条款对于提高争端解决的透明度的积极作用不容忽视。

3. 执行程序的可行性

无论是 RCEP、CPTPP 还是 DEPA 都对专家组报告的执行制定了相应的救济措施,且执行和救济措施的效果相比传统贸易争端解决中的报复程序效果更明显。在 WTO 贸易实践中,受制于各成员国之间的经济实力差距和国际贸易地位上的差别,属于经济弱势方的发展中国家在采取贸易报复措施时处于被动地位。即使采取贸易报复措施,也无法弥补所遭受的损失。②在 RCEP 争端解决机制项下的救济程序中,起诉方可与被诉方通过谈判达成补偿方案,补偿具有自愿性,是否接受补偿以及接受何种程度的补偿,取决于争端当事双方谈判的结果。若谈判未能达成一致,起诉方的中止减让则具有强制性和威慑力,能够充分地保障 RCEP 争端解决机制具有法定约束力。相比于传统的报复和中止利益措施,CPTPP 和 DEPA 更是创新补偿措施的做法,直接提出以金钱补偿的具体形式,有助于促进数字贸易的发展。

三、数字贸易争端解决的中国选择

数字贸易发展在国内外的经贸实践中是不可阻挡的趋势。为更好地搭乘"数字快车",实现经济发展的加速度,我国要从适应规则规避风险到主动参与数字贸易争端解决规则的创建。

(一)提升合规建设防范数字贸易争端风险

在数字贸易规则方面制定符合国际发展的高标准,从内部合规视角避免国际

---

① 陈立虎:《法庭之友陈述在 WTO 争端解决机制中的可接受性》,载《法学家》2004 年第 3 期。
② 张建:《RCEP 背景下国际贸易争端解决机制的创新与完善》,载《中国政法大学学报》2022 年第 2 期。

数字贸易争端。我国企业在海外拓展数字贸易市场的同时，国外企业也会在我国进行数字贸易方向的投资。在数据基础设施建设和数据跨境流动方面都必须遵守国内和国际规定，以达到双向合规要求。一方面，要求我国完善国内立法和相关监管措施，保障国内企业的数据安全；另一方面，在数据流通和传输过程中需要兼顾个人信息和数据所有权的保护要求，防范可能存在的风险。[1]

鉴于 RCEP、CPTPP 和 DEPA 在数字贸易项下所设立的高标准要求，我国在融入过程中要思考如何实现数字主权、国家安全与数据流动带来经济发展之间的平衡，这是我国加入协定过程中需要处理的重要问题。特别是在我国颁布实施《网络安全法》《数据安全法》《个人信息保护法》等法律并积极制定实施配套制度的背景下，协调国内外制度规则尤为重要。

从国内法规配套措施建设来看，我国陆续出台了《互联网信息服务管理办法》《关键信息基础设施安全保护条例》，印发了《关于积极推进"互联网+"行动的指导意见》，为我国数字经济的发展提供支持。除此之外，我国对于数字贸易实践的探索也在不断深化。一方面，我国数字贸易港建设稳步实施。海南自由贸易港内贸易便利化措施的不断推进，以及负面清单的出台都为数字贸易的发展扫清障碍。另一方面，我国跨境电商综合试验区经过不断发展，在全国各省市已达到全覆盖，这为数字贸易提供了更加有利的市场环境。

（二）在"一带一路"中主动建设数字贸易争端解决规则

在我国倡议建设的"一带一路"中也需要借鉴数字贸易争端解决规则的发展趋势和特色，推动"规则导向"的数字贸易争端解决机制形成。近年来，随着科技革命和数字基础设施的建设，"一带一路"沿线国家在数字经济领域开展广泛合作，中国在"一带一路"数字经济领域中的影响力逐年提升。与此同时，"一带一路"数字贸易的发展也面临数字经济国际规则缺失、数字经济空间治理体系不完善、数据安全问题不断升级、沿线国家数字经济发展水平不均衡等挑战。[2]

就"一带一路"沿线国家的数字经济基础而言，因技术发展水平的差异，导致数字经济的治理规则不足。发展中国家难以掌握互联网最重要的基础资源和核心信息技术，难以介入网络空间技术架构和基础资源治理；而部分发达国家因技

---

[1] 许多奇：《论跨境数据流动规制企业双向合规的法治保障》，载《东方法学》2020 年第 2 期。
[2] 邢劭思：《"一带一路"沿线国家数字经济合作研究》，载《经济纵横》2022 年第 1 期。

术优势控制全球网络主权，在单边主义思维模式下对他国进行干涉，阻碍技术进步。这导致数字经济的南北差异愈来愈大，影响数字经济治理规则的生成。"一带一路"沿线国家内部的数字化发展水平也存在显著的差距。发展中国家与发达国家在通信网络基础设施、信息技术应用创新等方面的落差在全球化深化的过程中会继续增大，进一步加剧数字经济治理规则的缺位。

在此基础上，中国在"一带一路"数字贸易中不仅需要贡献数字经济治理规则，还要根据数字经济争端解决的发展趋势有针对性地创建数字贸易争端解决规则。基于各国经济发展水平、文化背景、利益诉求等的多样性的考虑，不同国家在国际社会的参与度及对争端解决规则的接受度都有所差异，因此规则供给不可能是一蹴而就的，而是一个渐进的过程。同时，数字贸易争端解决规则供给需要兼顾法律效力与法律实效，使相关规则体系更为高效地发挥指引和评价功能。管辖权的灵活性在于尊重当事方的自主选择权，将多元解纷机制嵌入数字贸易治理环节，同时在新事物的发展过程中以"软法"的形式推进争端解决的接受度，为后续的法律制定作出相应的安排。与此同时，在争端解决的程序规则供给方面打造示范性立法。在数字贸易的参与方和效率要求上，尽力缩短争端解决的时长、引入第三方参与以加强解纷过程的监督。我国应持续关注当今数字贸易领域的新兴议题，坚持在现有合理框架下开展谈判、寻求广泛共识的核心立场，提升中国式的数字贸易争端解决规则示范性立法。①

四、结论

数字经济已经成为国际经贸格局中不可阻挡的潮流，为更好地实现数字经济的健康发展，在聚焦数字经济规则的同时也要关注争端解决的内容，提升数字经济发展质效。当然，无论是国内立法的跟进还是"一带一路"范围内的先行示范性立法，都是中国在数字经济领域内进行革新，不仅可为当前数字经济的发展提供可参照范本，也为后来的规则机制建设指路，发挥承前启后之功效。

（作者简介：李佳，吉林大学法学院国际法学专业博士研究生。）

---

① 赵骏：《"一带一路"数字经济的发展图景与法治路径》，载《中国法律评论》2021年第2期。

商业数据的知识产权保护路径选择

董声洋

习近平总书记在十九届中央政治局第二次集体学习时强调,"要加快建设数字中国,构建以数据为关键要素的数字经济,推动实体经济和数字经济融合发展"[①]。我国数字经济蓬勃发展,2021 年规模达到 45.5 万亿元人民币,占 GDP 的比重为 39.8%,数字经济已成为支撑经济高质量发展的关键力量,市场经营主体对流量的争夺日益激烈。数据被称作信息时代的"新能源",与土地、资本、技术等传统要素并列,是数字经济发展的基础。当前,对汽车行驶、智慧住宅、智能电网等应用数据,医院、政府等掌握的公共数据,淘宝、顺丰、微信、大众点评、百度地图、今日头条、搜索引擎等平台数据等的知识产权保护,越发引起人们重视。

2019 年党的十九届四中全会将"数据"增列为新的生产要素,并提出加快培育数据要素市场。2021 年《知识产权强国建设纲要(2021—2035 年)》《"十四五"国家知识产权保护和运用规划》均对构建数据知识产权保护规则做出部署。2022 年 12 月 2 日,中共中央、国务院发布《关于构建数据基础制度更好发挥数据要素作用的意见》,明确要建立数据产权制度,推进公共数据、企业数据、个人数据分类分级确权授权使用,建立数据资源持有权、数据加工使用权、数据产品经营权等分置的产权运行机制,健全数据要素权益保护制度。构建数据知识产权制度是一项重大的制度创新和实践创新,面临难得机遇和诸多挑战,反映出数据更新速度快、传播途径广、综合性因素多等特点。我们要完善数据知识产权保护规则,鼓励数据的流动和交易,繁荣数据市场,壮大数字产业,支撑经济高质量发展。

一、商业数据知识产权保护的应有之义

《民法典》将网络虚拟财产、数据正式确立为权利客体。其第 127 条规定,法

---

① 习近平:《不断做强做优做大我国数字经济》,载《求是》2022 年第 2 期。

律对数据、网络虚拟财产的保护有规定的,依照其规定。王利明教授指出,《民法典》的编纂要反映 21 世纪网络时代的特点。为了进一步强调对知识产权的保护,促进创新发展,应通过对知识产权保护的类型进行列举,将数据信息列入其中。这反映了互联网发展和大数据时代的特征,对于数据的规定,将会为一些法律制度的确立、一些新型案件的审理等提供依据。[1] 赵旭东教授指出:在民法总则草案中,对知识产权范围的列举比较齐全,其中包括"数据信息",因为随着信息社会的发展,一些数据信息也具有知识产权的性质,应该受到知识产权的保护。[2] 基于数据的可复制传播性和可重复利用性等特点,致使其客观上与知识产权有着千丝万缕的联系。虽然有些大数据产业中的原始数据是否系知识产权法律制度中保护的客体有待厘清[3],但如经过相关主体利用技术开发或智力创造加工后转化成为一种新的分析数据或者汇编集合,赋予其一定的独创性,应当视为可以受到法律保护的知识产权客体。市场经营主体之间的数据竞争行为分为数据获取行为和数据利用行为,与商业数据相关的主要知识产权涉及商业数据的著作权保护、相关分析数据的商业秘密保护、数据商业模式的反不正当竞争一般条款保护等。在适应新技术革命和数字经济的基础之上,要充分发挥司法保护知识产权的主导作用,协调与平衡好技术创新激励与个人权利保护之间的关系。

二、商业数据知识产权路径选择

（一）商业秘密保护

商业数据的特性与商业秘密保护存在内在契合点。商业数据通常分为"公开数据""非公开数据",或者"原始数据"与"衍生数据"。非公开的企业数据,可能来自企业的长期收集,也可能是通过科技手段对信息进行分析整合而得。此类数据往往对企业有着很高的商业价值,能够发挥增强企业的比较优势之作用。在现行知识产权法律体系下,非公开商业数据无法实现公开换排他性保护。一旦数

---

[1] 蒲晓磊:《民法总则草案十大亮点解读》,载中国人大网,http://www.npc.gov.cn/zgrdw/npc/xinwen/lfgz/2016-06/28/content_1992355.htm,2013 年 10 月 28 日访问。
[2]《民法总则草案首揭面纱 胎儿可继承遗产接受赠予》,载中新网,https://www.chinanews.com/gn/2016/06-28/7919456.shtml,2013 年 10 月 28 日访问。
[3] 李晓宇:《大数据时代互联网平台公开数据赋权保护的反思与法律救济进路》,载《知识产权》2021 年第 2 期。

据全部公开，竞争者只要使用行为合法，完全可以直接利用。故绝大多数此类数据以商业秘密形式存在，因为商业模式而被迫公开核心数据的企业实为极少数。2018年4月欧盟委员会发布的《欧洲内公司间数据共享研究》(Study on data sharing between companies in Europe)指出，数据收集者的绝大部分数据都因保密而不被分享。60%以上企业不与其他企业分享数据。受调查的数据使用企业，有三分之二以上说遇到被拒绝接触数据的问题。即便为他人权利（著作权、隐私权、个人信息权、肖像权、姓名权等）所覆盖，也不妨碍数据集合被视为商业秘密。司法实践中出现将非公开数据认定为商业秘密从而进行保护的案例。在衢州万联网络技术有限公司与周慧民等侵犯商业秘密纠纷案[①]中，上海高院认为，数据库中的用户信息是涉案网站在长期的经营活动中形成的经营信息，且不容易为相关领域的人员普遍知悉和获得；该用户信息能够反映涉案网站具有较大的用户群和访问量，与网站的广告收入等经济利益密切相关；衢州万联同时也对上述用户信息采取了保密措施。因此网站数据库中注册用户的信息被认定为商业秘密而依法受到保护。

商业数据符合商业秘密构成要件的，应予保护，司法审查中应结合数据组成和行业特征认定其秘密性、价值性和保密性。网络原始数据组成的衍生数据或大数据，或网络公开数据结合其他尚未公开的内容组成新的数据信息，可依据秘密性要件审查其是否构成商业秘密。数据类信息应结合行业现实状态及载体的性质，保密措施的可识别程度等进行审查，认定保密措施应以适当为标准。

1. 关于秘密性。对于公开类数据自不必言，对于差别公开类数据，若数据拥有者设置了一定的防护措施，满足特定条件的访问者才能对数据访问，此时满足秘密性要求。对完全不公开数据，显然符合秘密性要求。

2. 关于价值性。根据企业对数据利用方式不同，企业对数据的关注点不一样，一类关注数据本身，另一类关注数据处理和计算后的结果。部分数据内容本身无法直接产生经济效益，但数据经过处理和计算后，可产生辅助商业决策、评估项目价值等作用，因此，此类数据具有潜在商业价值。

3. 关于保密性。保密性是衡量权利人是否具有将相关信息作为商业秘密进行保护的意愿并为此付出了实际努力。数据是否符合保密性，主要取决于拥有者是否采取了相应的保密措施，并有意愿将其作为商业秘密予以保护。当然，商业数

[①] 本案为最高人民法院公布的2012年中国法院知识产权司法保护十大创新性案件之九。

据往往会涉及公民个人信息，故将涉及公民个人信息等数据以商业秘密形式进行保护时，需获得相关人员的授权并明确其用途。

商业数据通过商业秘密保护存在一定的困境，根源在于"秘密性""保密措施有效性"的认定难，同时存在权利人的举证难。

1. "数据"或"经营信息"范围及秘密性的确定问题。"对于现实中大多数的数据信息而言，信息制作者采集的信息本身大多来自公有领域，是任何人均可以从公开渠道直接获取的，显然，将各地为公众所知的信息汇编之后形成的成果认定为具有秘密性是荒谬的。"[1]数据包括用户个人信息的集合；证券交易所、淘宝、顺丰各种网络平台的交易信息；地图信息（高德地图、百度地图等信息）；物联网数据等。数字经济下，公知范围的扩大给数据的秘密性认定提出了更高要求。某法院在其审理的一起案件[2]中认为，该信息来源主要是原告通过飞鱼App等软件对客户资源提供的基本信息进行了简单的收集排列，未耗费过多的成本（包括人力、财力等），其他中介机构采用此种方式获取类似的客户名单也较为容易。另一起商业秘密纠纷案中，杭州互联网法院指出，后台数据处于非公开状态，原告对此投入了人力、物力和财力，并进行了一定程度的收集、汇总、整合。通过跟踪和挖掘数据，可了解用户的打赏习惯和消费水平……不难窥见法院在审理此类案件时会关注企业是否为处理涉案数据而付出了一定程度的劳动。由于在数据时代下，企业所拥有的信息多种多样，如果企业的"非公开信息"是在商业活动中普遍会获得的，简单储存在公司而无需付出一定程度的劳动、整合与分析，那么即便数据是非公开的，也有可能无法作为商业秘密受到保护。数据"秘密性"的判定，不仅要考虑数据获取的渠道，还要结合实际情况，要将该数据的特殊性、独特性纳入考量范围。

2. 保密措施的合理性问题。数字化办公是数字经济企业生产活动的普遍现象，企业重要信息、文件在多人流转的过程中无疑加大了泄露风险。某法院在其审理的一起案件[3]中认为，邮箱除具备通信功能之外，亦可作为信息存储的载体，被告虽存在将商业秘密转发至个人邮箱之行为，但不必然证明被告的行为属于向第三方或者他人披露或使用相关资料。

---

[1] 芮文彪、李国泉、杨馥宇：《数据信息的知识产权保护模式探析》，载《电子知识产权》2015年第4期。
[2]（2021）皖18民初370号民事判决书。
[3]（2018）京03民终14705号民事判决书。

3.将商业数据作为商业秘密予以保护，可能会因公共政策而受到管制：基于公共利益需要而共享或披露；基于军事需要等公共安全而共享或披露；基于公共健康或药品的监管而披露或公开；基于金融数据安全或基于政府的资助而受到限制等[①]。

（二）著作权法保护

著作权法保护止于表达，因此其关注的是作品的表达方式，而非思想。商业数据在某种程度上与作品有共通点，即都是选择、编排、表达或组合；对于具有独创性的商业数据，可通过著作权法予以保护。上海某信息公司诉北京某公司侵犯著作权案中，法院经审理认为，原告某点评网以及《北京餐馆指南》《上海餐馆指南》二书所载涉案11家餐馆商户简介中的引号内文字系由原告选摘自网友上传于某点评网的关于各地餐馆的评论，引号内文字均系简单的日常用语，因并非具有独创性的文字表达而不能成为著作权法所保护之作品，因而原告将这些文字融入对餐馆的简介中不需要获得用户的许可，原告对涉案餐馆所做的商户简介具有独创性，可以成为著作权法所保护的作品，原告对涉案11家餐馆商户简介享有著作权。但在北京甲公司诉乙公司等三公司著作权侵权案中，法院驳回了原告的诉讼请求。该案是电子地图数据著作权侵权案件。地图可以作为图形作品通过著作权法予以保护，法律有明确规定。本案件原告主张的标的并非传统意义上的电子地图而是电子地图数据。电子地图欲通过著作权法得到保护，其独创性如何体现是一个无法回避的法律问题。有法院认为[②]，导航电子地图作为导航电子产品的重要组成部分，以地图学为基本原理，用数字形式把地图各要素以及他们之间的相互关系有机组织存储于计算机内的电子数据库文件之中。既包含地理信息数据库，又以空间的点、线、几何图形、注记等地图符号来对数据库进行立体或平面的展示……保护电子地图不等于保护电子地图数据，电子地图数据采集者对数据的采集需以"客观、全面、准确"为基本原则，此时采集的电子地图数据信息更类似于客观数据信息库，电子地图数据采集者对地理数据信息的选择空间被大大压缩甚至不复存在。这与司法实务界关于电子地图独创性体现在"选择性"的论证角度并不十分契合。

---

① 李扬：《日本保护数据的不正当竞争法模式及其检视》，载《政法论丛》2021年第4期。
②（2008）粤高法民三终字第290号民事判决书。

通过《著作权法》保护商业数据，实践中存在一定风险。商业数据需满足个性化的表达、选择或编排等独创性要求；另外商业数据大多通过用户协议从用户处收集整理取得，但用户协议可能因格式条款规则被视为非合同条款或被认定为无效，引发后续风险。

（三）《反不正当竞争法》一般条款的保护

商业数据不正当竞争行为未被纳入反不正当竞争类型化条款，从新浪微博诉脉脉案、大众点评诉百度地图案等案件看，司法实践中形成适用一般条款应对数据不正当竞争行为的惯例。为规范网络竞争秩序，2017年《反不正当竞争法》修订时增加了"互联网专条"，一些抓取网络数据、干扰数据产品运行的行为可适用该条规定。但司法实践中，部分数据不正当竞争案件中，法官仍习惯适用一般条款解释甚至实质替代兜底条款。部分法院认为，《反不正当竞争法》中的互联网兜底条款实质缺乏针对性和实质性构成要件，必须结合第2条的构成元素和判断范式具体认定互联网不正当行为。

随着《反不正当竞争法》的修改，司法实践中对于不正当竞争行为的认定范式逐渐从侵权规制为中心转变为保护竞争为中心，不仅需要论证某项行为是否为经营行为、原告权益是否受到损害，还需要分析该行为是否扰乱市场竞争秩序和损害消费者权益、是否具有不正当性等。就商业数据不正当竞争案件而言，第一个难点在于对商业道德的理解，对商业道德的理解通常带有浓厚的主观色彩，为重新塑造标准，实践中常用方案是将其具化为行业惯例，但在新兴的数据产业，行业惯例尚未形成。边界模糊的道德，使案件的裁判结果较难预测并面临争议。第二个难点在于解读竞争秩序，《反不正当竞争法》的宗旨在于保护竞争。但竞争秩序属抽象概念，扰乱数据产业竞争秩序的行为是从竞争机制受损的角度判断，还是从经营者或消费者受损的结果判断未有定论。第三个难点在于如何解释消费者权益，《反不正当竞争法》采用的是从整体上间接保护消费者权益的模式，实践中对消费者权益的考量较少，但数据具有公共属性，其来源于并受益于公众，数据不正当竞争案件中更应当重视消费者的隐私权、知情权和选择权等权益，这也给法律解释带来新的挑战。

从一般条款的文义上不难看出，不正当竞争行为系损害市场竞争秩序、经营者权益、消费者权益等多元法益的行为。在数据不正当竞争案件中，经营者权益与消费者权益发生冲突的情形并不少见。另外，经营者数据权益也可能与数据产业的市场竞争秩序冲突，就数据抓取行为而言，有的法院判决认定抓取数据的行为具有不正当性，但有的案件中法院认可了遵守 Robots 协议的数据抓取行为，并认为搜索平台限制数据抓取的设置阻碍信息自由流动，公开数据的抓取有利于社会整体的利益。

一般条款适用需满足特定条件，需穷尽类型化条款后方可适用。尤其在审理数据不正当竞争案件时，需结合网络语境解读类型化条款，释放其运用空间，同时要充分了解数据产业的发展动态和相关数据产品的运行机制，透过网络技术和大数据技术的面纱，探寻类型化不正当竞争行为的本质特征。在爱奇艺诉飞益公司案中，一审法院认为视频刷量行为违反《反不正当竞争法》一般条款规定，构成不正当竞争。但二审法院指出，关于涉案行为应否适用一般条款调整，首先应判断其是否属于类型化不正当竞争行为，且其他专门法也未作特别规定，二审法院最终认定该行为属于《反不正当竞争法》明确列举的虚假宣传行为，无需引用一般条款另行评判。

（四）合同与技术措施保护

《刑法》第 285 条规定了非法获取计算机信息系统数据罪，《著作权法》第 49 条规定，为保护著作权和与著作权有关的权利，权利人可以采取技术措施。未经权利人许可，任何组织或者个人不得故意避开或者破坏技术措施。故权利人可以通过合同约定或技术措施保护自己的商业数据权益。但根据技术措施对数据加以保护的话，需满足数据符合作品构成要件，比如数据条目如构成作品，涉及其中权属是否归属用户所有。数据条目不构成作品的话，此时则不能援引著作权法上的技术措施加以保护。但对数据是否满足独创性的要求，不同法院存在不同认识。

三、商业数据知识产权保护路径优化

（一）权宜之计：通过将比例原则融入一般条款，保持一般条款适用的谦抑性

法官在适用《反不正当竞争法》一般条款解决公开法益型企业商业数据纠纷时的难点在于，对行为规制的边界不清晰。从目前的司法实践来看，正当抓取数

据但不正当使用数据的竞争行为，难以适用"互联网专条"去规制，仍需发挥《反不正当竞争法》中的一般条款作用。竞争是自由、开放的，《反不正当竞争法》不可能完全闭合，数据产业日新月异的技术更迭带来前所未有的法律问题，面对新的法律问题，无法排除适用一般条款的可能性。在适用一般条款时需注意：

1. 加强对数据产业中商业道德的解读和细化。在数据产业中，争夺共同网络用户的经营行为即可视作竞争行为。数据竞争行为的不正当性主要表现为未遵守诚信原则或商业道德，诚信原则作为《民法典》的基本原则内容相对确定，但对数据产业中商业道德的解读需要具体和细化。商业道德是诚信原则在商业领域的具体表现，两者具有同质性，用上位原则解释下位概念是需要注意具体化和针对性的。行业惯例解释商业道德逻辑通顺、指向清晰，但目前数据产业中的惯例和自律规范不足，需要经过审慎周延的论证，避免脱离实际。

2. 重视经营者利益保护的同时重视市场竞争秩序的构建，防止对新兴数据市场的过度干预。《反不正当竞争法》的宗旨在于保护竞争，竞争行为不正当性的根本在于对市场竞争秩序的扰乱。故在重视经营者利益的同时也要重视市场竞争秩序要件。经营者或者消费者权益受损与市场竞争秩序的扰乱没有直接的因果关系，不能当然认为权益受损就是扰乱了市场竞争的秩序。当一项创新竞争行为损害他人产品的市场竞争力与市场贡献力时，并不必然同时对市场竞争秩序与市场经济健康发展造成损害。数据产业具备信息共享、互联互通的特征，判断数据不正当竞争行为时需要考虑其对信息自由流通的影响。此外，数据产业与市场信息机制、信用机制也有着深度关联，数据产业的发展和市场创新机制紧密相连，需要评估禁止某项竞争行为是否会损害数据产业竞争自由和各项机制的运行。

3. 保护经营者商业数据权益体现出比例原则。比例原则可作为平衡协调相互冲突利益的一种工具[①]，从而将抽象的判定标准客观化，达到对司法干预市场边界的一种限定。在互联网平台数据纠纷中，为了鼓励数据的共享和流动，最大限度地挖掘数据价值，保障数据行业的持续健康发展，应当赋予相关企业基于数据利用产生的数据权益。同时，也要兼顾原始数据主体、数据提供者、数据消费者的合法权益，从维护社会公共利益，增强社会整体福祉的角度平衡各方利益。不仅要考虑企业数据竞争者双方之间的利益得失，更需从市场竞争秩序、消费者利益及社会整体利益作综合性的考量与权衡。即在适用一般性条款解决互联网平台数

---

① 崔国斌：《大数据有限排他权的基础理论》，载《法学研究》2019年第5期。

据纠纷时，法院所作的判决结果应当满足更广泛多数人的幸福与利益。首先，经营者获取商业数据权益的来源合法性审查。经营者数据可来源于公共信息、自身信息和个人信息，对于个人信息的获取，需要取得个人的授权或者许可，若非法收集个人信息，经营者的数据权益无疑是"毒树之果"，不应受到法律的保护。其次，竞争法视野下，经营者数据权益应限制为竞争性权益。原始数据、单一数据并非来源于经营者，经营者通过对这两类数据进行收集、整理、加工，产生衍生信息和整体信息后，才享有相应的权益。最后，根据比例原则的要求，损害数据权益行为应达到一定严重程度。在动态竞争的市场中，损害是常态，不损害是例外。网络数据产业的竞争是典型的动态竞争，对于经营者权益的损害应持中立态度，不宜过分夸大经营者遭受的损害，只有对经营者竞争自由造成显著损害，才可能构成《反不正当竞争法》意义上的经营者权益损害。伴随网络经济和大数据经济的深度融合，消费者既是数据经济高质量发展的建设者，亦是数据流通共享红利的知情同意者。判断数据不正当竞争行为，不可忽视对消费者权益的考量。

（二）最终解决路径：立法专条确定数据权益保护

基于网络经济"开放、共享、效率"的价值取向以及"共生经济"特质，网络经济条件下的数据竞争应允许在既有网络产品基础上创新性地竞争。遵循"不受扭曲的竞争标准"要求司法机关对数据不正当竞争界定必须保持谨慎中立态度，从竞争者自由竞争角度、从用户利益角度、从社会公共利益角度综合考量。故有必要通过修订《反不正当竞争法》，增加"商业数据"专门条款，可比照《反不正当竞争法》中的商业秘密条款，明确"商业数据"权利。

1. 明确受保护的商业数据客体要件[①]。具体需考虑：数据内容的公开与否；实质性数据的比重或数量（具有竞争优势）；权利人为获取数据付出的成本或对价及合法性；原始数据还是转化数据。

2. 明确保护期限。对公开数据、未公开数据确定不同的保护期限。

3. 明确数据使用合法原则。对数据的利用应当合法、正当，擅自使用他人数据资源需满足"合法、适度、用户同意"，不得损害国家利益、社会公共利益和其他主体合法权益。

---

① 崔国斌：《公开数据集合法律保护的客体要件》，载《知识产权》2022年第4期。

四、结语

市场主体对数据和流量的争夺日益激烈，现阶段人民法院需坚持审慎包容态度，穷尽类型化条款后，方可根据比例原则要求，适用《反不正当竞争法》一般条款，在竞争者的竞争利益、用户利益及社会公共利益之间作出平衡。企业数据的保护，最终仍需通过修改《反不正当竞争法》，设立专门条款明确数据的客体、边界，从而达到保障数据权利与合理竞争并重，实现数据利用与合理规制之间的良性平衡，促进数据合理开放、共享、流通和利用，维护公平有序的竞争环境。

（作者简介：董声洋，天津市高级人民法院法官。）

竞争法视域下流量劫持行为的司法审查路径

赵丽娜　楼　炯

"流量"是数字经济时代的关键词之一，流量包含手机流量和网站流量，本文所讨论的流量特指网站流量，根据2011年互联网流量指标行业标准，具体指独立用户数量、页面流量数量、平均访问时长等用以统计用户行为的指标，其本质是用户的注意力。随着这种注意力的争夺逐步进入到存量竞争阶段，流量市场中的不正当竞争行为亦愈演愈烈。由此，明确相关司法裁判规则，规范流量争夺行为，对于形成引领数字时代的竞争规则具有深远意义。

一、检视：流量劫持的内涵与外延

当前学界与实务界讨论的"流量劫持"一词实际由网络用语引申而来，现行的法律条文中并未明确提出过这一词汇，因而对此进行概念界定是我们探讨该类行为司法审查思路的基本前提。

（一）流量的法律属性

流量劫持的对象及核心是流量，故明确流量的属性至关重要。流量对互联网企业而言承载着巨大的利益，可谓一种抽象的财产。《民法总则》（已失效）第127条规定"法律对数据、网络虚拟财产的保护有规定的，依照其规定"，这是我国民法首次以明文规定的方式提炼出"网络虚拟财产"一词，该条款后为《民法典》所保留。关于网络虚拟财产的法律属性，理论界有物权说、债权说、知识产权说等学说，莫衷一是。在理论论证尚不圆满的情形下，法律亦未对其法律属性予以明确界定。并且，该条属于概括性引致条款，法律并未对其内涵进行列举式释明。从司法实践来看，虚拟财产通常指游戏装备、虚拟货币、网络账号等，对于流量能否被纳入该虚拟财产范围尚无定论。主流观点认为就目前而言，流量并不是一种法定财产权利，但它可以作为一种财产利益予以保护。

（二）流量劫持的规范内涵

流量劫持原为网络词汇，其内涵和外延并不清晰。2015 年 12 月腾讯等六家公司联合发布的抵制流量劫持申明，将这一词语推向了风口浪尖。为及时回应数字时代的法治需求，2017 年修订的《反不正当竞争法》专门增设了第 12 条，采用"列举＋兜底"的模式以规制网络不正当竞争行为，尤其是第 12 条第 2 款第 1 项与流量劫持行为密切相关。但网络不正当竞争行为层出不穷、复杂多样，实践中把握上述具体行为的适用条件仍然存在困难。2022 年 3 月公布的《最高人民法院关于适用〈中华人民共和国反不正当竞争法〉若干问题的解释》（以下简称《反不正当竞争法司法解释》）对此作出细化规定："未经其他经营者和用户同意而直接发生的目标跳转，人民法院应当认定为反不正当竞争法第十二条第二款第一项规定的'强制进行目标跳转'。"当目标跳转是由用户主动触发时，则要综合考虑插入链接的具体方式、合理理由、对用户和其他经营者利益的影响等因素认定，该条款中虽未直接将上述行为定性为流量劫持，但从立法者的解释看是对流量劫持行为认定条件的明晰。[①] 最新一版《反不正当竞争法（修订草案征求意见稿）》首次在立法层面明确提出了"流量劫持"，即第 16 条规定"经营者不得利用技术手段，实施下列流量劫持、不当干扰、恶意不兼容等行为，影响用户选择，妨碍、破坏其他经营者合法提供的网络产品或者服务正常运行"，该条还分六个子项对相关行为进行了归纳、列举，予以禁止。在对上述法律条文的纵向溯源基础上，可归纳得出流量劫持的规范含义，即在他人合法提供的网络产品或者服务中，插入链接、强制进行目标跳转，将用户注意力"劫持"至自己运营的产品中，造成他人流量损失的行为。

（三）流量劫持的行为模型

理论通说认为，流量劫持有域名劫持和数据劫持两类表现形式。域名劫持，是指通过攻击或伪造域名解析服务器的方法，将用户想要访问的 A 网站域名解析到错误的 IP 地址，跳转至 B 网站，导致用户无法正常访问目标网站。由于域名劫持的性质涉及攻击和篡改计算机系统，可能构成破坏计算机信息系统犯罪，不在本文的讨论范围内。数据劫持，是指在用户想要访问的 A 网站中，插入弹窗、嵌

[①] 林广海、李剑、佟姝：《〈关于适用反不正当竞争法若干问题的解释〉的理解与适用》，载《人民司法》2022 年第 31 期。

入式广告、链接等未经请求的内容，从而将用户引流至 B 网站。但从司法实践角度而言，所谓的数据劫持行为中也包含了一些一般干扰行为，与对流量劫持的否定评价态度不同的是，法律对经营过程中合理限度内的一般干扰行为并不持否定态度，因此将数据劫持行为全然纳入流量劫持并不贴切。至于如何划分一般干扰行为和流量劫持行为，亦是下文将要探讨的重要内容。

二、僵局：流量劫持认定中的裁判困境

流量劫持是互联网语境下特有的竞争形式，而非传统竞争形式在互联网领域的延伸。正因如此，传统的裁判规则、裁判思路在流量劫持的司法审查中遭遇了重大挑战。

（一）适格主体的审理困境

流量劫持类不正当竞争案件中，被告主体是否适格的审查难度较大。首先，传统经济中侵权行为主体较易确定，但在数字经济中，侵权行为主体呈现出全球性、虚拟性、隐蔽性特征，原告方往往难以快速锁定流量劫持的实施主体。其次，网络空间的参与主体复杂，各被告在流量劫持链条中的作用与责任定位难以厘清，原告在该方面的举证难度亦较大。最后，数字经济具有显著的跨市场竞争特点，因此从流量竞争的广义上论，所有网络服务的提供者都可视为流量的竞争者。但具体到个案中，如何判断该被告是否为《反不正当竞争法》意义上的"竞争对手"，有待法官依据法律和实务经验进行仔细甄别。

（二）行为定性的标准不一

对涉诉行为的正当性判定，是影响裁判结论走向的一道分水岭。然而当前的司法实践中，对于涉诉行为的正当性审查标准尚不统一，考量因素各不相同，出现了同案不同判的乱象。最为典型的如原告杭州迪火科技有限公司与被告北京三快科技有限公司不正当竞争纠纷案[1]（以下简称美团案），原告诉称被告经营的"美团小白盒"和"美团收款"软件非法侵入原告运营的"二维火"收银一体机系统，

---

[1] 浙江省杭州市中级人民法院（2018）浙 01 民初 3166 号民事判决书、北京知识产权法院（2018）京 73 民初 960 号民事判决书。

劫持该系统和商户的第三方支付流量,属于不正当竞争。该原告就不同地区的相同事实行为分别向杭州、北京两地法院起诉,两地法院却做出了完全相反的判决:杭州市中级人民法院认为被告行为不构成不正当竞争,北京知识产权法院则认定构成不正当竞争。再如原告北京百度网讯科技有限公司与被告北京搜狗信息服务有限公司不正当竞争纠纷案[1],虽然该案两审法院均最终判定被告存在流量劫持的不正当竞争行为,但各方认定的依据、判断的维度却大相径庭。一审法院从是否具有技术创新性、是否对在先使用的商业模式进行避让、相关行业惯例等维度来对涉诉行为的正当性进行判断。而二审法院认为一审法院的上述判断维度均存在错误:一是被诉行为的正当性判断取决于该行为是否符合公认的商业道德,歧视性对待与行为的正当性认定并无必然联系;二是被诉行为是否具有技术创新性,也与该行为本身是否正当无关;三是行业惯例并不等同于商业道德,尤其是在新兴行业或新出现的商业模式中,行业惯例处于变化之中,对商业道德判断的价值较低;四是在先适用的商业模式并不能产生排他权,即使他人采用相同或相近的商业模式,只要不违反商业道德,便不构成对《反不正当竞争法》保护的竞争秩序的破坏。由此可见,现有司法实践对此类案件被诉行为的正当性判断标准认识尚不统一。

(三)普适性规则难以确立

根据《反不正当竞争法》第2条的规定,流量劫持类不正当竞争行为受诚信原则、公认商业道德的统摄,但二者高度抽象、外延宽泛,在实践适用的尺度把握上易发生偏差。为此,《反不正当竞争法司法解释》第3条特别对商业道德的考量范围、参考依据作出提示。除此之外,司法实践中也逐步提炼出了一些裁判规则,使上述原则得以类型化和具体化,譬如北京百度网讯科技有限公司等诉北京奇虎科技有限公司等侵害商标权及不正当竞争纠纷案[2],该案二审中法官创造性地提出"非公益必要不干扰"规则,强调互联网产品和服务之间应当和平共处,原则上不得相互干扰,如果是为了保护公共利益而需要采取干扰措施且能够证明该干扰措施是必要的,则可予以免责。又如该案中提及的"最小特权"规则,是指安全软件在计算机系统中拥有优先权限,但其应当审慎运用这种"特权",对他者

---

[1] 北京知识产权法院(2015)京知民终字第2200号民事判决书。
[2] 最高人民法院(2014)民申字第873号民事裁定书。

的干预行为应以实现其功能所必需为前提。但上述裁判规则仍存在争议，批评者普遍指出，公益的标准仍然是泛化和模糊的，实质上并未新增有效的指引。从司法实务观察来看，这些规则也没有在个案中得到普遍的适用。

三、进路：流量劫持的司法审查脉络

流量劫持类不正当竞争纠纷所涉的业务模式新颖多样、法律关系复杂、标的额与社会关注度均偏高，在司法审查中更需注重从各个角度进行全方位考量，以免挂一漏万。具言之，可分为五个逻辑审查层次：权益主体、被诉主体、被诉行为的正当性、被诉行为与损害后果的因果关系、损害后果。需要说明的是，由于因果关系在实务中争议不大，且在被诉行为的正当性审查中多有涉及，故下文对该点不再单独展开。

（一）权益主体的审慎判断

流量劫持类不正当竞争案件中的权益主体，意指系争流量的利益归属。原告对于系争流量利益拥有归属权，是流量劫持诉讼的基点，然而司法实践中很多法官忽视了对这一前提的审查，从而导向错误的裁判结论。流量劫持中，流量归属的判断难点主要在于它是应然层面的判断，即需要考察的是潜在流量的归属问题。潜在流量的归属，应当密切结合生活经验、用户使用习惯、用户心理预期，以及服务内容在通常情况下商业机会的归属进行判定。以原告百度公司等与被告搜狗公司等不正当竞争纠纷案[1]为例，被诉行为是搜狗手机浏览器在浏览建议中同时设置搜索推荐词和垂直结果，且垂直结果导向自营网站的行为。法院严格区分了搜狗公司设置搜索推荐词与垂直结果两种不同的服务内容。前者提供的是搜索服务，在用户点击百度图标后，用户的意图是用百度搜索引擎进行搜索服务，此时被诉页面中有关搜索推荐词部分的商业机会理应归属百度公司。而后者提供的是具体内容，用户选择百度图标也仅限于选择百度进行搜索服务，其目的并不在于直接获取具体内容，故在搜狗浏览器中选择垂直结果的用户流量并不必然为百度公司所有。为判断搜狗浏览器是否劫持了本应属于百度搜索引擎的流量，终审法院还提供了一种验证方式，即对用户选择和不选择百度图标的两种情形下，

---

[1] 北京知识产权法院（2015）京知民终字第557号民事判决书。

搜狗自营网站的流量是否增加进行验证。结果是用户的选择对搜狗自营网站的流量并无实质影响，表明搜狗公司采用的垂直结果并不构成流量劫持。笔者亦认为，从增强裁判文书的说服力角度而言，该验证方法不失为一种反向确认结论的有益尝试。

（二）被诉主体的资格审查

1. 流量劫持的实施主体

前已述及，原告在流量劫持行为的主体查找、地位作用辨明上存在现实障碍。被告也通常会利用原告的这一举证弱势进行抗辩，如在原告上海二三四五网络科技有限公司与被告猎豹网络公司等不正当竞争纠纷案[1]中，被告猎豹网络公司、猎豹移动公司辩称被告金山公司系金山毒霸的独立经营者，猎豹网络公司只是在网站上提供金山毒霸软件的下载服务，并为了丰富下载产品的种类才将金山毒霸宣传为其核心产品，猎豹移动公司只是毒霸网址大全的经营者，二被告均未参与到金山毒霸的经营之中，不应列为本案的适格被告。对此应当认识到，计算机软件的共同经营形式复杂、参与方式多样，软件在开发、推广、营销、维护过程中的提供者都有可能成为软件的共同经营者，因此对软件经营者的证明标准不应如证明商标权抑或著作权权利主体那样显著且严格。该案法院的审查思路可资借鉴，即法院通过查明二被告在对外宣传上明示推广的是自营产品，在软件安装运行过程中发送数据的请求对象系二被告，以及三被告的法定代表人、公开联络方式、主要办事机构同一，在经营上存在合署办公的事实，由此认定猎豹网络公司、猎豹移动公司皆为本案适格被告。

2. 竞争关系的认定

由于《反不正当竞争法》规制的对象是竞争关系，因此被诉主体能否构成原告的竞争对手是该类案件审查的必要前提。竞争关系有狭义与广义之分，狭义的竞争关系即指同业竞争，而广义的竞争关系还包括非同业经营者之间争取交易机会、破坏他人竞争优势所产生的关系。随着互联网场景的深度应用，行业边界渐趋模糊，理论界与实务界对竞争关系的认识也逐步从狭义走向广义。《反不正当竞争法》立法也积极吸纳了这一新理念，在《反不正当竞争法司法解释》第 2 条中

---

[1] 上海市浦东新区人民法院（2016）沪 0115 民初 35745 号民事判决书、上海知识产权法院（2020）沪 73 民终 504 号民事判决书。

对竞争关系采取了存在可能的争夺交易机会、损害竞争优势等关系这一务实、开放的判断标准。个中缘由在于，竞争的本质是争夺客户，对于互联网行业来说，将用户吸引至自身平台是其经营之本，培养用户黏性是发展竞争优势的核心。因此，即便双方分属不同行业，采用不同经营模式，只要存在相同的用户群体，争夺与相同的用户群体的交易机会，则应当认定双方存有竞争关系。

（三）被诉行为的正当性考量

被诉行为的正当性考量是该类案件司法审查的重中之重，它可以解构为三个维度：一是目的正当，即被诉行为符合《反不正当竞争法》保护的利益目的；二是手段正当，即被诉行为采用合理、合法手段追求竞争利益；三是程序正当，即行为主体已事先告知并征求许可。

1. 目的正当性

对被诉行为目的正当性的考量，应当契合《反不正当竞争法》下"三元利益保护格局"的需求，即保护经营者的直接利益、消费者的间接利益、公共福祉的深层利益。现实中利益冲突在所难免，但在司法审判中必须做出权衡。梁慧星教授认为，利益衡量的核心就是当存在疑难问题时，暂对既存法规及法律构成不予考虑，而是综合把握案情，结合社会主流价值观念、经济状况等对各方利益展开比较衡量，做出何种利益应当优先保护的实质判断。[1]具体到个案中，原告浙江天猫网络有限公司与被告上海载和网络科技有限公司等不正当竞争纠纷一案[2]（以下简称"帮5淘"案）较为典型。被诉行为是被告公司将其"帮5淘"购物助手的标识、登录入口、价格走势、同类推荐图片、减价购买链接等插入原告经营的"天猫商城"页面。对原告而言，该行为属于"搭便车"的行为，它破坏了原告培育的用户黏性，造成原告流量利益损失。对消费者而言，购物助手的核心功能是运用爬虫技术对各大购物网站商品信息进行大数据检索，它充分满足了消费者便捷式货比三家的购物需求。但还应当看到，"帮5淘"在运营过程中的行为致使消费者对天猫与"帮5淘"之间产生混淆，为消费者的售后维权带来障碍，与其服务消费者的最初目的背道而驰。对公共福祉而言，"帮5淘"提供的比价服务是一种新兴的商业模式，其初衷值得肯定，但应当对其提供服务的具体方式予以适度

---

[1] 梁慧星：《民法解释学》，中国政法大学出版社2000年版，第316页。
[2] 上海市浦东新区人民法院（2015）浦民三（知）初字第1962号民事判决书。

规制。否则长此以往，会对其他苦心培育用户流量的经营者形成不良示范，破坏网络生态中的市场竞争秩序。由此，认定被诉行为构成不正当竞争有利于维护社会整体利益。该案例表面上看是个案，但在具体的裁判中却尤其讲求跳出个案的思维局限，使得裁判规则与结论能够契合数字经济的产业规律。

2. 手段正当性

手段正当，是区分流量劫持行为和一般干扰行为的重要边界。即使是合法的商业模式，也不能避开竞争，故经营者对他者的一般干扰行为负有一定的容忍义务。而流量劫持系属过当的干扰行为，其行为手段、行为后果等均超出一般经营者的容忍限度，因此法律需要予以规制。民事活动奉诚信原则为圭臬，讲究秉持诚实、善意的理念追求自身利益。在《反不正当竞争法》中，诚信原则更多的是以公认的商业道德形式体现。故而在被诉行为的手段正当性论证中，应当详尽查明被诉行为的具体实施方式、表现形式、呈现效果等的合理程度，并综合市场交易参与者的商业伦理，参照主管部门或行业协议制定的从业规范、自律公约等内容进行评判。"帮5淘"案中，首先，被告在"天猫商城"网页中插入的内容，并未独立于原告的网页空间，且用户无法关闭。其次，被告插入相应内容的位置遮挡了原告发布的购物信息，影响消费体验的同时，也不当干扰了原告的正常经营。再次，被告插入的内容没有明确标识来源，极易使消费者产生二者之间存在特定联系的误认。最后，当用户点击被告插入的减价按钮时，将直接进入被告自营的购物平台。显然，作为比价应用，被告经营的"帮5淘"本应公正、透明地展示各大平台的商品信息，但其所采取的手段却对网络交易介入过深，混淆用户的消费认知，甚至干涉用户的购物决策，明显超出一般干扰的行为边界，与商业伦理相悖。

3. 程序正当性

被诉行为的程序正当性，主要针对的是对经营者的请求程序和对用户的知情同意程序两个向度。一则，被诉行为的实施通常要求经过原告方的许可[①]，然而未经许可也并不必然阻却被诉行为的程序正当性。具言之，一方面，若未经许可，但被诉行为遵循上述"非公益必要不干扰"规则也可能具备免责性。另一方面，

[①]《反不正当竞争法》第12条第2款规定："经营者不得利用技术手段，通过影响用户选择或者其他方式，实施下列妨碍、破坏其他经营者合法提供的网络产品或者服务正常运行的行为：（一）未经其他经营者同意，在其合法提供的网络产品或者服务中，插入链接、强制进行目标跳转……"

出于维护自身利益的需求，现实中原告方往往会采取限制第三方与己方软件兼容的技术措施。该种技术措施如果不是为了原告诸如商业秘密、著作权等的法定权益，并不当然获得法律保护。相反，该措施还有妨碍竞争之嫌。而故意避开或者破坏该技术措施实施的被诉行为，是否符合程序正当要求争议较大。上述的美团案即牵涉这一问题。该二案的关键事实基本接近，即原告向商家提供"二维火"收银系统，并向收银系统合作的第三方支付公司（如支付宝、微信）收取佣金。为维护佣金利益，原告的收银系统仅许可用户安装以特定命名规则命名的 App 应用。但该技术措施并不有效，第三方的熟练技术人员可以从公开渠道获得安装包程序，并了解到程序包的命名规则。被告将自己的程序包设置成符合规则的命名，便可让用户在"二维火"收银系统中安装和使用被告的美团支付 App。北京知识产权法院认为"原告毕竟在系统中设置了包名规则，这意味着原告的系统未经许可不能随意突破，尤其是与原告系统具有相同收银功能的被告软件"。而杭州市中级人民法院则认为"迪火公司对售出的收银机本身及其所预装的操作系统均不享有垄断性的私权……本案纠纷之所以发生，与迪火公司所设置的技术措施过于简单，并已通过自身行为公开了技术措施的规避手段的事实不无关联……对于通过技术手段即可实现控制的行为，法律理应保持一定谦抑，不宜随意干涉"。笔者更倾向于后者的观点，并且在司法实践中应当注重结合行为主体的主观状态，谨慎查明恶意破解与合理规避之分别。合理规避技术措施的，《反不正当竞争法》需秉持谦抑原则；恶意破解的，《反不正当竞争法》仍需要予以规制，避免因苛求技术控制而陷入往复的升级技术军备竞赛，造成社会资源的浪费。

二则，被诉行为的实施也要求告知用户，取得同意。现实语境中，流量劫持多采取三种不法途径：未告知用户，即强制跳转链接；设置虚假弹窗，用户表面上可以选择关闭，实则不能关闭；欺骗、诱导客户的选择。保障程序的正当性，对因果关系链条的形成也有实质意义，即若被告可证实其充分保障了用户的知情权、选择权，诉争流量损失系用户自主自愿选择的结果，则可作为因果关系成立的阻却事由。

（四）损害后果的裁量标准

流量劫持行为中，原告对具体损害后果及相应赔偿金额的举证难度颇巨。鉴于此，司法判例中对原告存在损失一般采取推定方式，对损失相应的赔偿金额采用酌定法，酌定金额的范围在 50 万元到 500 万元不等。为进一步解决实践中对赔偿金额的裁量尺度标准不一问题,《反不正当竞争法（修订草案征求意见稿）》第27条释放出拓宽赔偿数额计算特殊情形适用范围的信号[①]。笔者认为，虽然原告对具体损失存在举证困难，但对损失数额裁量标准的理解仍不可大而化之，应当从《反不正当竞争法》的立法原旨出发，加强对当事人的举证指导：一是原告基础流量信息方面，如原告网站或软件在行业内的排名、财务报告、用户活跃数量、用户访问量、原告与其他广告主的合同金额；二是被告的基础流量信息方面，如被告的行业排名、被诉行为实施前和实施后的网站流量数据；三是其他同行的流量价值参考，如其他网站、软件的公开流量价格；四是因侵权行为造成的损失方面，如被诉行为实施前后原告在论坛、点评软件中的商誉评价等，并在此基础上综合被告的侵权时间跨度、主观恶意程度等因素对损失数额进行合理酌定。

四、结语

综上文分析可知，在数字经济背景下，传统的裁判理念诸如对竞争关系的认识、对共同经营者的证明标准等开始部分失灵，新的裁判理念比如对流量的法律属性与归属的认知、技术措施合法性的理解等尚未形成统一认识。本文在梳理司法审查路径的同时，也对上述争议的裁判观点做了讨论。需要重申的是，对于流量劫持类不正当竞争案件的司法审查，既要从个案出发，注重具体案情与生活经验、商业伦理、行业共识等的紧密结合；又不能拘泥于个案，仅"就案论案"，而要立足《反不正当竞争法》的立法原旨，围绕开放、共享、创新的数字经济核心理念，在此基础上理解诚信原则和公认的商业道德，不断优化裁判规则，方能与数字时代的法治需求真正接轨。

（**作者简介：**赵丽娜，上海市奉贤区人民法院法官助理；楼炯，上海市高级人民法院法官助理。）

---

① "情节严重的，可以在按照上述方法确定数额的一倍以上五倍以下确定赔偿数额"的适用不再仅限于"经营者恶意实施侵犯商业秘密行为"，而"侵权人因侵权所获得的利益难以确定的，由人民法院根据侵权行为的情节判决给予权利人五百万元以下的赔偿"的适用不再仅限于商业混淆侵权和商业秘密侵权；这两种特殊情形都对所有不正当竞争侵权行为适用。

数字支付侵财犯罪刑事规制类型化研究

何仁利　宋文健

党的二十大报告提出，建设现代化产业体系，推进新型工业化，加快建设数字中国。构建以数据为关键要素的数字经济，推动实体经济和数字经济融合发展，是建设数字中国的核心要点。在数字经济建设中，数字支付是重要环节，数字支付涉及数字货币、新型结算体系、互联网数字化支付等多个方面，互联网数字支付环节因为技术不成熟，极易被不法分子劫持和控制，影响到了交易安全。综合审判实践来看，当前的数字支付犯罪中利用数字支付进行侵财犯罪最为常见，社会危害性最大，而且理论研究和司法实践中均存在较大争论，亟须结合数字支付的特征，准确定性处罚。

一、数字支付侵财犯罪的主要类型

数字支付侵财犯罪是指在数字支付过程中破坏计算机支付系统或利用数字支付的缺陷和漏洞实施的侵犯他人财产的犯罪，此类犯罪可以分为以下三类。

（一）劫持支付型的篡改支付数据侵财

这种行为是指在数字支付的过程中，利用黑客技术和木马软件，对设定的计算机支付交易系统进行劫持，改变原始运行参数，修改支付价格，使支付系统产生内在的错误，行为人支付低价获取高价财物，达到占有财产的目的。

典型案例：刘某用手机下载了某汽车租赁公司 App 软件，在软件内购买该公司面额为人民币 1000 元至 1 万元的"礼品 E 卡"时，使用可以修改网络数据的黑客软件将所对应的价格修改为 0.1 元或 1 元，非法获取共计面额 69.7 万元的"礼品 E 卡"，后通过网络将"礼品 E 卡"予以销赃，其中被购卡人实际使用金额为 17.8 万元。被害公司发现被窃后，将其余被窃的"礼品 E 卡"止付。

（二）冒用型的数字支付侵财行为

此类行为并不对支付系统本身进行恶意的侵入和修改，不改变现有的支付规则，而是冒用他人身份进行数字支付或者借助他人设定的绑定关系将他人的财物占为己有。在司法实践中，常见的冒用他人微信、支付宝等账号所实施的侵财犯罪即属于此类。

典型案例：翁某在被害人庄某某开设的饭店任职期间，用其掌握的庄某某的支付宝账号和支付密码，在其本人的手机应用上登录，先后分六次将该支付宝账户所绑定银行卡内的人民币24万元转至自己控制的账户后花用。

（三）非法嫁接型的数字支付侵财行为

此类犯罪是指通过数字支付工具绑定被害人的银行卡，伪造绑定关系和代付款协议，通过支付工具将银行卡中的钱款非法转移。比较典型的是，将他人的信用卡擅自绑定至自己控制的数字支付程序，非法支取他人信用卡中的钱款。

典型案例：被告人赵某某在事先已骗得范某银行卡相关信息及身份证号的情况下，以借用范某手机的名义，操作使用范某的手机将其微信账号和上述银行卡绑定，还在其自己的手机上注册了以范某为名的支付宝账户并绑定该银行卡，后分别将范某上述银行卡内1.1万元转入范某的支付宝账户及微信钱包内，再将上述钱款转至其自己的支付宝账户及微信钱包内。

二、数字支付侵财犯罪司法实践处置难题

数字支付犯罪往往具有盗骗交织的特征，还涉及对计算机信息系统的侵入和破坏，同时侵犯多个法益，在审判实践中如何定罪处罚争议颇多，主要体现在定罪罪名和数额认定两个方面。

（一）定罪方面的分歧

1. 劫持支付型犯罪司法实践中的争议

对于通过非法软件篡改网络支付数据，修改购买价格非法获取财物这类行为如何定罪，审判实践中大致有三种意见，分别是构成诈骗罪、盗窃罪以及破坏计算机信息系统罪。

第一种意见认为，此种行为构成诈骗罪。修改价格是一个前提性的行为，可以把它等同于一种虚构事实、隐瞒真相的方法，这导致被害公司对交易前提具备的基本条件进行了更改，真正获得财产是通过交易的方式，被害单位误以为行为人支付了相应面值的钱款而进行了交易，符合诈骗罪的构成要件。

第二种意见认为，此类行为构成盗窃罪。犯罪行为人向被害公司支付的钱款是其修改后的金额，并未对被害公司虚构事实，被害公司只是因为系统功能的缺失导致暂时没有发现，并非基于错误认识而交付财物，犯罪行为人利用信息上的不对称获取非法利益，本质上属于盗窃。

第三种意见认为，此类行为构成破坏计算机信息系统罪。因为此类案件不具有秘密窃取的特征，不符合盗窃罪的犯罪构成，同时机器不能成为被骗的对象，也不成立诈骗罪。行为人使用修改软件对计算机信息系统原有功能进行了修改，破坏了设定的计算机运行系统，并实际造成了原有平台的损失，因此构成破坏计算机信息系统罪。

2. 冒用型数字支付犯罪司法实践中的争议

对行为人冒用被害人数字支付工具进行取现、转账、消费等行为的主要争论在于此类行为属于盗窃还是诈骗，争议来源于机器是否可能被骗。

第一种观点认为，虽然支付宝等是人工智能的载体，但其依然是设定的程序，没有自然人的特征与属性，不能产生处分意识。[1]冒充第三方数字支付工具的实际权利人进行使用的行为，不能称为诈骗。

第二种观点认为，通过电脑编程赋予其部分人脑功能且能替代人脑开展相关业务的机器统称为"机器人"，新型支付平台按照人的意志运行基本等同于人通过编程赋予其人脑功能，是可以被骗的。[2]据此，冒用他人支付工具的行为可以定诈骗犯罪。

第三种观点认为，支付平台自身不能成为诈骗犯罪的行为对象，但行为人可以借助支付平台欺骗背后的自然人。冒充被害人非法获取数字支付账户关联的银行卡内资金的行为构成"冒用型"信用卡诈骗罪。[3]

第四种观点认为，应该依据转移的是数字支付账户内资金和其绑定银行卡内

---

[1] 赵运锋：《转移他人支付宝钱款行为定性分析——兼论盗窃罪与诈骗罪的竞合关系》，载《华东政法大学学报》2017年第3期。

[2] 刘宪权：《网络侵财犯罪刑法规制与定性的基本问题》，载《中外法学》2017年第4期。

[3] 郑洋：《利用数字支付账户非法取财犯罪的类型化评价》，载《法律适用》2021年第5期。

资金的不同，分别评价为盗窃罪和信用卡诈骗罪。①

3. 非法嫁接型数字支付犯罪的定罪争议

在审判实践中，对非法嫁接型的数字支付犯罪行为，以信用卡诈骗罪和以盗窃罪论处的皆有之，实务部门以及理论界仍在不断研讨，目前依旧尚无定论。"两高"《关于办理妨害信用卡管理刑事案件具体应用法律若干问题的解释》规定，窃取、收买、骗取或者以其他非法方式获取他人信用卡信息资料，并通过互联网、通讯终端等使用的属于"冒用他人信用卡"。据此，有意见认为，非法嫁接型的犯罪行为即属于非法获取他人信用卡信息资料，在互联网终端上以无磁交易的形式进行冒用。另有意见认为，此类犯罪与冒用型数字支付犯罪没有区别，均属于盗窃。

（二）犯罪数额认定方面的难题

在数字支付的场景下，支付过程的数字化和财产的数字化，使传统的支付交易模式发生了变化，犯罪行为的完成与被害人遭受财产损失之间往往存在一定距离，犯罪数额的认定存在难题。

在劫持支付的犯罪中，行为人非法获取的多为数字化财产凭证，是否存在未遂以及未遂如何界定存在观点分歧。认为不存在未遂的观点主张，根据《关于办理盗窃刑事案件适用法律若干问题的解释》的规定，盗窃不记名、不挂失的有价支付凭证、有价证券、有价票证的，应当按票面数额和盗窃时应得的孳息、奖金或者奖品等可得收益一并计算盗窃数额，故应当认定被告人盗窃的财物面值为盗窃数额，窃取行为一经完成全额认定为既遂。认为存在未遂的观点主张，盗窃取得数字化财产凭证只是存在领取款物的可能性，而没有必然性，失主尚可采取挂失等其他措施阻止行为人最终取得财物，这与取得他人不记名、不挂失的财产凭证是不同的，不能把是否取得票证作为区别既遂未遂的标准。②

在冒用型和非法嫁接型数字支付犯罪中，也存在数额认定难题。如行为人通过数字支付工具窃取了被害人的钱款，在行窃后为掩饰其行为又将钱款存入其中，如此反复实施，累计相加的数额可能大于被害人的实际损失，甚至远大于银行卡内钱款总额，此时如何认定被告人犯罪数额颇具争议。按照传统观点，盗窃既遂

---

① 吴波：《秘密转移第三方支付平台资金行为的定性——以支付宝为例》，载《华东政法大学学报》2017年第3期。

② 王作富主编：《刑法分则实务研究》，中国方正出版社2013年版，第950页。

后又返还的不影响盗窃既遂的认定，应当将所有的盗窃数额累计相加。但如此处理可能导致犯罪数额大于被害人的实际损失以及财产原本价值，量刑不符合罪刑相当原则，也偏离公众的朴素认知，司法实践陷入两难境地。

三、数字支付侵财犯罪适用罪名分析

（一）劫持支付型犯罪应以盗窃罪论处

1. 劫持支付犯罪的行为构造

定性分析以事实分析为前提，准确定罪的前提是先精准剖析犯罪过程。交易支付的正常流程是，购买人使用 App 提交所购商品的种类和数量信息，App 接收后将付款金额信息发送给购买人，此后购买人通过数字支付工具支付金额，App 接收到数字支付工具反馈的购买者已付款信息后，发送相应的商品给购买人。劫持支付是在卖方发送付款金额信息到达付款人手机前，付款人通过黑客技术将该信息进行拦截并修改付款金额，再将修改后的信息发送到自己手机上进行付款，付款完成后卖方根据收到的"已完成付款"的信息发送对应商品。在支付信息内容的鉴别上，卖方 App 只能识别客户是否付款而没有识别具体付款金额的功能，实际的支付金额在系统后台中可以核查，但是系统前台不实时掌握。

2. 被害公司交付财物不是基于受骗

盗窃和诈骗的本质区别在于，盗窃是在违反财物所有人意思的情况下使占有发生转移，而诈骗是因财物所有人受骗发生认识错误并主动交付财物，这里的交付必须是在处分意思支配下的占有转移。[①]在数字经济时代，不能仅仅以被动获取和主动交付来区分盗窃和诈骗，网络盗窃也会存在主动交付的情形，但该交付行为不是基于被骗。

讨论是盗还是骗，核心问题在于计算机程序是否被欺骗。当前我国刑法理论一般认为机器不能产生认识错误，不能被骗。[②]我们认为，认定诈骗犯罪时，认识错误和处分意识需同时具备，法学领域对于机器是否具有意识的分析不能脱离自然科学研究领域对机器意识的定位标准，抛开当前科技发展水平空谈机器是否有意识属于无源之水、无本之木。现代脑科学与人工智能的主流观点认为，机器

---

① 陈兴良：《盗窃罪与诈骗罪的界分》，载《中国审判》2008 年第 10 期。
② 张明楷：《刑法学》，法律出版社 2021 年版，第 1305 页。

意识的实现除了依靠机器自身来达到思维、计算能力之外，还需要具备语言能力、想象能力、情感能力与自我反思能力等脑智特征。① 在法学领域，判断智能机器是否具有意识要看机器本身是否能够独立于程序设计者作出意思表示，如果机器只是按照预先设定的程序行事，那么便不符合机器意识的最低标准。② 当前，智能机器虽然比传统机器先进很多，但是其运行依然只能依赖于预先设定的程序，不能认为其具有意识。而且智能机器和传统机器之间没有确切的界分标准，将智能机器作为被骗对象必然导致司法实践的困难和混乱。

劫持支付型犯罪中，很显然自动收款发货的计算机程序的运行依赖于输入的程序，行为人利用了收款到校对账目之间的时间差，并没有隐瞒支付金额进行欺骗，被害公司交付财物是基于对自身网络系统的自信，而非基于"假信息"陷入认知上的错误，该主动交付行为不是因受骗而产生的后果。因此，劫持支付型犯罪难以成立诈骗罪。

3. 破坏计算机信息系统属于手段行为

交易程序和手机之间的数据传输系统是经过设计而形成的稳定的计算机信息系统，正常运行可以代替人工服务来收取用户的钱款并发放产品。行为人对数据传输的过程进行人为干预，对系统的功能进行修改、干扰，客观上破坏了计算机信息系统的正常数据传输，造成计算机信息系统不能正常运行，符合破坏计算机信息系统罪的行为特征。但是，《刑法》第287条对利用计算机实施有关犯罪作了提示性规定，利用计算机实施金融诈骗、盗窃、贪污、挪用公款、窃取国家秘密或者其他犯罪的，依照本法有关规定定罪处罚。因此，在此类案件中，破坏计算机信息系统与侵财行为属于牵连关系，前者是实现后者目的的手段行为，以破坏计算机信息系统罪论处无法全面评价犯罪行为整体。

4. 应当以盗窃罪定罪处罚

关于盗窃罪是否具有秘密窃取的特征，目前刑法理论界主流观点认为，盗窃罪不要求秘密性，可以公开盗窃。③ 在此观点下，劫持支付型侵财行为则不会因为秘密性缺失而阻却构成盗窃罪。另外，即使要求盗窃罪需具备秘密性，劫持支付型侵财行为也满足秘密性的要求。盗窃行为的秘密性包括主观性特征和相对性特

---

① 游均、周昌乐：《机器意识最新进展的哲学反思》，载《自然辩证法通讯》2018年第6期。
② 陈俊秀、李立丰：《"机器意识"何以可能——人工智能时代"机器不能被骗"立场之坚守》，载《大连理工大学学报（社会科学版）》2020年第6期。
③ 张明楷：《刑法学》，法律出版社2021年版，第1235页。

征，主观性指行为人主观上认为自己的行为不会被被盗人当场发现，相对性是指秘密盗窃行为是相对于被盗人的，只要被盗人对于盗窃行为不知情即可。[1] 此类案件中，被害方的财产遭受损失的原因是其设计的计算机系统只能识别客户是否完成付款，而不能及时甄别客户付款的金额是否与发出的支付指令相一致。行为人通过对支付信息的劫持为窃取财物制造了空间，在被害方尚未发觉支付金额异常的情况下将相应的财产转移到自己的控制之下，符合盗窃罪的行为特征。

（二）冒用型数字支付犯罪属于盗窃

1. 数字支付工具属性与银行付款规程

数字支付账户余额属于预付价值。以支付宝为例，根据《支付宝服务协议》，支付宝账户所记录的资金余额系用户委托支付宝保管的、所有权归属于用户的预付价值，该预付价值对应的货币资金归属于用户，以支付宝名义存放在银行，并且由支付宝向银行发起资金调拨指令。支付宝运作模式实现的前提是：《支付业务许可证》+ 与特定金融机构合作协议。权利人对数字支付工具发出资金调拨指令，调拨该数字支付账户保管的资金，这个过程虽然涉及银行，但是权利人并没有直接与银行发生指令信息和资金的来往。

通过数字支付工具支取银行卡内资金系银行根据已经存在的授权合作协议执行支付指令。根据第三方数字支付的操作规程，通过支付工具来获取银行卡内的资金的前提是该支付工具与银行之间存在合法的绑定关系（实质为委托付款关系）。在办理相关绑定业务时，银行需要对持卡人的身份进行认证。在绑定完成后，交易时银行无需再次对客户的身份进行验证，当支付密码正确时银行会当然地支付。

2. 数字支付工具和银行不存在被骗的可能

首先，数字支付工具没有被骗。从技术层面上讲，目前的数字支付系统的识别功能仍是以用户、密码的信息匹配和对指纹、虹膜、面部轮廓等生物特征的识别为判断基础，判断的方式比较机械，其智能程度远远无法达到人类的分析判断水平，不能产生认识错误。具体而言，只要行为人输入正确的数字支付账号和密码，就可以登录并发出调拨资金的指令，数字支付程序不会产生识别上的错误，也就不存在被骗的问题。

其次，银行也没有受骗。银行根据数字支付工具的指令进行支付，至于获知

---

[1] 王晓萌：《盗窃罪若干问题探析》，载《山西省政法管理干部学院学报》2015 年第 1 期。

支付账号和密码的过程是否合法银行无法进行审查，也无审查的义务。而且无论是消费还是转账，银行依据与数字支付账户之间的付款协议以及真实的支付指令信息付款，此支付行为乃正常履行业务职责的行为，而非被欺骗后的处分行为。银行没有被数字支付工具欺骗，更没有被客户欺骗。

3. 对预设同意型诈骗的匡正

根据预设同意理论，机器不可能被骗，但是机器背后的主人可以被骗，行为人利用智能主体的系统漏洞或程序瑕疵进行虚假交易进而非法获取财物成立预设同意型诈骗罪。[1]我们认为，预设同意理论在诈骗罪的构造中只能解决财产处分问题，而不能解决认识错误问题，预设同意型诈骗是不成立的。在人工智能背景下，智能机器代替自然人从事活动只能基于预设的程序，智能机器不能代理自然人产生认识错误，利用机器本身的程序漏洞或者机器无自然人判断力这一特点不等于使机器背后的主人成为受骗者。利用智能机器意识的缺失来进行的各种侵财行为在本质上显然违背机器主人的意志，而不是推定机器主人产生了有瑕疵的意志。因此，对机器实施的"诈骗"不能等同于对机器背后主人的诈骗。

4. 冒用支付工具不能解释为冒用信用卡

有观点主张，通过"穿透式"审查，将绑定银行卡的数字支付工具认定为刑法意义上的信用卡，通过支付工具绑定的银行卡转移资金，本质上属于冒用他人信用卡，构成信用卡诈骗罪。[2]我们认为，冒用数字支付的结果是侵犯了信用卡人权益，但是不能跨越数字支付工具直接认定冒用信用卡。数字支付工具在功能上和信用卡类似，但不能将其等同于信用卡。2004年全国人大常委会通过的《关于〈中华人民共和国刑法〉有关信用卡规定的解释》规定，刑法规定的"信用卡"，是指由商业银行或者其他金融机构发行的具有消费支付、信用贷款、转账结算、存取现金等全部功能或者部分功能的电子支付卡。2010年《非金融机构支付服务管理办法》将包括第三方支付在内的数字支付平台定位为非金融机构。[3]根据上述

---

[1] 郑洋：《预设同意型诈骗罪的理论阐释及实践展开》，载《政治与法律》2022年第6期。

[2] 李勇、多甜甜：《网络盗刷交易犯罪的定性分析——基于实质解释与"穿透式"审查的双重思路》，载《中国检察官》2021年第24期。

[3] 根据《非金融机构支付服务管理办法》第3条的规定，非金融机构提供支付服务应当取得支付业务许可证。同时，根据《公司法》《人民银行法》《商业银行法》等规定，金融机构在经国务院监督管理机构审查批准后成立时就具有支付业务功能，无需另行取得支付业务许可证。支付宝、微信等第三方支付机构开展支付业务需要取得支付业务许可证，因此属于非金融机构。

两个法律文件的规定，数字支付公司不属于银行，也不属于金融机构，数字支付账户不能等同于信用卡账户。

5. 以盗窃罪论处具有法律和现实需求

首先，行为人在未经权利人允许的情况下，擅自使用权利人的数字支付账户转账、消费，显然违背了权利人的意志，其行为本质属于窃取，被害人也是在不知情的情况下遭受了财产损失，符合盗窃罪的特征。

其次，以盗窃罪论处更贴近公众认知。常识、常理、常情是制定和理解法律的基础。对行为人来说，冒用数字支付账户的一般想法是要窃取钱款，窃取账户内钱款和所关联的银行卡账户内的钱款均在行为人概括的窃取故意之中。从被害人、社会公众的角度看，普遍也认为是手机里的钱被偷了，而不是被骗走了，以盗窃论处更符合公众认知。

最后，类似行为应类似处理。窃取数字支付账户内余额与盗刷数字支付工具绑定的银行卡里的钱款两种行为性质十分类似，客观紧密相连，根据类似行为类似处理的基本法理，不应当区别对待、分别评价，否则将造成出入罪和量刑上的偏差。

（三）非法嫁接型犯罪属于信用卡诈骗

与冒用型侵财行为不同，非法嫁接型数字支付侵财行为的本质特征在于将数字支付工具非法嫁接关联他人信用卡，然后通过数字支付转移他人信用卡中的资金。建立关联关系是行为的核心。有观点主张，以用户是否关联具体业务为界限进行分层认定，一般情况下由行为人进行业务关联并非法取财的行为应定性为诈骗。[①] 我们认为这种认定方法较为合理。

首先，关联业务时使用了他人信用卡信息资料。信用卡信息资料是一组有关发卡行代码、持卡人账号、密码、校验码等内容的加密电子数据。[②] 在非法嫁接型犯罪中，完成绑定需要使用他人银行卡的账号、密码、绑定手机验证码等，这些信息达到了"足以使他人以信用卡持卡人名义进行交易"的程度，属于信用卡信息资料。

[①] 陈卫民、唐慧、徐旭：《涉第三方支付侵财犯罪认定分析》，载《人民检察》2022年第5期。
[②] 陈国庆、韩耀元、吴峤滨：《〈关于办理妨害信用卡管理刑事案件具体应用法律若干问题的解释〉理解与适用》，载《人民检察》2010年第2期。

其次，属于以无磁交易的方式进行冒用。无磁交易是指不使用信用卡卡片，而使用他人信用卡信息，通过网上支付或电话支付使用信用卡。无磁交易对他人信用卡信息资料的使用，既可以是在手机银行、网上银行等数字银行中使用，也可以是在微信、支付宝等第三方数字支付工具中使用，其性质别无二致，都属于冒充信用卡权利人使用信用卡。

最后，妨害了信用卡管理秩序。非法嫁接型犯罪本质上是冒用他人的身份与银行建立资金代付合作关系，之后冒充权利人使用信用卡，可以认定为"窃取、收买、骗取或者以其他非法方式获取他人信用卡信息资料，并通过互联网、通讯终端等使用"，违反了信用卡的使用规定，破坏了银行的信用卡管理秩序，以信用卡诈骗罪论处能够完整评价该犯罪行为。

四、数字支付侵财犯罪数额的认定

（一）数字支付侵财犯罪应当区分既遂和未遂

与传统侵财犯罪相比，数字支付犯罪侵犯的对象包含财产性利益、数字货币、网络域名等数字化的财产，在控制方式、占有方式及转移形式上与实体财物具有较大差异，犯罪行为与损害后果之间往往具有一定距离，不易直观判断是否遭受财产损失，需要结合刑法的基本理论和数字支付的特征进行判断。无论犯罪的对象是实物还是数字化的财产权利，均应当区分既遂和未遂。犯罪既遂应当理解为行为人事实上建立了新的支配关系，一般来说，被害人丧失了对财物事实上的支配，就应认定为行为人取得了财物。[①]

（二）既遂的数额为已经产生的实际损失

在劫持支付型的数字支付犯罪中，窃取的对象往往属于可以兑换成财产的数字凭证，比如电子兑换券、积分等，当前可以参照有价支付凭证来认定。数字财产凭证是不记名的，但通常又有其对应的电子标识，发行者可以采用技术手段对相应的数字财产凭证止付，这与传统的不记名的有价支付凭证存在差异。盗窃记名或者可挂失的数字化的权利凭证，在认定既遂、未遂时，应当把取得票证行为

---

① 张明楷：《刑法学》，法律出版社2021年版，第1256页。

与实际领取款物两个行为结合起来考虑。①若非法获取的是财产本身，则财物脱离了原所有人或者管理人的支配就成立既遂。若非法获取的是可止付的数字化财产凭证，被窃得后有尚未使用、已经被使用（包括自己使用和出售被别人使用）、已经出售尚未被使用三种状态，通过兑换使用和出售均可实现犯罪预期目的，使被害人产生损失，因此应当以是否使用或出售作为既遂、未遂的划分界限，已使用或出售的部分对应数额属于盗窃既遂，其他部分属于盗窃未遂。

（三）循环犯罪数额的认定

在冒用型和非法嫁接型的支付犯罪中，侵财与返还穿插进行的循环犯罪存在空间，数额累计相加往往远超实际损失额的，审判实践中如何认定犯罪数额尚无定论。有法院认为，行为人针对同一犯罪对象连续实施盗窃，虽然在此期间行为人多次返还部分财物，其盗窃数额仍应累计计算，但应以犯罪对象财产所有权的最大价值为限。②此处理方式较为合理，犯罪形态具有不可逆性，既遂之后返还财物不影响犯罪既遂，为了掩盖犯罪行为而返还的部分可以认定为犯罪成本，返还数额不应当进行扣除。同时，累加数额后得出的犯罪数额应当以银行卡内的实际钱款总额为限，如此认定比较符合罪刑相当原则，契合公众的朴素认知。如果累加数额没有超出实际价值总额，以累加数额为犯罪数额，但是在处罚时应当考虑被害人的实际损失数额，相应从轻量刑。

（**作者简介**：何仁利，上海市第二中级人民法院刑事审判庭三级高级法官；宋文健，上海市第二中级人民法院刑事审判庭二级法官助理。）

---

① 张仁杰：《盗窃罪既遂与未遂的司法认定》，载《中国检察官》2013年第2期。
② 郭百顺、金腾超：《以"盗窃—返还—再盗窃"模式多次盗窃的数额认定》，载《人民司法》2021年第29期。

数字经济背景下新业态劳动者劳动权益司法体系保障研究

王 茜 王正叶 钟嫣然

新业态用工模式具有一定的灵活性、创新性,导致传统的"劳动二分法"无法适应平台用工的调整需要,尤其是劳动基准保护和社保制度难以直接适用。目前司法实践对新业态用工中劳动者、平台公司以及合同相对方构成何种法律关系存在分歧,对各自法律关系下平台或合同相对方承担何种责任以及归责原则亦存在认识上的不统一。

一、现有立法困境和司法实践的不统一

(一) 立法困境

1. 传统的"劳动二分法"无法适应平台用工的调整需要

劳动关系的认定主要是看用人单位和劳动者之间是否具有从属性,一般又分为人身从属性、组织从属性和经济从属性[①],同时要考虑双方建立劳动关系的合意。但不同于传统劳动关系的是,新就业形态呈现出明显的"去劳动关系化",即从属性弱而灵活性强的特点。基于工业化时代的劳动关系体系,对劳动者采取全有或全无的保障模式,即认定为劳动关系就会获得最低工资、标准工时、职业安全卫生、福利社保、解雇保护等全方位的保障,但是一旦被排除于劳动关系,上述待遇只能依赖双方的约定,很难得到全面适用。目前新业态劳动者普遍存在工作时间过长、无最低工资保障以及无社保托底等现象,但是现有法律法规并未规定对新业态劳动者的劳动基准保护,一些行业保护仅停留在部委意见[②]中,且存在劳动

[①] 王全兴:《劳动法》,法律出版社2017年版,第35—36页。
[②] 如国家市场监管总局等制定的《关于落实网络餐饮平台责任切实维护外卖送餐员权益的指导意见》、交通运输部等制定的《关于加强交通运输新业态从业人员权益保障工作的意见》。

者同时为几家平台提供劳动的情形。据不完全统计，中国依托互联网平台的新业态劳动者约有8400万人①，为稳保就业做出突出贡献，劳动基准保护亟须立法做出调整。

目前，新业态的用工模式一般分为全职模式和兼职（众包）模式。在全职模式中，一般由平台与代理商签订合作协议，将某一领域业务外包给代理商，由代理商与劳动者订立相关合同（以下简称合同相对方），且劳动者以此为主业。在兼职（众包）模式中，则为劳动者自行在平台App注册，工作任务一般为抢单获得，可以自主决定上下线时间，也可同时在多家平台工作，工资按天结算。故新业态劳动者在劳动关系还是非劳动关系的认定上无法"一刀切"。同时，若一概认定为劳动关系就有社保缴纳义务，将带来极大的用工成本和负担，甚至直接导致平台经济丧失活力或者合同相对方大批量倒闭，在目前的大环境下不利于保市场主体及稳就业，且最终成本也会转嫁到消费者身上，未必是一个双赢的结果；但一概否认劳动关系，又会让部分商家披着平台经济的外衣刻意规避本来的劳动关系，进而逃避劳动基准保护及社保缴纳义务，侵害劳动者的基本权益，故需要立法者站在一个更高的视角统筹考虑。

2. 现有社保制度与劳动关系深度绑定带来的困境

从现有的社保制度来看，主要是和劳动关系相绑定的，特别是工伤保险和失业保险，且目前同一统筹地区只支持一家用人单位缴纳。笔者经调研发现，部分新业态劳动者在上海本地未缴纳社保，有的是合同相对方出于成本考虑不为他们缴纳，有的是劳动者本身为多拿到手工资而主观上不愿缴纳，有的是在户籍地老家已缴社保，又由于新业态劳动者灵活性强、流动性大甚至为几家平台同时提供劳动等情况，导致客观上也无法在本地缴纳社保。

新业态劳动者在遭受事故伤害时，如果没有缴纳工伤保险，现有的保证金制度及商业保险一般很难覆盖所有的工伤保险理赔金额（尤其是伤残等级较高时），劳动者主张工伤保险待遇时就会被平台和合同相对方相互推诿，导致在救济时效和救济力度上大打折扣。审判实践中也发现部分合同相对方为外地公司且缺乏赔付能力，在诉讼取证和判后履行上存在较大困难。

---

① 国家信息中心《中国共享经济发展报告（2021）》。

（二）司法实践的困境

1. 劳动关系的司法认定不统一

原来的劳动关系确认标准[1]，调整的是传统的用工模式，但是新业态用工是一种全新的模式，不能用老眼光看待新问题。新业态劳动者大多通过平台自主接单承接工作任务，准入和退出门槛低，工作时间相对自由，劳动所得从消费者支付的费用中直接分成，其与平台的关系有别于传统的企业＋雇员模式，导致新业态劳动者难以被纳入现行的劳动法律法规保障范围。[2]新业态从业者不仅受线下合同相对方管理人员在着装、考勤、工作调度等方面的管理，在工作任务以及派单路线上亦受平台算法的管理，这与传统劳动关系仅受公司管理者管理存在较大不同。且多数劳动者与平台和合同相对方都未订立劳动合同，但在实际履行过程中又具备劳动关系的部分特征，导致司法部门在劳动关系认定上存在较大困难。

例如在周某某与上海某公司确认劳动关系案件中，一审法院认为，从形式上看，周某某与某公司有建立劳动关系的意思表示，存在管理与被管理关系，周某某的劳动成果也归属于某公司，故判决周某某与某公司存在劳动关系。[3]但二审法院却认为，周某某对送餐工作的安排具有自主权，双方不存在紧密的人身和经济从属性，缺乏长期、持续、稳定的职业性特征，缺乏劳动关系的主要连结点，故否认了双方的劳动关系。[4]

2. 工伤保险待遇纠纷之诉与人身损害赔偿之诉的选择权困境

很多新业态劳动者在本地未缴纳工伤保险，在网约配送途中遭受事故伤害很少能获得工伤保险赔偿，这个时候就要考虑是提起工伤保险待遇纠纷之诉还是人身损害赔偿之诉。如若提起工伤保险待遇纠纷之诉，大部分劳动者未订立劳动合同，还要先行提起确认劳动关系之诉，甚至出现某外卖骑手在平台接单，签合同的是 A 公司，发工资的是 B 公司，平时则接受 C 公司的管理，导致判定劳动关系的人身从属性和经济从属性的用人单位职能被分离，实践中劳动者自己也搞不清

---

[1] 原劳动和社会保障部《关于确立劳动关系有关事项的通知》。
[2] 《人力资源社会保障部对政协十三届全国委员会第三次会议第 3391 号（社会管理类 287 号）提案的答复》，载人力资源和社会保障部网，http://www.mohrss.gov.cn/xxgk2020/fdzdgknr/zhgl/jytabl/tadf/202101/t20210113_407557.html，2023 年 7 月 6 日访问。
[3] （2017）沪 0107 民初 27564 号民事判决书。
[4] （2019）沪 02 民终 3226 号民事判决书。

楚究竟和哪一家公司存在劳动关系，只能逐一仲裁和诉讼①，具体每一家公司与劳动者存在何种关系在司法认定中存在较大困难。

在工伤救济路径过长或者现有证据难以认定劳动关系的情形下，劳动者往往会以提供劳务者受害责任纠纷进行救济，同时要求平台承担相应责任。审理此类纠纷案件的主要法律依据是《民法典》第1192条。《民法典》第1192条仅明确个人劳务关系的归责原则，然而对于接受劳务方系用工单位，提供劳务一方因劳务受到损害是否应当适用无过错责任原则，在审判实践中存在较大争议。人力资源社会保障部、国家发展改革委、交通运输部、应急部、市场监管总局、国家医保局、最高人民法院、全国总工会《关于维护新就业形态劳动者劳动保障权益的指导意见》（以下简称《八部委指导意见》）中规定，对采取外包等其他合作用工方式，劳动者权益受到损害的，平台企业依法承担相应责任。但是平台何时承担责任以及承担何种责任则没有明确，审判实践中对平台承担连带责任、补充责任还是按份责任亦存在较大分歧。

二、新就业形态中常见法律关系辨析

目前新业态用工中常见法律关系多分为劳动关系、民事关系以及不完全符合确立劳动关系的情形等多种形式。在具体法律关系的认定上，要着重考察双方身份地位是否平等以及劳动管理的控制强度，既要防止劳动关系泛化、尊重双方真实的意思自治，又不能局限于形式外观，仍需根据双方的实际履行来认定法律关系的性质。

（一）劳动关系

1. 传统劳动关系

在目前的司法实践中，直接认定劳动者和平台公司之间存在劳动关系的生效判例并不多见，除非双方之间明确签订劳动合同（多见于平台成立初期）。但全职劳动者和合同相对方之间是否存在劳动关系较难把握。首先，要考察双方是否具有建立劳动关系的合意，劳动者是否长期稳定地为合同相对方提供劳动；其次，

---

① （2019）沪01民终7213号民事判决书、（2020）沪01民终1648号民事判决书、（2021）沪01民终6194号民事判决书、（2022）沪0104民初2413号民事判决书。

从劳动关系的实际履行来看,要综合考量合同相对方是否要求劳动者遵守规章制度、劳动者工作时间与工作内容是否受合同相对方调度安排(能否自由安排工作时间、能否拒绝派单)、合同相对方是否对劳动者实施常态化的考勤管理;最后,从劳动报酬的发放来看,是按天结算还是按月结算,劳动收入是否稳定,合同相对方是否有权扣发工资、有无奖惩权等,综合审慎认定双方之间的劳动关系[①]。同时又不能局限于双方签订的合同外观,如双方签署了合作、承揽之类的协议,但双方均具备劳动关系主体资格,且实际履行的权利义务内容符合上述劳动关系从属性特征的,仍应认定为劳动关系,防止合同相对方以平台用工方式规避劳动关系项下的用人单位责任。

2. 用人单位要求劳动者登记为个体工商户等特殊情形

司法实践中,用人单位将全职外卖骑手注册为个体工商户规避企业用工主体责任的做法亦不为司法部门所认可,以苏州云霆公司诉蒙某某确认劳动关系纠纷案为例,法院认为,对新业态劳动者劳动关系的认定,应在尊重双方合意的基础上,综合考察考勤、工资发放等实质性管理因素,从而判断双方是否符合劳动关系的本质特征。用人单位仅以新业态从业人员注册为个体工商户为由,主张双方并非劳动关系的,人民法院不予支持。[②]在该案中,法院在考虑了双方合意的基础上也是依据实际履行原则确认了双方的劳动关系,并非仅以劳动者主体不适格而直接否定双方的劳动关系,该案还被评为2021年度中国社会法十大影响力事例,具有一定的借鉴意义。

(二)民事关系

1. 劳务关系

判断平台公司、合同相对方与从业人员之间是否存在劳务关系,要审查双方之间是否具有建立劳务关系的合意。与劳动关系不同的是,劳务关系双方系平等民事主体之间的法律关系,双方的人身依附性相对较弱,工作内容仅具有临时性等。如双方在订立的合同中明确约定不存在劳务关系,但劳动者能举证证明平台公司或合同相对方对劳动者的工作量、工作时间等有一定的要求,并且对工作过程进行一定程度的监督、管理、考核,符合劳务关系特征的,应根据实际履行情

---

① 上海市高级人民法院《涉互联网平台劳动争议、侵权案件相关法律适用意见》。
②(2020)苏05民终2639号民事判决书。

况认定双方之间形成劳务关系。

2. 承揽关系

判断平台公司、合同相对方与从业人员之间是否存在承揽关系，仍需审查双方之间是否有建立承揽关系的合意。承揽关系和劳动关系最大的不同也是双方系平等的民事主体，合同履行更加注重工作成果而非工作过程，承揽人无需接受加工定作方劳动过程的监督管理等。前述的兼职（众包）模式中，如平台公司对劳动者的工作量、工作时间、工作方式不做要求，对劳动过程也不做监督管理，劳动者的工作自由度较高，风险由个人承担，一般可认定为劳动者与平台公司之间存在承揽关系。因为此种模式中，劳动者在确认接单前和任务完成后，并不负有按照平台发送的订单信息提供劳务的义务，双方之间的合作关系是通过每次的接单任务得以实现，双方符合以劳务成果为标的之承揽合同的特征。[①]

3. 个人依托平台开展经营活动、自由职业情形

在《八部委指导意见》中，明确规定：个人依托平台自主开展经营活动、从事自由职业的，按照民事法律调整双方的权利义务。此时个人不同于一般的劳动者，个人与平台之间是平等的合作关系，非从属关系，且双方各自独立，共享收益、共担经营风险，双方权利义务履行也不具备劳动关系或劳务关系的特征，因此属于民事法律关系调整范畴，有学者称之为"自雇型平台经济从业者"[②]。但此种情形亦需与用人单位要求劳动者登记为个体工商户等特殊情形区分开，防止用人单位反向操作，逃避应有义务。

（三）不完全符合确立劳动关系情形

1. 认定标准尚需进一步明确

《八部委指导意见》中提出了"不完全符合确立劳动关系情形"这一概念，仅强调为不完全具备劳动关系特征但企业对劳动者进行劳动管理的情形。为进一步贯彻《八部委指导意见》的实施，上海市人社局等八部门联合出台了《关于维护新就业形态劳动者劳动保障权益的实施意见》，对此进一步细化为"不完全符合确立劳动关系情形但企业对劳动者进行劳动管理，劳动者劳动过程要遵守平台企业

[①] 班小辉：《"零工经济"下任务化用工的劳动法规制》，载《法学评论》2019年第3期。
[②] 王茜：《自雇型平台经济从业者的辨识及其权益保障研究》，载《中国社会科学院大学学报》2022年第3期。

确定的算法等规则的"。从劳动关系到民事关系，劳动管理强度依次减弱，劳动者的独立性逐渐增强，而不完全符合确立劳动关系情形则属于中间地带。

对该种情形如何认定还应回归至从属性的审查。一方面，对经济从属性的判断，可从三方面进行把握：一是劳动者是为用人单位之营业目的而劳动，而非为自己营业之目的；二是劳动者对生产工具、设备以及原材料等生产要素无所有权；三是用人单位向劳动者支付劳动报酬，但是该劳动报酬并非劳动者参与利润分配的结果，而是用人单位根据本单位的生产经营特点、经济效益和劳动岗位的不同依法自主决定的。另一方面，对人身从属性的判断则应把握四点：一是劳动者需服从用人单位的工作规则，具体表现为服从用人单位的规章制度，服从单位对工作日、上下班时间的安排等管理行为；二是劳动者在劳动关系存续期间服从用人单位的指示，包括对工作地点、详细内容、方式、过程等的指示，除非违反法律规定；三是劳动者是否需接受用人单位的监督、考核并接受惩戒，这些监督考核结果是否影响服务提供者的去留、是否与其劳动报酬有着直接而紧密的关联性；四是劳动者是否服从用人单位的考勤、请假、休假制度。对于平台经营者对劳动者的平台进出、订单分配、劳动报酬、工作时间、奖惩考核等进行一定程度管理，但未完全达到劳动关系的从属性强度的，可构成不完全符合确立劳动关系情形。

2. 平台与劳动者订立的书面协议应体现劳动基准最低保障

《八部委指导意见》鼓励不完全符合确立劳动关系情形的企业与劳动者订立书面协议，合理确定企业与劳动者之间的权利义务，但是基于意思自治原则及尊重劳动者的选择权，书面协议里面具体规定哪些内容，指导意见中并没有强制性规定。但《八部委指导意见》中从公平就业、最低工资和支付保障、休息制度、劳动安全卫生责任、基本养老保险及医疗保险相关政策、职业伤害保障、督促企业修订制度规则和平台算法七个维度提出要健全相应制度，补齐新业态劳动者权益的短板，并明确要推动将新业态劳动者纳入最低工资制度保障范围，督促企业按规定合理确定休息办法，在法定节假日支付高于正常工作时间劳动报酬的合理报酬等。

为有效保障该类劳动者的基本劳动权益，同时避免过度提高新业态的用工成本，应通过刚柔并济的方式予以调整，即对最低的劳动基准进行强制性保障，此范围之外的权利义务则交由双方当事人自行协商确定。据此，可参考上海市《关于维护新就业形态劳动者劳动保障权益的实施意见》里规定的双方应通过书面协议约定工作报酬、工作时间、职业保护等权利义务内容,即对新业态劳动者有一个劳动基准的最低保障。

三、新业态从业者劳动权益司法保障机制的构建

实践中新业态劳动者与合同相对方以及平台公司之间的法律关系存在多样性,法院在案件审理中需要根据不同法律关系进行分类保护,合理厘清合同相对方和平台责任,同时畅通新业态劳动者劳动权益救济路径。

(一)明确合同相对方主体责任

1. 劳动关系项下的全方位保护

认定新业态劳动者和合同相对方之间存在劳动关系情形的,新业态劳动者能够获得劳动法体系下全方位的劳动权益保护,包括法定加班工资制度保护劳动者休息休假权、未签书面劳动合同二倍工资制度保障劳动关系存续期间劳动者权利义务得以及时明确、违法解除劳动合同赔偿金制度规制用人单位单方解除劳动合同之行为、经济补偿金制度保障劳动者在劳动关系终止后一定过渡期间的生活来源等,特别是用人单位负有为劳动者缴纳社会保险义务,保障劳动者在年老、疾病、工伤、失业、生育等情况下依法从国家和社会获得物质帮助的权利。

2. 民事法律关系中明确用人者对内责任和对外责任

用人者责任既包括被使用者因执行任务造成他人损害,而由用人者依法承担侵权责任,即对外责任,也包括被使用者因执行任务导致自身遭受损害而由用人者承担的侵权责任,即对内责任。[①]

《民法典》第1191条、第1192条所规定的用人单位损害责任、劳务派遣单位损害责任、个人劳务中侵权责任,共同构成了对外的用人者责任的三种形态。对此,需注意的是新业态下对于劳动者是否属于"执行工作任务"的界定不应停滞于传统的判断标准,而需严格结合新业态劳动者工作开展的时间、空间灵活性、线上线下相交融等特性以及工作主要内容、出勤模式等予以考量。比如对于骑手

---

① 程啸:《未来民法典侵权责任编中用人者责任制度的完善》,载《四川大学学报(哲学社会科学版)》2018年第5期。

去站点集合途中等是否构成执行工作任务，考虑到骑手在互联网 App 端上线即可接单随时开展工作，且其主要工作内容为接单送单，站点集合并非判断其是否出勤的条件，故难以用传统用工模式的上班途中去否定该行为构成执行工作任务，相反，其在此期间受用人单位的指令去站点集合应认定为属于执行工作任务。再比如网约车司机或骑手在结束上一订单且等待下一单派单的过程中是否属于执行工作任务，则难以简单地将每一段订单视为割裂的、相互独立的提供劳务过程，而应结合平台算法、平台或用人单位的要求、派单接单具体模式、其等待派单过程中的自由度等因素综合判断。

除了致人损害，对于工作中自身发生损害的，《民法典》第 1192 条规定，对于个人之间劳务关系按各自过错比例承担责任。但对于非个人劳务关系下的对内责任，《民法典》实施前后则发生重大变化，对于非个人劳务关系中的对内归责原则存有争议。一种观点认为，应当延续此前人身损害赔偿司法解释雇主责任的认定标准，用人单位承担无过错的用人者责任。另一种观点认为，既然新司法解释对此予以删除，则不应当沿用原标准，应当参照个人之间的劳务关系，按照过错比例承担责任。

笔者倾向认为，与合同相对方建立劳务关系的劳动者在提供劳务过程中受伤害的，用工单位仍应适用无过错的归责原则。主要理由如下：其一，《民法典》第 1192 条仅调整个人之间形成的劳务关系，比如家庭雇佣保姆、小时工、家庭教师等，并非旨在突破雇主责任的无过错原则，故不宜参照适用。其二，相较于个人劳务接收方及劳务提供者，用工单位有着更高的事故防范能力及风险负担能力。基于报偿理论，雇员所从事的雇佣活动是为雇主的利益，因此，按照现代民法利益、风险、责任一致的原则，雇佣活动中所产生的风险应由雇主而非雇员承担，该风险应当包括对雇员提供劳务过程中所致的自身伤害。其三，新业态劳动者如网约车驾驶员、网约配送员等面临较高的交通安全风险，该风险亦及于道路交通中的不特定第三人。故用工单位作为获益方应就控制相应风险承担相应的社会责任。从结果导向来看，适用无过错归责原则也有利于引导用工单位规范用工，为劳务提供者提供更为充分的安全保护措施。

（二）特定情形下的平台责任

在新业态用工关系中，涉及的互联网平台往往以信息提供者自居而主张无需就劳动者所受损害或所致他人损害承担责任，或以与劳动者之间并无直接合同约定为由而否定己方责任。但在《八部委指导意见》中，对采取外包等其他合作用工方式，劳动者权益受到损害的，平台企业依法承担相应责任，可见平台并非一概不承担责任。对平台经营者应否承担责任，应区分不同情况加以认定。

1. 是否存在"假外包、真派遣"情形

此时应审查劳动者与合同相对方是否实际按照双方所签订的劳动合同或劳务合同履行，劳动者是否确实受该单位的用工管理。若劳动者虽与合同相对方签订书面合同，但实际是受平台用工管理的，合同相对方并不进行实际管理，则三方可能构成劳务派遣关系，这种情况则应按照《民法典》第1191条第2款劳务派遣侵权规则处理，由平台作为用工单位承担侵权责任。

2. 平台经营者是否存在管理过错、是否导致损害后果

平台经营者即便与劳动者不存在直接的法律关系，实际上却仍基于平台规则、合作模式等与劳动者存在紧密联系，如载有平台标识的外卖骑手餐盒、着装、安全帽等可能系由平台提供。在此前提下，应注意审查基于平台规则的管理行为是否存在可归责性，若平台就劳动者的事故伤害确实存在过错并与之发生存在因果关系的，则可适用《民法典》第1172条之规定认定平台就自身过错比例承担按份赔偿责任，劳动者责任部分则由用人单位承担替代责任。

3. 平台是否存在选任过错

对此又分为：合同相对方是否存在偿付不能的风险，平台对此是否存在选任过错；平台公司是否对合同相对方经营业务有较高控制；平台公司的主要收入与合同相对方的经营业务是否密不可分。

实践中平台可能通过设立注册资本较低的空壳公司，由该公司与劳动者签订劳务合同等方式规避自身侵权责任风险，或者由平台将区域内业务外包给空壳公司，此种情形下，即便责任主体非常明晰，往往也难以将赔偿款执行到位，受害人难以得到充分救济。对此，笔者认为，可审查平台经营者在签订相应合作协议时是否尽到对合同相对方的资质、偿付能力的审慎审查义务，平台公司在选择合同相对方时是否有一定过错、平台公司是否对合同相对方经营业务有较高控制、平台公司的主要收入与合同相对方的经营业务是否密不可分，根据平台公司的过错程度、控制程度、获益程度等认定其就受害人损害承担补充责任，以保障受害人得到充分救济。

（三）为劳动者遭受事故伤害时畅通司法救济路径

1. 对劳动者的不同请求权要加强诉前指引与诉中释明

新业态劳动者在配送过程中遭受事故伤害，会考虑是提起工伤保险待遇纠纷之诉还是人身损害赔偿之诉，工伤保险待遇纠纷之诉适用无过错责任以及获得的工伤保险赔偿更加全面，但是多数劳动者未与合同相对方订立劳动合同，工伤责任的认定需先经过劳动仲裁、诉讼程序确认劳动关系，行政部门经过工伤认定程序后方可启动工伤保险理赔，若最终确认劳动关系之诉被驳回后再通过提起提供劳务者受害责任纠纷之诉等予以救济，则维权周期非常长，不利于劳动者权益的有效救济。故对于可能涉及工伤保险待遇的确认劳动关系纠纷，应加强诉前引导及诉中的释明，对于明显不符合劳动关系认定条件的，对其加以充分释明，引导其准确选择请求权基础，避免耗费不必要的时间成本，影响相关权益的及时救济。

2. 人身损害赔偿纠纷与商业保险合同纠纷的司法衔接

现阶段，非劳动关系的新业态劳动者可以灵活就业人员身份参加基本医疗保险、基本养老保险等，渠道相对通畅，但就职业伤害风险，仅能通过商业保险予以分散。目前相关部门已经开始鼓励各平台企业通过购买雇主责任险、人身伤害险等商业保险的方式提升平台从业者的职业保障，更鼓励新业态企业探索多样化的商业保险解决方案。实践中多数平台企业为新业态劳动者投保雇主责任险、意外伤害险、第三者责任险等，保障范围涵盖意外身故、伤残、医疗、误工及第三方人身伤害和财产损失等。今年部分省市也先后开始试点平台灵活就业人员的职业伤害保障险，"职业伤害险＋商业保险"模式为新业态从业者的权益保驾护航。

而从司法实务角度，笔者关注到，就人身损害赔偿纠纷与保险合同纠纷是否可以合并处理的问题，实践中存在争议。笔者倾向认为，为减少当事人的讼累，在案情具有牵连性并在保障当事人程序权利的前提下，尽可能地为当事人提供富有效率的一揽子纠纷解决机制。

四、结语

数字经济背景下，新业态劳动者与平台公司、合同相对方之间具有何种法律关系，要尊重双方的合意并结合各自法律关系的特点综合加以认定，然后根据不同的法律关系配套以相关的劳动权益保障制度，尤其是劳动者遭受侵权事故伤害时，要赋予劳动者选择权并畅通劳动者的救济途径。在相关案件的处理中，既要防止平台用工利用屏障逃避应有义务又要防止劳动关系泛化，把握好促进平台经济健康发展和维护新业态劳动者劳动权益两者之间的平衡，实现党的二十大报告中"数字中国"背景下的司法正义。

（作者简介：王茜，上海市第一中级人民法院民事庭副庭长，三级高级法官；王正叶，上海市第一中级人民法院民事庭法官助理；钟嫣然，上海市第一中级人民法院民事庭法官助理。）

个人信息携带权的演变、逻辑与权利建构

黄浩霖

个人信息作为推动数字社会转型升级的"新能源"业已成为社会共识，而数据流通实现了数据社会化利用，进而优化数据权利的合理配置。[①] 在良性的市场竞争环境中，个人信息的合法转移将会高效能地发挥数据流通的价值，因而引起越来越多的网络运营者或个人信息处理者的高度关注。我国《个人信息保护法》第45条第3款正式确立了"个人信息携带权"，为个人信息在不同的网络运营者间自由流通奠定了规范基础。一般认为，个人信息携带权肇始于欧盟《一般数据保护条例》（General Data Protection Regulation，GDPR）第20条，其称个人信息携带权为"数据可携权"，主要涵摄个人信息的获取和传输两项权能。作为一项新兴权利，我国个人信息携带权是指个人信息主体享有的将其个人信息转移至其指定的任一信息处理者的权利。可见，个人信息携带权的核心在于信息主体对其信息的控制，一方面，强调信息主体对其自身信息的流向享有选择权，这是信息自由流通的前提。另一方面，通过对个人信息的精确调整，能够冲破个人信息处理者对该信息垄断的樊篱，更好地实现数据流动的价值，进一步契合数字经济发展的治理逻辑，提升我国参与国际数字经济市场的竞争力。基于"加快数字社会建设"和"推动数字经济发展"的新时代课题，本文以个人信息携带权的权利演变视角为切入点，探析其作为一项综合性新兴权利的法理逻辑，并从多维角度检视个人信息携带权的权利构造，借以呈现我国个人信息携带权的法治图景。

一、个人信息携带权的滥觞与演变

（一）滥觞与确立：从数据可携权说起

数据可携权被GDPR正式确立之前，在实践中就已呈现出萌芽状态。有观点

[①] 高富平：《数据流通理论——数据资源权利配置的基础》，载《中外法学》2019年第6期。

认为，2002年欧盟发布的《普遍服务指令》中关于电话号码可携带的规定，是数据可携权最早的实践。①我们认为，电话号码可携带仅涉及电信资源的监管，其目的是利于运营商提升服务水平，降低运营成本，本质上属于用户电话号码数据可携带服务，但与现今的数据可携权仍有差异。数据可携权的有关概念滥觞于2007年成立的数据可携带组织或称数据可携带项目，其意在研究无限制转移数据的解决方案。②在该组织的倡议下，部分数据平台自愿尝试转移数据，其中就包括海量数据的处理者 Google 和 Facebook（现已更名为 Meta）。例如 Facebook 提供一款网络工具，用户不仅可以通过该工具下载自己分享的个人信息，还能下载 Facebook 平台的数据，包括日志活动、通常不可见的信息（诸如广告推送、IP 登录地址）等。③而后，小型软件供给商在供应产品中也逐渐迈出数据可携带的步伐。④

出于保护个人信息涉及个人权利的现实考量，法律层面自然不能忽视对数据可携带的监管。2010年，较为出名的隐私权组织——美国电子前哨基金会（Electronic Frontier Foundation）建议将数据可携带或者数据自由（data liberation）纳入到"社交网络用户隐私权法案"（A Bill of Privacy Rights for Social Network Users）中。⑤2012年，欧盟公布 GDPR 草案，正式启动数据保护的立法改革，数据可携权首次以权利的方式进入法律的规制视野。几经争议，2016年4月欧盟会议最终通过 GDPR，数据可携权正式被法律确立。同年12月，欧盟第29条数据保护工作组发布《数据可携权指南》（Guidelines on the right to data portability），⑥面向数据可携权后续实施的具体症结提供操作方案。2018年5月 GDPR 生效，数据

---

① 卓力雄：《数据携带权：基本概念，问题与中国应对》，载《行政法学研究》2019年第6期。
② Barbara Van der Auwermelen, How to Attribute the Right to Data portability in Europe: A Comparative Analysis of Legislations, 33 Computer Law & Security Review 57, 58（2016）.
③ Commission Staff Working Document, Online Platforms Online Platforms Accompanying the Document Communication on Online Platforms and the Digital Single Market, at https://eur-lex.europa.eu/legal-content/EN/TXT/PDF/?uri=CELEX:52016SC0172（Last visited on June 28, 2022）.
④ Helena Ursic, Unfolding the New-Born Right to Data Portability: Four Gateways to Data Subject Control, 15 SCRIPTed 42, 48（2018）.
⑤ Kurt Opsahl, A Bill of Privacy Rights for Social Network Users, at https://www.eff.org/deeplinks/2010/05/bill-privacy-rights-social-network-users（Last visited on June 11, 2022）.
⑥ Article 29 Working Party, Guidelines on the right to "data portability"（wp242rev.01）, at https://ec.europa.eu/newsroom/article29/items/611233/en（Last visited on June 23, 2022）.

可携权正式进入实践阶段。此后，欧盟的相关数据立法也对数据可携权作进一步规制。2022 年 2 月 23 日欧盟公布《数据法案：关于公平访问和使用数据统一规则的法规提案》，该提案就数据可携权的适用进行了补充和细化，旨在促进个人与第三方之间数据的可携带。①

（二）中国的立法因应：个人信息携带权的诞生

近年来，我国是否可以引进以及如何引进欧盟数据可携权一直是学界的热点问题。而聚焦到法律实践上，立法却是浅尝辄止。在 2017 年国家标准《信息安全技术 个人信息安全规范》（GB/T 35273—2017）中，第 7.9 条是关涉"个人信息主体获取个人信息副本"的规范，明确要求在面对个人信息主体的请求且技术允许时，个人信息控制者应当将符合规定的个人信息副本转移给第三方，这可以视为我国在个人信息携带权上的初步尝试。随后 2020 年修订的《信息安全技术 个人信息安全规范》（GB/T 35273—2020，以下简称《个人信息安全规范》）替代 2017 年国家标准，其中第 8.6 条虽与前述第 7.9 条相差无几，但需注意的是，2017 年该条位于"个人信息的使用"一节，而 2020 年则属于"个人信息主体的权利"。可以发现，个人信息转移的立法定位已经由个人信息处理者（或控制者）的义务过渡为个人信息主体的一项权利。

随着立法进程加快，《个人信息保护法（草案）》于 2020 年公开征求意见，但其中并无个人信息携带权的相关规定，直到草案第三次审议，全国人民代表大会宪法和法律委员会才在研究后建议增加个人信息携带权的相关规定。②2021 年 8 月 20 日，《个人信息保护法》正式通过，个人信息携带权被写进第 45 条第 3 款，由此成为一项法律权利。从体系解释进路而言，第 45 条位于《个人信息保护法》

---

① 该法案细化了数据可携权的具体规定，对这种细化以序言第 31 项为例进行说明，其明确授予个人用户向第三方提供使用产品或者相关服务所产生的任何数据的权利，不论该数据性质为个人数据，还是主动提供或被动监测所得的数据，抑或其处理的法律依据为何；同时，允许数据持有人获得来自第三方（而非个人）的合理补偿。参见欧盟委员会《数据法：关于公平访问和使用数据的统一规则的法规提案》（Data Act: Proposal for a Regulation on harmonised rules on fair access to and use of data）。

② 全国人民代表大会宪法和法律委员会：《关于〈中华人民共和国个人信息保护法（草案）〉审议结果的报告》，载中国人大网，http://www.npc.gov.cn/npc/c2/c30834/202108/t20210820_313090.html，2022 年 2 月 23 日访问。

第四章，该章是以"个人在个人信息处理活动中的权利"为核心的规范群，足见个人信息携带权是属于个人信息权的子权利。之所以确立个人信息转移"权"的法律形式，是因为作为一项权利，可以通过对权利属性与权利构造的进一步探析，形成更为具体的且兼顾可操作性的制度设计，并依托法律规范基础培育个人信息携带权的生成要件。如此一来，便可加快培育权利生长的中国土壤，以此推进我国数据法治建设。一方面，有助于加强我国个人信息权益保护，为我国公民提供更多样化的权利选择，并以权利基础为落脚点设置具体的权利内容。另一方面，有助于推动新一轮数字经济变革，从规范层面为我国参与国际数据"竞争战"打牢坚实基础，进而捍卫数据主权。

（三）从利益诉求到法律权利：信息主体的现实需要

从规范层面观之，无论是国家标准抑或是专门立法，甚至是域外立法，个人信息携带权已成为法律权利，而权利背后的要求是值得注意的。[1]数字经济高速发展的今天，互联网上的个人信息不计其数，优质、高价值的个人信息更是各行各业积聚发展的"财富"资源。个人信息之上不仅涉及满足各行业信息需求的商业利益，也存在满足信息主体表达、选择、交换等的个人利益。伴随着个体独立意识和权利意识增强，信息主体在转向"数字公民"的过程中会产生两方面利益需要。一方面，基于个人发展的自由，信息主体需要转移其个人信息以促进社会交往，这既是信息主体自我全面发展的表达自由，又是其融入互联社会的选择自由。另一方面，越来越多的信息主体觉察到自己于个人信息之上的利益有被侵害的风险，逐渐产生转移自身个人信息以维护自身利益的需要。这两种需要最终都将外化为信息主体向社会表达的利益诉求。利益是各项权利之基础，"权利自身不外是一个在法律上受保护的利益"[2]。信息主体不断向数字社会表达利益诉求的过程就是其诉求逐渐演化为法律权利的过程，而个人信息携带权等新兴权利要获得法形态上的认可，均须通过利益诉求的表达。唯有如此，信息才能先是利益的载体，而后作为权利的客体，[3]并经由作为目的概念的法不断探索，最终呈现为保障个体利益实现的法律权利。

---

[1] [美]罗斯科·庞德：《通过法律的社会控制》，沈宗灵译，商务印书馆2010年版，第59页。
[2] [德]耶林：《为权利而斗争》，郑永流译，法律出版社2012年版，第21页。
[3] 李晓辉：《信息权利研究》，知识产权出版社2006年版，第112页。

沿着信息主体现实诉求的法治进路，个人信息携带权同隐私权一样，都是保护人类个性自由发展所必需的权利，[①] 是一项由利益诉求向法律权利蜕变的新兴权利。今天，各国数据法治建设正如火如荼，普遍的立法趋势是加深个人信息携带权的个人权利色彩。据统计，自 2000 年至 2019 年，全球已增加了 102 部个人信息保护法，[②] 其中自然不乏个人信息携带权的相关规定（如表 1 所示）。质言之，从自身的利益诉求到个人法律权利的发展演变可以探知，个人信息携带权的诞生无疑是为了因应数字经济发展的社会现实和个人"数字公民"身份转换的利益诉求。

表 1　近来部分国家确立个人信息携带权的立法概况 [③]

分类	国家或者地区	立法名称	个人信息转移权立法的具体规定
普通法系	美国（加利福尼亚州）	《加州消费者隐私法》（California Consumer Privacy Act）	2018 年该法出台并赋予消费者转移其个人信息至另外一处的权利，2020 年修正案对可转移个人信息的格式和消费者行使权利的限制作了进一步规定。
	澳大利亚	《2019 年财政部法律修正案（消费者数据权）法案》[Treasury Laws Amendment (Consumer Data Right) Bill 2019]	根据 CDR 相关立法，消费者可以向第三方共享自身的银行、能源和互联网等的交易信息。消费者具有两种获取途径：一是直接请求获得自然人可读的个人数据副本；二是请求经认证的第三方获取机读格式的个人数据副本。
	赞比亚	《数据保护法》（The Data Protection Act）	第 65 条明文规定数据可携权（Right to data portability），基本上与 GDPR 保持一致。

---

① Zanfir G, The Right to Data Portability in the Context of the Eu Data Protection Reform, 2（3）International Data Privacy Law 149, 151（2012）.

② 中国信息通信研究院互联网法律研究中心编：《个人信息保护立法研究》，中国法制出版社 2021 年版，第 39 页。

③ 表格对法系的分类依据为商务部"全球法规网"（http://policy.mofcom.gov.cn/jwfg/index.shtml）对各国法律体系的介绍。所有立法文件均收集自各国立法机关官网。需要说明的是，本文所列的澳大利亚《消费者数据权法案》包括其后续制定的一系列立法文件，如《消费者数据权利规则》就包括在内；韩国在 2021 年草案中增加的相关规定目前并未正式通过；印度《个人数据保护法草案》文本以 2019 年版本为考察对象，但该草案已于 2022 年 8 月 3 日由印度政府决定撤回。

续表

分类	国家或者地区	立法名称	个人信息转移权立法的具体规定
大陆法系	韩国	《个人信息保护法》（Personal Information Protection Act）	2021年1月修正案草案于第35条增加个人信息的转移要求，即满足规定情形下，信息主体可以请求个人信息处理者将其个人信息转移至自己、其他个人信息处理者或第35条第3款第1项规定的个人信息管理专门机关。
大陆法系	巴西	《一般数据保护法》（General Data Protection Law）	第18条第5项规定在不涉及商业和工业秘密的情形下，数据主体有权明确请求将数据转移给其他服务提供商或产品提供商。
兼具大陆法系和普通法系	印度	《个人数据保护法草案》（The Personal Data Protection Bill）	第19条明确规定数据可携权。允许数据主体以结构化、常用的和可机读的格式将其个人数据转移至具备该数据储存格式的数据受托人（data fiduciary）。
兼具大陆法系和普通法系	菲律宾	《数据隐私法》（Data Privacy Act）	第18条明确数据可携权。数据主体有权从个人信息控制者处获取电子化、结构化和普遍使用的格式的个人信息副本，并允许数据主体进一步使用。同时，授权委员会细化上述电子化格式的有关规定，以及转移电子化格式的技术标准、转移方式及程序。

二、个人信息携带权作为综合性新兴权利的法理逻辑

权利属性关系到权利的权能和价值，也决定了该项权利构成的内在机理。厘清个人信息携带权的权利属性，是明晰该项权利构造的前提和基础。目前，国内外学界对个人信息携带权的权利属性尚未达成共识，较早进行立法尝试的欧盟及欧洲法院亦未明确数据可携权的法律属性，对其是人格权、财产权抑或是新型权利尚有争议。基于个人信息携带权具有保障信息安全和促进数据市场竞争等法律价值，我们认为，可从人格权和财产权的双重维度证成个人信息携带权系归属于个人信息权利的一项新兴的个人权利。

（一）人格权：以信息自主权为基础

我国对个人信息的认定以"识别说"为通说，这意味着，凡是个人信息都能直接或间接识别出该公民的身份特征。因而，可从以下三个层次论证个人信息携带权所蕴含的人格权的权利属性。

第一，个人信息携带权是个人信息权利的一项子权利，二者的人格权属性一脉相承。《个人信息保护法》第1条规定"根据宪法，制定本法"，在规范层面将个人信息权利上升为宪法权利。这是因为数字社会数据权力运作的维系中，个人信息权利是重中之重，现代国家须以维护人格尊严为基础建构个人信息保护法律体系。[①] 基于此，《个人信息保护法》中包括个人信息携带权在内的个人信息权利与《宪法》"国家尊重和保障人权""公民的人格尊严不受侵犯""公民的通信自由和通信秘密受法律的保护"等宪法规范建立起联系，一体化保障"数字公民"之人格权益。

第二，个人信息携带权是个人存在"信息证明"的权利，孕育于信息自主权。置身于数字社会的语境下，个人信息已成为个体存在之象征，公民不可避免地要交出部分个人信息以换取参与网络交流和融入互联社会的机会。[②] 个人信息的"交出"则多以平等的契约关系为前提，这就意味着公民对自愿交出的个人信息享有决定权。这种决定权发轫于德国的信息自主权理论。其中自然包括控制个人信息转移至何处和以何种方式转移的权利，目的在于保障公民对个人信息的享有、使用和处理等，以免公民的人格尊严遭到侵害。值得一提的是，主体对自身信息的控制正是个人人格利益之体现，[③] 这也是我国《民法典》将"个人信息保护"纳入人格权编之价值所在。

第三，个人信息携带权是为保障个人自身权利而确立的新兴权利，是对信息自主权的强化。随着个人持有个人信息的自由被更具参与性的信息自主权取代，信息自主权成为一项积极权利，享有这项权利，公民也就掌握了在信息处理各阶段的话语权，而个人信息携带权的诞生则增强了信息自主权的权能。公民行使个人信息携带权旨在加强对自身个人信息的控制性，是维护个人信息的救济渠道，

---

① 戴激涛：《作为宪法权利的个人数据受保护权》，载《人权》2021年第5期。
② 杜承铭：《数字社会个人信息被遗忘权的宪法权利属性、边界与国家义务》，载《广东社会科学》2022年第1期。
③ 王利明：《人格权法》，中国人民大学出版社2021年版，第369页。

亦即为了其一般人格尊严而转移个人信息的正当性权利。如若不能根据公民请求转移其个人信息至指定的信息处理者，将会导致公民丧失对自身个人信息的控制，损害公民的信息自主权的同时，亦不能有效保护"数字公民"的人格尊严，导致建立在信息自主权理论之上的权利体系沦为废墟。综上所述，个人信息携带权服务于"以人民为中心"的人格权保障目的，[①]具有鲜明的人格权色彩。

（二）财产权：以数据要素市场竞争为背景

在数字经济背景下，个人信息携带权除了具有人格权的属性外，是否还关涉财产权属性？在数据要素市场竞争的前提下，个人信息携带权难以跳脱财产权的附加属性。首先，个人信息携带权作为一项权利，受社会经济条件的影响较大。马克思认为，"权利决不能超出社会的经济结构"[②]。自农业经济、工业经济后，数据逐渐成为主要生产要素，数字经济倒逼全球社会经济结构和市场竞争结构的重塑。我国目前虽然对数据和信息进行"二分"，但不可否认个人信息仍是数据资源的重要组成部分。其次，从价值化路径看，个人信息附加价值高，于经济利益领域表现显著。[③]即便当前个人信息的权属暂无定论，但可以明确的是个人信息并非实物，且独立于信息主体。个人信息具有可复制性，其可以通过交换和流转等方式不断丰富价值。个人信息携带权允许个人便捷地离开原来的服务并接收新的服务，使个人能够在数字经济中享受其个人信息的无形财富。质言之，个人信息携带权促使个人信息交换价值更充分发挥出来，进而产生新的财产性利益，契合数字经济下个人信息商品化的趋势。最后，个人信息携带权通过赋予信息主体控制其自身信息的流转，促进了个人信息处理者间的有序竞争。在数据要素市场中，个人信息是竞争力的体现。个人信息的转移过程本身就附带各种竞争利益的争夺，而个人信息携带权一方面可以遏制对个人信息处理者肆意扩张对个人信息的控制范围，另一方面可用于监管数字行业中的不公平竞争行为或滥用市场支配地位的行为，以增加个人信息处理者保护义务的方式规范数据要素市场竞争的有序性。综上所述，个人信息的财产权属性虽与其人格权属性相比较弱，但是在国际数据

---

① 张新宝：《〈中华人民共和国个人信息保护法〉释义》，人民出版社2021年版，第361页。
② ［德］卡尔·马克思、弗里德里希·恩格斯：《马克思恩格斯全集》（第19卷），中共中央马克思恩格斯列宁斯大林著作编译局译，人民出版社1963年版，第22页。
③ 信息所具有的附加价值主要是指其被赋予的价值或增加的价值，其可能源于人的加工，亦可能源于需求，参见陆小华：《信息财产权：民法视角中的新财富保护模式》，法律出版社2009年版，第70页。

市场竞争环境的主导下，国家数据主权依赖个人数据主权的支撑和表达，[①] 财产权属性作用的发挥不可小觑。

（三）综合性权利的法理意涵

根据前述，以信息自主权为基础的个人信息携带权自始至终都具有人格权属性，而依托数据要素市场竞争的时代背景，个人信息携带权的财产权属性随之越发显著。因而，要在"数字经济发展"的宏大叙事下准确把握个人信息携带权的独特法理意涵。需要注意的是，对个人信息携带权的理解偏向任何一面都是不合适的，质言之，不能囿于人格权或者财产权，而应在信息主体的利益诉求与数字经济发展的时代背景中把握权利意涵，并按照保护个人信息的立法目的，深度融合个人信息携带权的规范和实践，进一步凝聚发展个人信息携带权的共识。因此，我们认为，个人信息携带权是具有人格权和财产权双重属性的综合性权利。

之所以强调其综合性主要是因为保护法益之特殊性。《个人信息保护法》的立法目的在于保护个人信息权益，该权益包括基于个人信息所享有的各种权利和利益，法学界的主流观点认为其是一种"多元"权益。申言之，个人信息权应为一项框架性权利，个人信息携带权则是其子权利。遵循体系解释的方法论，《个人信息保护法》第四章规定了个人信息权所包含的各项子权利，其中个人信息携带权位于第 45 条第 3 款，与个人信息查阅权和复制权共同构成一组"权利束"。该规范群在赋予个人信息查阅权和复制权的同时，兼顾个人信息携带权，如若不能实现个人信息的转移，前两项权利将沦为一纸空文。而在整个个人信息"权利束"规范群中，个人信息携带权与其他各项权利共同发挥保护个人信息权益的功能。因此，明确个人信息携带权为具有双重属性的综合性权利，能更好地因应个人信息权的多维结构，充分展现我国个人信息携带权的制度理性，进而优化个人信息法律保护体系。

三、个人信息携带权的权利构造

厘清权利构造，是正确行使个人信息携带权与明确数字市场主体行为边界的

[①] 大数据战略重点实验室著、连玉明主编：《数权法 2.0：数权的制度建构》，社会科学文献出版社 2020 年版，第 201 页。

关键。根据个人信息携带权在《个人信息保护法》中的价值定位和权利属性，个人信息携带权的权利构造可从权利主体、权利客体与适用条件三个维度进行深度检视。同时，以欧盟数据可携权作为比较对象进行观察，有助于完整展现个人信息携带权的"中国特色"法律构造，为今后的法律实践和企业合规作出有益尝试。

（一）权利主体

个人信息携带权的权利主体为自然人。《个人信息保护法》仅规定了"个人"作为权利主体向个人信息处理者请求转移，故此，应当将法人和非法人组织排除在权利主体的范畴以外。从比较法上来看，GDPR中规定数据可携权的权利主体亦是自然人，也明确了数据可携权不适用于与法人有关的个人数据，特别是以法人身份注册的企业的个人数据，包括该法人的名称、形式和联系方式等。[①] 据此，须首先明晰个人信息携带权的权利主体的范围，即该自然人的范围。依照狭义解释，该自然人仅限于个人信息享有者本人。从私法角度看，个人信息携带权是一项请求权，属于民事权利，因而需要适用民事行为能力的一般性规定。值得一提的是，若是未成年人[②]请求转移其个人信息，应适用限制民事行为能力人的有关规定，即由其监护人代为行使个人信息携带权。

由于个人信息是数字社会的重要保护对象，加之网络无国界，不宜简单适用属人管辖和属地管辖。因而不妨以个人信息的义务主体为切入点，即从提供产品或服务的个人信息处理者角度着手，并结合《个人信息保护法》第3条，将权利主体的适用范围基于义务主体所处地域范围的不同予以划分，具体包括以下两种情形：第一，我国境内的自然人请求转移其个人信息，符合条件的，个人信息处理者都应履行相应义务，不论其注册地或服务器是否在中国境内。第二，处于我国境外的自然人，请求我国境内提供相应服务的个人信息处理者转移个人信息，同样属于适格的权利主体。只有权利义务主体均不在境内，才不受我国《个人信息保护法》规制。

（二）权利客体

个人信息携带权的权利客体为个人信息。关于"个人信息"的讨论学界此起

---

① General Data Protection Regulation, Recital 14.
② 此处所称的"未成年人"不包括16周岁以上且以自己的劳动收入为主要生活来源的未成年人。

彼伏。我国《个人信息保护法》第4条详细阐明了个人信息的定义，明确以"识别"为个人信息的基准，排除了匿名化处理的个人信息。本文对权利客体的探析主要集中于何种个人信息属于可转移的个人信息，涉及个人信息的类型和形式（格式）两个规范向度。

就可转移个人信息的类型而言，可将个人信息处理者处所存储的个人信息分为个人主动提供的个人信息和个人信息处理者监测用户行为所捕捉的个人信息。个人主动提供的个人信息自然属于可转移个人信息，如注册时提供的姓名、年龄、民族、身份证号等。而个人信息处理者监测用户行为所捕捉的个人信息则较为复杂，其中一部分属于监测所得的基础信息，是在自动化监测下形成的一系列信息，包括用户的访问记录、聊天记录、行程轨迹等；另一部分则属于算法介入后形成的分析信息，是利用算法对前述基础信息加工所得的分析数据，例如基于商品浏览记录所形成的用户个人偏好推荐。此种监测类型的个人信息能否转移应当由所请求的个人信息处理者在信息分类后进行价值评估，对可以"脱敏"处理的个人信息视情形提供转移途径。①

就可转移个人信息的形式（格式）而言，参考GDPR第20条规定，经由数据可携权的行使获得的个人数据须为结构化的、普遍使用的和可机读的。② 欧盟数据可携权的权利客体限制主要基于两方面原因：第一，根据该条规定的适用情形，这种数据处理活动须通过自动化形式进行，而个人数据处理的自动化需要满足结构化和可机读两个特点。第二，欧盟数据可携权由获取权和传输权（或称转移权）两部分构成，前提是在访问权的基础上进一步管理和重复利用自身数据，从而供自身存储或传输至别处，③ 符合通用标准、易读的数据形式有助于访问权的实现。④ 反观我国对个人信息携带权的处理，从法条规范群看，显然不是因访问权的运转而设，而是为了弥补查询权和复制权的规范不足，其形式要件也就无须囿于结构化、普遍使用和可机读，但由于第45条规范的开放性，后续的施行也不排除这三大特点的适用空间。因此，从体系解释和历史解释的进路出发，我国可转移个人信息暂以查询而得的个人信息副本为主，其形式（格式）为自然人可读的电子个人信息副本，而非类似于GDPR结构化的、可机读的个人信息。

---

① 龙卫球主编：《中华人民共和国个人信息保护法释义》，中国法制出版社2021年版，第206页。
② General Data Protection Regulation, Article 20（1）.
③ 张新宝：《〈中华人民共和国个人信息保护法〉释义》，人民出版社2021年版，第362页。
④ 汪庆华：《数据可携带权的权利结构、法律效果与中国化》，载《中国法律评论》2021年第3期。

（三）适用条件

综观我国个人信息保护的规范体系，在结合《民法典》《个人信息保护法》《个人信息安全规范》等规范的基础上，[1]融合个人信息携带权的私法和公法双重保护，我们认为个人信息携带权的适用条件主要有五个面向。第一，前述权利主体范围内的自然人才享有请求权；第二，该个人信息属于前述可转移的权利客体范围；第三，需在技术可行之前提下进行；第四，需要符合国家网信部门规定条件；第五，不存在违反法律法规的其他情形。由于前两项已在前文详细说明，此处仅就后三项条件具体论述。

就技术可行的前提条件而言，实施个人信息携带权面临的一个重大挑战就是跨平台个人信息转移的"技术可行性"。换言之，对于某个人信息控制器来说技术上可行的，对于另一个人信息控制器来说可能并不可行。[2]值得注意的是，该项并非必要条件。对此，《个人信息保护法》虽然没有明文规定，但在《个人信息安全规范》中得以体现。《个人信息安全规范》第 8.6 条规定以技术可行性作为可直接转移个人信息副本至指定第三方的"通行证"。欧盟 GDPR 也有类似规定，允许数据主体在技术可行的条件下，通过行使数据可携权将其个人数据直接从某一个人数据控制者传输给另一控制者。[3]之所以说技术可行并非必要条件，是因为个人信息的转移可分为两种路径，一是转移至本人处，由本人自行决定何时重新上传；二是不经个人信息主体，直接在个人信息处理者之间传输。在后一情形下，必须考虑技术因素是否满足条件，例如所指定的个人信息处理者处的"接口"是否与原信息处理者的个人信息形式（格式）相匹配，如个人信息格式可互相转换（技术兼容），就能够直接转移。实质上，技术可行的条件限制了个人信息携带权的适用范围。[4]

针对何谓"国家网信部门规定条件"，目前法律法规并无详细规定。反向观之，该条件是我国就个人信息携带权可能遗漏的问题而预设的授权规范，以授权

---

[1]《民法典》第 7—9 条、第 111 条、第 132 条、第 1034—1039 条，《个人信息保护法》第 3 条、第 5 条、第 10 条、第 45 条，《信息安全技术 个人信息安全规范》（2020 年）第 8.6 条等。

[2] Diker vanberg A., The Right to Data Portability in the Gdpr: What Lessons Can Be Learned From the Eu Experience?, 21（7）Journal of Internet Law 12, 17（2018）.

[3] General Data Protection Regulation, Article 20（2）.

[4] Graef I, Verschakelen J, Valcke P, Putting the Right to Data Portability Into a Competition Law Perspective,（No. Annual Review）Law: the Journal of the Higher School of Economics 53, 63（2013）.

网信部门的形式对个人信息转移的规范进行查漏补缺，具有极强的灵活性，是面向个人信息携带权的"补强"举措。有学者提出，可以考虑将该项适用条件予以部门化和场景化应用，[①] 借以推进其进一步实践，映射出这一授权规范的灵活性。相较于 GDPR，我国个人信息携带权显然需要遵循自身独特的制度考量：一方面，因应数字社会网络信息技术的极速发展和时代更迭，将立法权概括授权给网信部门以作灵活性规制。另一方面，能够参考国际立法的实践经验，同时给予我国行业合规充分的实践时间，及时发现个人信息携带权的漏洞或脱离实践之处并予以改进。

关于"不存在违反法律法规的其他情形"，是对行使个人信息携带权的限制。首先，个人信息携带权的行使不能损害公共利益。对此，GDPR 第 20 条第 3 款亦有不适用公共利益的规定。[②] 申言之，自然人请求转移的个人信息不得含有涉及公共利益的内容，且该信息的转移不得存在危害公共利益的情形。若存在此种情形，个人信息处理者应当进行利益评估，并有权拒绝转移。特别是在行政管理领域，数字政府的建设必然关系到浩如烟海的信息。只要涉及公权力机关的管理职能（如公安机关对生物识别信息的收集）就难以避免对信息的收集与利用，[③] 这些个人信息的转移必须纳入公共利益的考量范围。其次，行使个人信息携带权不能损害他人合法权益。若是请求转移的聊天记录会损害他人有关权益（例如名誉权、隐私权等），则应当禁止转移。GDPR 第 20 条第 4 款也规定个人数据的转移不能对他人的权利抑或是自由产生相反作用。[④] 最后，遵循权利行使的一般原则。在私法权利视域下，应当遵循诚信原则，不得恶意行使个人信息携带权，损害他人合法权益的，或将构成权利滥用；同时，也应当遵循绿色原则，不得反复无合理理由请求转移同一个人信息，造成数据资源利用率的下降和企业合规成本增加。在公法视域下，个人信息携带权的救济应当依法依规行使，尤其是反映诉求时不得影响国家网信部门等有关行政部门的监督管理。

---

① 王锡锌：《个人信息可携权与数据治理的分配正义》，载《环球法律评论》2021 年第 6 期。
② General Data Protection Regulation, Article 20（3）.
③ 邓莉：《大数据下个人信息权的基本权利立法模式——兼论对个人信息权的限制》，载《法治论坛》2017 年第 3 期。
④ General Data Protection Regulation, Article 20（4）.

四、结语

　　数字经济背景下，数据自由流动日趋加速，信息主体对个人信息转移至其他个人信息处理者的权利意识亦愈强烈，确立并保护个人信息转移的权利业已成为数据法治建设的制度诉求。数字经济发展的现实驱动，促使中国在参与国际竞争时强化主导性。综观各国立法实践，个人信息保护立法不仅旨在保护个人权利，亦为数字经济的高效运转筑牢屏障。当前，数字经济发展高速的欧美国家业已纷纷确立数据可携权，对我国的数据企业产生了域外效力，在一定程度上冲击了我国的数字经济发展。作为有力回应，我国借助个人信息保护立法的契机，正式确立了符合国情的个人信息携带权。据此，法学界对个人信息携带权的研究不能浅尝辄止，可结合国际数字经济竞争的新态势，进一步挖掘中国个人信息携带权的制度空间。随着数据安全技术水平的提高，技术要素也将成为信息主体作出选择的影响因素之一。为避免信息主体仅凭安全技术保护水平的高低随意选择，作为个人信息处理者的企业需应对好个人信息携带权带来的合规挑战。因而，在个人信息携带权现有规范的基础上，应当由国家网信部门充当立法者的角色，制定并完善相关立法规范，细化立法中尚未明晰的内容，及时补充行业实践的规范空间，以此夯实个人信息携带权实践基础，在增强中国数据安全国际竞争力的同时，为个人信息保护国际层面的立法提供中国方案，贡献中国智慧。

　　（**作者简介**：黄浩霖，广东财经大学硕士研究生，宪法学与行政法学方向。）

"数字经济新发展"对知识产权管辖理论的重塑与司法实践路径的创新

王颖鑫　庞海龙

随着数字经济的发展，发生在信息网络上的知识产权侵权案件逐步增多，既有我们常见的涉及侵害文字、音乐、视频等作品的信息网络传播权纠纷，又有利用网络实施的许诺销售、销售、虚假宣传、侵害商标等形式的侵权。新领域、新问题的出现必然会提出新的法律问题，该类案件的地域管辖问题便是其中之一。

传统的地域管辖，又称作区域管辖或土地管辖，它是指同级法院间在各自区域受理一审民事案件的分工与权限。[①] 在民事诉讼诸多制度规则中，管辖是当事人向法院提起诉讼和法院受理案件首先需处理的问题。管辖制度的理论基础在于结合最密切联系案件事实查明地来确定管辖法院。所以，最密切联系原则是一切管辖原则的基础，无论是便利法院审理、便利当事人诉讼原则，还是管辖权恒定原则等，均无不体现出最密切联系原则的精神要义。因此，本文接下来探讨的数字经济时代下信息网络侵权案件管辖适用问题，无论是概念的界定还是侵权行为的划分，其贯穿基准都为最密切联系原则。法律不是建立在空中楼阁之上，而是随着社会发展始终进行调整。[②] 为进一步适应数字经济和信息网络的发展，进一步规范发生在信息网络上的侵权行为管辖问题，《最高人民法院关于适用〈中华人民共和国民事诉讼法〉的解释》（以下简称《民事诉讼法解释》）第24条将侵权行为地解释为行为实施地和结果发生地，而第25条则进一步明确指出了在信息网络侵权案件中侵权结果发生地包括被侵权人住所地，也即原告住所地。由此，我们可以看出，最高人民法院结合信息网络侵权案件的特点和侵权行为方式新的发展，有针对性地将被侵权人住所地，也即原告住所地作为确定管辖法院的连结点，这就突破了传统意义上的原告就被告的管辖理念。探究该条立法本意，既有为适应

[①] 江伟主编：《民事诉讼法学》，复旦大学出版社2002年版，第152页。
[②] 冯刚：《涉及深度链接的侵害信息网络传播权纠纷问题研究》，载《知识产权》2016年第8期。

数字经济和信息网络新的发展而作出的突破性用意，同时也有规制信息网络侵权案件中适用被侵权人住所地管辖的适用情形，使得其适用不违背最基本的管辖原则。因此《民事诉讼法解释》第 25 条的适用前提必然是需要对该规定项下的信息网络侵权行为内涵外延进行精准、细化的界定，使其既符合立法精神又适应时代发展。

一、司法实践相关案例对比分析

综观全国相关法院案例，司法实践中，对于何种侵权行为能够解释为《民事诉讼法解释》第 25 条规定之信息网络侵权行为，进而确定管辖法院并未形成共识。此前，全国多数法院认为侵害信息网络传播权案件能够适用《民事诉讼法解释》第 25 条确定管辖法院，即此类案件可由原告住所地法院管辖，但根据后来最高人民法院作出的相关裁定精神，此类案件并不能当然由原告住所地法院管辖，此问题我们将在下文详细列举分析。而对于非侵害传播权的案件，比如网络上实施的侵害商标权行为、侵害专利权行为、不正当竞争行为等能否适用上述规定，各地法院理解分歧更大，有的法院认为既然《民事诉讼法解释》对信息网络侵权具体类型未作进一步限定，则不应对该规定的信息网络侵权概念作进一步的限缩解释，且"被侵权人住所地中心说"的管辖理论是符合时代潮流发展的。有的法院则认为应对此处的信息网络侵权概念作限缩解释，信息网络发展虽然改变了很多规则秩序，但不能突破基本的法律原则和法律精神，如果将但凡与信息网络有关的侵权行为解释为信息网络侵权案件，适用原告住所地管辖，则极易造成管辖制度的混乱，违背"原告就被告"的管辖原则，还是应坚持"最密切联系地为中心"的管辖理念。

（一）侵害信息网络传播权案件

信息网络传播权从本质上看是一种提供权，是一种控制向公众提供的，使公众可以在特定时间地点获取相关作品的权利。[①]《最高人民法院关于审理侵害信息网络传播权民事纠纷案件适用法律若干问题的规定》（以下简称《信息网络传播权规定》）中也对侵害信息网络传播权的概念进行了明确的界定，主要是指网络用户

---

① 陈锦川：《信息网络传播行为的法律认定》，载《人民司法》2012 年第 5 期。

及网络服务提供者在未经权利人授权许可的情况下，在信息网络媒介上提供相关作品、制品的行为。其特点还表现为，其在网络媒介上提供的作品能够在选定的时间地点获取。全国诸多法院认为，侵害信息网络传播权的行为方式无论是直接上传提供，还是设置共享或是分享软件，所造成的后果均发生于信息网络，具有时空的全流程性和接续一致性，即侵权行为和侵权结果均发生于信息网络之上。因此，该类案件能够适用《民事诉讼法解释》第25条确定管辖。但最高人民法院在最新作出的管辖裁定中指出，侵害信息网络传播权案件并不能根据《民事诉讼法解释》第25条指向的被侵权人住所地确定管辖，而应适用《信息网络传播权规定》第15条。

（二）非侵害信息网络传播权的知识产权信息网络侵权案件

司法实践中，常见的非侵害信息网络传播权的知识产权信息网络侵权案件主要包括在信息网络媒介载体上实施的侵害专利权、侵害商标权以及实施不正当竞争等行为，侵权行为主要有销售、许诺销售被诉侵权产品的行为，以及在其网店店面招牌上擅自使用他人有一定影响力的企业名称（简称、字号等）及其他侵权标识，通过信息网络实施虚假或引人误解的商业宣传，编造、传播虚假或误导信息，损害商业信誉等其他不正当竞争行为。上述案件是否可以将被侵权人住所地作为管辖连结点？司法实践中存在不同的认识，处理方式也不尽一致。之所以存在不同认识，本质上是由于各地法院对《民事诉讼法解释》第25条，以及《信息网络传播权规定》理解不同。①

1. 认为可以适用被侵权人住所地法院管辖

浙江省高级人民法院在审理吉日电器与公牛集团等专利管辖上诉案件中论述，公牛公司指控的销售行为发生在网站上，系网络上实施的，发生在信息网络领域，应当认定为《民事诉讼法解释》第25条规定的信息网络侵权行为。上海知识产权法院也曾持相同观点，在审理欧普照明侵害商标权管辖案件中论述，在网络平台擅用他人商标，如果仅能够从传统连结点的角度去分析认定，那么必然会导致该案只能由被告住所地人民法院以及侵权行为地法院去管辖，必然将排除侵权结果发生地的适用，明显与《民事诉讼法解释》精神不符。从上述案例中可以看出，有些法院对于通过信息网络实施侵害专利及商标权的案件可以适用《民事诉讼法

---

① 王艳芳：《信息网络环境下相关知识产权案件管辖法院的确定》，载《知识产权》2017年第7期。

解释》第 25 条确定管辖是持肯定态度的，即只要是通过信息网络媒介实施的如销售、许诺销售等侵权行为，就可以认定其属于信息网络侵权行为，当然可以适用原告住所地确定管辖。在类似上述案件的论述中，法院论述的基准在于侵权行为发生的媒介载体，只要侵权行为发生于或部分发生于信息网络上，便符合信息网络侵权的管辖规则。

2. 认为不能适用被侵权人住所地法院管辖

本文选取比较有典型意义的两个案例。第一个案例是杭州米欧仪器有限公司与宁波拓普森科学仪器有限公司管辖上诉案，该案例之所以具备典型性，原因在于最高人民法院在该案中首次就信息网络侵权之概念进行了分析阐述。最高人民法院指出，信息网络侵权行为是指通过网络发布直接侵害他人合法权益的信息，实施侵权的行为和侵权结果均发生于网络，而非与网络有关就能认定为此类行为。我们知道，最高人民法院在案件中对某些法律概念作出的解释，能够增强司法实践的可操作性与可预期性。[①] 所以，上述最高人民法院关于信息网络侵权的阐释可以作为我们处理类似案件判定具体侵权行为类型的参考。最高人民法院上述概念的界定主要包含三个层次的内容：一是列举式地指出通过网络实施人身侵权及其他符合类似特征的案件属于信息网络侵权案件，亦即只要是此类案件，便无需进行进一步的分析，直接适用《民事诉讼法解释》第 25 条的规定。二是以侵权特征概括的方式总结出信息网络侵权所具备的特征，即行为和结果均发生在网络上。此处所指出的侵权行为和侵权结果均发生于网络上，要求我们在判断信息网络侵权案件时，既要分析具体侵权行为是否全流程发生于信息网络、多个侵权行为是否全部发生于网络，还要分析侵权结果发生在信息网络上，还是直接产生于信息网络上，抑或是仅仅与网络有关，上述分析结论不同将导致认定结果迥异。三是同时还阐明并非所有与网络有关的侵权案件都能认定为信息网络侵权案件。综上，只有当侵权行为全部、全流程发生于信息网络上，且侵权结果发生在信息网络上或直接产生于信息网络上，才能够认定为信息网络侵权案件，进而适用《民事诉讼法解释》第 25 条确定管辖规则。第二个案例是万象博众公司与德泰公司管辖权异议相关的处理，该案例也是诸多文章讨论信息网络侵权行为引用的经典案例之一。北京知识产权法院在该案就信息网络侵权行为的定性作出如下分析：信息

---

① 刘孔中、张浩然：《最高人民法院知识产权法见解及其作成方式的评价与反思》，载《知识产权》2018 年第 5 期。

网络侵权行为指向的是在网络上发布直接侵害他人合法权益的行为，而非行为和结果但凡与网络有关即可认定为此类行为。在处理该问题时，不宜盲目扩大解释，否则将会与管辖基本制度不符。北京市高级人民法院作为二审法院，在裁定书中以列举的方式进一步对信息网络侵权行为范围进行限定，首先指出此类行为包括通过网络侵害人身权利的行为，同时又包含因下载、链接等方式侵害信息网络中的作品行为。由此可见，北京高院在北京知识产权法院对该概念进行界定的基础上，进一步分析其侵权表现形式，特别是将商标纳入其中，但仍未脱离其本质特征，即行为和结果发生于信息网络之中。综上，上述法院认为，对信息网络侵权进行判定，不能仅仅依据侵权行为或结果是否与网络有关，更重要的是需对侵权行为与结果发生的具体情形作进一步分析。

3. 网络购物指定的货物接收地能否作为确定管辖法院的依据

数字经济背景下网络购物的特点在于收货地和发货地分离，且购物者可以随意选择收货地，侵权人无法控制，从管辖的角度看收货地具有不确定性。网络购物指定的货物接收地并非行为实施地，亦非结果发生地。[①] 单纯的货物接收地本质上与行为实施和结果关联度不大。在司法实践中，部分案件当事人为了选择对自己有利的管辖连结点，向指定的货物接收地法院提起诉讼。比如，天津某技术公司在天津市第三中级人民法院起诉石家庄、郑州等多个被告侵害专利权，其依据为公证取证的被诉侵权产品收货地为天津。天津市第三中级人民法院认为，收货地不具确定性，当事人可以随意选择，因此，仅以收货地作为管辖连结点不符合管辖制度的基本精神。这种随意选择违反了管辖连结点起码应具备的稳定性。关于收货地是否可以视为侵权结果发生地的问题，尽管此前各地法院也有不同的认识，也曾出现过依据收货地来确定管辖法院的案例，但最高人民法院已在相关案例中明确指出，不能仅以指定的货物接收地作为确定管辖的依据。最高人民法院在审理艾薰康经营部与梁日坤管辖权异议上诉案中指出，在网络环境下，管辖规定里的销售行为地应当是指不能以当事人意志为转移的经营地、储藏地、扣押地等，但当事人可随意选择的货物接收地不能作为确定管辖连接的依据。由此可见，网络购物者指定的货物接收地不具备确定管辖的稳定性，其不确定性与可选择性强，如果将其作为确定管辖的依据，将会引起管辖制度的混乱。

---

① 刘欢：《网络著作权侵权案件的地域管辖》，载《人民司法》2015 年第 9 期。

二、分歧产生的原因及相关理论分析

（一）信息网络侵权领域新的管辖理论层出不穷，对传统管辖制度提出新挑战

按照传统管辖理论，管辖制度实质上是对各地法院案件负担分布的一种程序性管理，尽可能公平合理地分配当事人诉讼成本。[①] 在知识产权领域，有些侵权行为发生于互联网之中，其侵权行为表现形式与传统侵权行为表现形式差异较大，如果此种情况下一味按照传统管辖制度处理，那么不仅会使得维权难度极大增加，也不符合最密切联系原则，因此，有必要在不违反基本管辖制度原则的前提下，作出适应信息技术新发展的解释，新的理论观点也不断涌现。一是"被侵权人所在地中心理论"。该理论主要强调，随着信息网络的发展，侵权的行为已无明显边界，在此情况下，被告侵权更易实现，其成本更低，如果一味坚持适用被告住所地管辖，则会使得原告的维权举步维艰。因此，应当适用被侵权人中心理论，同时，被侵权人住所地往往也是与侵权行为联系最密切的地点。此理论具有一定的进步意义，也是通过信息网络实施人身侵权一直适用的理论，但人身侵权与财产侵权权项不一致，其理论基础也不一样，行为表现方式也不一样，如果不作区分适用该理论，则将置原告就被告原则于虚化，与管辖制度的基本原理不符。二是网店与实体店等同理论。有学者认为随着信息网络的发展，网络购物在生活中普及程度越来越高，且实际上网店从经营模式、经营范围、行为影响等方面与实体店并无差异，网店的触角延伸到全国各地，侵权行为人开设的网店对于被侵权人来说，与侵权行为人在其当地开一实体分店无异，其影响范围已经扩展到了被侵权人所在地，在此情况下，被侵权人所在地同侵权结果发生地在地域空间上重合，由被侵权人住所地管辖合情合理。初步来看，此理论有一定的合理性，指出了信息网络时代侵权行为的新特点，但此观点也有弊端，即会导致任何信息网络侵权案件均可在被侵权人住所地起诉，必将对原告就被告的管辖原则造成根本性冲击，如何平衡二者的关系，是我们第三部分重点探讨的问题。三是行为特征理论。根据侵权行为特征确定信息网络侵权行为，如果侵权行为发生在互联网上，则可以

[①] 王亚新：《民事诉讼管辖：原理、结构及程序的动态》，载《当代法学》2016 年第 2 期。

认定为信息网络侵权行为，特别强调，需区分侵权行为是否全流程发生于信息网络，区分主要侵权行为和次要侵权行为。此观点对司法实践具有参考意义，唯一的不足是仅考虑侵权行为，并未考虑侵权结果，如再加上侵权结果的限定将会是可操作性较强的观点。四是还有诸多学者在研究涉及信息网络的国际法管辖问题时提出了新主权理论、网址确定管辖理论、技术优先管辖理论、最低限度接触理论等新观点，其本质上都是过度强调网络的虚拟性，其对本文的实践应用价值有限，不再详细讨论。

（二）现行立法并未对《民事诉讼法解释》第 25 条项下的信息网络侵权概念内涵和外延进行明确限定

《民事诉讼法解释》虽然明确指出了在信息网络侵权案件中，管辖连结点可以包括被侵权人（即原告）住所地，但并未进一步限定此处信息网络侵权行为都包含哪些具体情形，即未明确何种信息网络侵权案件可以适用该规定确定管辖法院。如此一来，全国各地法院对何种类型的信息网络侵权能够适用该规定出现了不同的理解，甚至同样的案情出现截然相反的处理方式。虽然最高人民法院在相关案例中（上文）对信息网络侵权行为概念作出过界定，明确指出信息网络侵权是指被诉侵权行为的实施、损害结果的发生均在信息网络之中，而非行为与结果与网络有关就可以认定，但上述案例仅可由各地法院处理具体案件时参考，尚未在立法层面进行统一明确，在解读上留有较大空间。从立法层面来看，此前的信息网络人身侵权司法解释明确了侵权结果发生地包括被侵权人住所地，这与《民事诉讼法解释》第 25 条的规定是一致的，但相较而言，侵害信息网络传播权纠纷案件并未明确这一连结点。有的学者指出信息网络人身侵权和侵害信息网络传播权之所以出现此不同，根本在于侵犯人身权和财产权的管辖机理不同，人身侵权是以被侵权人住所地为中心来确立管辖规则的，因此可以适用被侵权人住所地管辖，但非人身性的信息网络侵权领域不能适用。

（三）诉讼利益的驱动致使当事人进行片面解读

管辖本质上是诉讼分配的一项制度，它是在预设各法院均能够公正审判，且能力水平相当的前提下，以最密切联系原则为基础，从便利当事人诉讼、便利法院审理的原则进行的一项程序性分配。其本质上是尽可能地让与案件事实关联度最高的法院进行管辖。但现实中，一方当事人往往出于便利己方诉讼的目的，在商业维权利益驱动下采取虚列被告，以及片面解读《民事诉讼法解释》第25条的方式，从而达到在其住所地诉讼，节约诉讼成本的目的。比如，天津某自行车公司向天津市第三中级人民法院起诉陕西某自行车公司、杭州某网络公司侵害商标权案。天津某自行车公司诉称，陕西某自行车公司在杭州某网络公司上销售侵害其商标权的产品，天津某自行车公司认为天津管辖的依据系该案是网络销售，网络销售属于通过信息网络实施侵权的行为，属于《民事诉讼法解释》第25条调整的范畴，被侵权人住所地，即原告住所地天津当然有管辖权。天津市第三中级人民法院经审查认为，该案原告主张的销售行为仅部分发生于网络，主要的发货、储藏等侵权行为均发生在线下，并非《民事诉讼法解释》所规定的信息网络侵权案件，不能适用该规定确定管辖法院。因此，裁定驳回原告起诉，由其另行选择向陕西或杭州法院起诉。该案反映出诸多案件当事人基于便利己方诉讼的目的，将仅与网络"沾边"的行为解读为信息网络侵权行为，从而达到建立连结点的目的。

三、思考与对策

管辖制度作为诉讼程序性分配的一项基本制度，其连结点的确认必须符合以下两个条件：一是该因素具备时空上的相对稳定性，二是该因素自身与管辖法院存在关联度。[①] 稳定性和关联性是管辖连结点的两大基石，稳定性有力保障管辖制度的秩序，而关联性则是为后续案件实体问题处理奠定基础。为适应数字经济的新发展和新型侵权形式的出现，我们应当秉持在遵守基本法律原则的前提下适当保持灵活性的态度，以最密切联系原则为基准，结合最高人民法院裁判理由及地方法院的相关解读，从侵权行为和侵权结果与信息网络关联度维度出发，参照行为特征相关理论，采取列举式与概括式结合的方法进一步界定知识产权领域信息网络侵权行为的概念，从而使得《民事诉讼法解释》第25条在实践运用中边界更加明晰，适用更加准确。

（一）精准明确信息网络侵权行为之概念边界

首先，《民事诉讼法解释》第25条规定的信息网络侵权中的信息网络侵权行

---

① 徐根冬：《国际私法》，北京大学出版社2013年版，第494页。

为仅指行为，而非案由，否则此规定将几乎没有适用空间，不符合立法原意。比如，司法实践中，有大量的答辩人会主张"本案系侵害……纠纷，并非信息网络侵权纠纷，因此不能适用该规则确定管辖"。本文认为，规定应仅指行为，其内容包含对不同客体实施的侵权，其表现形式也可多样，信息网络只要是侵权行为和侵权结果发生的载体即可，反之，则会将此规定的适用范围限缩于极为狭小的空间内。其次，应结合最高人民法院判例中对信息网络侵权行为之概念论述探寻其概念边界。最高人民法院在相关案例（上文）中指出，"信息网络侵权行为是指通过网络发布直接侵害他人合法权益的信息……针对通过网络实施侵害人身权益等行为，实施侵权的行为和侵权结果均发生于网络，而非与网络有关就能认定为此类行为"，我们可以看出，其边界范围应包括通过网络实施人身侵权和侵权行为及侵权结果均全流程发生在网络上的其他案件。同时，应将部分仅与网络"沾边"的侵权案件排除于规则适用之外。最高人民法院这种列举—概括—排除式的解释方法对知识产权领域信息网络侵权行为划分具有指导意义。最后，随着经济社会的发展，针对出现的一些新类型案件，我们仍应当秉持谨慎的态度，参照最高人民法院相关案例的态度，对信息网络侵权行为的认定及管辖规则的适用作相对限缩性的解释，以保证与基本的管辖制度精神及制度设计的一致性。

（二）结合侵权行为特征对常见的知识产权领域信息网络侵权行为进行科学界定，进而精准适用管辖规定

1. 侵害作品信息网络传播权纠纷。信息网络环境下著作权的保护是著作权保护在网络环境下的延伸。① 此前，全国诸多法院认为侵害作品信息网络传播权纠纷属于明显的信息网络侵权案件，当然可以适用被侵权人住所地确定管辖，即可以由原告住所地法院来管辖。而最高人民法院在（2022）最高法民辖42号裁定中指出，侵害信息网络传播权纠纷案件应适用《信息网络传播权规定》第15条确定管辖，而非依据《民事诉讼法解释》第25条确定管辖。此裁定的观点与全国诸多法院此前的惯例截然相反，且又是最高人民法院最新作出的裁定，极具指导意义。本文认为，《信息网络传播权规定》第15条是专门针对著作权项下的侵害信息网络传播权纠纷作出的管辖规定，相较于《民事诉讼法解释》第25条其属特别规

---

① 王艳芳：《〈关于审理侵害信息网络传播权民事纠纷案件适用法律若干问题的规定〉的理解与适用》，载《人民司法》2013年第9期。

定，应优先适用。此外，对比此前信息网络人身侵权规定，《信息网络传播权规定》中未明确可以适用被侵权人住所地管辖，可见立法者对著作权项下的信息网络传播权和人身侵权的态度是不一样的，进一步印证侵害信息网络传播权不能适用原告住所地管辖的合理性。综上，各地法院应严格遵循最高人民法院上述裁定精神，精准适用涉及侵害信息网络传播权管辖规定，防止当事人恶意制造管辖连结点。

2. 符合"侵权行为发生并完成于网络中，且侵权结果直接产生于信息网络上"行为特征的其他知识产权侵权案件。对比侵害信息网络传播权案件的侵权行为特征和侵权结果发生情况，我们结合知识产权常见的侵权客体和侵权行为特征可以作如下区分：一是通过信息网络实施许诺销售被诉侵权的行为；二是在网店上实施的侵害他人商标权及擅自使用他人有一定影响力的企业名称（简称、字号等）及其他侵权标识等不正当竞争行为；三是擅自使用他人有一定影响力的域名、网站名称等行为；四是通过信息网络实施虚假或引人误解的商业宣传，编造、传播虚假或误导信息，损害商业信誉等其他不正当竞争行为；五是其他符合侵权行为及侵权结果均发生于信息网络之上特点的案件。无论是在网络上的许诺销售行为还是损害他人商誉的不正当竞争行为，均是侵权行为发生并完成于信息网络之上，且侵权结果直接产生于信息网络上的侵权行为，基于侵权行为和侵权结果均发生在信息网络之上，可以适用《民事诉讼法解释》第25条确定管辖法院。比如，就许诺销售而言，其本质是在未经权利人授权许可的情况下，相关意思表示一作出即构成侵权行为。[1] 司法实践中，上述案件无论是侵权行为的事实，还是被诉侵权行为的证据固定，也往往是采取网络方式进行，所以由被侵权人住所地法院管辖符合基本的管辖精神。

3. 严格将某些仅与网络"沾边"的案件排除在适用之外。即某一侵权事件仅有部分环节发生于网络之中，且发生于信息网络上的侵权行为并非侵权行为的主要部分，不能理解为《民事诉讼法解释》第25条规定的信息网络侵权行为，不能适用该规定确定管辖法院。

在某些案件中，被诉侵权行为可能仅有部分发生于信息网络，其余部分发生于信息网络之外，而发生于信息网络之上的侵权行为亦非主要的侵权行为。此种情况下，则不能认定为信息网络侵权行为，无法适用《民事诉讼法解释》第25条规定确定管辖法院。探究其本质原因仍是基于最密切联系原则，主要侵权行为发

---

[1] 李春芳、邱翠：《网络许诺销售行为地域范围的认定》，载《知识产权》2016年第8期。

生于线下,意味着与案件事实的查明最密切的行为仍发生在线下,当然不能适用信息网络侵权管辖规则。其中,最典型的就是线上订立的合同类纠纷,比如,通过信息网络销售被诉侵权产品的行为,还包括线上签约交易的技术合同纠纷及计算机软件开发合同纠纷等案件。通过分析网络销售的侵权行为特征,我们可以看出,网络销售完成于网络之上的主要行为是双方的洽谈、协商、支付(且往往非直接支付,需借助第三方平台)。除上述行为之外,其货物储藏地、发货地以及开具发票等行为发生地均不在线上,这些行为本身才是主要的侵权行为,同时这些行为所造成的侵权结果也并非发生于线上。再如,在某些采取线上交易的计算机软件开发合同纠纷案件中,委托方和受托方仅仅通过信息网络沟通开发细节、支付费用,但具体的开发工作、验收工作仍是线下进行,在此情况下就不能认为是信息网络侵权案件,不能适用信息网络侵权案件的管辖规则确定管辖。因此,对于此类案件,应综合考虑信息网络销售侵权行为特点来适用管辖规定。此外,司法实践中还存在原告将被告多项侵权行为一并起诉的情况,这种情况下则要区分这些行为是均发生于信息网络之上,还是仅有部分发生于信息网络之上,如果被诉的多种侵权行为皆发生于信息网络之上,那么可以直接适用《民事诉讼法解释》第25条确定管辖法院,如果这些侵权行为中仅有部分发生于信息网络之上,则应按照非信息网络侵权案件的管辖规则确定管辖法院。例如,有的被告既是被诉侵权产品制造者,同时也在网络上进行了销售、许诺销售行为,在这些行为中,仅有许诺销售属于信息网络侵权行为,制造行为和销售行为均非信息网络侵权行为,尤其是与案件事实关联度最大的制造行为,明显发生于线下,亦即该案的事实调查与制造行为地关联度最大,因此,不应以信息网络侵权管辖规则确定管辖法院。

4. 单纯以网络购物指定的货物接收地确定管辖法院不符合立法原则和精神。如前所述,管辖连结点应当具有稳定性和关联性,稳定性既是确保管辖秩序的必然要求,也是引导当事人诉讼的必要条件。稳定性就要求管辖法院的确定应当是根据相应管辖规定所列明的管辖连结点进行分配,而不能由当事人随意指定或因其他因素随意变更,这在管辖权恒定原则之中有非常直接的体现。反观网络购物指定的货物接收地,其极具不确定性,既可以由原告进行随意选择,又可能因为其他因素而随时变更,这种不稳定性就会导致管辖法院与案件事实查明的关联度大大降低,不符合基本的立法精神。同时,从现实层面看,这种随意的选择便会赋予原告不合理的诉讼权利,既不符合管辖中的原告就被告基本原则,又不符合案件审理的便利当事人诉讼、便利法院审理原则及最密切联系原则，极易造成管辖制度的混乱，因此，不能单纯将网络购物指定的货物接收地作为侵权结果发生地来确定管辖。当然，如果货物接收地与侵权行为地或侵权结果发生地重合，则理应按侵权行为地或结果发生地来确定管辖法院，货物接收地亦不在此考虑范围之内。

四、结语

针对数字时代背景下知识产权信息网络侵权管辖适用面临的困惑，本文结合知识产权信息网络侵权案件的行为方式和结果发生不同情形，尊重基本的管辖制度和原则，以最高人民法院关于信息网络侵权案件相关判例的论述和态度为基准，从侵权行为方式和侵权结果发生与信息网络关联度维度出发，采取列举式与概括式结合的方法进一步明晰知识产权领域信息网络侵权管辖规则的适用情形，以期使其适用边界更加明确、适用范围更加精准。

（作者简介：王颖鑫，天津市第三中级人民法院知识产权法庭副庭长、四级高级法官；庞海龙，天津市第三中级人民法院知识产权法庭二级法官助理。）

数字正义视阈下平台经济反垄断的司法治理进路

李 钰

一、问题的提出

伴随着信息技术与经济社会诸多领域的渗透融合程度逐渐提高，数字经济已成为影响经济结构优化升级的重要推动力，也已成为我国经济发展与财富增长的不可或缺的来源。[①]数字经济提供的大众化服务主要包含搜索引擎、社交网络和电子商务三大类，分析这些服务的提供方式可以发现一个显著特点：都是借助互联网平台为用户提供服务。[②]分析当前数字经济中常见的电商平台、出行平台、金融平台等可以发现，互联网使得平台摆脱了空间条件等的束缚，平台企业也借助大数据和算法等新兴技术，在连接起生产者与消费者催生出双边市场的同时，也在逐渐将企业与市场的功能融合，具备企业和市场的双重身份。可以说，平台经济所依托的互联网平台，正是通过信息网络技术基于特定载体所提供的规则，使互相依赖的双边或多边主体交互从而共同创造出价值的商业组织新形态。作为数字经济的核心组织形式，平台经济这一由数据驱动、以平台为支撑、经网络协同的新经济系统，因具备促供求匹配、降交易成本等方面的作用，正有效地推进着资源配置优化、技术创新，同时平台经济也早已融入人们生活的各个方面，电商平台、网约车平台、网络支付平台逐渐"承包"起大众的衣食住行，成为平台经济的具象化表现，突破时间、空间限制的平台经济正获得前所未有的规模与影响力。[③]

然而，随着数字技术的不断发展，作为数字经济重要载体之一的平台，在促进产业跨界融合的同时，也存在垄断隐患：由于用户在互联网平台获得的收益随

[①] 朱海华、陈柳钦：《平台经济发展与反垄断监管思路》，载《云梦学刊》2022年第2期。
[②] 王晓晔：《数字经济反垄断监管的几点思考》，载《法律科学（西北政法大学学报）》2021年第4期。
[③] 宋婧：《激发平台经济创新活力，打造数字经济强劲引擎》，载《中国电子报》2022年6月14日，第1版。

着用户数量的增加而增加，且平台一端用户数量的多寡影响着另一端用户的收益，两边无法脱离彼此而存在，数据已成为平台经营者提供服务的重要前提，而数字经济也一改传统竞争的外在表现形式与内在逻辑，呈现着"平台—数据—算法"三维结构，给当前的反垄断治理带来了包括数字平台独占数据流量渠道，通过算法实施损害行为等在内的打破市场樊篱成为新的进入壁垒的困扰。①

最近几年，国内外的数字经济领域频发垄断纠纷：国内的顺丰与菜鸟、抖音与腾讯涉平台垄断相关纠纷，国外也存在谷歌、苹果、Facebook 等大型科技公司多次遭遇多个国家和地区的反垄断调查。然而，传统的反垄断司法治理方式面对这些新类型纠纷时局限性尽显，未能对平台垄断起到良好的司法引导作用。

平台企业一端连接商户一端连接终端消费者，平台企业特别是头部企业的价值取向、治理模式以及社会观念等影响范围极广。如果对平台经济垄断现象不加以遏制，那么会助长平台企业利用大数据歧视定价从而导致消费者福利的损失，此外也会使得用户和资源聚集于头部企业，中小企业的竞争空间进一步被压缩，市场由此丧失竞争活力，同时还会阻碍中小型创新企业的发展，抑制社会创新欲望。但是，推动数字经济发展已成为社会各界的共识。推动平台经济的发展与加强平台垄断行为的治理缺一不可，当前的首要任务便是在规范平台经济的发展、激发创新能力的同时加强治理、抑制平台经济垄断带来的不良影响。

由此便可引出本文的核心问题：分析数字经济时代平台经济垄断的新现象，探索符合我国市场经济发展规律并且适合我国法治环境的平台经济反垄断司法治理方式，从而与推动数字经济发展所需要的政策一并形成合力，助力平台经济的技术创新，推动我国数字经济的健康发展。②

二、数字经济时代平台垄断司法治理的新挑战

（一）数字经济与平台竞争

平台并非一种全新的经营模式，在传统经济中例如广告业等也扮演着重要角色。数字经济背景下，互联网使平台摆脱了物理束缚，平台商业模式也借助新兴

---

① 杨东、黄尹旭：《元平台：数字经济反垄断法新论》，载《中国人民大学学报》2022 年第 2 期。
② 曲沛：《数字经济背景下加强平台经济领域反垄断面临的挑战与建议》，载《价格理论与实践》2021 年第 5 期。

技术成为绝大部分经营者的成功关键，目前数字经济已经形成电商平台、出行平台、金融支付平台等，数字经济领域的竞争也首先体现为平台竞争。

在数字经济时代下平台经济的显著特征表现为平台企业能获取交易过程中产生的海量用户信息、交易数据，事实上，合理运用这些数据也无可厚非，但是滥用无疑将催生一系列的垄断现象。加上多边市场的存在使网络外部性得以增强，平台间的竞争也日渐呈"强者愈强、弱者愈弱"现象，平台若率先获得关键用户规模，往往可以在较短时间获得更高的市场份额和更强的用户黏性，市场进入壁垒也会随之提高。同时，平台所提供的产品与服务的价值同用户数量扩张也呈正比例增强关系，进一步加速了平台的规模化与市场集中化，"赢家通吃"现象当今十分普遍。常见的搜索领域、社交领域、电商零售领域的巨型平台企业都已成为各细分市场的绝对领导者，占据垄断地位"一家独大"。

（二）数字经济背景下平台经济垄断行为的新表现形式

数字经济时代，平台经济垄断行为仍表现为垄断协议、滥用市场支配地位以及差别待遇、经营者集中四种形式，但是具体内核却与传统垄断大相径庭。

1. 垄断协议

随着人工智能技术的不断精进，数字经济领域出现了传统垄断协议外的以算法为共谋工具形成的垄断协议，使平台经济领域的经营者之间能够在没有达成任何正式协议或存在人际互动的情况下达成并维持协调一致。它已成为一种数字经济时代较为隐蔽的垄断类型，实施者多采用一致的算法逻辑，在形式上没有串谋的情况下达成实质上的垄断协议，这一具有极高隐蔽性的协议为数字经济时代所特有，但与传统垄断协议一样都会造成严重危害后果。[1]

目前，算法共谋行为在市场竞争中已经初见端倪，比如滴滴、首汽约车等平台设计的动态定价算法等。[2] 随着算法技术的快速发展，平台能更容易地收集市场信息，市场透明度在不断提高的同时经营者间的价格协调也变得简单，共谋风险就极易产生。这种意义上，算法可以看作垄断协议的代理者，也可被视为选择算法定价的中间参与者。

---

[1] 焦勇、朱建峰：《数字经济时代平台经济的多维垄断与规制策略》，载《贵州社会科学》2022年第8期。

[2] 施春风：《定价算法在网络交易中的反垄断法律规制》，载《河北法学》2018年第11期。

2. 滥用市场支配地位

数字经济中，超级平台为获取利润或提升市场竞争力，往往凭借其具有的天然优势地位，利用两边主体的依赖性，滥用其支配地位导致两边主体利益受损，常表现为：

（1）不公平的价格行为及低于成本销售

互联网行业在面对一个新出现的新兴领域时，往往会争相涌入并多采取"烧钱"补贴（"掠夺性定价"）的方式抢占市场，在之前激烈的外卖、网约车、共享单车、买菜团购等平台的争夺战中，平台企业为进入这一市场与其他平台企业竞争市场地位，多采取大规模的补贴形成低价培养用户使用习惯，从而保证该企业的巨大流量，"低价先行占领市场→形成垄断后再行涨价"近乎成为平台企业的惯常操作。

（2）拒绝交易

常见于腾讯在其微信等社交平台屏蔽字节跳动旗下相关 App 及拼多多等商业平台的分享链接，微博对于分享淘宝、京东购物链接的博文进行限流等操作，一些平台企业对其所掌控的在一定意义上具有必需属性的社交平台及数据的开放、接入自由的问题，一度引起广泛争议与讨论。

（3）限定交易

平台经济领域限定交易的主要表现形式为平台经营者强迫平台内经营者"二选一"的行为，例如电商领域的阿里巴巴与京东之争，外卖领域的美团与饿了么之争等。2021 年，市场监管总局曾对唯品会、阿里巴巴集团所实施的"二选一"行为作出行政处罚，要求停止违法行为并处罚款。[1]虽然提及"二选一"更容易联想到此前的"3Q 大战"，但是最高人民法院最终认定腾讯实施的"产品不兼容"行为（用户"二选一"）虽然对用户造成不便，但并没有导致明显排除或限制竞争的结果，因此不构成滥用市场支配地位的行为。

面对强势平台的"二选一"，传统线下企业若想从事线上业务，便只能选在一个电商平台进行销售，这样无疑会降低企业的选择空间，不选择甚至会被直接排除在强势平台之外从而造成更大损失。同时，这种垄断行为也会造成消费者选择权利被剥夺，原本消费者可以自由选择搭配"平台+生产商"，但是一旦生产商接受

---

[1] 张佰尚：《数字经济时代平台经济反垄断的挑战与对策研究》，载《中国市场监管报》2021 年 9 月 14 日，第 3 版。

了平台企业"二选一",消费者只能被动接受固定组合,选择范围和空间被压榨。

3. 差别待遇

此处所提及的差别待遇,一方面是指平台企业的价格歧视行为,数字经济下价格歧视的方式多样且隐蔽。最常见的便是平台基于大数据和算法实施的违背用户意愿的"大数据杀熟"。

不同于传统经济受制于难以获得完整全面的信息使得可以获取最多消费者剩余的一级价格歧视仅存在于理论层面,数字经济时代信息技术的蓬勃发展为一级价格歧视的实施清除了障碍。智能手机的普及与各种类型 App 的推广应用使得平台对数据的获取更加便捷,成本更低,同时,大数据技术能够轻易实现消费者特征的识别并归类,对获取的这些数据进行分析便可以精准洞悉平台用户的消费能力、习惯与意愿,从而可以进行"大数据杀熟"。[1] 这一行为是指平台企业在获得并区别分析了用户的行为数据后,精准识别、模拟不同用户的购买意愿并分配区别价格,从而实现榨取消费者剩余最大化,在电商、外卖、打车平台尤为常见,利用消费者在各平台的使用习惯及用户黏性损害消费者的合法正当权益。

4. 经营者集中

不同于传统行业经营者集中行为产生的主要竞争效果表现于定价水平与价格控制力,诠释所有竞争损害的指标仅为价格及产出两方面,平台企业的经营者集中产生的竞争效果主要通过数据集中以及注意力集中等来获取对于数据开放、技术许可等方面的控制权。[2]

数字技术近几年快速发展,数字经济领域里企业并购交易也呈现增长态势,"赢家通吃"的数字经济成为数字产业发展的一大关键词,国内典型的并购案例如滴滴和优步、快的,美团和大众点评,去哪儿和携程等,此类并购是否垄断相关市场从而造成排挤竞争对手以至于破坏竞争秩序、侵害消费者利益引发了社会高度关注。

(三)当前平台经济反垄断司法治理的新挑战

1. 动态、跨界的数字经济模糊相关市场边界

相关市场是平台经济反垄断治理的起点,同时也是识别竞争者、竞争关系的

---

[1] 谢思、和军:《数字经济监管现状及变革研究》,载《中国特色社会主义研究》2022 年第 3 期。
[2] 陈伟华:《反垄断法视角下的数字经济垄断及规制思考》,载《杭州电子科技大学学报(社会科学版)》2021 年第 2 期。

前提。以界定相关市场为基础，才能继续分析平台企业是否有支配地位，其垄断行为是否会产生排除或限制市场竞争的效果。

数字经济背景下，由于平台的多边性以及提供的商品、服务的复杂性，导致相关市场界定较为困难，针对这一点，最高人民法院在"3Q大战"的判决中就曾说明互联网环境下，相关市场的边界不似传统领域清晰，不可高估市场份额的指示作用。传统单边市场中对相关市场进行界定通常是以价格为基础，然而数字经济中却难以适用这种方法。虽然理论上可以将价格换为质量，但在实践中，质量变化导致的需求量是难以测定的，从而会使得平台经济相关市场难以准确认定。

2. 数据、技术的深入应用增加滥用市场支配地位认定难度

工业社会中常将市场份额、价格水平等指标用以评估市场支配地位，然而在"赢家通吃"、充斥着免费的数字市场中，因数字经济领域的竞争具有全新性、双重性，这些量化指标却很难适用，会导致在面对平台企业滥用支配地位的垄断行为时识别困难、争议频发。引发这类挑战主要是因为平台经济发展所必需的技术与数据提高了识别难度。传统反垄断体系中判定市场主体支配地位的关键标准以及企业获得利润的形式在于价格控制。而在数字经济背景下，平台在对用户开放的过程中，为了提高竞争优势，会尽量多地获取用户数据，数据作为重要的生产要素，其地位得到提升，平台竞争中，价格不再是唯一能判定滥用支配地位的依据，通过非价格手段特别是控制关键数据或算法歧视越来越常见，比直接提高价格也更加难识别。

以上无论是动态、跨界的数字经济模糊相关市场边界还是数据、技术的深入应用增加滥用市场支配地位认定难度，从表面上看是提高了审判过程中实体审理的难度，但实际上，平台经济的技术问题在另一层面也给原告的举证增加了更多负担，面对这些新挑战，亟须为平台经济反垄断的司法治理规划切实可行的进路。

三、数字正义引导下平台经济反垄断应然的司法理念

（一）平台经济反垄断的司法治理应当贯彻数字正义观

对平台经济垄断行为实现更高层次的司法治理，首先需要明确价值追求，为治理机制及具体的审判实践确定明确的方向及基本的原则。正义是司法所追求的

终极价值，数字经济时代下的正义，其内涵与外延也发生迭代，因此平台经济反垄断的司法治理应当贯彻"数字正义观"。①

1. 数字时代赋予数字正义多维内涵

何谓数字正义，有学者将其理解为借助数字技术提升司法效率与公平，通过数字化的方式来接近正义。②也有学者将其理解为建立在人类固有尊严基础之上，指导数字时代人民美好生活的内在价值。③结合2021年北京互联网法院发布的《数字正义视阈下的互联网司法白皮书》可以将数字正义界定为人类发展到了数字社会，对公平正义的更高水平需求之体现，以及数字社会中司法文明之重要组成结构。为更好地理解数字正义，可以从程序和实体两种维度理解其内涵。

程序意义上的数字正义，可以被理解为数字时代的到来为技术进步以及技术应用于司法产生了广泛而深刻的影响，在物质层面为降低司法治理成本创造了极为有利的条件。此种背景下，数字正义成为运用数字科技速度更快、效率更高地实现传统正义的一种新型的正义观念，也即更强调通过应用数字科技来克服阻碍实现正义的因素，从而帮助人们更方便地接近正义。

不仅如此，程序意义下的数字正义涉及数字技术应用背后的过程与逻辑，考验着透明、准确以及可问责要素等在大数据、云计算以及区块链等技术中的满足与实现程度。④

实体意义上的数字正义，可以被理解为利用数字技术对数字经济展开治理以确保其行为、后果的正当性。基于此还可以延伸为：一方面，司法应当引导数字"向善"，即数字经济的运行、数字技术的应用建立在正当目的基础上，不可为发展数字经济而损害国家利益、社会公共利益及他人的合法权益或对不同主体施以不合理差别待遇。另一方面，数字正义要求司法应对数字经济行为进行规范使之符合法律法规及科技伦理。同时，数字正义下的司法还应当充分考量治理的社会效果及经济效果，规范数字经济发展的同时做到控制好治理成本，从而激励与促进科技创新，最终实现法律效果与社会效果、经济效果之统一。

---

① 孙跃：《数字经济司法治理的目标及其实现路径》，载《学术探索》2022年第9期。
② [美] 伊森·凯什、[以色列] 奥娜·拉比诺维奇·艾尼：《数字正义：当纠纷解决遇见互联网科技》，赵蕾、赵精武、曹建峰译，法律出版社2019年版，第74页。
③ [美] 克利福德·G.克里斯琴斯：《数字时代的新正义论》，刘沫潇译，载《全球传媒学刊》2019年第1期。
④ 周尚君、罗有成：《数字正义论：理论内涵与实践机制》，载《社会科学》2022年第6期。

2. 司法贯彻数字正义的方式——推动数字司法建设

数字正义作为传统正义理论在数字信息社会的转型升级，体现出数字时代对公平正义的追求，也成为数字司法建设的出发点及落脚点。为了满足数字经济高速发展对司法提出的新需求，数字司法建设需要以激励保障数字经济有序发展为目标，以响应数字经济时代的司法模式改革和高质量发展为依托，以联动多方的数字治理技术为手段，对数字空间的秩序以及数字技术的应用伦理进行治理、填补因技术发展导致的数字鸿沟实现更高水平的公平正义。①

科技赋能使得司法展现出了更为广阔的前景。因此，应不断推动现代数字科技在司法各领域得到深度应用，从而让人民群众在这个数字时代能普遍享受数字正义带来的红利。②在数字正义指引下，司法要适应时代的变化和科技的发展，以在线化、智能化的方式预防化解纠纷，便利当事人、降低诉讼成本，为创造更高水平的数字正义，则要在诉讼服务和司法审判中运用好数字技术，以此跨越数字鸿沟，从而建立数字信任、推动数字治理，最终服务数字经济。③

（二）数字正义指导下平台垄断司法治理的态度与目标

1. 秉持谦抑谨慎的态度

运用司法手段对数字经济领域的垄断行为进行治理时持何种态度，不仅关乎反垄断法的实施、应用，与接下来我国数字经济发展的竞争力与前景更是息息相关。态度过严无疑会对经济发展产生制约的阻力，同时，具体到数字经济背景下，还会降低企业进行数据分享之意愿，数据分享对企业而言是最优策略，然而现实中企业分享数据的程度却很低，主要原因就是若分享数据企业则会成为市场参与者从而受到反垄断的关注，若选择独占数据反而可以避免反垄断风险。④

数字经济如此迅速的发展态势和更新频率，导致了该领域有很多不确定的问题无法在较短时间内厘清弄懂以采取准确适宜的治理方式，加之中国特色社会主义市场经济之所以能够持续、健康发展，核心关键正是自由竞争，自由与效率能够极大激发竞争活力，因此对此持谦抑、谨慎的司法治理态度将更有利于当前数

---

① 卞建林：《立足数字正义要求，深化数字司法建设》，载《北京航空航天大学学报（社会科学版）》2022年第2期。
② 《努力创造更高水平的数字正义》，载《人民法院报》2022年10月11日，第1版。
③ 白龙飞：《全国政协委员：数字正义，一个也不能少》，载《人民法院报》2022年3月10日，第1版。
④ 费方域、闫自信：《大数据经济学视域下的竞争政策》，载《财政问题研究》2018年第2期。

字经济发展，具体应当做到：一方面，谨防随意扩大一般条款的适用范围。有市场就存在创新，有竞争就可能引发损害，数字经济时代的种种新现象正不断冲击、打破人们的固有认知，要防止主观上不适当地扩大对垄断行为的认知与判定从而妨碍市场创新。另一方面，在垄断行为认定等过程中适当引入经济分析方法。不同于传统意义上的垄断，要治理好数字经济时代的平台垄断乱象，需要理解当前平台企业借助数据、算法等实施垄断的经济学性质与方式。因此在法律适用过程中，需要在运用裁判经验及审判技巧的同时，适当采取经济学知识去分析垄断行为给公平竞争带来的影响，实现法学与经济学的良好互动，合理界定数字经济时代下的平台垄断行为。[1]

2. 坚持鼓励创新的目标

新《反垄断法》中，"鼓励创新"已被明确确立为立法宗旨，同时，数字经济下的平台竞争具有高度动态的特性，在此基础上，进行平台反垄断治理必须妥善处理好创新与治理之间的关系。[2] 垄断是技术创新的结果，其所带来的超额收益也是新一轮更激烈的技术创新与竞争的开始，但是过于强大的垄断力量会抑制竞争和创新。平台企业垄断地位的形成及超大比例的市场份额是暂时的，为适应数字经济的发展特性，反垄断司法治理的目标应更加重视与鼓励创新。坚持鼓励创新的目标，就要在治理的同时激发平台创新活力。在对相关市场进行界定、对市场支配地位进行认定以及判断垄断协议等方面要更加重视创新在市场竞争中的作用，鼓励创新原则同样主张重视实施垄断行为的经营者的合理抗辩，预防过度治理破坏创新激励机制。

四、平台经济反垄断司法治理进路之构建

（一）建立符合数字经济时代需求的平台垄断行为认定模式

随着越来越多的市场经济活动被搬到线上平台，传统的以市场集中度等结构性的指标为依据的垄断认定方式已经难以适应线上平台的新特征。数字经济时代反垄断治理要跟得上商业创新的脚步，建立适应数字经济发展需求的反垄断审查

---

[1] 赵美迪：《大数据不正当竞争的司法规制》，兰州大学2022年硕士学位论文。
[2] 熊鸿儒：《数字经济时代反垄断规制的主要挑战与国际经验》，载《经济纵横》2019年第7期。

标准势在必行。①

1. 完善相关市场的判断标准

从宏观上看，数字经济时代对某一平台企业所处的相关市场很难有效界定的一个很重要的原因是：大部分平台企业会声称自己是科技公司而不是从功能角度称自己为打车或支付公司，加上平台企业由于网络外部性的存在，拥有用户流量以后会不断跨界从双边市场扩张到多边市场，最后涉及的领域既非横向相关也非纵向相关，因此判断平台经济的相关市场需要根据发生争议的特定相关领域进行反垄断调查。②同时，根据《国务院反垄断委员会关于平台经济领域的反垄断指南》（以下简称《反垄断指南》）的规定，对相关市场进行界定还应在《反垄断法》的前提下，按替代性分析基本原则基于平台经济的特点从个案出发进行分析。而具体到每一个对相关市场进行判定的实践中，还应当考虑到：

第一，平台经济表现出了极强的"赢家通吃"现象，先入者通常都会具备较强市场优势，导致了较高的市场集中度，但这一点并不能必然成为反垄断治理的对象，也即不能将纯粹的结构性判断标准当作相关市场认定的必然标准。实践中可以转向可竞争性分析及限制竞争（例如是否抬升市场壁垒）等方面。

第二，界定相关市场时若忽略对平台各边产生的需求的反馈效应，可能会导致对相关市场的界定过窄或过宽，因此还应将非价格因素如创新、产品多样性以及服务质量水平等融入分析的框架中。③

第三，在价格指标失灵的情形下，可以参考有学者提出的将消费者利益保护纳入考量范围，关注消费者主体价值。比如适用看重相关产品或服务质量的SSNDQ法④和看重消费者转移成本变化的SSNIC法⑤对相关市场进行界定。这种以消费者

---

① 陈琳琳、夏杰长、刘诚：《数字经济市场化监管与公平竞争秩序的构建》，载《改革》2021年第7期。
② 王春英、陈宏民、杨云鹏：《数字经济时代平台经济垄断问题研究及监管建议》，载《电子政务》2021年第5期。
③ 曾雄：《数字经济中反垄断执法的新问题与思考》，载《互联网天地》2018年第10期。
④ SSNDQ主要是用来补充SSNIP法下价格变量无法有效发挥作用时，通过相关商品的质量下降（此时，质量作为一个变量）来考察用户转向的情况，以便界定相关市场范围。如在搜索平台企业的一边市场上通过增加广告的供应，来考察另一边用户市场上用户流失和转向其他具有替代性功能的平台，以此来划定相关市场的范围。
⑤ SSNIC（Small but Significant Non Instant Increase of Cost）主要是用来补充SSNIP法下价格变量无法有效发挥作用时，通过用户（使用）成本的增长（此时，成本作为一个变量）来考察用户转向其他替代性商品的意愿及其难度，以此来判断相关市场的范围和该平台企业在市场上的影响力与控制力。

为中心的分析范式比以价格为中心的路径更能凸显出数字经济的特征，能更准确地对相关市场进行界定。①

2. 重视对影响市场支配地位新要素的认定

首先，数字经济时代，数据已成为经营者赢得市场竞争优势的重要因素，因此，在认定市场支配地位的实践中，应当将经营者拥有或控制的数据视作同财力、技术等一样重要的因素加以考虑：若上游市场的数据输入已构成关键部分，没有它的话下游就无法进行产品的生产或销售时，持有数据者拒绝提供数据便可能构成滥用市场支配地位。应将具有市场支配地位的经营者不当获取与控制数据的行为在反垄断法范围内加以规制。

其次，德国《反限制竞争法》新增的数字市场反垄断条款给我们对影响平台滥用市场支配地位认定要素的启发：可以考虑相关行业的竞争特点、用户数量、经营模式、经营者在关联市场中的力量、技术特性、掌握与处理相关数据的能力等。②除此之外，依据我国《反垄断指南》第11条之规定，还可以从经营者的市场份额、控制市场的能力、财力与技术条件、相关市场的竞争状况、其他经营者依赖程度和进入相关市场的难易程度等多角度分析平台是否构成滥用市场支配地位。

不仅如此，考虑到数字经济时代平台经营独有的特点，通过增加或者改造服务协议、交易规则等排斥、限制经营者参与其他平台组织的经营活动等也被明确纳入滥用市场支配地位行为。③

（二）完善举证责任分配

互联网平台垄断行为案件中原告胜诉率几近为零，分析原因，与诉辩双方失衡的格局有莫大关系，不合理的举证责任分配亟须更新。④司法实践中，此类诉讼原告多为自然人，而被告为具有一定影响力的平台企业，双方市场地位本就悬殊，

---

① 林子樱、韩立新：《数字经济下平台竞争对反垄断规制的挑战》，载《中国流通经济》2021年第2期。
② 德国2017年第9次修订的《反限制竞争法》第18条3a款规定："在多边市场和网络中，尤其要考虑以下因素评价经营者的市场支配地位：（1）直接和间接的网络效应；（2）用户同时利用多个服务以及转换的费用；（3）其与网络效应相关的规模优势；（4）获得与竞争相关的数据；（5）创新推动的竞争压力。"
③ 王先林：《我国反垄断法修订完善的三个维度》，载《华东政法大学学报》2020年第2期。
④ 宋琳：《互联网领域垄断行为司法规制的实证研究》，西南政法大学2016年硕士学位论文。

在举证过程中要求双方承担相同责任，难易程度显然不同，而原告往往要承担因举证不能产生的后果。同时，由于反垄断诉讼本身证明就十分复杂，原告要举证证明的包括但不限于相关市场的范围、被告具有市场支配地位且滥用了市场地位，这便需要拿出这家公司的基础数据，绝非普通公众能做到。[1]加上垄断行为持续性以及垄断案件专业性，原告维权的周期也会拉长，诉讼成本也在提高，不利于其合法权益的保护。

此种失衡诉辩格局不仅会使得平台反垄断领域司法治理效率低下，同时也在打击当事人对平台企业的垄断行为提起诉讼的积极性。[2]虽然我国部分反垄断相关的法律法规已经对举证责任倒置作出了规定，[3]但在涉及滥用市场支配地位上仍然沿用着"谁主张谁举证"。[4]分析近几年诉讼实践，原告取证难、举证难已经成为制约平台反垄断司法的瓶颈，如果不解决该问题，受害人权益将始终无法得到有效维护，反垄断司法治理的职能与作用也就难以发挥。[5]

当然，法律面前人人平等，不能因为原告举证难就把证据标准降低。但可以合理地转移部分举证责任给被告。比如在举证证明滥用市场支配地位时可以要求原告初步举证证明被告的某一行为造成其损失，然后令被告举证其不构成市场支配地位，或构成市场支配地位后继续证明其市场行为之合理性。这种举证责任的转移体现了权责相统一原则，对防止原告滥诉也有着积极作用。

（三）加强专业化审判队伍建设

司法公正的实现需要以司法审判专业素养的不断提升，审判组织建设的不断强化为基础。平台经济领域的反垄断案件兼具专业性与技术性，处理此类案件不仅涉及大量经济分析，还存在互联网专业技术的障碍。基于此，部分国家和地区

---

[1] 张瑞萍编著：《反垄断诉权保障机制研究》，立信会计出版社2013年版，第152页。
[2] 喻玲：《我国反垄断审判机制改革研究》，载《法商研究》2011年第5期。
[3] 最高人民法院《关于审理因垄断行为引发的民事纠纷案件应用法律若干问题的规定》第7条规定："被诉垄断行为属于反垄断法第十三条第一款第一项至第五项规定的垄断协议的，被告应对该协议不具有排除、限制竞争的效果承担举证责任。"
[4] 最高人民法院《关于审理因垄断行为引发的民事纠纷案件应用法律若干问题的规定》第8条规定："被诉垄断行为属于反垄断法第十七条第一款规定的滥用市场支配地位的，原告应当对被告在相关市场内具有支配地位和其滥用市场支配地位承担举证责任。被告以其行为具有正当性为由进行抗辩的，应当承担举证责任。"
[5] 邹越：《互联网经济中反垄断法的司法适用》，西南政法大学2018年博士学位论文。

专门设立了处理垄断案件的法院或者法庭,如竞争上诉法院(南非)、竞争上诉法庭(英国)等。[①]我国也曾在上海二中院设立反垄断案件专项合议庭,但这种专项审判模式并未在全国得以推广。打造专门审判队伍推动平台垄断案件的审判专项化,是值得推崇的组织建设经验。因此,在法院内设立专门审判庭对平台垄断案件进行专项审理,应成为今后一段时间内强化审判组织建设、提高审判专业度的重要环节。

在建立起专门审判庭的基础上,提高专业能力、提升司法审判的质量及效率,充分发挥审判智慧,对审理平台经济领域垄断案件的司法审判人员来说尤为关键。因此,一来应当加强不同地区与层级之间的经验交流与学习。加强交流一方面是因为虽然部分地区法院之前没有受理过此类案件,但这并不意味着没有发生在该地的可能性;另一方面也是为了使有审判经验的人员互相分享与学习审判技巧,取长补短。二来要注重经济+法律+技术复合型人才的选拔与培养,不仅要做好涉平台经济、数字技术复合型人才的引进工作,还要保障好后续不断更新的相关知识与技能的培训。

(四)建设与数字经济时代要求相匹配的智慧法院

第一,对平台垄断行为的规制有行政执法和司法两种途径,智慧法院建设过程中可以打造集约统一平台,使行政执法与司法更好地连接,将行政执法在证据收集、查明事实等方面的优势传递至诉讼阶段,必将极大减轻当事人诉累,有力推进平台经济反垄断事业的发展。

第二,平台经济垄断案件的被告方多为大型平台企业,关系着海量用户的各类数据信息,同时也包含大量的商业秘密,正因如此,在运用智慧法院审理平台垄断案件过程中,应当积极探索运用区块链技术与当前智慧法院已经运用得较为熟练的人工智能、大数据和云计算等相互配合,整合法院现有的信息数据与相关设备,对数据进行深度挖掘、整合、激活与运用,如对数据流转过程智能监管、对特定流转数据实时获知等,实现对特定数据的随时调阅、溯源、监管。区块链所具有的难篡改、去信任化、可追溯以及透明、私密中立等特性,使得通过其传输的审判工作中所需的数据具有高度安全性和可靠性,从而为平台经济反垄断的司法治理打造一个高度安全的数据流通环境。

[①] 于馨淼:《欧盟反垄断法域外适用研究》,法律出版社2015年版,第243—249页。

第三，借助科技赋能提高平台经济反垄断司法治理的精度。一方面司法大数据可以为司法决策提供参考和辅助，例如为平台垄断行为中的"相关市场""市场支配地位"的界定提供统计学方面的支持，运用各种数据分析模型提高判断的精确度。另一方面则可以借助近年来应用频率颇高的类案检索系统，提高本领域"同案同判"的公正度，同时也可以为这一新兴领域不断积累优质判决，将其裁判要点和经验转化为抽象规则再反哺新的类似案件。

以上三种途径是推动大数据、云计算、区块链等新兴技术与法院审判业务更好地融合，推动互联网思维与司法审判更好地融合，使在线纠纷解决途径更好地适配平台经济规制要求，完善智慧法院架构及内容，更好发挥司法服务保障数字经济以及数字化发展的作用的重要环节。应以此为基础，继续坚持保护创新与司法治理相结合、裁判指引与延伸审判职能相结合、服务保障与智慧审判相结合的思维，妥善办理好各类平台经济反垄断相关案件，从而全力营造市场化、法治化、国际化的数字营商环境，创造更高水平的数字正义，提升司法为民为企水平。[1]

[**作者简介**：李钰，硕士研究生，北京市丰台区人民法院立案庭（诉讼服务中心）法官助理。]

---

[1] 刘晓芬：《创造更高水平数字正义 提升司法为民服务水平》，载中国法院网，https://www.chinacourt.org/article/detail/2022/11/id/7013121.shtml，2022 年 11 月 12 日访问。

元宇宙模式下的"作品类型开放"条款的司法适用问题

胡浩翔

一、问题的提出

元宇宙是运用区块链、人工智能、大数据等高新数字技术搭建的虚拟世界。作为当前数字经济与互联网领域的一大热词，目前上海、武汉、合肥均将元宇宙写入年度政府工作报告，此前浙江、无锡等省市也在相关产业规划中明确了元宇宙领域的发展方向。可见元宇宙已经成为城市数字经济增长的全新赛道和驱动引擎。

元宇宙构建的虚实融合场景不仅拓宽了人类活动的维度空间，也将会对数字版权产业产生颠覆性的变革，元宇宙的沉浸拟真性与开源创造性将会对作品创作和利用产生多重影响。[①] 元宇宙会催生出大量的新型作品，其中部分作品可以落入现行《著作权法》所规定的八类典型作品类型中，另一部分则暂且无法找到相应的作品类型加以保护。我国《著作权法》于2020年修正时，将第3条第9项作品类型由"法律、行政法规规定的其他作品"修改为"符合作品特征的其他智力成果"，意味着《著作权法》中的作品类型由封闭式转为开放式，可以保护无法归入现有作品类型的"非典型作品"，但截至目前尚未有法院依据这一项作出判决。为应对元宇宙乃至其他新兴技术带来的新挑战，法院应当秉持《著作权法》激励作品创作传播和促进社会主义文化繁荣发展的基本精神，依据新《著作权法》判定"符合作品特征的其他智力成果"以回应元宇宙对版权产业带来的新变革。本文从元宇宙模式下作品的构成要件出发，探究"作品类型开放"条款适用的必要性，完成"作品类型开放"条款的司法适用之研究。

[①] 郑煌杰、曹阳：《元宇宙下数字版权的治理：机遇、挑战与应对》，载《成都行政学院学报》2022年第4期。

二、元宇宙环境中"开放式作品条款"适用的必要性分析

元宇宙环境中创作成果类型具有多样性,需要根据创作成果的具体情形个案分析其所属的作品类型。但若创作的新型成果不属于《著作权法》所明文列举的八种作品类型,但属于符合作品特征的其他智力成果,此类智力成果是否应纳入《著作权法》第 3 条第 9 项进行保护抑或需要著作权法对新作品类型加以专门规定,这一问题是元宇宙模式下作品认定的最重要问题,对这一问题的解决会直接影响我国对于元宇宙模式下版权治理的基本态度。

(一)作品类型模式的立法检视

对于元宇宙环境中作品类型立法模式问题的探讨应当先厘清《著作权法》中作品类型的立法模式。目前,世界各个国家或地区对作品类型的界定可分为封闭式立法与开放式立法两种模式。在采取作品类型封闭式立法模式的国家,判断智力创作物的可版权性遵循二元路径,即第一步先判定智力创作物是否属于法定作品类型,第二步再判定作品的独创性。[1] 与此不同的是,在采取作品类型开放式立法模式的国家,对于智力创作物的可版权性则遵循一元路径,司法裁判者对智力创作物的可版权性判定只考虑智力创作物是否具备独创性。[2] 这就意味着,在作品类型封闭式立法模式中,元宇宙环境中的非典型智力成果外在表达不属于法定作品类型,法院将直接拒绝对其提供著作权保护;在采取开放式立法模式的国家中,司法裁判者拥有更多的自由裁量权,可采取更为灵活有弹性的独创性判定标准,可版权性并不受限于作品的表现形式。

纵观我国《著作权法》修改历程,会发现对这个基础性核心问题的认识经历了从相对封闭到相对开放的转变。我国 1990 年《著作权法》关于作品的列举式规定的最后一项是"法律、行政法规规定的其他作品",这一表述一直延续至著作权法 2020 年修正改为"符合作品特征的其他智力成果"。建立开放式的作品分类模式,由封闭式作品类型走向开放式作品类型以不断满足新出现的作品表达形式,为元宇宙环境中的新型创作成果保护提供了法律解释的空间,有助于促进新兴文

---

[1] 梁志文:《作品类型法定缓和化的理据与路径》,载《中外法学》2021 年第 3 期。
[2] 李明德:《两大法系背景下的作品保护制度》,载《知识产权》2020 年第 7 期。

化产业的繁荣发展。

（二）作品类型模式的理论检视

技术进步促进了作品表达与类型的多元化，开放式立法模式更契合元宇宙模式下的创作成果保护的立法理念与司法实践。从理论概念层面分析，著作权的排他效力与公共物品属性，决定了著作权应当法定，继而确保社会公众的行为自由空间。但同时著作权类型法定主义并非严格主义的限定路径，与物权法定主义相似，《著作权法》中的作品类型是一种列举性立法，作品的类型并非限定在列举的法定类型之内。[①] 开放式作品类型既贯彻了作品类型法定原则，又解决了作品类型限定的僵化性困境。从司法判决层面分析，开放式立法模式，有利于充分发挥司法效能解决元宇宙中创作成果的新问题。弹性化的开放式立法模式，有利于法官发挥应对元宇宙新型数字产品纠纷的司法能动性。

（三）作品类型模式的产业检视

回归元宇宙数字版权产业的实际需求，元宇宙环境中的创作成果作为新兴数字产业，具备复杂性与变动性，需要更宽松、更弹性的产业环境。囿于立法的有限理性，法律制度难以事先预设元宇宙中所有可能场景，《著作权法》也绝无可能仅仅因为出现一类"符合作品特征的其他智力成果"就进行耗费人力物力的修订。封闭式的作品类型无法对社会变革做出积极迅速的回应，这与元宇宙乃至整个"后数字信息社会"的发展基调是相悖的。综上，开放式作品类型的保护理念是符合立法、司法乃至元宇宙产业的实际需求的。

三、元宇宙模式下"作品类型开放"条款的司法适用

如前所述，对元宇宙模式下的非典型作品，在司法判决中有理由且有必要适用《著作权法》第3条第9项的"符合作品特征的其他智力成果"对其进行作品认定，进而依据《著作权法》的规定对其进行权利保护和纠纷解决。但法院在判决元宇宙环境中的创作是否属于符合作品特征的其他智力成果时不能仅仅誊抄这一法律规定，还要结合具体的理论进行归入分析或列出考量因素进行否定排除。

[①] 李琛：《论作品类型化的法律意义》，载《知识产权》2018年第8期。

元宇宙模式下的创作环境更加复杂、创作主体更加多元化，对元宇宙中的非典型作品认定应当审慎考察，进行正确阐释和合理解释，为元宇宙模式下的作品著作权保护划定正确的范畴。

笔者认为该条款的司法适用分为三个层次（如图 1 所示）：首先，要判断这一智力成果是否完全符合作品的构成要件，实践中也通常称之为考察"作品可版权性"。考察作品的可版权性是认定"符合作品特征的其他智力成果"的最重要前提，只有符合作品构成要件的智力成果才能认定为作品，也才能受到《著作权法》保护。其次，明确其不属于现有的八种作品类型。智力成果具备可版权性，满足了《著作权法》作品认定的门槛，但如果智力成果通过解释已经符合《著作权法》八种典型作品中的一种或几种内涵或外延，就可以《著作权法》及实施条例对其进行保护，无适用"作品类型开放"条款之需。最后，在满足前两个条件的情况下，还需要进行作品认定的"正当性"考量，充分考虑将其认定为作品是否符合《著作权法》的创作激励宗旨，能够达成作者利益与公有领域的利益均衡，只有经得起正当性论证的创作成果才能由司法裁判者认定为作品。[①] 作品类型开放司法认定的三个层次具有一定的抽象性，笔者将在下文进行较详细的解读。合理认定作品，既不故步自封又不矫枉过正，方能为元宇宙版权产业的发展保驾护航。

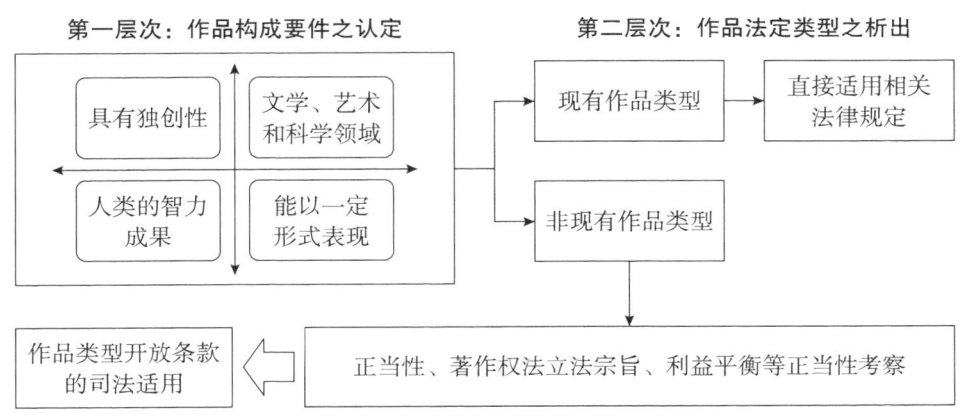

图 1 元宇宙模式下"作品类型开放"条款的司法适用层次

[①] 孙山：《〈著作权法〉中作品类型兜底条款的适用机理》，载《知识产权》2020 年第 12 期。

（一）作品构成要件之认定

1.《著作权法》第三次修正背景下的作品构成要件

对于作品的构成要件理论界存在不同观点，有二要件说、三要件说、四要件说。最常见的是二要件说即作品"具有独创性"与"能以一定形式表现"；三要件说是在此基础上增加"文学、艺术和科学领域内"要件；四要件说是将作品定义的解释拆分为四项，即"独创性"、"能以一定形式表现"、"文学、艺术和科学领域内"与"人类的智力成果"。[①]笔者认为研究元宇宙环境下的作品构成要件时更适合采用"四要件说"，因为元宇宙环境复杂，人工智能的深度参与创作是常态，非文学、艺术和科学领域的内容展示的机会增加，四要件说符合需要审慎判决的基本原则。

2.元宇宙模式下的作品独创性标准

作品认定的最核心要件便是"独创性"，只有具有独创性的外在表达而非思想观念才能够成为《著作权法》意义上的作品，元宇宙环境下的创作成果也应当遵守这一原则。根据《最高人民法院关于审理著作权民事纠纷案件适用法律若干问题的解释》第15条，作品的"独创性"应包含"独立完成"以及"创作性"两方面的内容。[②]

（1）独立完成

《著作权法》意义上的"独立完成"是指创作成果源自创作者本人，是由创作者独立完成，并非抄袭的结果。独立完成包括从无到有进行独立创作和以已有的作品为基础进行再创作这两种情形，该标准要求元宇宙环境中创作的场景内容必须来源于创作者自己的创作设计，该来源包括虚拟世界和物理世界。比如，某一用户将现实世界中的"蒙娜丽莎的微笑"作品在元宇宙环境中进行了精确复制，元宇宙环境中的作品完美还原了"蒙娜丽莎的微笑"，用户虽然可能投入了大量的金钱与劳动，但并没有进行来源于个人的独立智力创作。[③]

（2）创作性

创作性要求创作成果能够体现作者独特的智力选择与判断，展示创作者最低

[①] 戴哲：《论著作权法上的作品概念》，载《编辑之友》2016年第5期。
[②]《最高人民法院关于审理著作权民事纠纷案件适用法律若干问题的解释》第15条规定：由不同作者就同一题材创作的作品，作品的表达系独立完成并且有创作性的，应当认定作者各自享有独立著作权。
[③] 李晓宇：《元宇宙下赛博人创作数字产品的可版权性》，载《知识产权》2022年第7期。

限度的创造性，与已有作品的表达不同。[1] 尽管英美法系与大陆法系国家对于创造性的限度要求不一致，但至少目前坚持 Feist 案"额头流汗"原则判断标准的英美法系国家已经不多，[2] 换言之，大部分国家都已经摒弃了对事实的汇编只要付出了劳动，便可以被认定为"独创性"的作品这一观念。

（3）元宇宙模式下的独创性司法判断

讨论元宇宙模式下的创作成果是否具有可版权性，自然离不开对于创作内容的"独"和"创"的判断。对于"独立完成"的认定，只要求创作成果源自本人，同时元宇宙创作模式为创作者提供了基于区块链技术的创作者信息认证。对于"创作性"的判断则应当结合元宇宙具体环境和创作类型进行，现阶段元宇宙中的环境内容尚未建设完成、创作内容较少，但并不能因此就降低最低限度的智力创造性标准。因为元宇宙的同步拟真性决定了虚拟世界和现实世界保持着高度同步和互通，在元宇宙环境下用户依然会保持对于创作性的基本判断能力，元宇宙模式下的创作成果不仅要横向对比元宇宙内部的创作内容，还应当与现实世界的创作内容纵向对比具有一定程度的创造性。

北京知识产权法院在北京华彩光影传媒文化公司诉北京时光梦幻科技公司案[3] 判决中，认定北京时光梦幻公司在淘宝购物节展会中通过虚拟现实设备建设的 VR 场景与北京华彩光影传媒公司发布的《虚空殿》美术作品在画面主体结构、元素布置与安排等作品实质性元素方面基本相同，并不具有独创性，不能因为该 VR 场景利用了不同于传统美术作品的三维技术手段就认定生成了新作品。美国 Eros 公司的系列案件表明了未经许可在虚拟或者现实环境中对作品进行复制应当承担侵权责任。

《著作权法》设立的宗旨之一是保护创作者的权利和激励创作创新，元宇宙环境中创作者也是依据自身意志来进行创造和创作，元宇宙中的创作也反映了创作者的情感和行为。[4] 因此只需要创作符合独和创的要求，即使是人工智能参与的作品也可以认定具有独创性。

---

[1] 金渝林：《论作品的独创性》，载《法学研究》1995 年第 4 期。

[2] See Feist Publications, Inc. v. Rural Telephone Service Co., Inc., 499 U.S. 340（1991）.

[3] 北京知识产权法院（2019）京 73 民终 637 号民事判决书。

[4] See Kim, Gokmi and Ju Hyun Jeon. A Study on the Copyright Survey for Design Protection in Metaverse Period. The International Journal of Advanced Smart Convergence 10（2021）: 181-186.

3. "能以一定形式表现"

《著作权法》在修正中将"能以某种有形形式复制"修改为"能以一定形式表现",对于实践中有形复制没有一致认定标准的疑难做出了回应。同时"能以一定形式表现"明确了《著作权法》保护的对象是具体的表达,而非抽象的思想、创意或操作方法。如何划清元宇宙环境下思想和表达的界限,如何正确区分与归类哪些属于思想的范畴,哪些属于表达的范畴成为研究这一构成要件的核心问题。目前元宇宙环境中主要创作情形还是以影视、文字和游戏等形式呈现,属于能以一定形式表现的表达。但是元宇宙中作品和公有领域内容的增多,会使作品出现思想与表达的混同,或针对特定的场景设计和安排必须采用相同的表达,为了防止思想被"垄断"阻止作品创新,混同原则和场景原则依然在元宇宙环境中适用。

对于能以一定形式表现的另一种理解是"以某种形式固定",等同于美国版权法中的"Fixation"。因为目前有学者将元宇宙模式下的生成物的作品定性为视听作品,[①] 而《著作权法实施条例》关于此类作品的定义中明确要求摄制在一定的介质上,因此对于元宇宙环境下作品认定问题中对固定性的讨论不可回避。[②] 固定性特征不是我国现行《著作权法》认定作品的要件,但却是元宇宙模式下视听作品认定需要考虑的因素。

4. 人类的智力成果

根据《著作权法》,作品必须是人类的智力成果,明确著作权保护的智力成果只能是由人类创作这一要件,对元宇宙模式下的生成物能否获得《著作权法》保护是极为关键的。元宇宙中的"虚拟化身"在与人的交互性过程中生成的内容也不应当因为虚拟化身的参与而被排除在《著作权法》保护范围之外。回归元宇宙的同步拟真性,元宇宙模式下的交互生成内容虽由虚拟化身进行创作,交互生成的内容必然带有用户的个人选择意志,其生成物必然会体现每个用户的意志,显然是属于人类创造的智力成果。

5. 文学、艺术和科学领域

该构成要件的理论争议最少,在元宇宙环境下其含义也未发生重大变化。作

---

① 马一德、黄运康:《元宇宙空间的数字版权治理:创新价值、制度困境与调适》,载《中南民族大学学报(人文社会科学版)》2022年第6期。

② 胡建文:《元宇宙需要数字版权保护吗?——虚拟现实技术生成场景内容可版权性的视角》,载《江西社会科学》2022年第6期。

品必须是属于"文学、艺术和科学"领域内,除此之外的智力成果及其表达形式可受到其他知识产权法律制度或者其他法律制度的保护,有些则基于某种原因不能成为财产权的客体而受到法律的保护。

从上述对作品构成要件的分析可以得出结论,尽管元宇宙模式下的创作成果涉及的问题较为复杂,但是只要符合"文学、艺术和科学领域内"、"人类的智力成果"、"具有独创性"和"能以一定形式表现"这四项构成要件,就是"有可版权性"的。元宇宙模式也并未为对作品的认定造成颠覆性的重构,但是仍需要具体问题具体分析,充分考虑元宇宙环境的具体情形进行判断。

（二）作品法定类型之析出

在认定新类型作品时,要明确该智力成果不属于《著作权法》已明确列举的作品类型,只有在此前提下,作品类型开放之条款才有适用的空间。除了对新修订的视听作品尚没有明确定义外,《著作权法实施条例》第 4 条对《著作权法》已列举的七类十二种作品作了明确的界定,总体而言每类作品的概念是清晰和明确的,在认定新类型作品时,需要准确理解现有法律明确规定的作品类型的准确含义。只有法律明确列举的作品类型概念明晰,而新类型作品的确不属于任何一种类别的情况下,才能考虑适用作品类型开放条款。在"音乐喷泉案"一审判决中,法院实际已经做出了认定音乐喷泉属于其他作品的判断,认定本案权利人要求保护的音乐喷泉的舞美设计、编曲造型、各种意象和装置配合而形成的喷泉在特定音乐背景下形成的喷射表演效果,符合作品的一般构成要件。弹性化的开放式立法模式,有利于法官发挥应对元宇宙新型数字产品纠纷的司法能动性。

同时在判断这一智力成果是否能够归入现有作品法定类型时,不能仅仅根据作品的表现形式,以直观感受来判断该作品与哪类作品相似,或者构成哪类作品,而应当从作品类型的基本概念进行分析。更要从《著作权法》体系化的角度,就该作品类型的认定是否与其配套规则相匹配作出考量。

（三）非典型作品正当性之论证

法院在认定新类型作品时,要从经济、法律和社会发展等多方面对非典型作品进行保护的正当性进行充分论证,审慎适用。一方面,对新类型作品的认定,世界各国和国际公约秉持着非常谨慎的态度,如伯尔尼公约的每一次修订,都对新作品类型能否进入作品清单进行了充分的讨论与考察。因此我国在认定时,要充分考虑将其作为非典型作品进行保护的必要性，分析判断这样的认定是否有利于行业发展、是否符合著作权法的价值目标、是否符合社会公共利益，切忌为了司法创新而创新，也需要避免因为对新型作品认定困难就随意适用开放条款。另一方面，在认定时还要考虑对这一表达形式能否得到法律体系化的保护，即是否通过《专利法》《反不正当竞争法》等其他法律能够获得更好的保护路径，若通过著作权法保护是否能与著作权法的权利内容、保护期限、权力限制相匹配。

结合上文作品类型开放条款适用的三个层次，可以归纳出元宇宙模式下非典型作品的司法认定路径：在秉持开放式作品类型认定的基础上，综合判定争议智力成果的可版权性，对于属于现有作品类型的智力成果直接归入该类型进行保护，不属于现有作品类型但具有可版权性的则应当综合考量各种因素适用作品类型开放条款。

四、结语和展望

对于新兴技术产生的著作权纠纷问题，司法实践往往先于法律规定成为新技术的"试金石"，其影响力往往超出个案，对新兴产业的发展前景和后续的立法工作都有着直接且巨大的影响。开放式的作品类型立法模式，赋予了法官在认定新作品类型方面更大的自由裁量权，但作品类型开放不等于法院判决宽松，司法裁判者仍需持审慎的态度去适用这一条款，防止出现"法官造法"的情形。

正如我国过去几十年司法实践中所表现的特点，著作权领域正面临新环境、新工具、新对象的全新转变，如何适用元宇宙环境下的作品类型条款，为创作自由争取最合适的边界，促进文化繁荣和技术进步是新时代的伟大使命，也希望本次研究能为元宇宙模式下的司法实践提供更好的思路。

（作者简介：胡浩翔，华东政法大学知识产权学院硕士研究生在读，研究方向为知识产权法、娱乐法。）

大型平台反垄断困境与应对

——从"综合服务模块"入手

严德俊

引　言

党的二十大报告中指出："加快发展数字经济，促进数字经济和实体经济深度融合，打造具有国际竞争力的数字产业集群。"平台经济应当是数字经济的重要内容，甚至可以说，现有的互联网平台是数字经济能够蓬勃发展的基础。与此同时，这种发展应当是在法治轨道内的健康发展，而非无序状态下的野蛮生长。正因如此，互联网平台经济的健康发展已经引起了我国政府的高度重视。在2021年2月7日，《国务院反垄断委员会关于平台经济领域的反垄指南》（以下简称《反垄断指南》）正式发布，《反垄断指南》意在填补平台经济反垄断监管的规则漏洞。随后在2021年12月召开的中央经济工作会议中，反垄断和反不正当竞争仍然被列为2022年的重点任务之一。2022年8月1日新修改的《反垄断法》正式实施，本次修改也对互联网领域的反垄断问题做出了部分回应，但是依靠数据分析、算法技术、用户的规模效应等发展起来的互联网平台企业与传统行业领域相比，显然是一只"怪物"，对既有的法律规制体系提出了很大挑战。因此仅仅通过既有的反垄断执法手段（目前以罚款为主），恐怕是很难实现规制效果的。因此本文以平台的法律地位为逻辑起点，以大型平台中"综合服务模块"的法律规制问题为切入点进行重点分析，以期为平台经济的健康发展提供有价值的建议。

一、问题之源起

我们如果打开大型平台的App，不难发现在大型平台企业不断增加的服务内容中，有两类服务比较特殊，一类是公路交通、通信、医疗保险等传统的公共服务事业，另一类是健康码、税务、平台争议解决等具有行政管理性质的服务。有的App中称为市民服务，有的则称为城市服务，为行文方便，本文将具有这两类服务内容的模块统一称为"综合服务模块"。

"综合服务模块"的产生可以说是当前互联网平台企业发展的必然结果。这一方面是因为自《反垄断法》实施以来，考虑到互联网经济体与传统经营者的区别，尊重互联网领域开放、创新、包容的精神价值，我国对互联网平台企业的监管一直都采取包容审慎的态度，尽可能避免"一管就死"的局面。另一方面是因为"综合服务模块"的积极功能也是显而易见的。其不仅极大地方便了人们的日常生活，同时也助力了"数字政府"的建设，提高了行政管理的效率。

也正是因为长期以来，政府在平台经济发展的过程中扮演着自由主义经济时代"守夜人"的角色，例如，无论是对大型互联网企业频繁的经营者集中行为的审查，还是在反垄断、反不正当竞争执法中都是采取克制、谨慎的态度，大型平台企业也乘机迅速发展，迎合社会需求，不断拓展自己的业务领域，从而形成了如今"赢者通吃"的局面。

但是这些大型平台企业将自己的触角延伸至这些领域给反垄断监管又设置了难题。首先，大型平台的势力将更加强大，是否会在将来某一天强大到能与行政部门抗衡令人担忧。其次，"综合服务模块"的增加导致平台企业提供的服务内容更加庞杂，使得其法律性质模糊不清，增加了法律适用的难度。直接后果就是导致《反垄断法》《电子商务法》均不能很好地适用。最后，传统的公共性服务行业本身自带垄断属性，并且在法律上具有默许的垄断经营性。然而平台企业多为民营企业，与国有独资、国有控股的企业相比，在监管上存在差异，这使得对于平台企业的反垄断执法变得更为棘手。

二、"综合服务模块"使反垄断执法陷入困境

凡事都有利弊，大型平台中嵌入"综合服务模块"可以充分发挥平台的信息共享、数据处理等优势，大量的线下服务被搬至"综合服务模块"，也极大地方便了人们的生产生活。一旦人们形成使用"综合服务模块"的习惯，那么整个平台将对用户产生巨大的黏性。庞杂的业务种类以及用户对平台产生的巨大黏性，都使得对大型平台企业的反垄断执法陷入困境。

（一）相关市场界定更为困难

根据《反垄断法》相关规定，界定相关市场是判断经营者是否滥用市场支配

地位的前提条件。然而在对互联网企业的反垄断执法的过程中，相关市场的界定一直是困扰理论界和实务界的难题。例如，1998 年的美国政府诉微软公司案中，微软公司提出的抗辩理由之一就是微软公司所处的相关市场应当是全球的操作系统市场而不仅仅是美国的国内市场。2010 年引发我国广泛关注的"3Q 大战"中，腾讯公司的抗辩理由之一同样是其所处的相关市场应当为世界范围内的即时通信软件市场。《反垄断法》第 15 条第 2 款对相关市场进行了明确，本法所称相关市场，是指经营者在一定时期内就特定商品或者服务（以下统称商品）进行竞争的商品范围和地域范围。《反垄断指南》第 4 条也指出在反垄断执法实践中，通常需要界定相关商品市场和相关地域市场。"综合服务模块"中服务内容网络不断扩张，导致对平台所处的相关市场进行界定时，不仅相关地域市场界定困难，相关商品市场也界定困难。

在界定这些大平台所涉相关市场时，还会发现当前的法规体系已经落后于平台"跨业经营"的发展模式。而实际上，这种规则上的落后也是导致相关市场界定困难的重要原因之一。这些巨型公司提供的服务范围正向社会的各个领域伸展，并且这种情况愈演愈烈。如前文所述，"综合服务模块"中提供的服务绝大部分是具有公共性、基础性以及行政管理性的服务，并且与人们日常生活联系紧密。这就使得平台利用这些特殊类型服务，将自己置于《反垄断法》和《电子商务法》的监管空白。第一，对于《反垄断法》来说，其中第 8 条就赋予了公共服务型企业的实施专营专卖的合法地位，即在一定程度上承认其垄断经营的合法性。大型平台通过"综合服务模块"已经具有了公共服务的性质。同时，传统的经营者一般也就涉及一两种业务领域，而大型平台通过跨业经营的策略，其涉及的业务领域往往多达数种，这也导致了有关机关在适用《反垄断法》进行相关市场界定时感到无从下手。第二，很多大型平台早就已经不是《电子商务法》所规制的电子商务平台了，有的平台最初仅是电商平台，但是经过不断进化，电商业务仅变为其平台业务的一部分。有的平台原本并非电商平台，但是随着业务网的拓展，也开始附带着经营电商业务。

（二）利用"综合服务模块"实施新型的滥用市场支配地位的行为

在界定完相关市场之后，下一步就是对经营者是否具有市场支配地位进行判断。尽管国内的大型互联网平台企业以相关市场是国际市场为理由进行抗辩，认为自己从来就没有获得过市场支配地位。但无论如何，这些巨头企业在国内市场显然是具有支配地位的。对于互联网平台的反垄断问题也是经济法学界近年来关注的热点。互联网经济的生态圈本来是开放、多元和包容的，但是大型平台为了捍卫自己的地位，频繁实施"扼杀性收购""二选一"等损害竞争的行为。大型平台掌握先进的技术及强大的数据处理能力，这一方面是为了适应用户的需求，另一方面也是平台实施垄断行为的途径。① 尽管互联网领域的垄断有利于提升经济运转的效率、各类资源的整合以及充分发挥平台的规模化优势，同时即便平台实施垄断行为，普遍观点也是认为并没有损害消费者的利益，但是互联网平台区别于单一性显著的管制行业，不具有先天垄断的正当性基础。② 从长期发展的角度看，几大平台在各自领域一家独大、赢者通吃，是不利于技术创新、服务优化升级的。而"综合服务模块"的嵌入只会巩固大平台的垄断地位，为其实施垄断行为提供更隐蔽的手段。这些新型手段可以说巧妙地逃出了《反垄断法》第22条所规制的滥用市场支配地位行为种类的范围。

1. 取得限制交易的效果

行政机关和传统的公共事业服务公司选择这些大型平台作为合作对象，在某种程度上起到了限制用户使用其他未合作平台的效果。一方面，政务服务为平台增加了"官方背景"，这既能够增加社会公众对平台的信任，也体现了政府对大型平台实力的认可。另一方面，当人们的生活已经离不开这些平台的服务，每天都在高频使用这些平台，这对平台其实也是一个很好的广告手段。相比之下，其他的中小型平台便无法拥有这样优质的"天然广告"。

更为严重的是，这种做法在某种意义上也限制了人们对其他平台的使用，毕竟其他平台提供不了政务服务和公共服务。因为从本质上说，互联网经济是一种"流量经济""注意力经济"。平台对于用户这一端基本上是不收取费用的，但并不意味着用户完全是无偿使用平台的服务。事实上，这种免费仅仅是财产上的，用户需要提供自己的注意力以及个人数据信息作为对价。而"综合服务模块"中的很多服务恰恰是自带大量流量的，而其他平台将无法获得这些流量，在竞争中也就处于不利地位。从这个角度看，行政机关的做法是否有"厚此薄彼"，进一步巩固大平台的垄断地位之嫌呢？

---

① 孙晋：《数字平台垄断与数字竞争规则的建构》，载《法律科学（西北政法大学学报）》2021年第4期。
② [美]曼昆：《经济学原理：微观经济学分册》，梁小民、梁砾译，北京大学出版社2015年版，第233页。

2. 实施"自我优待"

平台的中立性不仅有利于中小型企业无阻碍地进入市场，还有利于大型平台吸引更多的用户和企业，扩大企业规模与网络效应。[①] 然而，"综合服务模块"的嵌入也为大平台推销自己的其他服务创造了有利条件，损害了中立性。一方面，平台可以获得更多的用户数据，通过对数据信息的分析处理，对用户进行更精确的用户画像，从而可以增加定向广告推送的质量，使这些广告"更合胃口"。另一方面，平台会利用不同服务之间的联系，乘机推销平台经营的其他业务。就移动支付业务来说，苹果手机终端在用户使用其服务过程中，会给予自营的移动支付业务更多优势，我国的支付宝也存在类似行为。再比如，当一个用户使用"综合服务模块"中的交通出行服务时，那么平台会立刻捕捉到这一信息，于是便会在页面上弹出该平台经营的酒店预订、餐厅预订等服务。对于用户来说，直接在该平台上进行操作，接受周边服务显然更加便捷。其他的平台要想弥补这一劣势，就只能采取降低价格或者优化服务等措施对用户形成较强的吸引力。这就使得其他中小型平台企业要增加成本，同时要面对用户量流向大平台的不利局面。

3. 使数据垄断行为"合法化、合理化"

数据达到一定量之后就变成了一种资源，通过大数据技术的处理，其中的价值也会得到进一步开发。在互联网平台出现之前，应当是政府处于数据信息控制层的顶端。但互联网平台出现后，这一局面便改变了。大型的互联网平台均拥有数以亿计的用户规模，尽管互联网平台的发展为消费者带来了很多经济便利，但是消费者正在以个人信息为成本来换取平台提供的服务。[②] 对于几乎所有的互联网平台企业来说，数据资源是决定其能否在市场中生存下来的关键因素。那么很显然，起步越早，用户规模越大的平台企业自然拥有着更为丰富的数据资源。

正是为了应对大型平台在拥有如此庞大的数据资源后，所实施的涉及数据、算法的垄断行为。2022 年新修正的《反垄断法》做出了简单回应。其中第 9 条规定经营者不得利用数据和算法、技术、资本优势以及平台规则等从事本法禁止的垄断行为。同时在第 22 条中规定具有市场支配地位的经营者不得利用数据和算法、技术以及平台规则等从事前款规定的滥用市场支配地位的行为。

---

① 丁晓东：《网络中立与平台中立——中立性视野下的网络架构与平台责任》，载《法制与社会发展》2021 年第 4 期。
② 刘云：《互联网平台反垄断的国际趋势及中国应对》，载《政法论坛》2020 年第 6 期。

但是，本文认为上述两条新增规定对数据垄断行为的规制是十分有限的。首先，即便《反垄断法》在法律层面上对数据垄断行为做出了规制，但是新增加的两个条文的内容不够具体，而平台利用数据、算法优势实施的损害竞争行为可谓五花八门且不断以新的形式出现，因此在实际运用过程中很可能被架空。其次，平台在提供服务的过程中是否出现利用数据、算法优势实施其他的垄断行为，是不易被发现的，原因在于平台相对于用户和监管机关都处于技术和信息的优势地位。最后，大型平台通过"综合服务模块"开展各种各样的公共性服务，使得互联网用户的数据信息越来越富集于他们手中。"综合服务模块"也进一步增加了用户对于大型平台的依赖性。人们也愿意在线上解决水电费的缴纳、医疗保险、交通出行等日常生活需求。

由此可见，"综合服务模块"的嵌入在一定程度上使得大型平台垄断数据的行为变得合法化、合理化。因为大平台提供的服务正在渗透社会的方方面面，并且越来越有成为"社会必需品"的态势。加之这些服务的提供又必须依托大平台的规模优势、技术优势和数据资源的优势，大平台因此获得了显著的不可替代性。若不完善监管体系则会使这种动态最终走向固态，形成并固化"顺者昌、逆者亡"的互联网市场结构，最终抑制动态竞争、损害科技创新、减损消费者利益。

三、大型平台的法律地位和法律关系复杂化

至于为何"综合服务模块"的嵌入会一下使得反垄断执法陷入困境，其原因在于大型平台的法律主体地位随之变得模糊，法律关系变得复杂。如果无法对这些大型平台进行准确的法律主体定位，那么行政机关在监管理念、监管标准的选择上也会变得困惑，不知究竟该如何认定这些大型平台的法律主体地位，从而采取对应的反垄断监管路径。

在现有法律规范中，专门应对平台经济问题的法律规范较为匮乏，目前仅有《反垄断法》和《电子商务法》。然而前者以工业经济时代为背景设计起来的制度框架已经不再适应数字时代的平台经济发展治理实际，[1]《反垄断法》针对平台垄断问题仅仅在第 9 条和第 22 条作出了简单的禁止性规定，并没有提出具体的规制

---

[1] 李志刚、李瑞：《共享型互联网平台的治理框架与完善路径——基于协同创新理论视角》，载《学习与实践》2021 年第 4 期。

途径。后者以规制平台中的交易行为为主,平台本身不是其重点规范对象,更未在市场竞争秩序层面作出规定。因此只能另辟蹊径,从其他部门法以及法学理论中寻找答案。按照传统民法理论的划分,法律主体分为自然人、法人和非法人组织。我国《民法典》总则编部分又进一步将法人区分为营利法人、非营利法人以及特别法人。对于平台企业来说,显然应当将其界定为营利法人。但是现阶段的平台企业,特别是一些大型平台,其"综合服务模块"中的内容已经超出一般民营企业所能经营的范围。明显具有公共性、基础性的特点,甚至一些平台企业已经承担了一些行政管理的职能。正如《中国互联网发展报告 2020》指出,互联网平台自身将演变成为新型基础设施的一部分,无论是政务还是企业,都越来越需要网络化综合支持平台。因此,对于平台企业法律地位的界定,应当按照其提供的内容进行细分。

(一)"综合服务模块"使大型平台兼具公法和私法主体属性

类型化处理是人类认知世界的重要方法之一,对于互联网平台这一新兴事物,同样可以采取这一方法。现在大型平台所提供的服务种类可谓是五花八门,并且有不断拓展的趋势。如果只是将所有服务看成一个整体进行监管,会发现在法律规制过程中将导致顾此失彼,手足无措。

从结构上来说,现有的互联网生态圈可以划分为三层:第一层是中国移动、中国联通、中国电信等企业,第二层是百度、阿里和腾讯等大型平台企业,第三层是入驻在平台上众多的公司、个体户等经营者。位于第一层通信企业属于传统的公共服务企业,且具有法定的垄断地位,位于第三层的经营者都是以营利为目的的私利性主体,这两层的法律地位还是比较清晰的。问题就在于第二层的互联网平台经济兼具了市场性与社会性的双重性,[①]所提供的各类服务该如何界定?笔者认为传统的电商平台原本仅有中介服务和广告服务,也就是纯粹的私法人,如果按照我国民法典的分类,则就是营利法人。但是随着平台业务的不断拓展,尤其是各类"综合服务模块"的加入,目前的大型平台企业已经不再是普通的营利法人。

1. 中介服务和广告服务仍体现其私法主体地位属性

《电子商务法》第 9 条第 2 款将电子商务平台经营者定义为:在电子商务中为

---

① 陈兵:《互联网平台经济发展的法治进路》,载《社会科学辑刊》2019 年第 2 期。

交易双方或者多方提供网络经营场所、交易撮合、信息发布等服务,供交易双方或者多方独立开展交易活动的法人或者非法人组织。可见,中介服务应当是平台的最核心业务。根据《民法典》第961条,中介服务也就是媒介服务,是指中介人报告订立合同的机会或者提供订立合同的媒介服务。最初在互联网领域兴起的淘宝、京东等大型电商平台,以及近几年兴起的二手车交易平台、相亲平台等就是以中介服务为其主要经营内容。这类平台利用互联网平台的规模效应、算法、大数据加工处理等技术手段,为商家和消费者提供高效、优质的中介服务,并且互联网平台中的信息交换、信息共享的程度是线下任何的实体场所都无法达到的。平台在中介服务方面对于线下经营者的优势是压倒性,甚至可以说已经无法在同一维度进行比较了。也正因如此,电商平台的出现确实给线下的实体店的经营造成了巨大冲击。

然而,大型平台所提供的这种中介服务又明显区别于传统的中介服务。一方面,在中介交易中,居间人为双方报告交易机会,促进交易达成,双方都要向居间人支付佣金。但是在平台的经营模式中,消费者一方所接受的服务其实是免费的,电商平台仅向商家一方收取费用。另一方面,为了解决线上交易信任机制缺乏的问题,平台作为第三方也提供了重要的担保作用,这也是促进各类电商平台繁荣发展的重要因素之一。

接下来再来分析一下平台所提供的广告服务。如果我们将平台理解为线上的大型公共场所,不难发现在线上的许多场所中,也会有许多商业广告的出现。但是,到了互联网平台中,广告服务费变成了很多平台企业的主要盈利来源。平台企业利用其技术优势,可以对消费者进行画像,从而出现了定向广告这一新型的广告类型。线上平台所提供的广告服务比传统的印刷品广告更为精准,效果当然也更好,因此也给线上的广告服务商带来了极大冲击。同时,平台企业利用电子化界面的优势,几乎充分利用了每一个可以进行广告宣传的空间。这就导致我们现在点开一个App就得先看一个广告,进入App后,我们又会发现几乎在所有的服务模块中,都会看到各类商业广告的身影。

以上两类服务,如果我们进行去互联网化,那么不难发现,其对应的就是传统的实体商场和广告公司,而这两类都是典型的私法上的主体。

2. 公共事业及行政管理性服务使平台兼具公法主体地位属性

现代意义上的公用事业多属于国家基础建设行业,紧密联系并影响居民的日常生活,具有基础性和公共性、一定的私人性、正的网络外部性和规模经济等特征。政府一般对这类行业进行较为严格的价格和准入等方面的控制。① 在现代一般有四种基础行业被视作公用事业，远程通信业、银行业、能源供给业以及交通运输业。② 这类服务与人们的日常生活密切相关，属于基础性的、必需性的服务。尽管这些国有企业仍然属于公司法人的范畴，但众所周知，国有企业无论是在管理制度上还是资本结构上都与公权力密切相关，同时在法律层面也对这类服务的提供者进行了特殊的规制，例如在行政法领域，《行政许可法》第 12 条规定了这些行业均需取得相关的行政许可才能进入；《民法典》第 648 条，对这类服务的经营规定了强制缔约义务。另外，我国还通过专门立法的方式对这些行业进行管理，例如针对电力行业专门制定了《电力法》，针对电信行业，制定了《电信条例》。由此可见，对于这类提供公共服务的企业，法律法规一方面授予专营专卖的权力，另一方面也使其负担了更多的义务。这既十分契合行政法中的权责相一致原则，也与公权力机关履行职权的概念类似。

　　随着社会的发展，科技不断改造人们的生产生活方式。既然从哲学上说，物质决定意识，认识又来源于实践，那么公共服务的定义也应当与时俱进，从而保持与社会的物质生活水平相适应。在火车普及之前，火车运输不可能被认为是一种公共交通服务。但是当今世界上大多数国家都将铁路运输作为一种公共服务事业进行管制，而公共事业理论也正是起源于英国的铁路运输公司的发展。我们再将目光拉回互联网领域，不难发现很多平台提供的服务也已经深刻影响当代人们的生产生活方式，而且这些影响大部分是不可逆的。比如，微信俨然已经成为真正意义上的国民级通信应用，"微信之父"张小龙在 2021 年的微信十周年的演讲中分享了一组数据：在过去十年，每天有 10.9 亿用户打开微信，3.3 亿用户进行视频通话，有 7.8 亿用户进入朋友圈……③ 当然，微信不过是众多平台服务中一个典型代表，再比如线上支付、点外卖、网购等也已经成为大部分人的生活方式之一。因此，有学者就指出平台具有公共物品的属性，以规模为依托，大型平台逐渐拥有强大的渗透力和社会影响力、支配力，最终体现为公共性。④

　　尽管，对于微信、滴滴打车等新类型的服务是否应当作为一种公共服务事业

---

① 郭锐欣：《公用事业改革与公共服务供给》，东方出版中心 2016 年版，第 7 页。
② [美] 吴修铭：《总开关——信息帝国的兴衰变迁》，顾佳译，中信出版社 2011 年版，第 45 页。
③ 《腾讯张小龙：每天 10.9 亿用户打开微信，下个十年内容主体是视频》，载扬子晚报网，https://www.yangtse.com/content/1105709.html，2023 年 10 月 12 日访问。
④ 张晨颖：《公共性视角下的互联网平台反垄断规制》，载《法学研究》2021 年第 4 期。

进行规制这一问题，学界尚处于探讨阶段。但是，平台企业在推出新型服务的同时，也将一些传统的公共事业进行线上化处理，推出专门的"服务模块"。例如，随着我国城市轨道交通的发展，支付宝、微信利用其较大的普及率，与很多城市的地铁公司合作，推出了电子化的地铁卡。对于平台企业利用其技术优势、用户规模对传统公共服务行业进行渗透，所提供的线上化服务，笔者认为这只是将之前的各类线下服务搬到了线上，其服务的本质并没有改变，具有公共服务的属性。

再来观察一下平台所提供的行政管理性服务。大型互联网平台所提供的行政管理服务大致可以分为两类，一类是协助行政机关提供的行政管理性服务，另一类是平台企业对于其平台上的用户所进行的行政管理活动。

第一类的行政管理服务主要是近年来各地政府推行"数字政府"的结果。将一些线下的政务服务转移至大型互联网平台上进行线上化，主要是借助平台所具有的数据资源、算法等，从而能够大大提高行政管理的效率，节约人力、物力成本。典型的如疫情防控中，支付宝、微信平台所推出的"健康码"查询服务。第二类是行政管理性服务，主要是由于平台规模的庞大，其中的用户数量众多，平台为了维护其本身的秩序所采取的管理行为。平台当然不是公法意义上的行政主体，并不具有公权力。但是应当注意到的是，平台在维护其自身秩序过程中所进行的很多管理活动已经越来越具有行政管理权的属性。比如，几个大型平台都制定了自己的管理规定，例如《淘宝直播平台规范》《微信公众平台运营规范》和《今日头条社区规范》等，类似于在做出抽象性行政行为；当平台中的用户实施了一些违反平台秩序的行为，那么平台会采取封号、禁言等处罚措施，这类似于行使行政处罚权；再比如，几大电商平台都设置了争议解决程序，可以类比为一种准司法权。

（二）"综合服务模块"使大型平台中的法律关系复杂化

"综合服务模块"中的主体呈现多元化趋势，随着服务内容的不断拓展，其中的法律关系也变得互相交织，错综复杂。然而识别法律关系是进行法律规制的前提条件之一，因此本文尝试对其中的法律关系进行厘清，对其中呈现的法律关系做出如下分析。

1. 平台与商家、用户之间已突破单一的民事法律关系

平台与商家之间的关系应当是整个平台中基础性法律关系，其他的法律关系均是由此延伸出来的。具体来说，平台与商家之间的关系可以细分为以下三种。

一是普通的民事合同关系。商家想要进入平台销售自己的商品或者服务就必须与平台签订合同，平台为商家提供中介、广告的服务，商家向平台支付报酬。二是类行政管理关系。平台也是其自身秩序的维护者，商家在平台上开展经营活动，也必须遵守平台制定的各种管理规定和秩序守则。当商家出现违法违规的情况时，平台还可以对商家采取一定的惩罚行为。三是竞争关系。一些平台利用其掌握的销售数据进行分析处理，总结出市场前景好、利润高的业务并直接开展此类业务。在这种情况下，平台自身就变成了商家，与销售同类产品或者服务的商家便形成了竞争关系。

对于平台与用户之间的关系同样不能一概而论，需要区分具体情况处理。在大多数情况下，平台与用户之间并不存在直接的合同关系，用户也不必因为享受平台的服务向平台支付对价。平台只是线下交易场所的互联网映射，那么按照《民法典》相关规定，平台也应当负担一定的安全保障义务。线下场所负担的主要是消费者人身安全方面的保障义务，对于线上平台，其负担的主要是用户的数据安全、交易安全等义务。

如前所述，随着平台业务的拓展，平台与用户之间也逐渐形成一种类行政管理关系。一方面，用户在平台内活动时也必须遵守平台制定的规则，当用户实施某些违法违规行为，平台会进行一定的惩罚。另一方面，近年来在平台与政府合作过程中，平台也在协助行政机关实施管理行为。例如，在微博、微信发布信息会受到这些平台的事前审查；发布不当言论还会遭受禁言、销号等惩罚措施。

可见，大型平台无论是对于入驻的商家还是平台的用户都处于较为强势的地位。同时，对于商家来说，他们依赖于大平台所具备的海量流量；对用户来说，他们也更倾向于使用服务种类更为齐全的大型平台。因此，大型平台的市场支配地位只会得到不断巩固。

2. 平台与政府之间不再仅为行政管理关系

政府与平台之间最基本的关系应当是监管与被监管的关系。当平台出现一些垄断行为、不正当竞争行为或者其他违法行为，相关部门进行执法活动是必然的。但是，平台与政府之间也会呈现出一种合作关系。至于在这种合作关系中，平台只是作为行政机关的"工具"，实施单纯的协助行为，还是说存在一种委托关系，平台得到一定的授权，这一问题还需通过进一步研究探知，本文不做深究。无论如何，随着这种合作关系的加强，大型平台面对行政机关已不再是弱势的一方，这种关系的转变也就导致对大型平台的反垄断执法收效甚微。相反，政府部门与大型平台合作，将许多线下的政务服务搬到了这些大平台上。其导致的结果就是社会公众只能使用这些大型平台的 App，才能办理相应的业务。而根据《反垄断法》第 39 条，行政机关和法律、法规授权的具有管理公共事务职能的组织不得滥用行政权力，限定或者变相限定单位或者个人经营、购买、使用其指定的经营者提供的商品。尽管在本文讨论的问题中，行政机关以及法律法规授权的公共组织并没有实施本条所规定的滥用行政权力的垄断行为，但是这种将部分政务服务搬进大型平台的行为，至少在无意中帮助大型平台实施了限制或排除竞争的行为。

四、解决"综合服务模块"带来的反垄断执法困境需对症下药

首先应当明确的是，传统的公共性、基础性服务涌入线上平台是不可阻挡的趋势。而且随着互联网生态圈的发展，将会有越来越多的线下服务被复制到线上平台。因此在进行规则设计时，应当顺应这种潮流。那么在规制这一现象时，究竟应当采取何种理念呢？哈佛学派所主张的直接规制市场份额结构主义明显过于机械和片面，也因此遭到后来兴起的芝加哥学派的猛烈批评。随着芝加哥学派成为主流学说，反垄断法的执法目标开始转变为保护社会福利。[1]然而在平台经济时代，当损害消费者的垄断行为出现时，再对平台进行反垄断执法为时已晚，也无法改变业已形成的垄断结构。因此新布兰代斯学派批评芝加哥学派对竞争结构缺乏关注还是非常值得肯定的，重视竞争结构在反垄断分析中的地位，有利于反垄断执（司）法者从长期效应的视角，分析市场集中对动态效率和企业竞争能力的影响。[2]本文认为，在对"综合服务模块"进行法律规制时，应当摒弃"大就是坏"的观点，因为平台采取跨业经营的模式之后，其服务的效率也大大提高，给商家和用户带来的便捷是显而易见的，而提高效率也一直是市场经济追求的目标之一。通过本文以上分析可以看出，"综合服务模块"之所以给反垄断执法带来困境是因为加入了公共事业性以及行政管理性的服务内容，因此可以考虑对大型平台企业进行有限的拆分，在兼顾效率和维护竞争的基础上可以从以下三个方面进行考虑。

---

[1] 李剑：《平台经济领域的反垄断法实施：以经济效率目标为出发点》，载《中外法学》2022 年第 1 期。
[2] 杨明：《平台经济反垄断的二元分析框架》，载《中外法学》2022 年第 2 期。

（一）明确大型平台与行政权力的界限

为了消除政务服务的加入给平台企业间的竞争带来的不公平因素，政府部门可以单独开发自己的政务服务平台。至于搭建数字平台硬件、软件设施条件可以采取招投标的方式进行购买。这样可以很好地将大平台的公权力成分进行去除，从一定程度上解决大型平台法律地位模糊不清的问题。2021 年出台的《国务院办公厅关于印发全国一体化政务服务平台移动端建设指南的通知》中就指出要尽快构建包括国家政务服务平台移动端、国务院部门政务服务平台移动端和各省（自治区、直辖市）省级政务服务平台移动端组成的全国一体化平台移动端。这一规定也从政策角度体现了行政机关想要与大型平台划清界限的趋势。

根据行政法中权责相一致的基本原则，行政主体在被授予行政权力的同时，必须承担一定的行政责任。政府部门开发自己的政务服务平台将有利于贯彻这一原则，避免职权与责任相分离的情况出现。与此同时，将大型平台中的政务服务进行剥离在维护公平竞争方面也能起到积极作用，给其他中小型平台企业的发展去除一定障碍。事实上，一些地方政府已经开始构建自己的政府服务平台，比如北京市的"北京通"App、上海市的"随申办"App、江苏省的"苏服办"App 以及天津市的"津心办"App 等，这些政府的官方 App 同样提供了政务服务。

（二）区分公共服务性平台与非公共服务性平台

传统的公共事业基本都是大型国企、央企经营，并非诉诸完全的市场竞争，政府通过专门立法规范其专营专卖的行为。如前文所述，当前大平台中所提供的综合服务的内容也越来越具有公共性、基础性的特征。但与之相矛盾的是，平台企业均为民营企业，"逐利性"是其本质特征，其主营业务仍然是商业性服务。所以，有学者提出，应将大型数字企业作为一种新的公用事业并制定新的监管框架进行管制。[①] 但前提是应先区分出公共服务性平台与非公共服务性平台，之后的相应规制措施才能够顺利进行。

当平台企业开始提供大量的公共性、基础性服务，意味着这类大型平台也开始承担一定的社会公共职能。在这种情况下，为了防范大型平台滥用自己的支配性地位，损害社会公共福利，应该赋予公用企业行政主体的法律地位，以此扩大

---

① 高薇：《平台监管的新公用事业理论》，载《法学研究》2021 年第 3 期。

民营化背景下公法义务和责任的承受主体范围。① 因此,可以将"综合服务模块"分离出大平台,而由其他平台企业专门经营该领域的业务。这样便于明确这类平台的法律主体地位,对权责范围也可以进行较为清晰的划分。目前也有企业已经开始专注于从事综合服务业务,并取得了不错的业绩。例如,总部位于天津的"云账户",就是一家专门为零工经济中的从业者提供收入结算、税款代缴、保险保障等综合服务的平台,并且受到国家相关部门的大力支持,也顺利跻身国内500强企业。

(三)设置"看门人"规则

克拉克曼在研究第三方中介性组织的过程中发现:与执法机构的直接执法相比,某些第三方中介性组织在防范其所服务主体的违法行为时具有天然的成本优势;因此建议赋予这些主体"第三方执法机构"的"看门人"职责,辅助监管部门进行执法。"守门人"应当是在整个生态系统中的特定领域具有主导地位乃至控制权,同时具有极大的经济规模和极强的网络效应的组织。② 具体到平台经济领域中,在几大头部企业的绝对优势地位无法撼动的情况下,不妨任命这些头部企业为"看门人",由这些大型平台制定一些管理规则,当其中主体出现滥用市场支配地位、不正当竞争等情况时,还可以采取一定的制裁措施。另外,为了解决大型平台被任命为"看门人"后,既当裁判员又当运动员的矛盾,外部的监管机关(如市监局)可以对"看门人"制定的规则以及所实施的制裁行为进行监督,防范其滥用"看门人权力"。最终形成"平台管用户(包括商家)、国家管平台"的共建共治共享的治理格局。③

五、结语

大型平台企业的崛起是数字经济时代的必然产物。伴随着大型平台实力的迅速壮大,大平台的垄断行为、不正当竞争行为也频频出现,损害了互联网经济生态圈的健康发展。然而,在采取规制措施时,自由放任和强制拆分均是不能采取

---

① 杨海坤、郭朋:《公用事业民营化管制与公共利益保护》,载《当代法学》2006年第5期。
② 张新宝:《互联网生态"守门人"个人信息保护特别义务设置研究》,载《比较法研究》2021年第3期。
③ 侯利阳:《论互联网平台的法律主体地位》,载《中外法学》2022年第2期。

的。自由放任的后果必然是制约创新，损害竞争，直至侵害到社会公共利益；而强制拆分将导致平台企业元气大伤，规模效应不复存在之后，等待的只有死亡。因此，在较为清晰地界定平台所提供的各类服务的法律性质之后，对其中具有公共性、基础性以及行政管理性的服务模块进行有限的拆分或者采取特别的规制措施不失为一种妥协之道。

（**作者简介**：严德俊，天津大学法学院法律硕士。）

"一带一路"背景下数字化跨境服务增值税法律问题研究

武冬馨

一、数字化跨境服务增值税面临的新问题

随着"一带一路"倡议实施进程的不断深化，我国与沿线国家的贸易往来也愈加频繁，其中跨境服务贸易在世界经济数字化的大趋势下，也变得越来越数字化。数字化跨境服务贸易无形性、虚拟性、隐匿性的新特点，给现有增值税制度带来了新的挑战。

（一）加剧了增值税税收管辖权的冲突

在服务贸易领域，各国对于遵循何种原则确定税收管辖权存在较大分歧，有的国家采用目的地原则，比如新西兰；有的国家采用生产地原则，比如新加坡；有的国家则兼采目的地原则和生产地原则，比如英国和瑞士。[1]这种分歧现状导致了增值税税收管辖权的冲突。一方面引起了重复征税。当提供跨境服务的企业所属国采用生产地原则，而接受跨境服务的消费者所属国采用目的地原则，则两个国家都要依据税收管辖权对同一服务贸易征税。那么，该服务贸易既要负担出口国征收的增值税，又要负担进口国征收的增值税，发生了双重征税。在这种情况下，该服务在进口国国内市场上就无法与进口国本国同类服务进行公平竞争。另一方面引起了非故意双重不征税。当提供跨境服务的企业所属国采用目的地原则，而接受跨境服务的消费者所属国采用生产地原则时，那么两个国家都不对这一服务贸易征税，就会发生非故意双重不征税。在这种情况下，不仅会导致进口国本国同类服务缺乏竞争力，还会导致政府税收收入的流失。近20年来，全球跨境服

---

[1] 国家税务总局税收科学研究所课题组、陈琍、王文钦等:《国际服务贸易的增值税税收管辖权及其应用研究》，载《涉外税务》2010年第9期。

务贸易规模迅猛增长，加剧了由于征税原则不一致导致的增值税税收管辖权冲突，服务贸易领域的双重征税或非故意双重不征税现象越发严重，破坏了国际服务贸易的公平竞争秩序。

（二）降低跨境服务增值税征管机制约束力

传统的跨境服务交易总是有赖于人员、物资的过境或实体经营机构的设立，因此税务机关可以很好地对其实施管控，确保增值税的征收。而数字化跨境服务交易从洽谈到交付整个过程都可以通过网络以电子数据的形式完成，无需交易双方在现实生活中接触。这种交易方式不存在物流形式和实体机构，在这种情况下，税收管辖国虽有征税的权利，但该管辖区税务机关在迫使纳税人缴纳税款方面的能力却有限。这一点在 B2C（Business to Consumer）远程数字交易层面更为明显，尤其是征税权属于消费者所在国时。[①] 由于服务提供商无需在服务购买国设立实体机构就可以完成交易，税务机关难以监管、征收税款，所以一个备选方案就是让服务购买方自我评估并按适用税率缴纳增值税。当服务购买方不是最终消费者时，这一方法相对有效，因为服务购买方并不承担最终的纳税负担，可以抵扣进项税额。然而，当服务购买方为最终消费者时，自查征税的效率已被证实为十分低，最终很可能是消费者并没有缴纳任何增值税。[②] 因为最终消费者是增值税的负担者，在缺乏严格监管的情况下，他们并没有动力主动申报缴纳增值税。

二、跨境服务增值税制度改革的国际发展趋势

（一）经合组织（OECD）关于跨境服务增值税的指南与建议

1. 明确目的地原则

针对跨境服务贸易领域增值税税收管辖权的冲突，OECD 希望通过引导各国采用统一的征税原则来解决这一问题。OECD 在 2017 年版的《国际增值税/货劳税指南》中明确建议各国在跨境服务贸易领域征收增值税采用目的地原则，因为目的地原则更有利于税收中性。[③] 税收中性具体是指国家征税应尽量避免对市场

---

① OECD, Addressing the Tax Challenges of the Digital Economy, Action1-2015 Final Report, p.121（2015）.
② OECD, Addressing the Tax Challenges of the Digital Economy, Action1-2015 Final Report, p.121（2015）.
③ OECD, International VAT/GST Guidelines, p.16（2017）.

经济运行的干扰，即企业做决策应该主要是从经济角度出发，不能使税收成为企业决策的决定性因素。[1] 增值税是以商品、服务流转过程中产生的增值额为计税依据而征收的一种流转税，作为一个面向最终消费征收的宽税基税种，它采用多环节征收机制，逐环节征税、逐环节扣除，最终消费者是全部税款的承担者。因此，增值税的核心特点之一就是不会对企业决策造成影响，能够确保税收中性。在跨境服务贸易领域采用目的地原则，出口国对出口的服务适用零税率，进口国则对进口的服务视同内销征税。这样一来，对来自不同国家的同种应税服务一视同仁，全部适用进口国的增值税税收政策，进而它们之间不因税收产生竞争优势，降低了税收对企业决策的影响，更有利于税收中性原则的实现。

2. 跨境服务增值税征管机制

（1）通过服务购买方征收。逆向征收（reverse charge）和代扣代缴（withholding）是通过服务购买方征收增值税常见的两种机制。通过服务购买方征收有两个明显的优点：一是可以确保纳税遵从度，因为对于境内的服务购买方税务机关具有强制性的税收征管权；二是由于服务提供方无需履行购买方税收管辖范围内的纳税义务，可以降低税务机关的征管成本。[2] 通过服务购买方征收，在 B2B（Business to Business）交易模式下通常运行良好，但在 B2C 交易模式下却并非如此。服务提供商无需向最终消费者收取增值税，而是由最终消费者自己向国家申报缴纳，这非常容易带来纳税不遵从问题，尤其是在缺乏有效征管和处罚措施的情况下，最终消费者很难产生动力去申报缴纳该部分增值税税款。但是通过建立有效的征管和处罚措施来提高最终消费者的纳税遵从度，很可能导致税务机关的征管成本高于取得税收收入，因为从最终消费者手中收到的增值税通常是小额的，而监管大量且零散的最终消费者需要付出的成本是巨大的。[3] 综上考虑，OECD 更推荐在 B2B 交易模式下采用逆向征收机制。

（2）通过服务提供方征收。所谓通过服务提供方征收，就是让服务提供方在消费国注册登记，自主申报缴纳增值税。这种方式可以有效解决 B2C 交易模式下跨境服务贸易增值税的征管问题，但同时也加大了服务提供方的遵从负担，尤其是当服务提供方需要在多国登记注册时，因为服务提供方需要了解不同国家的增

---

[1] OECD, International VAT/GST Guidelines, p.18（2017）.

[2] 孔庆凯：《数字经济对跨境服务贸易增值税征管的挑战与应对》，载《国际税收》2018 年第 9 期。

[3] OECD, Mechanisms for the Effective Collection of VAT/GST Where the Supplier is not Located in the Jurisdiction of Taxation, p.24（2017）.

值税法以及相关规定。遵从负担加大可能导致的后果就是服务提供方的不配合，为了解决这个问题，OECD 建议对境外服务提供方这样的非居民纳税人实施简化注册登记制度，降低遵从负担，从而提高纳税遵从度。非居民纳税人简化注册登记制度要求注册登记过程尽量简便和灵活，只保留最基本、最重要的步骤，同时尽可能采用在线方式注册登记，以最大幅度降低纳税遵从负担。

（二）欧盟跨境服务增值税制度

1. 欧盟跨境服务增值税管辖权

对于数字经济中采用电子方式提供的服务，欧盟专门设立了一个增值税税目子类别，即"电子服务（electronic service）"，并在增值税方面为其制定了特殊的规定。电子服务是指通过互联网或电子网络提供的服务，本质上是高度自动化且人工干预最小化的，不使用信息技术就无法完成。① 除了对电子服务进行定义外，欧盟还通过正反面列举对电子服务的具体范围进行界定，根据列举清单，电子服务既包括服务又包括数字产品。虽然该列举清单是非穷尽式并不断更新的，但由于定义中"高度自动化且人工干预最小化"这一表述，过度限缩了电子服务的范围，② 比如通过电子邮件提供的法律服务就不属于电子服务的范畴，③ 因此欧盟界定的电子服务范围小于本文的数字化服务。鉴于此，本文在下面的讨论中既会涉及欧盟关于跨境服务④的增值税一般规定也会涉及关于电子服务的特殊规定。

（1）一般规定。欧盟关于跨境服务的增值税管辖权原则的一般规定经历了由生产地原则向生产地原则与目的地原则并存的转变过程。在 2008 年修订案（Council Directive 2008/8/EC）出台之前，不管是 B2B 交易还是 B2C 交易，欧盟统一采用的是生产地原则，即在服务提供地征收增值税。⑤ 2008 年修订案出台后，规定从 2010 年 1 月 1 日起要区分 B2B 交易和 B2C 交易，对两者适用不同的增值税原则。⑥ B2B 交易改为采用目的地原则，在服务接受方所在地征收增值税，而

---

① Article 7.1 Council Implementing Regulation（EU）282/2011，01.01.2020.
② 宫廷：《我国跨境 B2C 数字化服务增值税管辖权规则的检思与构建》，载《国际税收》2019 年第 10 期。
③ Article 7.3.(i) Council Implementing Regulation（EU）282/2011，01.01.2020.
④ 此处跨境服务既包括欧盟内部成员国之间的跨境服务交易，也包括欧盟成员国与其他国家的跨境服务交易。
⑤ Article 43 Council Directive 2006/112/EC，11.12.2016.
⑥ Article 2 Council Directive 2008/8/EC.

B2C 交易则依然采用生产地原则，服务提供地享有税收管辖权。

（2）关于电子服务的特殊规定。根据 2008 年修订案，欧盟从 2015 年 1 月 1 日开始对 B2C 交易中电子服务交易的增值税征收实施特殊规定——目的地原则。① 但是 2017 年修订案 ［Council Directive（EU）2017/2455］对目的地原则在欧盟内部电子服务 B2C 交易中的实施设置了阈值，自 2019 年 1 月 1 日起对年营业额（不包括国内市场营业额）不超过 10000 欧元的电子服务提供商，又重新开始适用在服务提供方所在国缴纳增值税的规则。② 总结下来，欧盟现阶段对于电子服务的规定分为四种情况：年营业额超过 10000 欧元的欧盟内部电子服务 B2C 交易，适用目的地原则；年营业额低于 10000 欧元的欧盟内部电子服务 B2C 交易，适用生产地原则；欧盟国家与其他国家的电子服务 B2C 交易，不论营业额多少，适用目的地原则；电子服务 B2B 交易，不论营业额多少，不论欧盟内部交易还是与其他国家的交易，都适用目的地原则。③

2. 欧盟跨境服务增值税征管机制

（1）一般规定。对于 B2B 服务交易，欧盟规定了逆向征收机制，当服务提供方在购买方所在国没有任何经营机构时，由服务购买方缴纳增值税。④ 对于 B2C 服务交易，欧盟没有强制性规定必须采用逆向征收机制，而是认为各国可以对在本国没有任何经营机构的服务提供方适用逆向征收机制，但要列明适用条件。⑤ 因此，B2C 服务交易领域具体征收机制要看各成员国的国内法。

（2）关于电子服务的特殊规定。对于电子服务 B2C 交易，欧盟制定了特殊的征收机制——迷你一站式注册机制（Mini One Stop Shop，MOSS），服务提供方只要在一个国家注册，就可以对其在欧盟境内的所有电子服务 B2C 交易申报缴纳增值税。该机制分为非欧盟机制（Non-Union Scheme）和欧盟机制（Union Scheme），分别适用不同的情形。⑥ 非欧盟机制适用于非欧盟国家的服务提供方向欧盟境内提

---

① Article 5 Council Implementing Regulation（EU）282/2011.
② Article 1 Council Directive（EU）2017/2455 of 15 December 2017 amending Directive 2016/112/EC and Directive 2009/132/EC as regards certain value added tax obligations for supplies of services and distance sales of goods.
③ 因为一般规定，所有 B2B 交易都适用目的地原则，电子商务也不例外。
④ Article 196 Council Directive 2006/112/EC.
⑤ "...may provide that the person liable for payment of VAT is the person to whom the goods or services are supplied." Article 194 Council Directive 2006/112/EC.
⑥ Article 57a Council Implementing Regulation（EU）282/2011.

供电子服务，服务提供方可以选择在某一个欧盟成员国登记注册，获得增值税识别号（VAT identification number），然后通过 MOSS 系统向该国按季申报缴纳增值税，并由该国向其他消费地成员国再分配收到的增值税款。欧盟机制适用于在欧盟国家有经营机构但在消费国没有任何经营机构的服务提供方。适用欧盟机制的服务提供方应该在其建立地登记，如果在欧盟境内没有建立地，那就在其在欧盟境内的固定机构所在地注册登记。① 如果在多个欧盟国家有经营机构，可以选择某一个国家注册登记，但选择后两年内不能变更。② 在申报缴纳和交易记录保存方面，欧盟机制和非欧盟机制的规定相同。

（3）关于中介平台的规定。欧盟在 2017 年修订案中增加了通过中介平台征收增值税的规定，这些规定将从 2021 年 1 月 1 日起开始实施。对于符合条件的通过电子平台进行的货物贸易，将由第三方数字平台负责申报缴纳增值税。③ 但是对于通过电子中介平台进行的 B2C 服务贸易，欧盟并没有规定直接由中介平台作为纳税人，负责申报缴纳增值税，而是让中介平台扮演了"导管"的角色。中介平台需要做的是将交易信息详细保存，详细到使消费国税务当局能够核实增值税是否已正确核算。④

三、我国跨境服务增值税制度存在的主要问题

（一）缺乏对数字化服务的定义

随着数字经济的不断发展，与数字经济有关的新兴税源也在快速增长，在服务领域体现为以数字化为表现形式通过信息网络提供的服务越来越多，既包括传统服务类型的数字化提供，也包括很多没有传统服务相对应的新型服务，比如 3D 打印等。尽管如此，目前在我国增值税相关法律法规中还没有对数字化服务的清晰定义，也没有明确销售数字化服务属于增值税应税行为，更没有对数字化服务适用的税率、征收措施等作出规定。这就导致在实践中会发生遗漏税源的情况，在数字化服务交易迅猛发展的今天，这很容易导致本该属于我国的税收收入大量流失。

---

① Article 57b Council Implementing Regulation（EU）282/2011.
② Article 364, Article 369a Council Directive 2006/112/EC.
③ Article 2（2）Council Directive（EU）2017/2455.
④ Article 2（11）Council Directive（EU）2017/2455.

（二）目的地原则在跨境服务贸易中的适用有待完善

我国在服务贸易领域增值税管辖权原则和欧盟一样，也经历了一个由生产地原则向目的地原则逐步转化的过程。1993年《营业税暂行条例实施细则》采用了生产地原则，2008年修改《营业税暂行条例实施细则》后管辖权范围扩大，兼行生产地原则和目的地原则。2016年全面营改增后，我国虽然没有明确规定跨境服务贸易增值税管辖权采用目的地原则，但相关法律法规在一定程度上体现了目的地原则的精神[①]：一方面对服务购买方在我国境内的跨境服务贸易按在我国境内销售服务征收增值税，将进口服务纳入征税范围，因服务接受方在中国境内而在中国征税；另一方面对出口服务规定零税率和免税政策，因服务接受方不在中国境内而不在中国征税。两方面结合，在客观上达到了在消费地所在国征收增值税的效果。

不过需要指出的是，受营改增历史沿革的影响，我国增值税税收管辖权没有完全摆脱生产地原则的影响。我国不仅对服务购买方在我国境内的跨境服务征收增值税，对于服务销售方在我国境内的也征收增值税，这是生产地原则的体现。尽管通过零税率和免税政策对因销售方在我国境内而确定的征税权进行了限制，但适用零税率和免税政策的出口服务是有限的，只有列举出来的部分服务适用，这不符合目的地原则的要求。[②] 而且免税政策的适用也存在一定问题，对出口服务采用免税政策而非零税率，确实也可以实现在消费国征收增值税的目的，但是违背了税收中性原则和增值税向最终消费征收的特征，服务出口商在国内的进项税无法退还，承担了一定的税收负担，降低了出口服务的竞争力。同时这也会导致大量境内企业为降低税负选择迁至境外运营，尤其是提供数字化服务的企业，地点的影响微乎其微，这一现象会更为严重，大大削弱我国数字化服务业的竞争力。

（三）缺乏有效的征管机制

尽管我国在列举适用零税率和免税政策的出口服务时，通过使用"单位"或"个人"这样的表述对B2B交易和B2C交易做了事实上的区别对待[③]，但是在现行增值税法律法规中并没有明晰B2B交易和B2C交易的概念，也没有针对两者分

[①] 滕娟：《专家：我国增值税目的地原则有待完善》，载《财会信报》2016年7月11日，第A5版。
[②] 滕娟：《专家：我国增值税目的地原则有待完善》，载《财会信报》2016年7月11日，第A5版。
[③] 比如，在适用零税率出口服务的规定中，有些服务（研发、设计、合同能源管理等）只有在向境外单位提供且完全在境外消费才能适用零税率，体现了对B2B交易和B2C交易的区别对待。

别制定不同的政策。这一点在跨境服务增值税征管机制的规定上体现得尤为明显，对于境外服务提供商向我国境内销售服务的增值税征管，不管是 B2B 交易还是 B2C 交易，我国规定统一采用代扣代缴机制征管。在 B2B 交易中，代扣代缴的服务购买方是企业，那么由于我国税务机关对于我国境内的企业具有强制性的税收征管权，该机制可以良好运行。但是在 B2C 交易中，代扣代缴机制的运行就不是那么顺利了。在 B2C 交易中，代扣代缴的服务购买方是最终消费者，最终消费者既是增值税抵扣链条的最终环节，也是增值税的最终负担者，所以其代扣代缴的增值税无法作为自身的进项税进行抵扣，缺乏扣缴的积极性。[1]这不利于境内企业和境外企业的公平竞争，最终消费者购买同一项服务，从境内企业处购买将负担增值税（包含在购买价格中），从境外企业购买则由于征管机制的原因可以逃避增值税负担。在 B2C 交易激增的当下，如果仍然不区分交易模式而统一适用代扣代缴征管机制，其带来的竞争扭曲会愈加严重。

四、完善我国跨境服务增值税制度的对策建议

（一）完善跨境服务增值税管辖权的对策建议

1. 明晰数字化服务的定义。随着数字经济的迅速发展，新型数字化服务类型不断涌现，从增值税征管的角度来看，清晰定义数字化服务并明确销售数字化服务属于增值税应税行为非常有必要，可以避免税源遗漏导致的税收收入流失问题。关于数字化服务的定义，应该尽量采用广义的概念，使其应用范围更广，能够更好涵盖未来出现的各种新类型服务。避免像欧盟一样由于采用了过于狭窄的概念使得网络研讨、远程教育等也是通过互联网提供的服务无法适用。[2]采用广义的概念不可避免地会带来语义上的模糊性，所以在定义之外，还可以列一个数字化服务清单，并随着发展不断更新，以便在广泛适用的基础上提升确定性。关于明确提供数字化服务属于增值税应税行为，应该和提供建筑服务、金融服务、现代服务等一样，是销售服务这一税目之下的子类别，而不是一个新的税目。除此之外，需要明确的是定义数字化服务是为了将其纳入增值税的征管范围，并不代表对数

---

[1] 孔庆凯：《数字经济对跨境服务贸易增值税征管的挑战与应对》，载《国际税收》2018 年第 9 期。
[2]〔奥〕迈克·兰、〔比〕伊内·勒琼主编：《全球数字经济的增值税研究》，国家税务总局税收科学研究所译，经济科学出版社 2017 年版，第 18 页。

字化服务适用特殊的增值税政策。现在越来越多的传统服务正变得越来越数字化，出于税收目的对数字化服务实行特殊政策是不可行的，[①] 因此下文中关于我国增值税政策的修改建议并不仅仅针对数字化服务，而是适用于所有的服务。

2. 完善目的地原则。虽然我国增值税税收管辖权的沿革过程体现了对 OECD 提倡的目的地原则的吸收，但是目前目的地原则在我国的贯彻是不彻底的，仍然对位于我国境内的跨境服务提供商征收增值税。完善目的地原则，一方面需要在增值税立法中重新定义"在我国境内销售服务"，明确"在我国境内销售服务"仅指服务购买方在我国境内，不包括服务销售方在我国境内的情形。另一方面要改变列举范围内的出口服务才能适用零税率的现状，扩大出口服务适用零税率的范围，缩小免税和征税政策的适用，形成出口服务原则上一律给予零税率待遇，有特殊规定才适用免税或征税政策的常态，从而减轻我国出口服务的税负，提升在国际市场上的竞争力。

（二）完善跨境服务增值税征管机制的对策建议

仅仅确立目的地原则是不够的，只有配合良好运行的增值税征管机制才能让其发挥真正的作用。正如前文所述，B2B 交易模式和 B2C 交易模式特点不同，存在的增值税问题和适用的解决方式也不同，因此对两者分别规定增值税征管机制是更为合理的。尽管欧盟针对电子服务制定特殊的增值税规则这一点不可取，但是欧盟关于增值税征管机制的实践却非常成功，OECD 在《国际增值税／货劳税指南》中关于征管机制的建议也是在借鉴欧盟实践经验的基础上给出的，因此我国在完善跨境服务增值税征管机制时参考欧盟的做法是很有必要也很有意义的。

1. B2B 交易模式下增值税征管机制的完善。我国目前实施的代扣代缴机制，虽然在 B2C 交易中不奏效，但是在 B2B 交易中，由于税务机关对国内服务购买企业有强制性的税收征管权，所以能够保证较高的纳税遵从度。因此，从纳税遵从度的角度来看，该机制是有效的，可以在 B2B 交易中继续沿用。然而评价一个征管机制，除了纳税遵从度外，还要综合考量税务机关的征管成本和纳税人的遵从负担。代扣代缴机制下纳税遵从负担并没有完全转移给境内的服务购买方，境外服务供应商仍然需要承担一定的遵从成本，无法实现整体纳税负担的最小化。与

---

① ［奥］迈克·兰、［比］伊内·勒琼主编：《全球数字经济的增值税研究》，国家税务总局税收科学研究所译，经济科学出版社 2017 年版，第 167 页。

代扣代缴机制相比，在纳税遵从度和征管成本都相同的情况下，逆向征收机制能够将遵从负担完全转移给境内的服务购买方，使得整体纳税负担最小化。因此，逆向征收机制的整体运行效率更高，更有利于数字化服务贸易的发展，我国可以考虑取消现在的代扣代缴机制，采用逆向征收机制作为跨境B2B服务交易的增值税征管机制。

2. 引入非居民纳税人简化注册登记机制。欧盟针对B2C电子服务交易采用的MOSS系统是非常有效的，从2015年开始采用MOSS系统到2016年，短短一年时间内，欧盟通过该系统收到的增值税税款超过了30亿欧元，涵盖了大约70%的B2C跨境电子服务交易，而且使服务提供方的税收遵从成本降低了大约95%（与不采用该系统相比）。[1] 针对我国目前的状况，可以考虑在B2C跨境服务交易中引入简化注册登记机制，让在我国没有经营机构的境外服务提供商登记为增值税纳税人，自行申报缴纳增值税。注册和申报过程都应该在保证税务机关能够获得征管所必需信息的基础上尽量简化，同时按照OECD的要求提供网上注册申报通道，尽可能降低税收遵从成本。为了避免对一些小微企业适用该机制而造成较大税收征管成本和微薄税收收入不成比例的情况，还可以对该机制的适用设立阈值，年交易额低于该阈值的小微企业无需通过该机制申报缴纳增值税。设立阈值时，要综合考量对境内服务提供商和境外服务提供商竞争地位的潜在影响，境外服务提供商的遵从成本，税务机关的征管成本等因素。如果设置了阈值，那么就要实施配套的反滥用机制，防止境外服务供应商人为将交易划分给受其控制的不同实体，从而使其年交易额保持在阈值以下。[2]

（作者简介： *武冬馨，天津市第三中级人民法院四级法官助理。*）

---

[1] OECD, Tax Challenges Arising from Digitalisation-Interim Report 2018, p.122（2018）.

[2] OECD, Simplified Registration and Collection Mechanisms for Taxpayers that are not Located in the Jurisdiction of Taxation, pp.27-28（2018）.

平台算法推荐服务司法规制的证循与调适

安宝熹

引　言

大数据、云计算来势迅猛，海量用户数据产生、流动、使用，平台以海量数据为基础融合算法推荐服务拓展应用场景。然而，平台算法推荐服务似双刃剑，一方面有助促进社会发展、繁荣数字经济，诸如短视频、网约车、网络购物新业态等；另一方面也因隐蔽性渗透延展产生算法规制难题，诸如算法黑箱、信息茧房、算法共谋等引发算法歧视。习近平总书记强调互联网"这块'新疆域'不是'法外之地'"[①]，网络强国建设论述彰显健全算法安全治理机制，促进算法健康有序繁荣发展之意蕴。2022年3月1日起，国家互联网信息办公室等部门制定的《互联网信息服务算法推荐管理规定》正式实施，以规范视角促进算法向善，紧密衔接《网络安全法》《个人信息保护法》《数据安全法》等立法，以构建算法规范体系之治保障人民群众的数字权益。最高法院贺小荣在清华互联网司法论坛中强调人民法院应当立足司法审判职能，坚持发展和规范并重，促进算法推荐服务规范持续发展。日前，全国首例算法推荐案——爱奇艺诉字节跳动案一审宣判，引发社会各界广泛关注，该案是厘清平台算法推荐服务侵权法律责任认定的司法实践脉络的典型。司法作为维护社会公平正义的压舱石，应合理界定平台算法推荐服务的司法规制重难点，趋利之意蕴在用主流价值导向"驾驭"算法以推动创新发展，避害之意蕴在防范算法推荐服务引发的算法歧视等，唯双轨并行才可探寻互联网司法治理视域下维护公平竞争、实现数字正义的必然路径。

一、剖玄析微：揭开平台算法推荐服务的神秘面纱

算法推荐服务触动着人类决策权的神经末梢，运行逻辑与展现形态被重塑。

[①]《习近平接受〈华尔街日报〉采访：坚持构建中美新型大国关系正确方向》，载《人民日报》2015年9月23日，第1版。

以下厘清算法推荐服务之内涵，界分优弊，并梳理现今算法治理的法律制度架构。

（一）概念厘定

莱辛格教授在 1999 年曾提出"代码即法律"[①]的论述，以算法塑造网络空间运行规则并进而对人类社会产生重要影响。伴随万物互联、事事算法的人工智能时代的到来，算法推荐服务利用算法程序、深度学习或神经网络代替自然人处理关键数据，凭借固定程式与逻辑架构生成对数据主体具有法律效果的行为。《互联网信息服务算法推荐管理规定》（以下简称《算法新规》）第 2 条第 2 款明确，算法推荐服务是指利用生成合成类、个性化推送类、排序精选类、检索过滤类、调度决策类等算法技术向用户提供信息的互联网服务。

（二）优弊界分

算法推荐服务作为双刃剑，在赋能数字经济、司法审判、生活便利之时，亦因隐蔽性产生"大数据杀熟"、算法歧视等风险，因而亟待厘清并趋利避害。

大数据可喻作燃料，算法喻为驱动引擎，二者休戚与共。早见于 1970 年布鲁斯和托马斯拉开信息处理法律实践之法律推理序幕。面对爆炸式信息过载问题，算法推荐技术可成为智能高效的信息过滤手段，抓取用户日常使用数据，分析得出人们的行为、喜好和习惯，以精准化地提供信息、娱乐和消费各项服务。在司法领域，推行人民法院信息化 4.0 版本之际，2021 年 5 月，最高人民法院办公厅发布《关于推进司法数据中台和智慧法院大脑建设的通知》，强调推进数据关联融合，支持数据自动推荐，探索数据存证验证可信操作。如以类案识别和推荐算法为核心支撑技术的类案检索机制，有益于缓解繁重裁判需求，解放司法生产力，继而提高审判质效；再如在刑事类案算法推荐中建构可解释性机制辅助量刑，作为刑事案件审理裁判决策的合法性验证前提，可支持协调合理行使司法裁量权，辅助量刑消除情感偏差。[②]

然而，算法的本土应用带来了风险和挑战。平台算法推荐服务作为权力束具备固有的不可解释性特征，只展示结果而过程未知已成为决策透明最大之障碍，对建立在人类决策基础上的法律规制框架造成了巨大冲击。算法支配风险与权威

---

① Lessig, Lawrence, Code and Other Laws of Cyberspace, New York: Basic books, 1999.
② 杨凯：《智能推荐算法与刑事类案检索可解释性机制建构》，载《法治论坛》2020 年第 1 期。

桎梏下，平台算法推荐服务表现的强制性行为规范源于数字服务者分配思维的优先性与社会地位的优势性，这种支配风险最大程度上体现着单方强制性，无法避免衍生出偶然性和片面性。根据用户兴趣偏好致瘾性推荐，诱导未成年人沉迷网络，引发老年人涉电信网络诈骗案件；对个人进行大数据画像，形成利于平台推销不同产品或者服务的电子身份标签，存在侵害个人隐私权之疑，如携程大数据杀熟反映出算法歧视质疑；在调度决策中存在算法偏见，外卖配送平台对骑手送餐设置严格的时间计算规则，配送时间越来越短。数据主体在面临具有数字强制力的行为规范时，或忍受其压缩自治空间之窘境，或是被迫退出特定数字领域。①

（三）条分缕析

《中国互联网络发展状况统计报告》显示，截至 2021 年 12 月，我国网民规模达 10.32 亿，互联网普及率达 73%，网民使用手机上网的比例达 99.7%。从法律社会学角度视之，经济社会技术转型带来法律制度变迁，法律治理也为现实需求提供洞见，形塑法律权利与义务的定义与实现方式。②为积极顺应网络科技发展趋势，促进算法健康、有序、繁荣发展，护航数字经济、推动高质量发展，我国及时调整现行法律制度架构。

《个人信息保护法》自 2021 年 11 月 1 日起正式施行，针对算法提出明确要求，从算法伦理、数据收集使用、风险评估等予以规制。核心要义在强化平台义务，设定平台算法问责机制，明确法律责任链条。其中第 24 条明确保障自动化决策的透明度与禁止不合理差别待遇、个性化营销需赋予个人推送选择权及重大影响决定项下的说明和拒绝权，第 55 条设定个人信息处理者的事前预评估要求，第 58 条要求提供重要互联网平台服务的个人信息处理者应当遵循公开、公平、公正的原则，制定平台规则，明确平台内产品或者服务提供者规范处理和保护个人信息的义务，若违反则会触发过错责任原则，民事责任维度上由个人信息处理者承担举证责任证明算法推荐服务的合理性，若无法证明，则需承担侵权责任。

国家网信办等四部门联合发布《算法新规》，为算法推荐规范健康发展建章立制、明确界限。算法治理元年，作为首部以"算法"为名的法律文件，其为在世

---

① Crofts, Penny, Negotiating Evil, Google, Project Maven and the Corporate Form Law Technology and Humans, 2020, pp.19-22.

② Julie E. Cohen, Between Truth and Power—The Legal Constructions of Informational Capitalism, Oxford University Press, 2019, p.2.

界范围内全面回应算法挑战的体系性尝试。一方面，算法责任更加明晰。本次立法在遵循算法推荐技术逻辑基础上，明确规定算法推荐服务提供者应当落实算法安全主体责任，如信息发布审核，定期审核、评估、验证算法机制机理，建立健全用于识别违法和不良信息的特征库，发现违法和不良信息的，采取相应的处置措施。另一方面，用户权利更加健全。本次立法以《个人信息保护法》为上位法，针对算法推荐服务场景，平台赋予用户贯穿算法推荐运行事前、事中和事后阶段的算法知情权、自主选择权、拒绝权等，折射出通过赋予个体以脱离算法操控的选择权，从法律机制上允许个体回归到"人先于一切"的原初状态，重塑个体在算法时代自主性的立法理念。

二、实践检视：平台算法推荐服务司法案例评析

法学家赫尔莫杰尼安曾阐述"一切法律制定以人为皈依"[①]，算法程序设计与推荐服务需以人为考察的本源点。然检视司法实践，以"算法推荐"为关键词在中国裁判文书网筛选，共检索到 14 篇文书，其中合同纠纷 2 件，知识产权与竞争纠纷 12 件，涉算法司法案例或关联平台引发与不正当竞争的交织，或因算法推荐平台著作权侵权将主观过错认定问题作为争议焦点。

（一）平台据算法自动决策处罚案

网络交易空前活跃，扰乱交易秩序行为纷繁复杂，借力合同双方依据的算法自动决策机制作出处罚，已成为遏制不正当行为的利器，重拾社会各界对算法技术权力的信任。司法审查过程中需要处理好法律推理判断与专业技术分析的关联关系，明确平台算法自动决策的追溯功效，防止算法权力异化风险。

孙某某与浙江某网络有限公司网络服务合同纠纷中亦呈现类案情形，平台大数据技术会从账号、商品、交易等多个维度予以排查，据此认定数据异常现象是否构成违约。鉴于推演模型系统及其算法均为浙江某网络有限公司的核心商业秘密，仅需将商户构成违约的结论通知而无需披露判定的依据。该案肯定了平台网络服务协议和交易规则具备权利义务一致性，保障用户知情权事先披露后，平台有权判定用户存在违约行为并展开治理措施。

此外，日前杭州互联网法院审理一起网络服务合同纠纷案在上述案例基础上

---

① [古罗马]优士丁尼：《学说汇纂》（第 1 卷），罗智敏译，中国政法大学出版社 2008 年版。

迈出一步，涉及平台算法规则认定。商户利用在平台投放商品链接作为推广方式，但采取不正当手段吸引用户点击浏览链接，产生引流行为，而商品信息买方并未实际浏览内容。平台负有监管推广数据维护交易秩序的责任，双方签订的网络服务合同系双方真实意思表示，一经签订即表明商户认可平台规则与平台认定违规推广行为的标准和逻辑，平台具有抓取数据、排查之义务，制裁违规推广行为。案件审理过程中，平台申请算法逻辑推演、监测方法鉴定来证实存在商户不当牟取佣金利益的行为。该案进一步回应在平台自治过程中须符合正当程序，商户有权对算法推荐服务中的自动决策提出质疑与申辩，此时平台需要让商户知晓算法逻辑构造，且若属核心秘密算法契约披露不充分，平台负有对算法逻辑构造作出合理解释的义务，法院以"适当提示"和"保密承诺"引导双方完成举证、质证。该案首次明确平台公开算法规则、合理解释技术原理、第三方专业机构验证等判定规则，提供构建平台算法司法裁判规则例证，达到用户、平台及社会三者利益合力平衡。

（二）算法推荐服务侵权归责认定案

加强网络著作权保护与保障新兴商业模式发展犹如一体两面，立足平衡视角，算法平台应承担何种限度注意义务，算法平台是否对侵权行为构成应知，具有主观过错，据此认定是否构成帮助侵权，均为目前司法疑难点。

中国首例算法推荐案，爱奇艺公司与字节公司侵害信息网络传播权纠纷一审宣判后双方当事人均不服提出上诉，尽管二审中双方达成案外和解，但一审判决对长短视频媒体生态产生重大影响，也对平台算法责任认定发挥出裁判标杆效应。爱奇艺公司经授权依法享有热播剧《延禧攻略》全球范围内独占的信息网络传播权，并为此支付版权费用，该剧在爱奇艺进行独家播出，播放量超过150亿，热播效应巨大。字节公司未经授权，在该剧热播期间，通过运营的今日头条App依托信息流推荐技术，将大量用户上传的截取片段自制短视频以向公众进行传播，单条播放量达110万次。爱奇艺公司诉称字节公司在应知或明知侵权内容的情况下，未尽到合理注意义务，存在主观过错，侵害了爱奇艺公司对该剧享有的信息网络传播权，认为实际损失超过法定赔偿额上限，请求适用裁量性赔偿确定具体数额，最大限度填平权利人损失，判令字节公司赔偿经济损失2921.6万元及维权开支78.4万元。字节公司辩称技术中立，涉案侵权短视频系用户自行上传，字节公司仅对短视频提供信息存储空间服务，已尽到合理注意义务，不存在任何侵权的主观过错，不构成侵权。一审法院认定字节公司的涉案行为构成帮助侵权，并判定赔偿爱奇艺公司经济损失 150 万元及诉讼合理开支 50 万元，共计 200 万元。

该案展现出我国对平台算法推荐服务承担法律责任认定从宽松到严格的发展脉络，此前基于"技术中立"的抗辩理由，平台可因结果由算法自动生成而主张不存在主观过错，比如任某诉百度侵犯名誉权案、金德管业诉百度案中均有所体现。但《算法新规》的出台印证着监管趋严形势，故一审法院创新性认定字节公司基于用户的点击进行计算和推荐使用协同过滤算法，平台兼具"信源"和"信道"属性，是网络服务提供者和信息内容提供者的融合，认定构成帮助侵权。首先，字节公司并未参与用户上传侵权视频的行为之中，亦与用户之间各自独立决定和实施，缺乏相应的意思联络，不应构成分工协作。其次，字节公司实施信息流推荐具有充分条件、能力和合理的理由知道众多用户实施侵权行为，属应知情形，且采取的屏蔽、删除措施并未实现平台上无明显涉嫌侵权视频的客观效果，尚未达到"必要程度"。此外，关于赔偿数额的确定，爱奇艺公司实际损失与字节公司侵权获利具体数额参考《延禧攻略》市场价值和市场影响力，播放流量、用户黏性、广告收益、付费收入等商业利益，由法院酌定赔偿数额。

三、逻辑证循：平台算法推荐服务侵权司法审查的归责指引

针对平台算法推荐服务产生的侵权问题，需充分发挥法院司法审查之策，目前司法审查主要分为不同待遇审查模式和差异性影响审查模式。（如表 1 所示）

表 1　不同待遇审查模式与差异性影响审查模式比较

模式	内容			
	责任主体主观意图	审查证据属性	责任事实认定根据	责任豁免理由
不同待遇审查模式	审查主观意图且要求原告提出证据证明	个体区分对待	不审查实质不利影响	不因商业必要性而免责
差异性影响审查模式	重点关注差异性影响	有赖于群体证据	审查个体与群体产生不成比例影响	以商业必要性证明差异性影响的合理性

《个人信息保护法》确立了过错责任原则，平台算法问责制大多呈现统筹立法之态，但现行司法审查模式，需进一步根据不同的过错程度设计体系化的算法责任，法律和司法实践双重发力，通过个案析理的方式提升立法的明晰度。下文遵循法理

要义与技术逻辑的问责思路,提出谦抑包容的涉平台算法推荐服务侵权归责路径。

(一)侵害行为

抽象的算法妨害属于行为端,具体的算法损害属于结果端,侵害行为分为作为和不作为侵害行为两类,算法关系人之间的相互影响错综复杂,因而,如何确定算法侵权者的义务范围尤为关键。在网络服务合同中,网络服务提供者所做出的算法推荐服务不得侵害他人合法权益,比如平台应具备更高的运行控制力和注意义务。此时法院可以通过网络服务提供者的合理预见程度、信息管理能力等进行考量,据此认定主观过错。与此同时,亦要注意算法推荐服务中自动决策的准侵害行为,即在算法完全自主决策下的主动侵权行为,此时该决策并不应当认定为受算法应用者完全控制。

(二)侵权主体

算法开发者、算法使用者、算法本身,这些产生算法推荐服务的主体究竟何者为侵权主体,理论界莫衷一是。在确定侵权主体时,涉及多个侵权主体共同侵权的判定问题。判定是否构成共同侵权时,需证明数个主体之间是否存在共同故意或者共同过失的行为。但司法实践中,往往共同故意是极少数的情形,因最初的算法模型总是以共同善为原则以实现促进社会发展等目的。另一难点在于,证明共同过失恰恰又加重了被侵害人的举证责任。

(三)损害事实

算法推荐服务可能会导致两大类损害事实,一是财产权利,二是人身权利。前者,针对间接性的财产利益损失——纯粹经济损失,也应当被囊括在间接性的财产利益损害之中,但是司法实务中若扩大解释,因果关系时空跨越太大无法实现社会公平,则无法进行赔偿。后者更为棘手,当算法推荐服务对无形人格利益造成损害时,比如损害未成年人和老年人的人格权益,司法裁量标准是否可以参照英美侵权法律体系设计——可诉性损害?此时,原告在诉讼过程中无须承担损害事实的举证责任,法官可以根据推定损害事实的存在可能性、社会中的共同善判断标准,作出自由裁量。唯此,才可减轻被侵权人的举证责任难度。[1]

---

[1] 胡雪梅:《英美侵权法行为"自身可诉"侵权制度及其合理借鉴——以我国〈侵权责任法〉的完善为中心》,载《现代法学》2011年第1期。

（四）因果关系

侵害行为与损害结果之间的关联度耦合系数，包括社会中理性人的认知模式、侵权主体所掌握情况与应激性的认知，通过认知的判断认定事实性因果关系是否存在，在此步骤的基础上，层层递推，进一步以融合价值判断确定因果关系的存在。判断因果关系，需要建立在算法推荐服务的透明度和可解释性基础之上，尤其如果算法解释具合理性，而用户无法提供相反证据予以反驳的，则用户应当承担违约责任；算法解释不具合理性，则算法契约的核心要件存在缺陷，合意不充分的契约缺乏法律效力，平台应当承担撤销处罚的法律责任。归因和归责发挥着"托底"的作用，亟待构建涵盖多层次、多元价值观的平台算法侵权因果关系认定指引。

四、平衡范式：平台算法推荐服务司法规制的调适路径

实现技术普惠为算法推荐服务的初衷，诚然全景敞式权力与偏见性风险歧视不容小觑，实现互联网治理数字正义，需要紧扣包容审慎、趋利避害之法律规制逻辑共识。[①]

（一）困境窥析：平台算法推荐服务涉侵权问题剖析

算法推荐服务具有跨平台、无限链化等特殊表征，造成义务主体虚化，致使传统法律规制手段难以发力。我国针对算法侵权责任及算法技术的强制标准均存在真空地带。司法实践过程中，鉴于《个人信息保护法》自 2021 年 11 月 1 日起施行，《算法新规》实施不久，故涉算法规制目前可参考法律规范、裁判规则较少。此外，算法妨害的不确定性、公私混合性等特征，导致司法规制面临着理论障碍，而且权利救济难以发挥出特殊束缚。[②]

1. 涉刑民交叉损害未成年人、老年人权益

最高检发布的第三十五批指导案例中，某短视频应用类软件未以显著方式告知并征得儿童监护人明示同意的情况下，允许儿童注册账号，收集存储儿童面部

---

① 肖梦黎：《风险视角下对算法偏见的双轨治理——自动决策算法中偏见性因素的规制研究》，载《理论月刊》2021 年第 7 期。
② 唐林垚：《人工智能时代的算法规制：责任分层与义务合规》，载《现代法学》2020 年第 1 期。

识别特征等个人信息。运用后台算法，向具有浏览儿童内容视频喜好的用户直接推荐。2018年1月至2019年5月，徐某收到该App后台推送的含有儿童个人信息的短视频，通过私信功能联系多名儿童，并对其中3名儿童实施猥亵犯罪。此外，湖南高院通报一起涉老年人电信网络诈骗犯罪典型案例，2013年3月，李某、吴某通过在百度等网络上投放免费赠送各类治疗仪广告，以非法窃取公民个人信息约2.9万条，利用电话销售方式实施诈骗，受骗老年人达9000人以上。因而，算法推荐服务视域下，如何发挥算法向善的功效，严防未成年人沉迷网络、有效提供智能化适老服务，是亟待解决的问题。

2. 平台主观过错"应知"的认定争议

《最高人民法院关于审理侵害信息网络传播权民事纠纷案件适用法律若干问题的规定》第9条从技术角度考虑，将网络服务提供者是否主动对作品、表演、录音录像制品进行选择、编辑、修改、推荐等情形作为认定是否承担间接侵权责任的考虑因素。平台作为传播者并不提供内容，但平台使用的算法使得信息洪流存在明确的结构。协同过滤算法依赖用户行为，有着大范围、多元化的内容池，以群体协作的方式进行内容推荐。学者王乐怡认为，算法推荐技术的应用使得平台在著作权侵权中的主观过错难以得到证明，应当适当提高算法推荐平台的注意义务，平衡著作权人与平台形成新的利益平衡格局。[①] 学者张凌寒认为，由于算法的不同功能，平台注意义务不能一概而论，不应基于推荐算法被认定为纯粹的"内容提供者"而承担过高的注意义务，具体个案仍需考量平台的用户数量、平台的体量和技术能力等情况，需司法实践精细判定。[②] 因而，认定平台主观过错的考量因素均存在待探讨之处。

3. 避风港原则的适用转变

《民法典》第1195条规定避风港原则，亦即"通知—移除"规则，在该原则项下，特定第三人侵权责任以"过错责任"为原则，网络服务提供者仅对第三人侵权而未恰当履行义务所致损害部分承担连带责任。但网络服务提供者所做出的算法推荐服务直接侵权行为无法适用，当特定算法推荐服务损害个体私人利益时，

[①] 王乐怡：《应用个性化推荐算法的网络平台在著作权侵权中的注意义务研究》，载《上海法学研究》2021年第19卷。

[②] 张凌寒：《平台算法责任的认定与限度——评"爱奇艺诉字节跳动案"》，载《科技·知产财经》2022年第11期。

仅有极少数可以依照雇主责任原则一步一步地追溯到操作者的天然歧视性。[1] 司法实践中亦确认技术中立这一司法裁量标准，若网络服务提供者不存在主观过错，则无须承担侵权责任，为受侵害方的私力救济构筑无形的屏障。客观中立的平台服务被赋予莫大权力，这是保障技术自由发展的前提，但随着《算法新规》监管形势趋严，对提供算法推荐服务的平台提出了更高的责任承担、义务履行以及风险防范要求。因而，算法推荐服务提供者需要承担注意义务的限度亟待厘清。

4. 产品责任侵权的适用困境

特斯拉自动驾驶案后，有学者提出在算法引致的芯片缺陷问题上适用产品责任侵权具备可行性，亦发展出"谨慎算法"之类的标准，虽存争议，但确为一种确定算法风险责任的观点。承担缺陷产品责任需要满足两个构成要件：一是产品本身存在缺陷；二是销售者自身存在过错。在双要件下，对他人人身权利、财产权利造成侵害。但此观点存在天然局限性，首要问题为其是否具有"产品"性质，显然算法为代码组合而成的技术运行并非实物，且基本免费提供，难以将其认定为销售产品。其次，产品责任适用一般举证责任，受侵害方需要提供缺陷产品事实、损害结果与因果关系证明等，但算法推荐技术具隐秘性、复杂性，受侵权人如何发现并证明存在算法妨害等问题，困难重重。

（二）因势利导：平台算法推荐服务司法规制调适探讨

在人类赋权算法和自主产生意识算法的权利博弈中，算法推荐服务司法规制须秉持客观中立的价值导向和实践指引，置于人的尺度之下，以司法实践的精耕细作为借力点，探讨调适之策，唯此才可彰显司法规制的数字正义意蕴。

1. 价值论视角的算法司法规制——以人为价值

拉德布鲁赫曾指出："对人的看法决定着法律时代的风格与法律方向。"科技发展的最高价值以人的尊严为核心，尊严并非抽象空洞的原则性指向法则，实质上是在法律推理过程中影响公众的决策，因而应构成技术实践的制约性伦理要素。[2] 司法领域的算法推荐服务不应悖于实现对人的终极关怀这一价值指引，避免人沦为算法技术主宰的客体，注重人的主体性地位，加强对算法推荐运用的规范。其

---

[1] Azuaje Francisco, Review of "Data Mining: Practical Machine Learning Tools and Techniques" by Witten and Frank, Bio Medical Engineering OnLine, Vol.1, 2006, pp.468-478.

[2] 洪丹娜：《算法歧视的宪法价值调适：基于人的尊严》，载《政治与法律》2020 年第 8 期。

一，可增强人的权利配置，如在网络服务中注重数据可携带权、被遗忘权、免受自动决策约束权等，赋予对数据主体的自治性尊重，从而建立起数据主体和数据控制者之间的有机良性互动。其二，注重未成年人、老年人等特殊群体的数据隐私权保障，开发适合未成年人使用的模式，提供适合未成年人特点的服务方式，充分考虑老年人出行、就医、消费、办事等需求，依法开展涉电信网络诈骗信息的监测、识别和处置。其三，探索算法侵权行为的公益诉讼路径，若算法侵犯的对象符合公共利益的识别标准，则可探索以算法设计者或服务者的算法侵权行为为诉讼标的提起民事公益诉讼，要求算法侵权人以停止侵权、赔偿损失等方式承担民事责任，进一步可设置惩罚性赔偿以对侵权行为达到威慑效力。[1]

2. 方法论视角的算法司法规制——教义学塑造

司法算法旨在寻求有界最优化，涉有界可测函数的理论倚赖着边界思维，因而算法司法正义只能看作数据理性在司法实践中的最大化应用。[2]但技术决策所实现的最优解不尽然是司法案件的最优解，法官在每一桩司法案件中，应当在算法推荐服务最优解与法律法规、条款之间反复考量均衡，从而将最优解转化为符合人民群众司法需求的满意解。一是缩减算法歧视，提升算法基础案例库、知识库内容的深度学习，理性提升算法预定规则和数据模型的透明度，设置人员范围了解算法推荐服务做出的具体运行机理；二是精细化改造类案检索系统，以案件性质、争议焦点等作为核心进行类案识别，区别情形相似而裁判结果不同之情形，提升法官对于算法推荐服务的理解力，继而保证法官的裁量公平公正。[3]现代技术的定位应在法律依据适用和证据认定层面，而对刑事自由裁量权行使应以克制为原则。

3. 认识论视角的算法司法规制——责任框架扩展

传统责任理论为算法技术生态、算法歧视、自主性与开放性设定了适用的边界，为突破局限性，可考虑为算法侵害的追责与救济构建一个渐次层级的责任框架。第一层次，仍然适用传统过错责任原则及过错推定原则。平台算法的设计部署蕴含着平台的主观意图和价值判断，将平台设计部署算法方面的主观过错作为问责依据，并通过算法备案与评估等制度的设置追溯主观过错、固定问责点。此

---

[1] 李文静、栾群：《人工智能时代算法的法律规制：现实、理论与进路》，载《福建师范大学学报（哲学社会科学版）》2020 年第 4 期。
[2] 杜宴林、杨学科：《论人工智能时代的算法司法与算法司法正义》，载《湖湘论坛》2019 年第 5 期。
[3] 冯文杰：《人工智能辅助量刑公正取向的双重构建》，载《华东理工大学学报（社会科学版）》2020 年第 6 期。

外，可要求具有信息或技术优势地位的算法设计者证明对数据、损害不具有因果关系，否则，推定因果关系存在。第二层次，设立集合责任。算法推荐平台、算法使用者可视为数据生产链上所有行为主体技术的一个整体，或将算法应用而获取商业利益的人视为具有商业上的一个整体，承担连带赔偿责任。第三层次，严格责任或危险责任。《算法新规》第 23 条，引入算法分级分类安全管理制度，可依此根据算法对个人或集体权利的侵害类型及程度确定高风险类的算法应用场景，适用严格责任原则。三层次之外，需要明确若未来算法妨害达到严重程度宜启动国家刑罚权时，即满足需罚性前提下，设立抽象危险犯对算法妨害行为加以禁止，施加刑事责任对损害集体性法益行为予以一般预防与特殊预防。①

4. 实践论视角的算法司法规制——注意义务限度

平台企业在享受算法数字红利之时，亦要承担相应的义务和责任，提升防范算法推荐服务侵权风险的治理水平。现代算法社会的本质是一种人机交互决策，应当戳穿算法的面纱与价值中立性，对平台算法推荐服务的司法规制侧重事后规制，以注意义务限度为辨析点。现阶段，可探索引入过滤义务可能的方式，将过滤技术的采用作为在具体个案中认定平台主观过错的考虑因素，而非在立法中规定一般性的强制过滤义务。目前广泛应用算法推荐服务的为大型主流平台，其具备相应的人力和财力，针对高频推荐、影视栏目内容等特定内容，平台需具有较高的注意义务，可开发融入过滤技术，以改善平台与著作权人之间利益失衡的局面。

五、结语

平台算法推荐服务具双刃剑特征，实现科技创新与权利保护的适度平衡是习近平法治思想下数字正义趋利避害的逻辑思路。《算法新规》顺势出台彰显出算法法律规制体系的日臻完善，但仍需结合司法实践中一桩桩案例的深耕细作，将算法数字正义视作理论之锚，绘制数字时代涉算法推荐服务司法规制的理论图谱。

[**作者简介**：安宝熹，天津财经大学法学、管理学双学士，天津财经大学国际法学专业硕士，现任天津市第一中级人民法院审判管理办公室（研究室）四级法官助理。]

---

① 王莹：《算法侵害责任框架刍议》，载《中国法学》2022 年第 3 期。

数字经济时代下的企业合规

——以刑事合规为切入点

崔 科 崔四星

一、问题的提出

数字经济，是以数据资源为关键要素，以现代信息网络为主要载体，以信息通信技术融合应用，促进公平与效率更加统一的新经济形态。数字经济是科技创新和赋能实体经济的重要推动力。数字经济的发展不断激发各产业、各领域创新发展的巨大潜能，赋予了经济社会发展的"新动能、新优势"，融入经济社会发展各领域全过程，推动生产力跃升。

"万物感知、万物互联、万物智能"的数字经济时代，数字技术降低对物理距离和信息沟通交流场所的依赖，打破空间限制，物理世界与数字世界交融相织，引导各类要素充分流动。

数字经济具有数字化、网络化、智能化的特征，以全要素数字化转型为推动力，经过离散化解构和全息化重构，赋能各行各业，产业结构和产业组织都发生了变革和重组。互联网企业和人工智能企业融合传统的实体经济，协同创新，丰富新的智能应用，形成助力实体经济的数字化的发展，形成了产业变革。数字经济通过促进公平竞争、降低交易成本、减少信息不对称等，促进共享发展。大数据辅助决策和监督预警，有利于企业决策、监督管理、降本增效、降低风险，有利于推动传统制造业的智能化、数字化转型，提高经营管理效率。企业实现上云上平台，通过业务数据化与数据业务化的发展，数据覆盖于研发、设计、制造、营销、供应商、消费者等多个环节，贯通各个业务节点。

数字应用加速发展，凸显出乘数效应，放大劳动力、资本等生产要素在社会各行业价值链流转中产生的价值。平台经济是数字经济的典型模式，平台经济促进消费和科技创新，在要素配置中起优化集成作用，有多元复合性，涉足的领域甚广，且不断推陈出新，平台企业囊括了衣食住行、社交文娱、支付交易等日常生活的所有领域，比如教育、快递物流、网上查询、在线办公、网上办事等。平台之于社会运行和大众生活已经成为不可或缺的基础设施。

数字经济发展中，也存在风险，数字合规问题凸显。数字经济时代的新型违法犯罪涉及网络、数据、人工智能等众多领域。数据侵权，算法滥用，平台垄断、二选一、大数据杀熟、网络犯罪等问题现象频出。

数字信息具有传播迅速、便捷、储存久、易复制等特点，导致数字容易泄露。企业数据在采集、存储、流转、利用、交易和销毁等环节存在安全风险。平台非法采集、违规使用、非法买卖用户个人信息"野火烧不尽"，电商平台、信用信息服务机构泄露商业秘密和侵犯个人隐私等违法行为屡见不鲜。因云存储，数字权利主体与保管主体分离，云服务商可以对其服务器上的所有数据进行访问，数据泄露风险突出。在数字经济时代，当个人数据上传后，个人对于数据的控制力削弱，云端数据的权益归属复杂性加剧了数字保护的难度。

数字经济时代，犯罪手段呈现出很强的技术性，如采取网络爬虫、深度链接等新型技术手段实施犯罪。数字金融转型，衍生出新型金融犯罪，如利用区块链技术进行伪装，以金融创新为名义开展诈骗活动等。

人工智能应用涉及研发、使用、管理等环节，脑机接口和人机共生的科技伦理等问题显现，可能引发违法犯罪。基于人工智能技术应用新场景，产生基于技术滥用导致的欺诈等犯罪。如 2021 年满某实控的网络科技公司以"电竞"之名，使用 AI 技术破解"人脸识别"系统侵犯个人信息，借非法出售捆绑公民信息的游戏账号从中非法牟利。

二、数字合规从宽的正当性理由

（一）数字合规能够实现弥补、预防之刑罚目的

公共利益保护、恢复性司法理念与预防理论为企业实质性改善内部数字治理、预防数字犯罪提供动力，赋予企业数字刑事合规正当性理由。

数字刑事合规是基于社会公共利益考量后，预防企业再犯罪的刑罚替代措施，包括犯罪前合规、罪后合规（合规整改）。

恢复性司法理念强调弥补受到侵害的社会法益。从刑罚的视角面向恢复性司

法时，数字合规可以给予经济与社会以弥补与修复。对涉数字犯罪企业判罪，可能带来连锁反应，导致其倒闭，影响就业、经济发展等。数字合规有助于将社会损害降到最低，达到公共利益之保护的意旨。

如一家为上海本地商户提供数字化转型服务的互联网大数据公司Z公司，涉嫌非法获取计算机信息系统数据罪。Z公司涵盖在线开店、市场营销等多项业务，在未经上海E公司授权许可的情况下，通过外爬、内爬等技术手段，获取E公司运营的外卖平台数据。该公司经合规整改，稳步发展，员工人数从2020年年底的800余人增长到1200余人，2021年全年营收达2亿余元，纳税总额达1700余万元。[①] 通过刑事合规出罪，Z公司避免了因入罪带来的附随后果，如高额的罚金刑、被剥夺一系列资格带来的灭顶之灾，避免了牵连利益相关者，如对股东、投资者、代理商、经销商等无辜的第三人的利益损害。

数字合规是风险刑法的产物。合规的主要功能是防控法律风险，要求严守法律底线，不逾越监管红线，刑事合规是底线，具有巨大的激励和警示作用。数字刑事风险成为悬在企业的达摩克利斯剑，任何违反数字刑法的行为都随时可能致规模以上企业倒塌、破产，遭受到灭顶之灾。

在数据经济蓬勃发展的时代背景下，数字合规制度是通过国家主导、企业参与协同合作的协商"契约"治理模式。数字合规意味着犯罪的控制和治理责任部分地给了企业，是深化到其内部数字治理结构的一种促进和推动，消除其内在的数字致罪因素，预防违法犯罪，体现惩治犯罪与积极预防犯罪的统一。企业在预防数字犯罪方面具有技术优势，数字合规有助于其发挥技术优势、自治功能，发挥多元治理的优势，完善数字管理体系，使其数字安全保障和数字犯罪预防意识融入日常的经营管理活动中，完善数字风险防范机制，以利于数字经济业的发展。

（二）数字合规创造价值，保证企业持续发展

数字合规关系到营商环境的优化，数字经济的发展，合规水平决定着企业数字的发展水平。合规是企业数字内在需求。虽数字合规建设从短期看需要一定的成本，需要投入大量人力与时间，违规经营可能带来收益甚至暴利，但尊重规则是社会成本最低的发展方式。违法手段并非企业创造商业价值的正确途径，人无

[①] 江苏烨、张熠、潘志凡：《以企业合规护航数字经济创新发展》，载《检察日报》2022年5月30日，第1版。

远虑必有近忧,"从长远看,企业合规有效规避了法律风险,使企业可持续经营,反而会给其带来可观的收益"①。随着执法强化,违规行为不仅不能带来利益,反而轻则失去大量交易机会和交易资格,重则可能造成灭顶之灾。数字产业野蛮生长时代结束,如果因合规问题导致产品无法上线或者被处罚,对于企业来说是巨大损失。数字合规能够避免企业因非法经营、违规所产生的损失。

面对利用大数据、人工智能、云计算、物联网等新技术手段及层出不穷的商业模式创新,数字合规是助力企业行稳致远、基业长青的必经之路。企业要获得可持续发展,必须把数字合规建设作为其经营活动的必要组成部分,以数字合规经营作为立身之本,以合规防控法律风险,把坚持守法、合规、诚信地开展各项业务活动作为健康可持续发展的基石。数字合规是企业可持续发展必不可少的自我约束机制、有力保障。

数字合规是企业内部控制的一种机制。数字合规有效切割单位责任和个人责任,促使企业吸取教训,完善数字内控机制,防范再犯,走上合规发展之路,有利于健康永续发展。

三、数字合规的适用范围、条件

数字合规是预防犯罪的制度工具,但不是消灭犯罪的法宝。并非所有类型的企业涉数字犯罪均能够通过合规从宽。数字犯罪专业性、技术性要素凸显,涉及众多罪名,成为其他犯罪的上游犯罪、伴随犯罪。《数据安全法》第3条第1款将数据定义为:任何以电子或者其他方式对信息的记录。因此,数字权利属性多元,数字法益属性复杂,数字犯罪内容泛化。数字呈现出包括个人信息、企业知识产权、国家秘密、军事秘密等多元的信息内容。②

对为数字违法犯罪活动而设立的,或企业设立之后以数字违法犯罪为主、主要盈利是数字违法所得的企业,因其只有再次犯罪才能有"价值与意义",不适用数字合规从宽。一些科技公司提供刷量服务,如北京某科技公司在用户不知道的情况下,非法操控用户账号添加关注。该公司窃取公民信息的手段多样,其中一

---

① 武东方:《数据刑事保护的检视与重塑——以刑事合规为切入点》,载《上海法学研究》2022年第1卷。
② 武东方:《数据刑事保护的检视与重塑——以刑事合规为切入点》,载《上海法学研究》2022年第1卷。

招就是研发爬虫程序，自动获取网络用户的个人信息。该公司爬虫程序，被广泛服务于该公司研发的 QQ、淘宝、微博、抖音等加粉程序，强制添加好友，强行推送广告。这种商业模式以违法犯罪为主、主要盈利是违法所得，不适用合规从宽。该科技公司被判非法获取计算机信息系统数据罪。

数字黑产不适用数字合规。传统犯罪网络化，滋生网络黑产。网络黑产是借助互联网技术、网络媒介，为黑客攻击、网络黄赌、网络诈骗、网络盗窃等违法犯罪活动提供帮助，并从中非法牟利的数字犯罪产业。利用 P2P 网贷平台集资诈骗、利用第三方支付平台洗钱，以数字货币为金融工具进行诈骗、为赌注开设赌场等犯罪均不适用合规条件。

因刑事合规的本质在于国家对犯罪之惩罚与现实公共利益衡量后的让步与取舍，对于数字犯罪内容为实施危害国家安全犯罪、恐怖活动犯罪、黑社会性质的企业组织犯罪、危害社会利益犯罪[①]，因不存在社会公共利益，合规不能成为减免刑事责任的理由。数字合规要受社会利益审查。社会公共利益，包括国家安全、国防、外交等政治考虑，以及社会公众的利益，包括对当地经济、社会的影响。

企业涉数字犯罪与犯罪组织或恐怖组织没有关联，违法犯罪行为没有也不太可能造成人员伤亡或者危害国家安全、公共安全，本身具备较高的社会经济价值、数字合规不入罪能够挽回较大的社会经济损失，有利于公共利益、经济发展、保护社会集体法益。若单位规模太小、经济社会效益低或其正常运营会严重损害其他法益，不适用数字合规。但"目前企业合规 2/3 以上的案件都是小微企业。对大中型企业适用合规整改的案件不足 1/3"[②]。

四、数字合规激励机制——可撤回的起诉协议

我国司法实务中试点，合规不起诉激励模式为"检察建议（相对不起诉）"和"附条件不起诉"两种模式。合规不起诉决定的"妥当"与否免受法院的审查，难免存在滥用自由裁量权、合规腐败等风险，造成检察官担心被问责，被怀疑舞弊。也有的检察官以不当适用合规为手段胁迫当事人就范，在"看不见"的奖励和"看得见"的惩罚之间，当事人只有一种选择，接受倡议的合规方案，避免陷入更

[①] 王颖：《刑事一体化视野下企业合规的制度逻辑与实现路径》，载《比较法研究》2022 年第 3 期。
[②] 陈瑞华：《企业合规不起诉改革的动向和挑战》，载《上海政法学院学报（法治论丛）》2022 年第 6 期。

严重的惩治，合规自主性受到侵扰。检察官应尊重合规自主性，仅履行一种告知与规劝职责，不能用胁迫手段使原本无罪的被追诉人，面临"人身自由"和"程序自主"的零和选择。

从数字经济司法正义的实现上看，从防止权力滥用、恣意行使，权力制衡、相互监督等方面考虑，建议通过立法程序，由《刑事诉讼法》增加刑事合规可撤回的起诉协议制度，合规协议受法院监督，规定适用法定条件。域外在合规出罪的司法审查上，存在法院形式参与、强化参与、弱化参与等模式。

涉数字犯罪企业承认指控事实，同意支付罚金，做出合规承诺，检察机关可与其达成可撤回的起诉协议，向法院提交，替代原提起的公诉。可撤回的起诉协议的司法审查以建立合规机制为前提。在涉数字犯罪企业被提起公诉后，法院在收到可撤回的起诉协议时，举行听证会审查协议条款。若经审查协议符合法律规定，法院批准协议，裁定中止审理。案件审理期限不受影响。

合规协议以当事人处分原则为法官采纳的正当性依据，合规协商性司法非固守罪刑法定主义，控辩双方缺乏实质性的平等协商或协商不充分，缺乏辩护方的充分参与，易异化为压制性司法。因此，数字合规的程序法建构需保障律师的有效参与。合规立法中对律师参与的规定情况，事关能否对涉数字犯罪企业的有罪无罪、罪重罪轻问题有效辩护，事关发挥辩护律师在合规中的尽职调查、有效合规整改等方面的作用。

合规整改期限因不同类型的企业，而有不同。国外合规考察为 2 年到 3 年。检察机关目前开展的合规试点大多是中小微企业，合规整改一般可在 6 个月内完成。大型企业的合规整改耗时较长，通常需要 2 年到 3 年时间完成。合规整改期限设定为 6 个月至 3 年较为适宜。如果在原定期限前合规整改完毕，可以提前结束。如果合规整改没有按时完成，也可决定适当延长整改期限。建议《刑事诉讼法》中规定，合规整改监管期间法院中止审理，不计入办案期限。可撤回起诉协议，可以在案件宣判前与涉数字犯罪企业协商达成，承诺制定合规计划，设定刑事合规整改时间。

合规考验期结束，如果被告人遵守协议，经合规评估达标后，检察机关提出撤回起诉，法院裁定终结审理，涉数字犯罪企业不视为犯罪。如果被告人违反协议，或经合规评估不达标，若协议中被告人承认指控事实，则法官可以不经质证，将协议中对事实的陈述认定为案件事实，直接判决。

五、数字合规计划

为防止滥用与随意，建议《刑事诉讼法》规定合规计划原则性的标准、有效性的判断规则、评估验收标准等内容。

（一）数字合规建设应遵循鼓励创新、审慎包容的原则

立法中，需处理好数字合规与数字经济发展、企业发展、数字权益保护与数字交易、数字安全与数字创新的平衡。合规，需要具有前瞻意。数字合规建设应遵循鼓励创新、审慎包容的原则。在技术发展与公共利益、法律规制之间探索适度监管之路，让企业在数字合规经营前提下创新，为其创新提供更大的空间。

从数字开放共享和打破数据孤岛看，《数据安全法》明确了促进数据流动。《反垄断法》第 1 条"鼓励创新"。数字领域应强化平台的公平竞争，刺激数字经济的繁荣创新。目前数字交易的症结在于：一是数字确权，数字是什么权利，是不是所有权，在用户授权下，平台是否可以对数字进行占有、使用和收益，数字资产地位未确立。二是静态赋权模式无法匹配数字动态化流通属性，不利于数字共享、开放。三是数字之上多主体诉求交织，难以平衡各方利益，在用户、在先平台、在后平台三方主体之间平衡取舍。从企业角度看，围绕数字的核心需求与痛点，为数字经济发展提供规则引领、标准规范、安全可靠的全生命周期数据体系结构与防护机制。构建良性研发的环境基础，开发用于人工智能训练、测试的公共数据集和环境，制定用于测量、评估人工智能的标准和基准。对数字权益进行立法，确定数字的权属、性质和权益行使的范围，构建主体明确、边界分明、权能清晰的数字权益配置体系，建立数字流动、公开与共享的机制和标准，以便企业在数字商业实践中有法可依。

（二）数字合规管理体系建设

数字合规是预防数字犯罪的特殊方式，要构建严密有效的合规管理体系，最大化地预防和减少犯罪。建立有效的数字合规管理体系包括数字合规计划的制定和完善、合规风险的识别与防范、数字合规的评估等。

1. 优化相关标准与流程

数字合规管理体系中最重要的是合规义务识别。识别应在合法的基础上考虑

"合情与合理"。在处理数字中需兼顾公德伦理。《数据安全法》规定，数据处理活动要符合社会公德。对数字处理中进行伦理安全审查，保证符合社会公德。

数字合规应做到有的放矢、重点突出。数字合规应围绕着经营行为展开，厘清业务范围所带来的合规风险，确定企业数字合规重心。数字合规需在展业、销售、财务、物流、客服等各个环节保护好个人信息。在数字处理的每个节点，要遵守法律法规的红线，防止数字处理过程中构成不正当竞争，侵犯第三方权利。对于违法乱纪的行为进行明确性禁止，制定出较为完善的数字风险防范合规指南、数字合规和隐私保护工作手册，避免刑事风险。

数字合规的重点以个人信息保护、数字安全、网络安全合规为核心。要考虑业务特性，对合规内容有所侧重。如内容型企业需着重考虑知识产权合规，未成年人打赏、购买行为的效力等问题。运营型企业主要需要考虑运营、营销方式合规，避免涉及传销、诈骗等刑事风险。

2. 数字合规计划的制定

数字企业应对照问题，找准原因，针对自身需要，制定合规计划。改造商业模式和经营模式，消除其中的不合规因素。应从业态的底层逻辑出发，找准产品核心风险点；画出刑事风险与关停、下架风险的红线；从产品、人、合作伙伴三个维度搭建合规体系；紧跟监管动态，及时对标、更新迭代，做到数字来源合规、数字安全合规以及数字管理制度合规。

健全完善数字合规制度。数字处理合规制度的原则，包含合法性基础、正当目的、公开透明、告知同意、最小必要、选择权、权益保障、安全保障、权责一致等。依据合规制度的原则，结合自身的业务特点、商业模式、处理数字的类型等科学地构建数字合规管理制度体系，包括：数字安全管理制度、数字分类分级管理制度、个人信息保护影响评估制度、数字合作管理制度、数字合规培训制度、数字安全事件应急预案等。

在推进数字产业化、产业数字化的背景下，企业需要重视数字安全。特别关注数据黑产等可能给企业和用户造成的安全性攻击，储备安全防御措施。实现对涉密数据、个人信息、重要数字的合规性及内源性数字安全风险的识别管控，与处理重要数字的员工签署保密协议，禁止员工无授权获取用户数字。

建立数字分级分类管理体系。对数字分级分类整理，制定相配套的数字存储、权限控制、访问限制、展示限制等措施，确保敏感数字能够得到充分保护。如对于个人信息，通过技术手段加以"去标识化处理"，设立专门储存空间单独储存，设定访问权限，做好数字库的维护工作。

平台企业业态丰富多元，承载海量主体及信息，业务变动频繁，难以全部依靠人工资源把关管理。数字合规需发挥技术赋能，通过机器智能与人工管理结合，通过智能研判、算法、高新技术，把合规人员的判断识别、合规风险的逻辑和能力算法化、模型化，将数字合规标准、要求、流程全面融入经营管理活动，嵌入到企业业务的全链条，对重点领域、关键节点开展实时动态监测，智能风险识别，数据合规风险的态势感知及处置机制，及时将风险问题消除于萌芽。

人工智能的应用建立在大数据挖掘和深度学习基础上。人工智能训练数字在原始采集过程中，应在制度设计上向用户完整披露数字未来的使用用途、流转流程，获得用户的单独同意。对于敏感个人信息，要做到单独同意，甚至是书面同意。数字抓取涉及数字权属，涉及抓取方式合规性、被抓网站等问题，防止因抓取行为侵犯平台合法权益。在用户明确授权的前提下，获取相应的数字，应核实原始的权利主体，如果涉及授权链条，应核实授权的有效性。如果数字来自第三方，要确保相应的供应商提供的数字合法合规，尽到合理的审核义务。

人工智能训练数字，如仅收集一般个人信息或者脱敏后的信息即可满足算法训练的需求，应避免过度收集其他类型的个人信息。生物识别信息应用中，设置单独的隐私政策条款，包括单独的授权文本来获得用户对生物识别信息处理的授权。当企业完成相关数字的匿名化后，可对数字进一步学习、研究、使用。

3. 数字合规计划的纠偏

数字合规计划并非一成不变的，企业需要全面梳理、审查规则，删除、修改不合时宜的条款，对于已经发生的不合规事项进行事后评估，将短期问题整改与长效制度建设紧密结合，针对数字问题原因，对原有制度进行迭代升级。如果是因为数字合规计划本身的疏漏导致，需要针对合规计划本身进行修正。数字合规计划也应随法规的更迭以及企业发展进行修正，推动数字合规计划的持续改进，保证其有效性。

（三）数字合规的评估

1. 数字合规有效性的标准

对于合规有效性的评估，应当防范数字合规沦为规避刑事责任的"挡箭牌"，防范"盆景化"、纸面合规，坚持动态性、实质性原则。

数字合规有效性评估以抑制、防范、消除企业内生性犯罪风险为导向。我国刑事合规的有效性审查认定标准，形式层面的核心要素，包括：可行、有效的合规制度、合规组织、合规培训，有效的内部合规监督、报告机制。

实质层面上，数字合规计划是否设计良好、有效运作、有效实施。审查企业数字合规自查报告，查明犯罪原因，制定合规计划，建立起事前预防、事中识别、事后应对的数字合规防护网。审查合规计划能否在各个管理流程中识别、监控、应对违法违规、犯罪事件，保证每一个重大决策和项目都经过数字合规性审查。通过访谈、随机抽查业务、穿透式审查等方式，评估数字合规计划能否有效地预防犯罪。

2. 合规有效性评估的相称性原则

不同类型、不同行业、不同业务、不同规模、不同体量的企业数字合规计划的有效性要求不同。数字合规建设遵循个别化原则。中小企业的数字合规计划与大企业的数字合规计划不同。允许企业依据自身的行业和商业模式设计内控制度满足独特数字需求的合规计划，避免模式化适用可能造成的成本过高、成效不佳等问题。

大型企业的数字合规有效性的要求应高于中小企业。大型企业前期已积累大量资源，实力雄厚，容易搭建完善的数字保护体系。内控机制应当强调对单位每一层级人员行为的监督管控，形成并固化"新人必训、全员普训、高层常训、关键岗位轮训、专业岗位频训"的数字合规培训体系。

大型平台企业应重视对第三方合规的管理。平台企业不是中立者，必须履行企业的主体责任，健全的合规管理体系应把第三方关联性企业的合规问题纳入其合规计划中，把第三方供应商、经销商、代理商等纳入其合规管理体系中予以管理，防止第三方违规给自身带来合规风险，不愿意被纳入合规管理体系的第三方会丧失合作机会或业务机会。坚持平台自身软法治理与政府硬法治理相结合。平台企业可以根据平台模式的自身规律制定各类电商交易规则、纠纷解决规则和治理规则。[①] 平台的"软法"规制发挥引领作用。

对于中小企业，搭建数字保护体系的合规成本则相对较高。平台经济的马太效应、"赢家通吃"现象越发明显，晚进入市场的主体，因数字已经被先入场的竞争者所获得，后入场者开拓新的用户比较难，缺乏个人信息保护竞争优势。如果没有足够的数字资源，很难在服务层面展开对于数字保护的竞争。数字合规成本

---

① 肖志珂：《平台企业风险防控与合规建设初探》，载《上海法学研究》2021年第4卷。

高，导致企业缺乏合规动力，可聘请法律顾问帮助企业制定数字合规计划和制度，进行合规审查、风险提示。可采用简式合规，用比较简单的方式进行合规整改，建立一个特定风险事项处理的专项合规计划即可，避免内容泛化。

3. 专项合规和整体合规的平衡

2022 年 4 月，中华全国工商业联合会办公厅等九部门联合印发的《涉案企业合规建设、评估和审查办法（试行）》中第 21 条提出，应以全面合规为目标、专项合规为重点，实现全面合规。

专项合规是全面合规体系的重点和起点，是针对不同类别企业经营活动特定领域的风险进行专门性的预防、应对而建的专门性合规管理体系。如 App 合规、数字交易合规、产品开发合规、反垄断和反不正当竞争等专项合规，是企业合规管理中的某一项。随着市场经济的发展，企业的自由度越来越大，合法与非法的界限越来越模糊，新型刑事风险会增多。如新型金融鼓励创新，但创新意味着突破规则，应把握金融创新与金融违规的界限，对专项金融创新进行合规论证，避免因商业模式创新而带来法律风险，降低因不合规而造成项目失败的风险，防止借数字经济创新之名，行非法吸收公众存款罪、集资诈骗罪等之实的新型金融犯罪行为。

全面合规成本高，但能全面管理企业的风险。若企业暴露了多个领域的合规风险，应增设专项合规管理体系，在专项合规的基础上扩大至其他业务线和全面合规体系建设。但不宜要求涉案企业在刑事诉讼程序中实施全面合规。数据合规建设须处理好风险管控与合规成本的关系。

[**作者简介**：崔科，澳大利亚莫纳什大学硕士，北京大成（武汉）律师事务所律师；崔四星，湖北省恩施州中级人民法院研究室负责人。]

三、
互联网法治

从"撞钟者"到"守夜人":不动产网络司法拍卖费用担负现实困境与司法应对

——基于诉源治理语境下的成本收益分析

王咏吉　王小丽　赵南方

引　言

自 2017 年全国各级法院开展不动产网络司法拍卖工作以来,累计成交金额数万亿元,仅淘宝一家平台挂拍的不动产数量就从 2017 年的 9000 多套飙升至 2021 年的 64.3 万套,两万亿级不动产网络司法拍卖市场已然形成。但因不动产网络司法拍卖中物业管理费、水电燃气费及滞纳金等费用担负方式法律规定不甚明确,司法实践中,人民法院"包费条款"抑或"置身事外"操作模式引发的"撞钟者"[①]效应,不仅打击了公众参与不动产网络司法拍卖的积极性,还极大消耗了人民法院司法公信力,制约了不动产网络司法拍卖制度效能的有效发挥。因此,必须立足于现代化司法治理新视角,重新审视人民法院在不动产网络司法拍卖费用担负中的角色定位,构建出统一高效的费用担负模式,方能有效激发不动产网络司法拍卖制度的联动共生效应。

一、审视:不动产网络司法拍卖费用担负的实践样态

(一)现状扫描:"包费条款"抑或"置身事外"

本文以淘宝网为不动产网络司法拍卖分析平台,随机选取 31 个省会城市 2021 年各 30 个(其中,直辖市按照市区、近郊、远郊,分别选取 10 件)司法

[①] "撞钟"本义为"敲钟",引申为"冲突",此处取其"冲突"意思,意指因考虑不周所引发的冲突。

拍卖成交不动产案例为研究样本，探究不动产网络司法拍卖费用担负现状（如表1所示）。

表1 不动产网络司法拍卖公告中费用担负情形

序号	具体情形	数量（件）
情形一	可能存在的物业费，水、电、燃气等欠费均由买受人承担。	731
情形二	本房产所欠付的一切费用（包括但不限于可能存在的物业管理费、水电费等）均不包含在拍卖的成交价款中，如有欠费须由买受人自理，具体可咨询相关单位。水、电、煤气、有线电视等户名变更手续，由买受人自行办理，相关费用自理。	53
情形三	买受人对垫付的水、电、物业管理费等欠费，不能主张在本次拍卖成交款中清偿。	19
情形四	水、电、气、热、物业管理费等欠费不属于因网络司法拍卖本身形成的税费，本次拍卖不予处理。	75
情形五	买受人应自行办理水、电等户名变更手续，相关费用自理。对可能存在的影响标的物使用的水、电、物业管理费等欠费由买受人自行解决，拍卖人不承担上述费用。	35
情形六	欠缴的物业管理费、违约金等由买受人与物业公司自行协商解决，本院不作处理。	17

上述六种情形，只有情形二、情形五将费用区分为不动产历史欠费与户名变更手续费（占样本总数的9.46%），按照拍卖公告中不动产费用担负主体不同，可分为买受人承担型（笔者称之为"包费条款"模式）以及承担主体不明型（笔者称之为"置身事外"模式），其中情形一至情形三属于前者，情形四至情形六属于后者。

1. 模式一："包费条款"

在司法实践中，部分法院在其不动产网络司法拍卖公告中或以直接方式（如表1中情形一与情形二）或间接方式（如表1中情形三）规定不动产费用由买受人承担，可简化为样态一与样态二。

样态一主要体现为：水、电、气、热、物业管理费等费用均由买受人承担。样态二主要体现为：买受人垫付水、电、物业管理费等费用，不能主张在本次拍卖成交款中清偿。

在此种模式下，无论直接规定买受人承担不动产网络司法拍卖相关费用，抑或是要求买受人垫付，但又不允许其以参与分配方式在本次拍卖中清偿，实际上都等同于不动产相关费用由买受人承担。

2. 模式二："置身事外"

在此种模式下，人民法院在其不动产网络司法拍卖公告中均不注明不动产历史欠费承担主体，法院强调如何承担由买受人自行解决，部分法院做了区分，规定户名变更手续费由买受人承担，可简化为样态三与样态四。

样态三主要体现为：水、电、气、热、物业等欠费由买受人自行解决。样态四主要体现为：水、电、气、热、物业等欠费由买受人自行解决，水、电等户名变更手续费由买受人承担。情形四、情形六属于样态三，情形五属于样态四。

（二）两难困境：非左即右的选择题

实践中，不动产网络司法拍卖呈现两极化态势，各地各级法院陷入"管"与"不管"、非此即彼的两难困境。

1. "包费条款"困境

（1）"包费条款"增加交易阻力

在930份样本中，人民法院在不动产网络司法拍卖中公示费用情况如图1所示。实践中，执行法院会告知意向竞买人需自行前往相关部门询问，因牵涉诸多协助单位，且协助单位往往因"非本人查询"为由拒绝配合。根据逆向选择[①]理论，意向竞买人基于最坏结果利益考量，进而影响不动产报价。现实中，更多的意向买受人往往会放弃竞买，造成"围观者多、报名者少"现象。

（2）"包费条款"有违合同制度

人民法院开展不动产网络司法拍卖活动，看似是一种公权力行为，实质上是代替被执行人变现的一种强制委托，可以说是法定代理的一种买卖行为，是平等的民事主体之间一种特殊形式的买卖关系，属于合同范畴，理应受债的相对性原则约束。原不动产所有权者享受了物业、水、电、燃气等服务，与服务提供者形成了债权债务法律关系，根据债的相对性原则，不动产历史欠费应由原不动产所有权者承担。人民法院未经买受人及债权人（服务提供商）同意，单方以拍卖公告形式改变债权债务关系，似有不妥。

---

① 逆向选择，是经济学术语，指的是市场交易的一方如果能利用多于另一方的信息使自己收益而对方受损时，信息劣势的一方便难以顺利地作出买卖决策，于是价格随之扭曲，并失去平衡、促成交易的作用，进而导致市场效率降低。

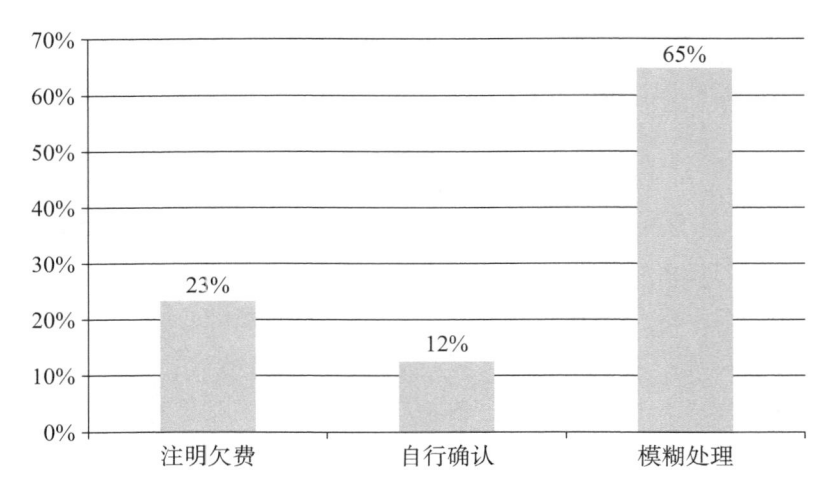

图 1 公示历史欠费占比情况

注明欠费	自行确认	模糊处理
23%	12%	65%

2."置身事外"困境

（1）"置身事外"引发衍生诉讼

不动产物业管理费、水电燃气费等费用由买受人自行处理，部分买受人会以"拿钱买入住"的无奈心态补缴原不动产所有权者历史欠费，还有些买受人对水、电等户名变更手续费持认缴态度，但对物业管理费、水电燃气费等历史欠费持"法无明文规定"的对抗心态，与物业、燃气等服务提供商进行拉锯式对抗，实践中部分物业服务公司代为收取水电燃气费等费用，以买受人尚未补缴欠费为由断水断电，进而引发诸多衍生诉讼、循环诉讼，甚至演变为缠访，耗费诸多司法资源。

（2）"置身事外"损害司法公信力

近年来，诸如"青岛女子百万买房无法入住"[①]、"西安女子购买法拍房，前任业主欠缴大额物业费"[②]等报道屡见媒体，引发公众广泛关注，更有些网络大V借机炒作，严重损害司法公信力。与此同时，一些房屋中介机构利用信息不对称优势进行虚假宣传，谎称"能够对接法院""内部特价房""可减免费用"等，严重扰乱不动产网络司法拍卖市场，给一般社会公众以"法拍房有坑"的错觉，各种

---

① 《女子百万买法拍房无法入住，气愤：物业让补交5年物业费，不交就不供水电！》，载搜狐网，https://www.sohu.com/a/420955745_120755469，2022年8月10日访问。
② 《西安女子买法拍房发现原房主拖欠2万余元物业费 新物业：补缴才能供暖》，载百家号"人民资讯"，2021年11月4日。

贴吧、媒体平台发布样式繁杂的避坑指南，严重动摇公众参与不动产网络司法拍卖积极性，阻碍人民法院查控不动产变现进程。

（三）困境成因："撞钟者"的无奈

为深入了解司法实践何以陷入两难困境，笔者制作面向 B 省中级法院、基层法院执行干警的电子调查问卷，依法获得 237 份有效调查问卷，其中基层法院 159 份，中级法院 78 份，经分析主要有如下两方面原因。

1. 被执行人无力承担的裁量困境

被执行人往往由于各种原因陷入财务困境，实践中也多处于失联的状态，相关调查问卷结果如图 2 所示。可见，实践中被执行人往往无力再承担历史欠费，而申请执行人往往花费巨额的时间及经济成本才拿到法院胜诉判决，此时对实现自身债权有迫切希望，又不希望再垫付任何费用，为尽快推进变现进程，回避历史欠费承担主体认识分歧，避免后续交割出现障碍，法院只能选择"包费条款"抑或"置身事外"。

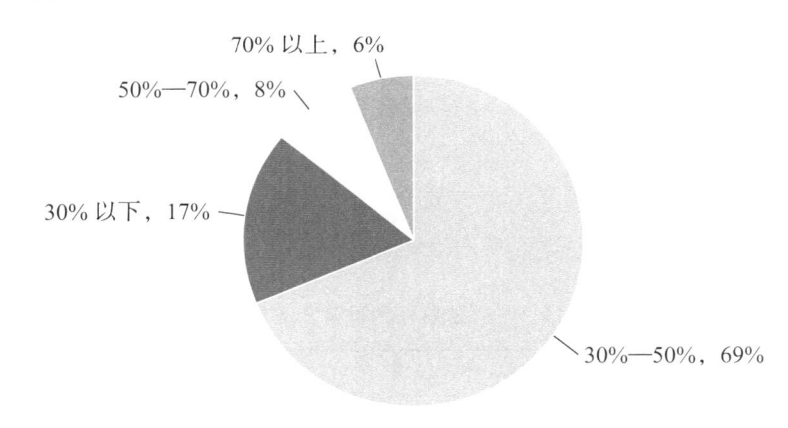

注：最右侧区域的标示意思为：有 69% 的被调查问卷干警反馈，执行过程中有 30%—50% 的被执行人处于失去联系状态。其他标示含义同此。

图 2　被执行人失联情况

2. 执行法院核查精力有限

受访的执行干警中，近三年法官人均结案数如图 3 所示。

实践中，执行法院需向物业公司等服务提供者进行调查核实，部分服务提供者上班时间不固定、台账管理混乱，甚至查控不动产在异地等，都极大地增加了执行法院调查难度和时间成本。加之人案矛盾突出和执行法官办案绩效考核，执行法院精力有限，无法面面俱到核查清楚，索性笼统规定"自行了解"。看似"不负责任"的执行调查行为，实属无奈之举，这也与执行工作发展趋势相背离。

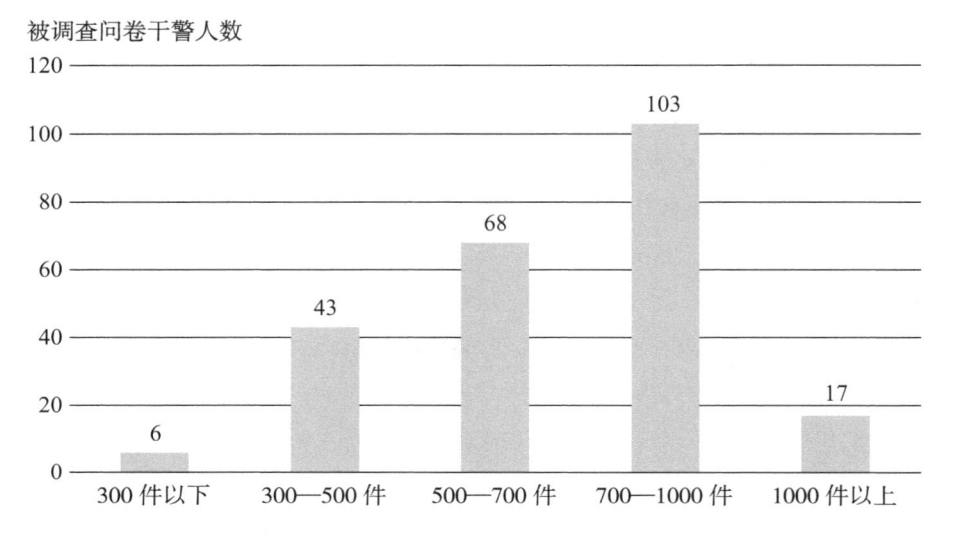

图 3　团队法官近三年人均结案数

（四）小结

突破以上两难境地的切入点，是重新审视人民法院在不动产网络司法拍卖费用担负中的角色定位，合理确定费用担负规则，方法有二。（如表 2 所示）

表 2　人民法院角色重塑方法对比

方　　法	优　　势	劣　　势
法律规定费用担负主体	规则明确、定分止争	一刀切引发现有制度冲突 耗费宝贵立法资源 可能引发其他困境
诉源治理模式下重塑	成本低 社会效果好、收益高	无

显然，方法二符合成本收益最大化原则，契合人民法院定分止争的"守夜人"角色要求，应为最佳重塑模式。

二、机理：人民法院参与不动产司法拍卖费用担负诉源治理的理论支撑

（一）法理维度：法院参与的正当基础

1. 正义与效率价值统一

"迟到的正义即非正义"，效率应为正义的应有之义，"包费条款"模式增加了买受人成本，作为理性经济人，买受人势必压低竞买价格，竞买积极性降低，不管是最终成交还是流拍，都与胜诉债权人的利益不相符，与人民法院尽快变现查控财产的效率理念相违背，变相使被执行人额外支付迟延履行利息，最终正义与效率价值俱损。而"置身事外"模式则是将矛盾后移，虽然个案看似正义效率价值都得到保障，但对于整个法院系统来说，后期的衍生诉讼、循环诉讼将会增加，人民法院的人案矛盾亦会更加突出，整个社会的正义与效率价值也处于俱损状态。相反，如果人民法院基于诉源治理视角，统筹考量不动产网络司法拍卖费用担负情况，在维护个案正义价值的同时，一体考量社会正义与效率价值，则会实现正义与效率价值的有机统一。

2. 良法与善治良性互动

王安石在《周公》一文中提到，"立善法于天下，则天下治；立善法于一国，则一国治"。《最高人民法院关于人民法院网络司法拍卖若干问题的规定》（以下简称《网拍规定》）有效破解了人民法院查控不动产变现处置难题，极大推动了解决"执行难"工作。良法还需结合善治，否则等同于虚设，不动产网络司法拍卖费用担负实践困境，制约了良法善治功能的最大限度发挥。作为社会治理重要组成部分的诉源治理新模式，与"枫桥经验"以人为本的价值理念相同，是新时代"枫桥经验"的生动诠释，能够从源头预防矛盾、推进矛盾纠纷多元化解，有助于将矛盾纠纷化解在诉讼外。人民法院参与不动产网络司法拍卖费用担负诉源治理工作，能够破解不动产网络司法拍卖费用担负实践中所面临的两难境地，实现良法与善治的同频共振。

（二）成本收益维度：法院参与的成本收益账

1. 成本投入

不动产网络司法拍卖活动目的在于通过对查控不动产的尽快变现以取得高价，

进而实现债权人的胜诉权益。投入的成本主要包括时间成本、司法成本以及相应的执行费用（如评估费、委托调查费等）。在"包费条款"及"置身事外"两种司法实践模式中，相较于原先的立法制度设计，实践中的时间、司法成本及执行费用都存在较大程度的偏离。试想，通过重塑人民法院在不动产网络司法拍卖费用担负中的角色定位，从纠纷源头治理视角在调查、公告、成交等环节予以适当介入，即微调人民法院在不动产网络司法拍卖各环节的司法成本投入，进而减少不必要的欠费纠纷争端与信访投诉，那么这样的成本投入也是可以忽略不计的。

2. 司法收益

笼统来说，不动产网络司法拍卖活动的司法收益主要是实现债权和达到社会效果与法律效果的有机统一，前者主要是指通过变现查控的不动产，实现胜诉债权人的债权清偿；后者主要是指在实现生效法律文书确定的内容的同时，彰显司法权威，震慑拒不履行义务的其他被执行人，进而实现社会治理，恢复社会稳定秩序。现阶段司法实践中的两种不动产费用担负模式，要么增加买受人负担，降低其竞买积极性，妨碍第一层司法收益的最大化实现；要么引发衍生诉讼、损害司法公信力，阻碍第二层司法收益目标的实现。可以说，不动产网络司法拍卖费用担负两种司法实践模式均未能实现司法收益的最大化。如果能将溯源治理引入不动产司法拍卖，合理确定不动产网络司法拍卖费用担负模式，在处置过程中一体化解决不动产历史欠费争端，既能快速实现不动产变现目的，也能最大限度减少后续欠费纠纷，进而让竞买人看得明白、买得安心，以实现司法收益价值最大化。

3. 成本收益账

立足于溯源治理视角，重塑人民法院在不动产处置过程中的角色定位，在调查、公告、成交等环节予以适当介入，通过引入第三方等辅助机构适度参与不动产处置过程，人民法院适当往前走一步，并选择适当的不动产网络司法拍卖费用担负模式，既能让潜在的竞买人对竞买不动产收益予以合理预测，也能减少不必要的后续欠费纠纷及信访投诉。可见，在溯源治理模式下重塑人民法院参与不动产司法拍卖费用担负中的角色定位，在微调司法成本投入的情况下，所获得的衍生案件数量、人案矛盾、信访缠访等下降司法收益是巨大的，也符合社会治理新趋势、新要求，为不动产网络司法拍卖制度回归《网拍规定》设计初衷提供了可能。

（三）价值维度：法院参与的现实裨益

1. 优化社会治理的必然要求

社会治理是一项异常庞大的系统工程，人民法院作为其中的关键一环，担负重要的职责使命。司法实践中，"置身事外"的不动产网络司法拍卖费用担负模式非但不能消解已有的司法纠纷，还衍生出诸多司法诉讼、循环诉讼，将海量纠纷招入司法程序，使得有限的司法资源被大量消耗在"人为制造"的纠纷之中，司法公信力也必然随之受损，这与当前社会综合治理的制度理念显然相背离。可见，"置身事外"的不动产网络司法拍卖费用担负模式断不可取，鸵鸟式的处置方式也必将危及法院自身。相反，人民法院变"置身事外"为主动治理，源头防范衍生诉讼案件，这与人民法院"守夜人"的角色相匹配，是社会治理现代化的必然趋势，也与党中央所倡导的诉源治理理念相契合。

2. 满足公众司法期待的全新诉求

进入新时代以来，社会公众对人民法院提出了更高的司法需求，他们已不再局限于一事一案中的公平正义，每一个司法案件都要实现公平正义已然成为司法基本要义，他们现在期待人民法院能够以更少的司法投入、更低的社会成本、更高的司法效率来实现案件的公平正义。同时，他们更希望作为"守夜人"的人民法院能将公平正义拓展到日常生活中，能够在保护私权利的同时，调和紧张对立的社会关系，防范新的纠纷的产生以及及时化解纠纷。通过开展不动产网络司法拍卖费用诉源治理，帮助买受人预防和防范纠纷的发生或扩大，以事半功倍的途径为人民群众化解纠纷，是民心所向。

3. 确保司法良性运行的现实需求

当前，各级法院人案矛盾日益加剧，北京、上海等地部分法院法官人均年结案数达上千件，可以说传统的"5+2""白加黑"办案模式已无法应对现有激增的案件数量。具体到不动产网络司法拍卖工作中，"包费条款"式的费用担负模式严重制约不动产变现效率，"置身事外"式的费用担负模式更是衍生大量案件，人民法院审执工作陷入恶性循环之中。显然，试图通过争取财政大幅支持扩招人员追加办案力量既不现实，亦不可取，唯有通过诉源治理，从不动产网络司法拍卖费用担负源头消减增量，让制度实践回归《网拍规定》设计初衷，让各地各级法院人案供需最大限度保持动态平衡，方能契合当前司法良性运转的迫切现实需求。

三、辟径：诉源治理语境下的不动产网络司法拍卖费用担负司法应对

运用成本收益分析工具，准确把握人民法院在不动产网络司法拍卖费用担负制度中的功能定位，方能在实现司法效益最大化的同时，避免成本过高投入，即在积极作为的同时做到适度参与。

（一）调查环节：第三方尽职调查制度

根据北大法宝、法信查询地方性司法文件，其中关于不动产网络司法拍卖费用的调查主体主要有如下三种模式。（如表3所示）

表3 不动产费用调查主体模式

模 式	具体内容	劣 势
模式一	默认由执行法院承担	笼统规定执行法院负责调查，不利于落实查询责任主体
模式二[①]	原则上由执行法院设立的专门性部门负责，亦可委托司法辅助机构调查	无
模式三[②]	由执行法官或合议庭负责	负担过重，很难尽职调查。如遇疫情等突发事件，则无法调查异地不动产费用情况

根据《最高人民法院关于深化执行改革健全解决执行难长效机制的意见——人民法院执行工作纲要（2019—2023）》文件精神，引入第三方机构参与人民法院执行过程，是未来法院执行工作集约化、专业化必然发展趋势，是适应执行工作现代化、执源治理实质化的最优选择。具体到不动产网络司法拍卖费用调查等辅助事务而言，在人民法院监督指导下交由第三方机构来独立完成，既可以发挥辅助机构灵活性大、竞争性充足的优势来进行较为全面细致的费用调查，又由执行法院专门性部门来监督、复核，增强司法公信力，在兼顾执行正义的同时，最大

---

① 此种模式如北京、上海、深圳等地法院。
② 此种模式如江西等地法院，如江西省高院规定：执行法官（合议庭）对于拍卖标的产权转移可能产生的税费，应该依法确定承担的主体、数额。

限度提高执行效率，节省不动产网络拍卖司法成本。

在司法实践操作层面，执行法院可通过类似"智槌"系统[①]发布任务，第三方机构在线接单后开展房屋占有使用情况调查、物业欠费情况调查、张贴法律文书等辅助性工作，并通过钉钉位置打卡、上传视频照片等方式全流程留痕，确保调查过程真实有效。[②]第三方机构在调查过程中可及时通知物业公司等服务提供者向执行法院申报历史欠费等债权情况，同意人民法院对不动产物业管理费、水电燃气等历史欠费承担主体的对外公示内容，调查完成后，执行法院可在线评价，对不符合操作规程的，可要求补充调查，对拒不接受执行法院指导或调查过程弄虚作假的，可要求平台采取除名等惩戒措施。关于第三方机构调查费用，人民法院可将之算作执行费用，并在拍卖款中优先支付。相关工作流程，如图4所示。

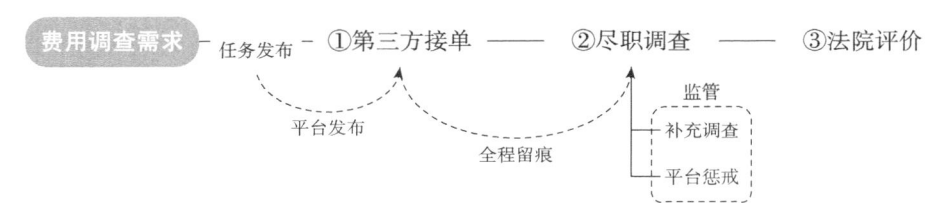

图4 第三方尽职调查流程

（二）公告环节："统一+浮动"模式

在第三方机构完成不动产费用等相关事项尽职调查后，人民法院在不动产网络司法拍卖发布之前，还应再次复核不动产历史费用及物业公司等服务提供者申报债权情况，根据执行公开相关要求，人民法院须在不动产网络司法拍卖标的物情况说明表或拍卖公告中醒目位置注明物业管理费、水电费等费用欠缴情况，依法保障意向竞买人知情权。根据不动产费用性质，显然，不动产水、电、有线电视等户名变更手续费应当由买受人承担，实践中买受人对此也毫无争议；而对于

---

① 2020年5月29日，无锡市中院召开司法拍卖新闻发布会，发布和介绍了江苏省首个"智槌"网络拍卖辅助工作管理系统，该系统打通了人民法院与司法拍卖辅助机构之间的沟通联系平台，实现了司法拍卖辅助工作线上线下一体化、服务过程可视化、服务内容标准化，极大地提升了人民法院司法处置效率。

② 如北京市顺义区人民法院在全国首创异地财产"翼处置"模式，利用淘宝、京东旗下遍布全国各地的司法辅助机构开展不动产费用调查工作，钉钉打卡等方式监管，确保尽职调查，使异地财产处置用时缩短了三分之二以上，实现异地财产处置与本地财产处置无差异推进。

不动产物业管理费、水电燃气等历史欠费，又该如何规定呢？

司法实践中，被执行人往往因丧失偿债能力而被人民法院强制执行，继而司法机关处置其名下的不动产，很多被执行人名下只有一处不动产，拍卖房款被分配后往往所剩无几，甚至尚不能清偿抵押债权，此时还让被执行人承担先前拖欠的物业管理费、水电燃气等历史欠费，且不说能否找到被执行人应诉，即使找到也只会增加司法诉讼，给法院执行部门招入一批无法清偿的执行案件，加重被执行人偿债负担，消减其履约的意愿与能力，不利于物业管理等服务提供债权人债权的实现，最终危及社会稳定。

综观不动产网络司法拍卖最终成交结果，其成交价往往低于评估价或市价，这也是法拍不动产之所以如此诱人的主要原因，如在笔者考察的 930 份成交不动产中，72% 的不动产成交价低于评估价格，司法实践中，不动产历史欠费金额往往低于成交价与评估价之间的差价，基于利益衡平考量，此时让获益的买受人承担这部分历史欠费，未尝不是一种很好的价值选择。从法律规定来看，债务转移需经债权人同意，笔者在前文不动产网络司法拍卖调查阶段提及，要求第三方机构尽职调查时征得物业公司等服务提供机构同意人民法院历史欠费承担主体的对外公示内容，也就从实质和程序要件上满足了债务转移规定，人民法院在拍卖过程中的相关文件也就自然对买受人具有约束力。

基于上述考量，针对不动产物业管理费、水电燃气等历史欠费，笔者建议采用"浮动"规定模式，即若不动产网络司法拍卖成交价低于不动产评估价或市价，则不动产物业管理费、水电燃气等历史欠费，由买受人承担；若不动产网络司法拍卖成交价不低于不动产评估价或市价，则由买受人与物业公司等单位自行协商解决，拍卖人不承担上述费用，不动产费用担负模式如图 5 所示。

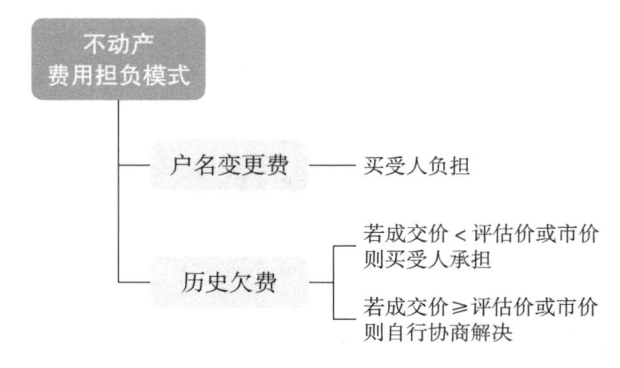

图 5　不动产费用担负模式

(三)成交阶段:积极辅助背景下的有限参与

1. 非诉调解与司法确认机制

对于成交价不低于不动产评估价或市价的买受人而言,如何避免买受人再度陷入"置身事外"模式下的困境,则需要我们依托诉源治理视角,积极作为。自2016年以来,人民法院主动延伸司法触角,积极探索开展诉源治理工作,可以说成效明显,交出了一份司法机关助推国家治理体系和治理能力现代化的满意答卷,也为不动产历史欠费诉源治理提供了诸多有益经验。

笔者建议引入非诉调解与司法确认机制,即在竞买人成功竞得不动产后,人民法院应当自不动产网络司法拍卖竞价结束后,于三日内告知买受人可在尾款缴纳截止日期前请求人民法院组织双方就物业管理费、水电燃气等历史欠费与物业管理公司等服务提供者展开协商,对于买受人提出的调解申请,人民法院应当积极配合,考虑到不动产后续相关手续的办理时间、经济及司法成本,人民法院应当在买受人缴纳尾款后七日内,亲自组织或邀请调解组织对双方进行调解,对于达成调解协议且在三十日内共同向人民法院申请司法确认的,人民法院应开设绿色通道,七日内完成司法确认工作,此时调解协议即具有强制执行效力。对于无法达成调解协议的,则由双方当事人通过另诉方式解决,人民法院依法居中作出终局裁判。当然,不管买受人能否最终与服务提供者就不动产历史欠费达成调解协议,都不影响法院为其办理成交手续,具体运行如图6所示。

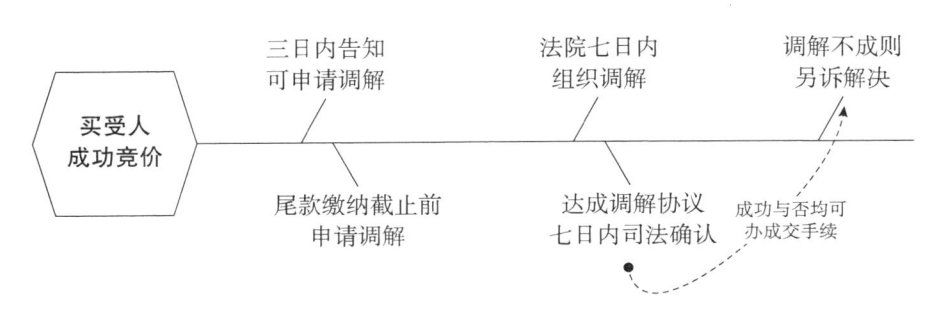

图6 非诉调解与司法确认运行流程

2. 禁止参与分配规则

还有个问题需要明确,即买受人按照要求缴纳物业管理费、水电燃气等历史欠费后,能否依据凭证从人民法院取得的拍卖款中扣除或者申请参与分配?

对于成交价低于不动产评估价或市价的买受人而言,此种情形符合债务转移要件，买受人代替被执行人承担不动产历史欠费，除非被执行人同意返还历史欠费，否则不存在抵扣或申请参与分配的问题，此时对于买受人执意提起的参与分配申请乃至诉讼，人民法院要从程序方面予以驳回，以减少衍生诉讼，避免司法资源浪费。而对于成交价不低于不动产评估价或市价的买受人，笔者认为也不可以，理由有二。

其一，人民法院执行部门不能僭越审判权，不能径行确认买受人在缴纳物业管理费、水电燃气等历史欠费后，以普通债权身份参与本次不动产拍卖款的分配，即使买受人与物业公司等服务提供者达成调解协议，进而获得人民法院的司法确认，但制约的仍是买受人与服务提供者双方，即与被执行人并无牵涉，在被执行人不同意的情况下，自然不能申请参与分配。

其二，若买受人与物业公司等服务提供者就不动产历史欠费达成调解协议，并支付相应款项后，买受人能否以不当得利为由向被执行人行使追偿权，还需进一步实践，最终实现规则的统一。若买受人与物业公司等服务提供者就不动产历史欠费无法达成调解协议，此时还需另诉解决，与前面一样，最终需要有统一的规则，这是今后要进一步深入探讨的问题。可见，此种情况较为复杂，简单纳入垫付抑或参与分配制度，未免草率，也会阻碍拍卖款后续程序的处理。

鉴于此，笔者认为应禁止买受人参与本次不动产拍卖款的分配，这是司法被动性的体现，即人民法院不动产网络司法拍卖费用担负诉源治理过程中应有限参与，而非大包大揽，避免陷入制度旋涡而损害正义与效率价值。

四、结语

霍姆斯曾说"法律的生命从来不是逻辑，而是经验"。一项法律制度是否完善除了立法本身以外，还要靠司法实践去检验。当前，不动产网络司法拍卖费用担负实践现状偏离制度设计初衷，需要在诉源治理大背景下，重塑人民法院角色定位，实现从冲突到止争、从"撞钟者"到"守夜人"的角色转变。我们坚信，人民法院通过实践探索，有限参与不动产网络司法拍卖费用担负诉源治理工作，定能走出一条符合中国特色的不动产网络司法拍卖费用担负多元解决之路，满足人民群众日益高涨的司法需求，助推解决"执行难"工作获得新突破！

附件：

关于人民法院参与不动产网络司法拍卖费用担负纠纷诉源治理的实施意见（作者建议稿）

为贯彻落实《最高人民法院关于人民法院网络司法拍卖若干问题的规定》，进一步提升不动产网络司法拍卖工作实效和司法公信力，切实从源头上减少因不动产网络司法拍卖费用担负引发的诉讼增量，结合执行工作实际，制定本实施意见。

第一条 人民法院应坚持党委领导、源头治理、多元解纷、法治引领、科技支撑原则，积极开展不动产网络司法拍卖费用担负纠纷溯源治理工作。

第二条 人民法院可以将不动产费用调查等相关拍卖辅助工作委托社会机构或者组织承担，并对其调查行为予以监管与评价，确保受托社会机构或者组织尽职调查。

第三条 受托社会机构或者组织完成尽职调查后，相关合理费用可在人民法院拍卖款中优先清偿。

第四条 人民法院在实施不动产网络司法拍卖时，应在标的物情况说明表或拍卖公告中醒目位置注明物业管理费、水电费等费用欠缴情况。

第五条 不动产水、电、有线电视等户名变更手续费应当由买受人承担。

若不动产网络司法拍卖成交价低于不动产评估价或市价，则不动产物业管理费、水电燃气等历史欠费，由买受人承担；若不动产网络司法拍卖成交价不低于不动产评估价或市价，则由买受人与物业公司等单位自行协商解决，拍卖人不承担上述费用。

第六条 若不动产网络司法拍卖成交价不低于不动产评估价或市价，人民法院应当自不动产网络司法拍卖成交后，三日内告知买受人可在尾款缴纳截止日期前请求人民法院组织双方就物业管理费、水电燃气等历史欠费与物业管理公司等服务提供者展开协商。

买受人在前款时间内向人民法院提出申请的，人民法院应当在买受人缴纳尾款后七日内，亲自组织或邀请调解组织对双方进行调解。

第七条 双方达成调解协议的，并自调解协议生效之日起三十日内共同向人民法院申请司法确认的，人民法院应开设绿色通道，七日内完成司法确认工作。

第八条　买受人在拍卖公告确定的期限内将剩余价款交付人民法院指定账户的，人民法院应当如期为其办理成交手续。

第九条　买受人缴纳物业管理费、水电燃气等不动产历史欠费后，不能从人民法院取得的拍卖款中予以扣除或者申请参与分配。

第十条　本实施意见自印发之日起施行。

（**作者简介**：王咏吉，北京市顺义区人民法院二级法官；王小丽，北京市顺义区人民法院执行团队长、审判员、四级高级法官；赵南方，北京市顺义区人民法院三级法官助理。）

民事在线诉讼"异步审理"模式实践及其优化路径

侯元颖

引 言

2021年6月,最高人民法院发布《人民法院在线诉讼规则》,明确规定"非同步"审理机制,"异步审理"模式的适用范围也从互联网法院扩展至地方法院。民事在线诉讼"异步审理"模式为智能时代世界法治文明提供了中国方案,贡献了中国力量;满足人民群众多元司法需求,实现司法便民,但其在蓬勃兴起的同时也面临着诸多挑战,如丧失庭审仪式感问题、证人隔离作证问题、程序衔接转换问题、审判公开不到位问题……本文设想为在线"异步审理"的庭审界面植入法庭仪式要素,融入司法符号,将动态的卡通法官形象贯穿庭审始终,增强庭审仪式感。开辟"证人专线",为证人设置在线"异步审理"交互式留言框的精准屏蔽功能,实现证人隔离作证。构建"1+1+X"的三层次高阶民事在线诉讼"异步审理"模式,第一个"1"是"智能立案辅助阶段",第二个"1"是"异步审理诉前调解阶段",最后的"X"是在程序设计上融入在线"异步调解",实现在线"异步审理"与在线"异步调解"的"随时双向转换",并在程序转换上实现在线"异步审理"与在线"同步审理"的"横向程序转换"和在线"异步审理"与线下审理的"纵向程序转换"。为人民陪审员打造案件事实问题电子清单,以"云端陪审"促进审判公开,最终实现数字正义。

一、民事在线诉讼"异步审理"的性质及正当性证成

"异步审理"是指审判人员与诉讼参与人在规定期限内不受时空限制,自由选择时间,交错式完成诉讼活动的审理模式。合理界定民事在线诉讼"异步审

理"的性质,科学论证其正当性,是研究民事在线诉讼"异步审理"模式的第一步。

(一)民事"异步审理"的性质:独立的庭审程序

"异步审理"自诞生之日就备受瞩目,理论界与实务界对于"异步审理"的性质争论主要有以下四种观点:第一种观点认为"异步审理"等同于书面审理,是间接审理。[①] 第二种观点认为"异步审理"是直接审理和间接审理混合的产物。[②] 第三种观点认为"异步审理"是集中审理前的书面准备程序,[③] 是无需言辞辩论的"庭前准备程序"[④]。第四种观点认为"异步审理"不能完全对等于庭审过程,应将其限缩为"异步陈述",才不会产生较大歧义,也不会与一般诉讼原则相冲突。[⑤] 以上观点都有其合理性,但就当下实践来看,还需结合法律规范来界定民事在线诉讼"异步审理"的性质。

《北京互联网法院电子诉讼庭审规范(试行)》以在线"同步审理"为常态、"异步审理"为例外,明确"异步审理"庭审活动的效力;杭州互联网法院《涉网案件异步审理规程(试行)》在"异步审理"的概念界定上与北京互联网法院相一致;《广州互联网法院在线审理规程(试行)》明确规定"异步审理"模式下诉讼主体完成诉讼行为后法院可不再开庭,径行裁判;《人民法院在线诉讼规则》第20条明确规定适用"异步审理"的案件范围。[⑥] 三家互联网法院出台的规范性文件以及最高人民法院发布的司法解释均将"异步审理"视为一种独立完整的庭审程序。因此,笔者认为民事在线诉讼"异步审理"是独立完整的庭审程序,是新的民事纠纷解决方式。

[①] 郝晶晶:《互联网法院的程序法困境及出路》,载《法律科学(西北政法大学学报)》2021年第1期。

[②] 陶杨、付梦伟:《互联网法院异步审理模式与直接言词原则的冲突与协调》,载《法律适用》2021年第6期。

[③] 肖建国、丁金钰:《论我国在线"斯图加特模式"的建构——以互联网法院异步审理模式为对象的研究》,载《法律适用》2020年第15期。

[④] 饶淑慧:《异步审理模式的理论本质与功能实现》,载《文化学刊》2022年第3期。

[⑤] 秦汉:《互联网法院纠纷处理机制研究——以网络著作权纠纷为例》,载《电子知识产权》2018年第10期。

[⑥] 王庆宇:《民事异步审理的性质及其正当性证成》,载《贵州师范大学学报(社会科学版)》2021年第7期。

（二）民事"异步审理"的正当性证成

1."异步审理"未突破直接原则

直接审理原则要求法官审理案件具有"亲历性"，要求法官"在场"，通过直观的审理体验获得最佳心证。"异步审理"未从本质上减损法官的"亲历性"，法官依然亲自参与庭审各个环节，诉讼当事人以交互式对话的方式，参与法庭调查、法庭辩论等诉讼环节，虽然审理方式呈现出"行为非现场化"和"行为互动电子化"的特征，但整个庭审活动仍在法官主持下展开，法官能获悉全面、真实、有效的案件信息并公正裁判。

要迎合时代发展，对直接审理原则的"在场"要素作扩大解释，将物理意义上的"在场"延伸至网络空间的诉讼平台，在线诉讼只转换法官的"在场方式"，并未背离直接审理原则的"在场"要求。且"异步审理"只有法官与双方当事人参与，没有第三方主体介入，未改变双方当事人直接沟通的基本构造，也未违背直接审理原则有关直接听取意见、直接接触诉讼资料和证据材料、直接裁判等内容。① 因此，"异步审理"模式未从根本上改变法官心证的形成过程，未突破直接审理原则的合理界限。

2."异步审理"未突破言词原则

言词审理原则要求当事人在庭审中以言词形式表达诉讼请求，敦促法庭调查发现事实真相。在线"异步审理"中，诉讼当事人由传统的"面对面"陈述，转变为"屏对屏"对话，这种交互式"留言对话"方式虽然在即时性上滞后于"面对面对话"，但并不影响双方当事人在言词交流上的互动性，本质上仍是动态的交流方式。

杭州互联网法院《涉网案件异步审理规程（试行）》第 6 条明确规定双方当事人应在 24 小时内以交互式发问框的方式相互发问，24 小时后，当事人只能回答不能提问②。由此可见，当事人仍需在规定时限内通过多轮争辩表达诉讼请求，双方当事人的观点交锋依然有序进行，这都表明"异步审理"并未阻断双方当事人的

---

① 林洋：《互联网异步审理方式的法理思辨及规则建构》，载《甘肃政法学院学报》2020 年第 4 期。
② 杭州互联网法院《涉网案件异步审理规程（试行）》第 6 条规定："经法官许可，案件进入发问环节。发问以交互式发问框的方式进行。各方当事人相互发问应于 24 小时之内完毕，发问不分先后，提问与回答可同时进行。发问结束后的 24 小时，当事人不能问只能答。法官发问不受时间限制。法官认为无需发问的，可以直接进入辩论环节。"

动态庭审对抗，而是以有别于传统"面对面"的"屏对屏"言词交往形式促使法官查明案件事实，未突破言词审理原则的合理界限。

3."异步审理"未突破集中原则

集中审理原则追求个案审理过程的集中性，意在不更换审判人员的条件下连续进行庭审。集中审理原则要求的不间断审理产生于资产阶级自由主义时期，现如今集中审理原则并不严格要求只进行一次审理，也不必然要求法官一次仅审理一个案件，即可以进行多次口头辩论、并行审理多个案件，因此"异步审理"与其不存在本质冲突，相反二者在提升诉讼效率方面具有一致的价值取向。

上海市高级人民法院《关于在线异步诉讼的若干规定（试行）》第9条就对法庭调查和法庭辩论作出时限规定，敦促当事人积极承担诉讼义务，压缩审理周期。[①] 这是为了避免"异步审理"交互式对话导致庭审互动环节的"间隔性"并由此引发庭审拖沓现象，因此实践中要求诉讼参与人的参诉行为应在法定期限内完成。"异步审理"增强了当事人的诉讼参与感，当事人利用"碎片化"时间随时随地完成法庭调查及法庭辩论等诉讼环节，提高司法效率，未突破集中审理原则的合理界限。

二、民事在线诉讼"异步审理"模式的实践展开

杭州互联网法院率先上线"异步审理"模式，广州互联网法院与北京互联网法院紧随其后，时至今日，越来越多的法院相继开启"异步审理"模式。分析民事在线诉讼"异步审理"模式的实践应用，其具有以下特征。

（一）适用范围的限定性

适用范围的限定性契合在线"异步审理"作为在线"同步审理"例外形态的定位，提高当事人选择"异步审理"模式的可能性。如上海市徐汇区人民法院审理的广东某娱乐公司诉李某侵害商标权纠纷案。本案案情简单、争议不大，且一方当事人远在广东，法官征得双方当事人同意后适用在线"异步审理"模式。由

[①] 上海市高级人民法院《关于在线异步诉讼的若干规定（试行）》第9条第3款规定："庭审流程由法官主持，除（六）（七）（十）三个阶段分别给予当事人48小时外，其余各阶段均以24小时为限。当事人有特殊情形需要延长期限的，应向法官提出延长申请，由法官决定是否延长期限。各阶段给予每个当事人的延长期限一般不超过48小时。"

此可见，对民事在线诉讼"异步审理"模式的适用范围加以限定，符合司法规律，体现便民利民。

杭州互联网法院《涉网案件异步审理规程（试行）》将适宜网上审理、案件事实清楚的非适用普通程序审理的民事案件纳入在线"异步审理"的适用范围，而《广州互联网法院在线审理规程（试行）》则将其适用范围进一步限缩为不开庭审理不影响案件事实查明的民事小额诉讼案件。①《人民法院在线诉讼规则》第20条第2款明确规定"异步审理"的适用范围和适用情形，即当事人同意且适宜在线审理的适用小额诉讼程序或者民事、行政简易程序审理的案件。②因此民事在线诉讼"异步审理"模式的适用范围具有限定性，即当事人同意且适用小额诉讼程序或者民事简易程序审理的事实清楚、法律关系明确、适宜在线审理的民事案件。

（二）程序启动的合意性

程序启动的合意性体现当事人对民事在线"异步审理"模式的启动享有程序申请权，当事人同意是启动的先决条件。如上海海事法院采用"异步审理"模式成功调处一系列船舶碰撞损害责任纠纷案件。这是由同一起船舶碰撞事故引发的系列案件，当事人人数众多且位于不同地区，庭审时间难以统一，征得各方当事人同意后，合议庭适用在线"异步审理"协调多方当事人跨时间、跨地域在一周之内达成26份调解协议。由此可见，基于当事人同意的"异步审理"是保障当事人程序选择权的必然选择，也是适应时代发展的现实需要。

《人民法院在线诉讼规则》第20条第1款虽明确规定当事人合意是在线"异步审理"的启动条件，但却未对当事人同意的方式作出具体限制。③实践中对当事

---

① 王庆宇：《民事异步审理的性质及其正当性证成》，载《贵州师范大学学报（社会科学版）》2021年第4期。
② 《人民法院在线诉讼规则》第20条第2款规定："适用小额诉讼程序或者民事、行政简易程序审理的案件，同时符合下列情形的，人民法院和当事人可以在指定期限内，按照庭审程序环节分别录制参与庭审视频并上传至诉讼平台，非同步完成庭审活动：
（一）各方当事人同时在线参与庭审确有困难；
（二）一方当事人提出书面申请，各方当事人均表示同意；
（三）案件经过在线证据交换或者调查询问，各方当事人对案件主要事实和证据不存在争议。"
③ 《人民法院在线诉讼规则》第20条第1款规定："经各方当事人同意，人民法院可以指定当事人在一定期限内，分别登录诉讼平台，以非同步的方式开展调解、证据交换、调查询问、庭审等诉讼活动。"

人同意的认定至少包含以下五种情形：一是主动作出在线诉讼行为；二是具有口头同意的意思表示；三是通过诉讼平台确认同意；四是以书面同意的形式线下确认；五是其他表示同意的方式。① 通常只要是当事人真实的意思表示，并能留痕追溯，均可视为当事人同意的有效方式。实践中，法院一般会根据案情和客观条件向当事人提议适用"异步审理"模式，以弥补法院在"异步审理"程序启动上的不足，保障当事人的程序选择权。因此民事在线诉讼"异步审理"模式的程序启动具有合意性，即程序的启动需以各方当事人同意为前提。

（三）法庭审理的异步性

法庭审理的异步性既具有"错空"的优势，又解决"错时"的难题，节约诉讼成本。如石家庄金融法庭审理的某银行诉王某信用卡纠纷案。法官在"金融法庭异步审理平台"发起庭审，双方当事人在规定期限内以在线文字留言的形式"交互式"完成诉讼活动，历时24小时审结案件。由此可见，民事在线诉讼"异步审理"模式的异步性将审判环节"化整为零"，庭审环节的间隔性有利于当事人组织语言、收集证据，减轻当事人诉累，提高审判效率。

在线"异步审理"与线下庭审相比具有线上性和异步性的特点；与在线"同步审理"相比则具有异步性的特点。② 传统线下审理的同步性要求法官与诉讼参与人在特定时间到达同一物理空间参加诉讼，庭审活动相对集中，被告即时回应原告的诉求，原告即时反驳被告的意见，诉讼参与人即时回复法官的询问或发问。在线"同步审理"的同步性与传统线下审理的同步性区别在于：法庭由特定的物理空间转换为共同的虚拟空间。与以上两种审理方式的同步性不同，在线"异步审理"的异步性主要体现在以下两个方面：一是同一诉讼环节不要求即时性。如杭州互联网法院《涉网案件异步审理规程（试行）》第6条规定，法庭调查中，一方当事人可在另一方当事人发问结束后的24小时内答复。二是不同诉讼环节不要求连续性。如上海市高级人民法院《关于在线异步诉讼的若干规定（试行）》第9条规定，举证、质证、法庭辩论三个阶段分别给予当事人48小时的答复时限。民事在线诉讼"异步审理"模式下，诉讼参与人各自选择合适的时间在诉讼平台上

---

① 刘峥、何帆、李承运：《〈人民法院在线诉讼规则〉的理解与适用》，载《人民司法》2021年第19期。
② 谢登科、赵航：《论互联网法院在线诉讼"异步审理"模式》，载《上海交通大学学报（哲学社会科学版）》2022年第2期。

完成诉讼活动。

（四）审理程序的转换性

审理程序的转换性为在线"异步审理"提供程序救济空间，保障程序与案件之间的匹配性，实现不同程序的价值功能。如上海市静安区人民法院审理的上海某建材有限公司诉某建设集团股份有限公司买卖合同纠纷案。本案第一次调解失败，审理程序转换为在线"异步审理"，为妥善化解纠纷，法官又安排在线同步庭审，最终案件成功调解。由此可见，民事在线诉讼"异步审理"模式的审理程序转换性有利于矛盾纠纷的彻底化解，真正实现案结事了，节约司法资源。

上海市高级人民法院《关于在线异步诉讼的若干规定（试行）》第 5 条第 2 款规定："法官在诉讼过程中发现案件不适合在线异步诉讼的，可以转为线下或在线同步方式进行，但应当给予当事人必要的准备时间。"《人民法院在线诉讼规则》第 21 条列举在线庭审向线下转换的七种情形：一是当事人不同意；二是技术条件和当事人自身能力的限制；三是需当庭查明身份、核对原件、查验实物；四是案件疑难复杂、证据繁多，不宜线上审理；五是案件涉及国家安全、国家秘密；六是案件被广泛关注具有重大社会影响；七是法院认为存在其他不宜线上审理的情形。因此民事在线诉讼"异步审理"模式的审理程序具有转换性，即在线"异步审理"向在线"同步审理"的程序转换和在线"异步审理"与线下审理的程序转换。

三、民事在线诉讼"异步审理"模式的问题检视

明晰民事在线诉讼"异步审理"的性质，对其进行正当性证成，分析民事在线诉讼"异步审理"模式的实践应用后，就需要聚焦司法实践层面的难题。

（一）庭审秩序失范的问题

民事在线诉讼"异步审理"模式减损法庭神圣感，产生庭审仪式感弱化的问题。民事在线诉讼将法庭从线下物理空间转移至线上网络空间，如果说在线"同步审理"尚可通过视频连线等方式模拟出物理的庭审环境，那么在线"异步审理"则直接摒弃传统线下庭审的物理外观，无法在线展示法槌等法庭符号，削弱庭审仪式感。

民事在线诉讼"异步审理"模式增加当事人违反庭审秩序的可能性,带来庭审秩序混乱的问题。传统线下审理,基于庭审环境的严肃性,诉讼参与人的参诉行为通常在法官可把控的限度之内,由此带来庭审秩序的稳定性。在线"同步审理"通过"屏对屏"模拟线下庭审的物理环境,诉讼参与人仍可感受到庭审仪式感,法官能及时纠正诉讼参与人的不当行为。但在线"异步审理"模式下,无论诉讼参与人采取文字留言的形式还是视频留言的形式,由于交互式"留言框"即时性不强,法官可能无法及时发现诉讼参与人违反法庭秩序的行为,不能第一时间对其进行惩戒,在维护庭审秩序上存在滞后性。

民事在线诉讼"异步审理"模式增加诉讼参与人的身份认证风险,身份认证问题愈加凸显。主要表现为:法官在"异步审理"模式下很难发现每次上线参与诉讼的人员是不是诉讼参与人本人,若不是本人,则其实施的诉讼行为是否作用于诉讼参与人,以及由此产生的法律后果是否应当由诉讼参与人承担……身份认证问题还会引发虚假诉讼,如他人假冒诉讼当事人参与诉讼,以诉讼当事人的身份信息获得诉讼信息访问权,进而实施不当诉讼行为。

(二)异步质证合法性问题

民事在线诉讼"异步审理"模式存在质证规则模糊的问题。我国民事诉讼法虽对各项证据的质证作出规定,但未就质证程序本身作出规定,在证据表现力上也未完全契合在线诉讼,有关在线诉讼庭审质证的规定散见于司法解释及各级法院自行制定的细则中,[①] 无法满足在线诉讼实践发展的需要。

民事在线诉讼"异步审理"模式面临证人证言审查以及证人隔离作证的问题。传统线下诉讼证人出庭作证需要得到法庭许可,此时"面对面"庭审有助于法官进行证人证言审查,法官观察证人作证时的神态,可以捕捉证人虚假作证的迹象。但对在线诉讼而言,要想实现真正意义上的证人隔离作证,避免证人提前参与庭审,在技术上存在一定难度,尤其是在线"异步审理"采用交互式对话方式,不仅冲击传统"对抗性"质证环节,而且增加证人与诉讼当事人处于同一物理空间的风险性,随之带来证人证言审查困难以及证人虚假作证等问题。

民事在线诉讼"异步审理"模式还需解决电子化证据的存证风险问题。在线"异步审理"中,当事人通过扫描、翻拍、转录等方式将线下诉讼文书或者证据材

[①] 杨卿:《网上诉讼中在线质证问题研究》,载《重庆电子工程职业学院学报》2021年第4期。

料作电子化处理后上传至诉讼平台,此时,电子化证据可能面临着网络病毒侵袭造成证据毁坏或篡改等问题,存证风险性大大增加,并由此引发电子化材料视同原件的效力问题以及电子化材料的审核等其他问题。

(三)程序衔接转换的问题

要明确在线诉讼与线下诉讼的两种并存方式。第一种并存方式以特定法院和纠纷类型为界,形成一种不同法院之间线上、线下诉讼的并存,如实践中互联网法院审理互联网纠纷原则上就是在线诉讼。第二种并存方式以技术条件为界,在普通法院管辖之中,无论何种纠纷都存在线下和线上并存的情形。① 在此,我们主要探讨第二种并存方式下的程序转换。

要关注在线"异步审理"程序的两种转换情形。第一种是在线"异步审理"向在线"同步审理"的程序转换;第二种是在线"异步审理"与线下审理的程序转换。如何规制以上的程序转换?包括程序转换的条件以及程序转换的启动等问题,值得我们深入探讨,寻求最佳解决方案。

此外,还要考虑程序转换所引发的法律效果。在线"异步审理"转换为线下审理,诉讼当事人如果仍按照转换前在线"异步审理"的程序实施线下审理的诉讼行为,那么该诉讼行为将不能产生相应的法律效果,此时该诉讼行为属于无效诉讼行为,反之亦然。法院也要接受程序转换法律后果的约束,在线"异步审理"转换为线下审理,法院不能再以在线"异步审理"的形式去实施审判行为,不能要求当事人在线进行法庭调查和法庭辩论等庭审环节。

(四)审判公开不到位问题

审判公开具有双重内涵,一是对诉讼当事人的公开,二是对社会公众的公开。以传统线下审理为例,除法律规定的特殊情形外,线下庭审可进行庭审直播,或者邀请人大代表、政协委员等社会人士旁听庭审,或者通过新闻记者采访报道等形式实现审判公开。即便是民事案件在线"同步审理",也可通过技术手段邀请社会公众参与庭审实现审判公开。比如,在线"同步审理"常见的"云间庭审"以线上视频连线的方式同步庭审,连线特定人士,邀请其加入"云间庭审",从而实

---

① 张卫平:《在线诉讼:制度建构及法理——以民事诉讼程序为中心的思考》,载《当代法学》2022 年第 3 期。

现审判公开。

但是民事案件在线"异步审理"的公开具有相对性。民事在线诉讼"异步审理"模式能实现对诉讼当事人的公开，却很难实现对社会公众的公开。因为民事在线诉讼"异步审理"模式下，法官和当事人在线展开诉讼活动，案件诉讼信息对不同诉讼主体而言均公开透明，当事人了解案件进展情况并积极回应，法官据以裁判的证据也都在法庭调查、法庭辩论环节经过双方当事人的质证和辩论，[①]此时实现审判公开的第一重内涵，即对诉讼当事人的公开。

结合杭州、广州、北京三家互联网法院以及其他法院"异步审理"的实践来看，民事在线诉讼"异步审理"模式的审理平台目前还不具备向社会公众开放的条件，社会公众见证在线"异步审理"的庭审过程在技术上存在一定难度，至今仍未突破。因此，民事在线诉讼"异步审理"模式目前还无法实现审判公开的第二重内涵，即对社会公众的公开，这也是亟须解决的现实问题。

四、民事在线诉讼"异步审理"模式的优化路径

民事在线诉讼"异步审理"模式突破时空界限，为全球司法发展贡献"中国智慧"，在创新的同时也面临着挑战。文章第四部分意在解决民事在线诉讼"异步审理"模式的实践难题，提出科学合理的优化路径，展望民事在线诉讼"异步审理"发展模式构造。

（一）维护庭审秩序，规制身份认证

1. 营造异步审理庭审仪式感

运用技术手段尽可能为民事在线诉讼"异步审理"模式的庭审界面植入法庭仪式要素。在交互式"留言框"的平面设计上融入国徽等符号，增强审庄严性。诉讼参与人运用"交互式"留言框对话时，系统界面会出现卡通形象法官，诉讼参与人点击发送按钮，卡通形象法官随即跳跃到国徽周围，五秒后呈现静止状态，如此循环往复，动态的卡通法官形象贯穿庭审始终，营造庭审仪式感。

当事人具有适用在线"异步审理"模式的意愿时，法官向当事人发送《民事

[①] 谢登科、赵航：《论互联网法院在线诉讼"异步审理"模式》，载《上海交通大学学报（哲学社会科学版）》2022年第2期。

案件异步审理告知书》。让诉讼当事人充分了解民事在线诉讼"异步审理"模式的诉讼程序和庭审流程，明确告知诉讼当事人逾期未完成相应诉讼活动的法律后果。如果诉讼当事人不同意适用该程序，可在收到告知书起至诉辩启动前提起异议。保障当事人的程序选择权，提高诉讼当事人对"异步审理"的认知度，增强庭审严肃性。

民事在线诉讼"异步审理"模式启动后，法官要渲染开庭环节和闭庭环节的庭审庄严感。实践中，法官通过"交互式"留言框，以文字形式告知诉讼当事人启动在线"异步审理"模式。为增强庭审仪式感，法官和书记员可在审判庭录制两段视频：第一个视频是书记员宣读庭审纪律后法官宣布开庭；第二个视频是法官宣布闭庭。两段视频先后上传至在线"异步审理"模式的庭审界面，分别用于开庭环节和闭庭环节，营造庭审庄严感。

2. 规范异步审理的庭审环节

民事在线诉讼"异步审理"模式下，法官要强化对诉讼参与人的规范指引。法官借助电子诉讼平台向诉讼参与人发送《在线"异步审理"庭审规范须知》，明确告知诉讼参与人违反法庭秩序的法律后果，要求诉讼参与人签署《在线诉讼承诺书》，在庭审过程中向诉讼参与人释明实施不当诉讼行为的法律后果。强化对诉讼参与人在线诉讼行为的引导，规范其参诉行为，维护庭审秩序。

诉讼参与人运用"交互式"留言框留言时，增设司法确认按键。民事在线诉讼"异步审理"模式的庭审阶段，诉讼参与人发送留言时系统界面自动弹出一条司法确认消息——"本人确保所发内容真实性、合法性并承担相应的法律责任"，诉讼参与人点击确认后方可留言。诉讼参与人对参诉行为负责并承担相应的法律责任，实现庭审秩序的稳定性。

诉讼参与人以录制视频的形式做出最后陈述并上传至线上诉讼平台。最后陈述内容应当包含——"本次庭审中所有陈述均系本人真实意思表示"。对于当事人违反法庭纪律、破坏诉讼秩序、妨碍诉讼活动的行为，线上诉讼平台的相关记录可以作为追究其法律责任的依据。

3. 降低参诉人身份认证风险

要确保诉讼主体身份真实性、有效性和同一性，排除不适格的诉讼参与人。整合相关资源建立统一的在线诉讼平台，同步公安部门的户籍信息和司法局备案的律师信息，采取人脸识别等生物技术，实现诉讼主体实名认证，完善参诉人的身份认证，保障程序公正。

法院应当依职权在线核验诉讼当事人，建立身份认证告知承诺制。形成以平台自动审核为原则、法院核查为补充的在线诉讼身份认证审查制度，将线下身份认证作为线上身份认证的充要条件，适当引入区块链技术，实现个人身份信息的哈希值[①]确认。法院向诉讼参与人送达《身份认证承诺书》后，诉讼参与人依法进行在线诉讼身份认证。

通过身份认证固定诉讼主体和诉讼行为的效力，降低参诉人身份认证风险。如果庭审中诉讼当事人请求第三人帮助实施诉讼行为，此时第三人诉讼的法律效果及于诉讼当事人本人，但能证明诉讼平台系统错误或者诉讼平台账号被盗用的，为保障当事人的诉讼权利，此时"视为被认证人行为"的效力可以被推翻。

（二）完善异步质证，推进智慧司法

1. 细化在线诉讼质证规则

明确电子化材料视同原件的限制条件。若存在形式真实性存疑、内容格式不够规范清晰、不符合档案管理等情形，则电子化材料视同原件的效力将不能存在。[②] 比如金融借款合同纠纷中常见的证据——"借条"，因在线上传不规范而造成形式真实性存疑，此时需要当事人提供原件。因此要规范物证、书证等传统证据在线上传，对其进行初步审查，避免上传不当引发电子化材料视同原件的效力不存问题。

细化电子化材料的审核规则。电子化材料易于被篡改，为确保其形式真实性，法院需要审核电子化材料与原件原物的一致性。由于审核的专业性较强，在审核时可借助外部力量或者其他程序完成，具体包括：对方当事人认可、公证机构公证、先行诉讼活动确认、在线或线下比对等。[③] 需要注意的是，若法官在审判活动中认为以上措施不足以确保电子化材料形式真实性，应当要求当事人提供证据原件。

完善异步质证规则，分类处理各项证据。举证、质证环节，对于一方当事人上传的书证、鉴定意见等证据，若另一方当事人无异议，此时该原始证据不必进行二次质证；若另一方当事人对其中的一份或几份证据有异议，可向法院申请调

[①] 罗恬漩：《民事证据证明视野下的区块链存证》，载《法律科学（西北政法大学学报）》2020年第6期。
[②] 刘峥、何帆、李承运：《〈人民法院在线诉讼规则〉的理解与适用》，载《人民司法》2021年第19期。
[③] 刘峥、何帆、李承运：《〈人民法院在线诉讼规则〉的理解与适用》，载《人民司法》2021年第19期。

查核实，经审查异议成立，该原始证据要进行二次质证，反之则不必。针对物证等实物类证据，若通过图片等方式难以查清案件事实，此时要对物证进行二次质证。细化在线"异步审理"质证规则，保障当事人合法权益。

2. 创造证人隔离作证条件

通过指定证人在线出庭的场所，实现民事在线诉讼"异步审理"模式的证人隔离作证。基于线上庭审的开放性，法官无法确保证人和诉讼当事人在物理空间有效"隔离"。因此法院可与街道、社区合作建立在线庭审工作室或证人作证室，并指定证人到以上场所作证，从而实现证人隔离作证。

借助技术手段创造民事在线诉讼"异步审理"模式下证人隔离作证的条件。开辟证人专线，设置在线"异步审理"交互式"留言框"的精准屏蔽功能，使证人无法看到诉讼当事人的留言，只能看到证人作证的相关留言。通过创造证人隔离作证的条件，努力让公平正义以看得见的方式来实现。

除了创造证人隔离作证的外部条件，还要注重证人自身的如实作证。法官在线制作《证人保证书》，运用电子签名等技术手段要求证人在线签署《证人保证书》，录制视频宣读《证人誓词》并上传至在线"异步审理"诉讼平台。法官在证人作证前明确告知其虚假陈述的法律后果。通过以上手段达到证人如实作证的积极效果。

3. 细化区块链的存证标准

建立区块链取证技术的行业标准，实现区块链技术优势与民事在线诉讼"异步审理"模式的完美融合。细化监管制度，推动司法区块链技术的多场景应用，建立统一标准，建立以智能合约为媒介的联盟链。[①]防范民事在线诉讼"异步审理"模式的电子化证据存证风险，推进智慧司法。

整合司法大数据，形成规范统一、互联互通、安全可靠的司法公共服务数据供应链和在线诉讼统一数据技术标准。[②]大力推动民事司法程序改革领域的基础设施建设，多方参与分布式的节点数据上传，数据一经存储，篡改可能性近乎为零。

对民事在线诉讼"异步审理"模式的区块链存证技术进行司法审查。要求存证技术和过程符合相关国家标准或者行业标准中关于系统环境、技术安全、加密

[①] 杨凯：《论区块链技术在民事司法程序中的多元化应用——以诉讼服务与公共法律服务"双中心融合"规范体系构造为切入点》，载《政法论丛》2022年第2期。

[②] 杨凯：《以制度协同凸显在线诉讼规则优势》，载《人民法院报》2021年7月8日，第2版。

方式、数据传输、信息验证等方面的规定。同时要求存证平台在诉讼中利用哈希值算法计算涉案电子数据，辅助法官快速判断电子数据的真伪。细化区块链的存证标准，通过一系列的制度设计和算法应用，保障电子数据的真实性。

（三）实现程序转换，展望模式构造

1. 向线上同步审理的程序转换

民事案件审理中，若存在不宜适用在线"异步审理"程序的情形，可将在线"异步审理"转换为在线"同步审理"。此时，主要有两种程序转换方式：第一种是法院依职权主动决定转化；第二种是当事人申请并经法院审核通过。

前者保障法官在"异步审理"中的程序控制权。如上海市高级人民法院《关于在线异步诉讼的若干规定（试行）》第 5 条第 2 款规定，法官在诉讼过程中发现案件不宜在线"异步审理"，可转为线下审理或在线"同步审理"。后者保障当事人在"异步审理"中的程序选择权。如上海市高级人民法院《关于在线异步诉讼的若干规定（试行）》第 5 条第 3 款规定，当事人选择在线"异步审理"，但在合理期限内提交书面申请并具有正当理由，法院依法审查认为不存在故意拖延诉讼等不当情形的，相应诉讼环节可转为同步进行。[①]

现行司法解释《人民法院在线诉讼规则》只是对适用在线"异步审理"程序的案件范围做出限定，并未进一步明确在线"异步审理"向在线"同步审理"的程序转换，实践中有关两者程序转换的相关规定散见于各级法院自行制定的细则中，且各级法院关于程序转换的效力问题也认识不一。因此，有必要做好在线"异步审理"向在线"同步审理"转换的顶层设计，出台司法解释细化程序转换的规定，明确程序转换的效力，为民事案件在线"异步审理"提供程序救济的制度空间。

2. 与线下审理的程序衔接转换

民事案件在线"异步审理"与线下审理的程序转换，本质上是在线审理与线下审理的程序转换，转换条件是实现转换的有序性，即存在不适宜在线审理的情形时，就可转为线下审理。《人民法院在线诉讼规则》第 5 条明确规定在线审理向

[①] 上海市高级人民法院《关于在线异步诉讼的若干规定（试行）》第 5 条第 3 款规定："当事人已选择在线异步诉讼，诉讼过程中又申请转为同步审理的，应当在开展相应诉讼活动前的合理期限内（一般在确定的在线异步诉讼日期的 2 日之前）提交书面申请并说明理由。经审查，人民法院认为不存在故意拖延诉讼等不当情形的，相应诉讼环节可以转为同步进行，并及时告知各方当事人。"

线下审理的转换条件，程序转换主要依据当事人的在线诉讼能力、参与诉讼的便利性以及其他法定转换情形。

当线下审理转换为在线"异步审理"时，我们要进一步明确当事人明示合意作为程序转换的必要条件。《人民法院在线诉讼规则》将当事人合意作为线下审理程序向在线"异步审理"程序转换的条件。值得注意的是，此时当事人同意至少包含两层含义：一是当事人对在线"异步审理"程序的充分了解；二是当事人对选择在线"异步审理"程序的法律效果的充分认识。

目前三家互联网法院的实践中，北京互联网法院和广州互联网法院要求以当事人明示合意作为程序转换条件，杭州互联网法院则允许以推定合意作为程序转换条件。① 笔者认为，明示的合意更符合对当事人程序选择权的保障要求，但要考虑缺席审判、中途退庭等特殊情形。因此要明确在线"异步审理"向线下审理转换的法定条件，以当事人明示合意作为线下审理向在线"异步审理"的转换条件，实现程序转换的有序性。

3. 在线异步审理发展模式构造

未来，民事在线诉讼"异步审理"模式的构造可适当引入在线调解机制，将在线"异步审理"扩展至诉前调解阶段，在审理过程中融入在线"异步调解"，同时保障程序衔接转换合理与流畅，最终形成"1+1+X"的三层次高阶民事在线诉讼"异步审理"模式。

第一个"1"运用智慧法院建设成果，实现"智能立案辅助阶段"。借助智慧辅助立案系统，预设立案问题，如案件是否符合在线"异步审理"的法定条件？当事人是否具备在线诉讼能力和条件？当事人是否了解在线"异步审理"程序？通过一系列科学的预设问题，帮助立案当事人合理评估该案是否适宜选择在线"异步审理"模式。

第二个"1"引入在线调解机制，形成"异步审理诉前调解阶段"。通过诉前分流系统将案件推送至诉前调解平台，由人民调解员线上调解，如果双方当事人达成调解协议，那么可通过该平台直接进入司法确认程序；如果双方未能达成调解协议，那么案件随即进入审判流程系统，通过随机分案系统进入在线"异步审理"程序。

---

① 谢登科、赵航：《论互联网法院在线诉讼"异步审理"模式》，载《上海交通大学学报（哲学社会科学版）》2022年第2期。

最后的"X"代表程序设计的多种可能性——至少包含以下三个层次：一是在线"异步审理"与在线"异步调解"的"随时双向转换"；二是在线"异步审理"与在线"同步审理"的"横向程序转换"；三是在线"异步审理"与线下审理的"纵向程序转换"。其中，关于"X"的第一个层次——在线"异步审理"与在线"异步调解"的"随时双向转换"：于在线"异步审理"的庭审阶段，如果双方当事人均有调解意愿，那么法官可随时将在线"异步审理"转为在线"异步调解"；如果转换为在线"异步调解"后未能达成调解协议，那么在线"异步调解"可再次转换为在线"异步审理"，从而高效化解矛盾纠纷。关于"X"的第二个层次、第三个层次，前文已详细论述，此处不再赘述。

（四）创新公开方式，强化事后监督

1. 创新在线公开方式

打造"云端陪审"，创新民事在线诉讼"异步审理"模式的公开方式。我们可以借助现代技术手段，发挥人民陪审员在事实问题认定上的优势，为人民陪审员打造一份案件事实问题电子清单。

基于在线"异步审理"的交互式对话方式，庭审过程中事实问题与法律问题可能一直处于混杂交织的状态，因此，法官助理可以根据庭审进程，适时为人民陪审员拟制一份案件事实问题电子清单，以便帮助其更好地参与在线"异步审理"，查明案件事实。

具体而言，就是在"异步审理"庭审中，双方当事人在规定期限内进行多轮次对话发表庭审意见，此时法官助理根据案件类型特点，对案件事实问题适时进行归纳整理，拟制一份案件事实问题电子清单，同步发送至人民陪审员，并根据双方当事人的后续对话以及庭审进展，实时修改，庭审结束后，经法官审阅，形成一份完整的案件事实问题电子清单，及时送达人民陪审员。通过人民陪审员的"云端陪审"，强化审判公开，彰显司法公正。

2. 强化裁判文书说理

民事案件在线"异步审理"形成的裁判文书一般应当向社会公开，不得以"不宜在网络上公开"为由随意规避裁判文书公开的要求，要主动接受社会公众的监督。

在裁判文书公开的基础上，法官要强化裁判文书说理，做好文书的释法说理。实践中，在线"异步审理"难以实现对社会公众的公开，裁判文书承载着展现案件审理过程和说明案件审理结果的价值作用，因此，法官要强化裁判文书说理，以文字形式展示正义的实现过程，让社会公众以阅读裁判文书的方式了解案件事实。

法官运用法律解释方法裁判时，必须尊重法律条文的立法原意。要结合具体案情，正确建立起案件事实、争议焦点与法律关系之间的联系，增强裁判文书说理的充分性，提高裁判结果的社会可接受性。要注重逻辑推理的严谨性，坚持"三段论"的逻辑推理顺序，围绕证据审查判断、事实认定、法律适用进行释法说理，层次分明地反映推理过程。① 对于在线"异步审理"的民事案件，法官通过以上做法加强裁判文书说理，达到合法、合理的裁判效果，实现裁判正义。社会公众通过查阅裁判文书实现对民事在线诉讼"异步审理"模式的审判权的社会监督，促进司法公开。

3. 全程留痕事后监督

要利用电子诉讼平台对民事案件在线"异步审理"的审理过程全程留痕，建立电子诉讼档案，并允许诉讼当事人在庭审结束后查阅或者复制。

对庭审中双方当事人通过交互式"留言框"留言的记录进行存档，保存聊天记录，后续可结合实际需要据此开展案件评查活动，实现对审判权的内部监督。对于庭审结束后引起重大社会影响的案件，可能需要向社会公众公开庭审过程，那么可以通过听证会、新闻发布会等形式将在线"异步审理"交互式"留言框"的聊天记录向社会公众公开，实现对审判权的外部监督。此外，法院也可以定期邀请人大代表、政协委员或者律师等社会人士，向他们公开在线"异步审理"交互式"留言框"的聊天记录，促使其对在线"异步审理"的民事案件行使审判监督权。

现阶段由于技术等原因，我们只能实现民事案件在线"异步审理"的相对公开，但是我们可以充分利用现有的科技，运用电子诉讼平台对民事案件在线"异步审理"的审理过程做到全程留痕，通过强化事后监督构建起民事在线诉讼"异步审理"模式的审判公开机制，努力让人民群众在每一个司法案件中感受到公平正义。

---

① 雷磊：《从"看得见的正义"到"说得出的正义"——基于最高人民法院〈关于加强和规范裁判文书释法说理的指导意见〉的解读与反思》，载《法学》2019年第1期。

五、结语

民事在线诉讼"异步审理"模式顺应智能时代发展,在蓬勃兴起的同时也面临着诸多挑战。本文开篇界定民事在线诉讼"异步审理"的性质,以民事"异步审理"未突破直接原则、言词原则以及集中原则的合理界限,证成其正当性。结合具体案例对民事在线诉讼"异步审理"模式的实践应用展开研究,分析其具有的四个特征——适用范围的限定性、程序启动的合意性、法庭审理的异步性以及审理程序的转换性。在此基础上针对司法实践面临着的庭审秩序失范、异步质证合法性、程序衔接转换以及审判公开不到位问题,提出科学合理的优化路径——维护庭审秩序,规制身份认证;完善异步质证,推进智慧司法;实现程序转换,展望模式构造;创新公开方式,强化事后监督。以期对民事在线诉讼"异步审理"模式的研究有所裨益。

(作者简介:侯元颖,河南省镇平县人民法院审判管理办公室五级法官助理。)

互联网新技术风险规制的法治逻辑与治理进路

仲思静　赵　燊

引　言

2021 年，中国数字经济规模达到 45.5 万亿元，占国内生产总值比重为 39.8%，数字经济已成为推动经济增长的主要引擎之一，连续多年位居全球第二。中国规模以上互联网和相关服务企业完成业务收入 15500 亿元，同比增长 21.2%。智慧工业、智慧交通、智慧健康、智慧能源等领域成为产业物联网连接数快速增长的领域。中国可数字化交付的服务贸易规模达 2.33 万亿元，同比增长 14.4%。截至 2022 年 6 月，中国网民规模达 10.51 亿，互联网普及率提升到 74.4%。中国累计建成开通 5G 基站 185.4 万个，5G 移动电话用户数达 4.55 亿，建成全球规模最大 5G 网络，成为 5G 标准和技术的全球引领者之一。[①]

新一轮科技革命和产业变革不断向纵深演进，引领和推动人类进入信息时代。党的十八大以来，习近平总书记深刻把握数字化、网络化、智能化的时代潮流，着眼信息时代人类的前途命运和共同福祉，深入思考构建什么样的网络空间、如何构建网络空间等重大课题，创造性提出构建网络空间命运共同体的理念主张，全面系统深入地阐释了全球互联网发展治理的一系列重大理论和实践问题，为网络空间的未来擘画了美好愿景、指明了发展方向。党的二十大为加快建设网络强国、数字中国及国际合作指明了方向。

目前，我国互联网立法的"四梁八柱"基本构建完成，形成了以宪法为根本，以法律、行政法规、部门规章和地方性法规、地方政府规章为依托，以传统

[①] 中华人民共和国国务院新闻办公室：《携手构建网络空间命运共同体》，载中国政府网，https://www.gov.cn/zhengce/2022-11/07/content_5725117.htm，2023 年 10 月 31 日访问。

立法（如《民法典》《刑法》）为基础，以网络内容建设与管理、信息化发展和安全等网络专门立法（如《网络安全法》《个人信息保护法》《数据安全法》《密码法》《电子商务法》《电子签名法》《全国人民代表大会常务委员会关于加强网络信息保护的决定》《全国人民代表大会常务委员会关于维护互联网安全的决定》）为主干的网络法律体系。（如图 1 所示）

法律
- 《刑法》
- 《民法典》
- 《网络安全法》
- 《电子商务法》
- 《电子签名法》
- 《密码法》
- 《数据安全法》
- 《个人信息保护法》
- 《全国人民代表大会常务委员会关于维护互联网安全的决定》
- 《全国人民代表大会常务委员会关于加强网络信息保护的决定》

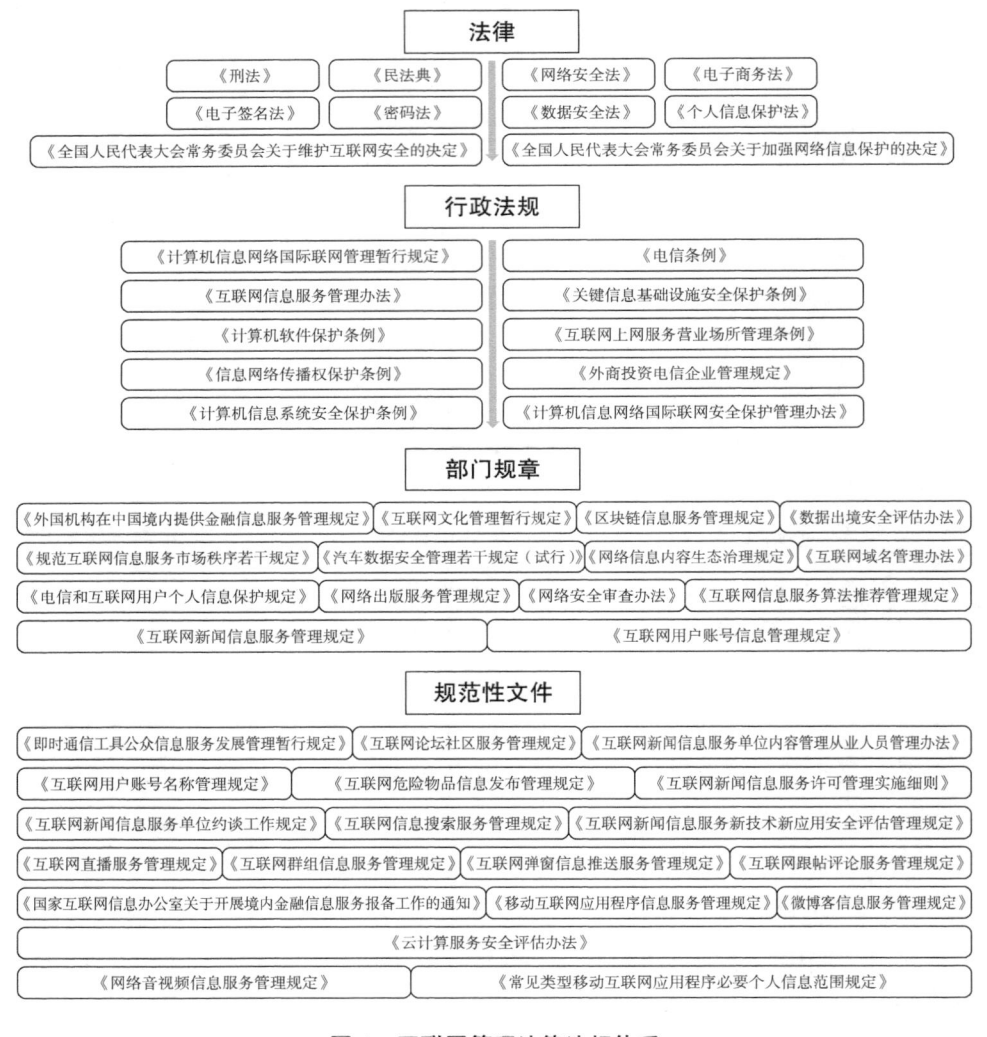

行政法规
- 《计算机信息网络国际联网管理暂行规定》
- 《电信条例》
- 《互联网信息服务管理办法》
- 《关键信息基础设施安全保护条例》
- 《计算机软件保护条例》
- 《互联网上网服务营业场所管理条例》
- 《信息网络传播权保护条例》
- 《外商投资电信企业管理规定》
- 《计算机信息系统安全保护条例》
- 《计算机信息网络国际联网安全保护管理办法》

部门规章
- 《外国机构在中国境内提供金融信息服务管理规定》
- 《互联网文化管理暂行规定》
- 《区块链信息服务管理规定》
- 《数据出境安全评估办法》
- 《规范互联网信息服务市场秩序若干规定》
- 《汽车数据安全管理若干规定（试行）》
- 《网络信息内容生态治理规定》
- 《互联网域名管理办法》
- 《电信和互联网用户个人信息保护规定》
- 《网络出版服务管理规定》
- 《网络安全审查办法》
- 《互联网信息服务算法推荐管理规定》
- 《互联网新闻信息服务管理规定》
- 《互联网用户账号信息管理规定》

规范性文件
- 《即时通信工具公众信息服务发展管理暂行规定》
- 《互联网论坛社区服务管理规定》
- 《互联网新闻信息服务单位内容管理从业人员管理办法》
- 《互联网用户账号名称管理规定》
- 《互联网危险物品信息发布管理规定》
- 《互联网新闻信息服务许可管理实施细则》
- 《互联网新闻信息服务单位约谈工作规定》
- 《互联网信息搜索管理规定》
- 《互联网新闻信息服务新技术新应用安全评估管理规定》
- 《互联网直播服务管理规定》
- 《互联网群组信息服务管理规定》
- 《互联网弹窗信息推送服务管理规定》
- 《互联网跟帖评论服务管理规定》
- 《国家互联网信息办公室关于开展境内金融信息服务报备工作的通知》
- 《移动互联网应用程序信息服务管理规定》
- 《微博客信息服务管理规定》
- 《云计算服务安全评估办法》
- 《网络音视频信息服务管理规定》
- 《常见类型移动互联网应用程序必要个人信息范围规定》

图 1 互联网管理法律法规体系

但是，互联网领域新技术野蛮生长缺少制度约束，互联网行业发展不平衡、规则不健全、秩序不合理等问题日益凸显；网络舆论乱象丛生，严重影响人们的思想和社会舆论环境，因此，加强互联网新技术研发应用及相关领域立法，健全网络综合治理体系，推动形成良好网络生态意义十分重大。

一、互联网新技术立法滞后问题的主要表现

（一）互联网新技术开发应用活动管理立法滞后

互联网新技术开发应用活动包括人工智能、云计算、区块链、虚拟现实、深度学习、量子信息技术等的开发，以及持续发展并进一步同各产业深度融合的数字基础设施建设、社会数字化转型，如物联网、算法推荐服务、隐私计算等新技术的综合应用。[1] 目前互联网新技术开发应用活动管理中主要存在的问题为：一是缺失有关生命的新科技新应用开发伦理问题的审查；[2] 二是难以预测新技术新应用发行后的使用对现实的冲击，例如深度伪造技术被用于违法犯罪；三是不能防范有针对性地滥用新技术。而这些问题的行政管理与行政执法都面临着无法可依的局面，亟待通过立法予以规范。

以深度伪造技术为例，"Deepfake（深度伪造）"一词是"Deeplearning（深度学习）"和"fake（造假）"的组合体，它是一种利用深度学习算法对图像、视频和音频进行超现实数字组合型伪造的一项技术。这一技术可以进行脸部伪造、声音伪造和全身深度伪造[3]，被广泛应用于科学研究、医学成像、文艺创作等诸多领域，并发挥积极作用。以重塑现实的方式改善人们的生活体验，丰富人们的精神生活，它具有高度仿真、技术门槛低、快速演变等特点。[4]

然而目前深度伪造技术的不当应用行为已经产生了十分严重的问题。一是动摇音频和视频等视听资料作为法定证据的信任基础。音频和视频等视听资料在现

---

[1] 张涛：《算法嵌入公共信用评价：内在逻辑、风险检视与规制路径》，载《深圳大学学报（人文社会科学版）》2022年第3期。赵精武：《"元宇宙"安全风险的法律规制路径：从假想式规制到过程风险预防》，载《上海大学学报（社会科学版）》2022年第5期。石佳友、刘忠炫：《科技伦理治理的法治化路径——以基因编辑技术的规制为例》，载《学海》2022年第5期。

[2] 徐明：《科技体制深改背景下高新科技领域立法滞后与创新思路探讨》，载《科技进步与对策》2016年第15期。

[3] 李怀胜：《滥用个人生物识别信息的刑事制裁思路——以人工智能"深度伪造"为例》，载《政法论坛》2020年第4期。

[4] 毛宁、杨会：《深度伪造技术的监管困境及其法律应对》，载《长白学刊》2021年第5期。

代各国的司法诉讼实践和诉讼法律文本中早已被视为法定证据种类之一。"深度伪造"技术的出现使人们分辨真假音频或视频变得极其困难，即使专业人士利用相关检测技术也难以辨别其真实性，实际上动摇了音频和视频等法定证据种类存在的信任基础。二是现行民事法律制度可能无法提供及时、充分、有效的救济。"深度伪造"换脸视频的制作者有时难以被认定为侵犯他人肖像权。在网络世界中，没有实际地域的限制，但是被侵权人如果采取诉讼的形式维权会遭遇空间效力的阻隔，诉讼的难度非常大。

（二）基于互联网新技术的新平台管理立法滞后

基于互联网新技术的新平台是指通过互联网技术在网络设施上存储、链接或者传送来自第三方的商品或服务内容，避免了终端用户计算机系统的限制，实现高度交互性的信息网络系统应用平台。[①]目前互联网新技术开发应用活动管理中主要存在的问题体现在对平台监管的缺失。

以智能网联汽车新概念平台为例，智能网联汽车新概念平台融合智能驾驶与清洁能源系统，基于对车辆与环境信息的采集、识别与融合，通过对多系统多目标的协同控制，提高车辆的综合性能。新概念车辆平台是实现与发展智能网联汽车技术的硬件基础。一是与车辆操作驾驶系统深度融合，智能汽车能够获得路况和与障碍物距离的信息。在智能网联汽车的仪表板上显示危险障碍、与其他车辆行人距离等信息。二是与驾驶员个人习惯深度融合，通过记忆驾驶员对车辆软硬件设施偏好，如座椅位置、车内温度、视听习惯等，采集所需的用户数据，为用户提供定制化服务。三是与车辆行驶信息深度融合，通过对车辆出行规划、路线选择和安全建议的智能设置，为驾驶员选择最便捷的道路，其路径优化功能可帮助驾驶员节省大量的时间。

智能网联汽车虽然能够辅助驾驶员更加方便出行，但是其平台的数据收集行为有非常高的风险。一是智能网联汽车所依赖的感知系统需要对大量公共数据进行收集。感知系统是智能网联汽车获取环境信息的通道。感知技术利用传感器获取外界信息，并对这些信息进行分析，产生进行驾驶决策所需的输入依据。首先，高精度的图是车辆理解周边环境的基础；其次，智能网联汽车需要准确定位，获取动态交通信息和高度动态信息来共同辅助车辆构建周边环境模型，在

[①] 曾福城：《论网络平台的责任》，载《北京邮电大学学报（社会科学版）》2017年第6期。

收集信息的同时极容易将涉密信息收集其中。①二是智能网联汽车所收集的信息外溢风险大。从硬件来看,智能网联汽车车身感知领域的核心零部件如超声波雷达、毫米波雷达、车载摄像头等主要依赖国外供应商。外资或合资企业拥有中国汽车电子零部件市场 70% 左右的市场份额,处于垄断地位。2018 年,国内企业在中国汽车电子零部件市场的占有率仅约 5%,国产控制类芯片市场占有率不足 1%。从软件部件来看,操作系统目前主要依赖国外软件,QNX、Linux 和 Android 三大系统占据全球 70% 以上的市场份额。②从此数据可以看出,智能网联汽车的软硬件大多来自国外厂商,其大量收集的公共数据有外溢的风险。三是存在个人数据泄露的风险。智能网联汽车的运行需持续且伴随着对个人数据的大量收集和处理的过程。在导航系统和智能设备联动持续和大量的使用后,根据数据很容易识别主体并追踪。③在使用智能网联汽车时涉及的数据种类也多样,包括车辆基础数据、座舱数据(人脸、声纹、指纹等信息)等,隐私也极容易被获知。④

(三)基于互联网新技术的新行为规范立法滞后

互联网新技术的新行为是指人们在新技术场景下开展的各类生产、经营、生活及各类社会交往行为。目前对基于互联网新技术的新行为规范主要存在的问题有:一是主体资格认定混乱;二是现有法律体系对行为的规制混乱。

以元宇宙中的行为为例,元宇宙一词本是文学概念,源于 1992 年的科幻小说《雪崩》,意指人类通过其数字替身生活的人造虚拟三维空间。现多数学者认为元宇宙实质上就是广义网络空间,自然人、虚拟人和机器人的三元一体化,基于区块链的 Web3.0 的三权化。在涵盖物理空间、社会空间、赛博空间以及思维空间的基础上,融合多种数字技术,将网络、软硬件设备和用户聚合在一个虚拟现实系

---

① 崔明阳、黄荷叶、许庆等:《智能网联汽车架构、功能与应用关键技术》,载《清华大学学报(自然科学版)》2022 年第 3 期。
② 闫兆腾、朱红松:《智能网联汽车数据采集安全风险研究》,载《保密科学技术》2021 年第 10 期。
③ 张韬略、蒋瑶瑶:《智能汽车个人数据保护——欧盟与德国的探索及启示》,载《德国研究》2019 年第 4 期。
④ 徐子森:《智能网联汽车数据处理的法律规制:现实、挑战及进路》,载《兰州大学学报(社会科学版)》2022 年第 2 期。

统之中，形成一个既映射又独立于现实世界的虚拟世界。①

元宇宙具有绝对脱嵌的虚拟性、去中心化的自由性以及独一无二的稀缺性等特点。②然而目前元宇宙中已经出现了不当而无法直接适用相应法律制裁的"违法犯罪"行为。一是元宇宙内出现侵犯"人身"犯罪。2021 年元宇宙推出不久，一名 21 岁女性便称其在元宇宙中被一名陌生人"性侵"。她在 Meta 元宇宙游戏中创建了一个女性虚拟形象，想通过体验元宇宙完成相关研究。但在不到一小时的时间内，她便遭到一位男性虚拟人物的"性侵"，当时还有另一位旁观者在起哄。和难以有身体接触感受的一般网络空间相比，元宇宙空间下的游戏可以通过全真技术实现用户的沉浸式体验。元宇宙空间用户因技术嵌入身体，可以感受到具体的场景刺激，并且能通过身体动作作出相应的反馈。③元宇宙中被侵犯虚拟人和实施侵犯的虚拟人能不能算合格主体？现行的法律对此类行为的规定非常模糊，难以得出一致的结论。二是难以判断元宇宙中行为对现实生活的影响。元宇宙形成一个既映射又独立于现实世界的虚拟世界，它和现实世界的关系密切程度难以确定。比如在元宇宙内一群"虚拟人"基于某一政治目的在某一时刻进行游行或者针对其他虚拟人进行恐怖主义活动，这样的行为对现实的影响如何认定？需不需要规制？如何规制？三是极易利用元宇宙掩盖其他犯罪。比如在元宇宙内以买卖元宇宙内财产的方式洗钱。一方面，元宇宙中交易的数字商品往往价格主观性较强，且费用结算与传统支付方式有很大不同，因此其交易价值转移不会引起金融监管或实物运输管理方的调查；另一方面，元宇宙中交易参与者仅显示为一个匿名的公钥地址，交易双方的真实身份与账户身份是脱离的，这可能会给反洗钱部门判断交易主体和追踪非法资金带来困难。在 2022 年 6 月 4 日，知名 NFT 项目 BAYC 的聊天软件 Discord 服务器被攻击后黑客就迅速将虚拟货币变现离场。④

（四）基于互联网新技术的新内容规制立法滞后

互联网新技术的新内容规制，是指基于该互联网新技术的特点对在其平台发

---

① 王文喜、周芳、万月亮等：《元宇宙技术综述》，载《工程科学学报》2022 年第 4 期。沈阳：《元宇宙不是法外之地》，载《人民论坛》2022 年第 7 期。邓建鹏：《元宇宙经济的法律风险及其规制》，载《电子政务》2023 年第 1 期。
② 李直、刘越：《元宇宙概念及其金融化的政治经济学分析》，载《学术研究》2022 年第 10 期。
③ 刘宪权：《元宇宙空间犯罪刑法规制的新思路》，载《比较法研究》2022 年第 3 期。
④ 邓亮：《元宇宙业态下新型经济犯罪风险及其治理》，载《人民论坛》2022 年第 13 期。

布或者利用该技术发布的信息内容的特别规制。

以区块链为例，区块链是指由不同区块按照各自产生的时间顺序连接而成的链条。这一技术可以广泛应用于个人信息处理、政府信息公开以及平台经济构建等场景。它具有保护数据安全、记录信息真实可靠、数据高度透明等优点。[1]

目前互联网新技术新内容规制主要存在的问题有：一是在优化个人信息处理的过程中对个人信息保护的适配性法律的缺位。区块链技术是对个人信息处理模式的革命性创新，但是现有的《个人信息保护法》却无法配合互联网新技术的快速发展。区块链带来的技术风险对保护个人信息构成持续性挑战，而持续性监管体系的缺失导致对内生性冲突的纾解呈现周期性状态，无法创设稳定的个人信息处理环境。

二是在政府数据开放的过程中法律对数据安全与数据可用的保护冲突。区块链赋能政府数据开放是必然趋势，然而现有法律的局限性无法规避区块链技术本身所带来的风险。一方面，一旦中央数据库因黑客攻击、软硬件故障等外力因素宕机，不仅会导致数据库中所有数据泄露，也可能导致政府数据开放全系统瘫痪，特别是政府数据开放提供 API 开源接口的情况下，因中央数据库宕机会导致所有基于政府数据搭建的应用软件崩溃。另一方面，数据安全包括国家秘密、商业秘密和个人信息等重要法益的安全，但所有政府数据均储存于中央数据库中，如果该数据库被黑客攻破或者泄露，则损失范围不可估量。[2]

三是现行监管机制无法从根本上破解平台经济垄断。区块链技术为平台经济提供算法支持，加之数据集中从而形成现行监管体系下无法规避的垄断权威。在区块链环境中，存在建立在信任基础上的共谋。例如，区块链的一项关键要素为身份验证在链上转移财产时，身份验证可用于识别数字代币等数字资产的所有权主体，这些数据对于保障市场经营者之间的信任极为重要，但其本身并非具有竞争力的重要数据。如果区块链中存储的数据是仅用以证明资产所有权的历史交易数据，则共谋风险极低，甚至接近于零。区块链使参与者之间的信息共享变得更加容易，当共享包括定价信息等敏感数据时，经营者可以使用区块链来形成和维持价格垄断，所以即使没有明确的共谋协议，区块链所蕴含的增强信息共享的能

---

[1] 童云峰:《应用区块链技术开放政府数据的原则和规则》，载《行政法学研究》2023 年第 1 期。
[2] 李轩:《区块链赋能政府数据开放的风险及其规制》，载《北京航空航天大学学报（社会科学版）》2022 年 8 月。

力也可能促成参与者之间的默契共谋。区块链成为建立共谋甚至垄断的技术工具，各方利用区块链来实现其非法协议。[1]

二、互联网新技术立法滞后问题的成因分析

(一)立法理念问题:管理重于治理

目前互联网立法思维存在重管理轻治理的现象，主要表现在如下三个方面。

一是重视管控型制度设计，缺乏激励引导型规则创制。近年来，随着互联网应用的指数型增长，我国互联网立法逐渐铺展开来，《网络安全法》《数据安全法》《互联网信息服务管理办法》等法律法规逐步出台。但应当看到，现有的法律法规大都具有较强的行政监管色彩，内容上侧重规定管理部门的职权、管理和处罚措施等；规范设计上以管控型为主，缺乏激励引导型规范，多强调互联网服务提供者和互联网用户的责任和义务，而对如何引导互联网社会服务创新、保护互联网企业和网民的权利缺乏设计与考虑。

二是现有规则过度强调政府管理作用，多元主体合作规则虚化。多元主体共同参与互联网治理是互联网立法的题中应有之义。本应政府、国际组织、互联网企业、技术社群、社会组织、公民个人等多方主体共同参与互联网运行治理，但是从目前的立法现实看，赋予政府管理职权成为立法的中心话题，而公众等只是一种被动型或者功能型的"虚置"参与，无法发挥其积极性、主体性的作用。如《网络安全法》虽然坚持共同治理原则，鼓励全社会共同参与互联网治理。但是其第6条、第15条、第16条、第31条仍只是提出国家鼓励相关主体参与，并未说明公众参与的途径、方式、保障措施以及政府未保障公众参与的后果等。这也就导致了多元主体合作规则的虚化。

三是调控互联网市场主体行为的市场经济立法不足。相较于传统的垄断工业集团，互联网巨头更像是一个集中了数据、资本和技术的超级权力体，其社会权重与影响力巨大。同时，互联网特性使得其"虹吸效应"远超其他行业，更容易引起财富分配不均等社会问题。互联网平台"二选一""大数据杀熟""屏蔽网址链接"等影响市场公平竞争、侵犯消费者和劳动者合法权益等问题比较突出。但

---

[1] 武西锋、杜宴林:《区块链视角下平台经济反垄断监管模式创新》，载《经济学家》2021年第8期。

是从当前的立法现实看，目前对互联网市场主体行为的规制仍然不足，主要体现为立法体系仍不健全，在网络服务供应商等主体的责任设计上仍有欠缺；企业市场支配地位认定的标准不完善，致使在实践中仍难以有效界定。

（二）立法领域问题：技术前瞻不足

法律作为调整社会活动的行为规范，立法活动落后于社会活动是一种客观现实，特别是在互联网技术日新月异的今天，大数据、云计算、人工智能、VR、AR等信息技术突飞猛进，推动网络传播方法手段、载体渠道不断创新，表达方式更加大众化、发展形式更加多样化，技术先进、样态新颖的互联网新技术持续涌现。但是，这并不意味着法律在应对互联网新技术研发应用方面无能为力，事实上，抽象的立法本就不可能针对一项具体的互联网新技术、新业态、新内容进行细微的规制。相反地，它需要针对所有互联网新技术的共性问题、潜在风险和损害后果进行有效规制，但在这方面目前的立法活动尚存在一定的滞后性。

这种滞后性突出表现在三个方面。

一是不重视风险预防。所谓风险预防是指在某项新技术在研发知识、应用之前，应当对其技术的社会伦理、安全稳定和个人权利保护等领域的潜在风险进行全面评估，并根据不同的风险等级给予相应的引导纠偏与制止，而目前的立法中体现风险预防原则的规则并不足以应对互联网新技术带来的潜在的各类风险。

二是损害预防反应迟滞。所谓损害预防是指业已发生的基于互联网新技术而产生的各类社会问题，通过必要的立法活动予以防范和制止，而目前的立法活动，因为受限于应对技术、管理体制等问题不能对科技界、社会公众关注的重点问题予以及时立法回应。

三是矫枉过正阻碍技术发展。互联网新技术是一把双刃剑，一方面能够推动科技革命和生产力发展、促进经济发展、改善人民生活水平，另一方面也确实存在一定的安全隐患。面对互联网技术蓬勃发展带来的新形势新挑战，立法活动应当采取的是以预防为主和相对审慎的行政管理，但是在互联网管理实践中，对于这些新问题新挑战，一些部门和地方在立法中使用禁止性条款或责任型条款对相关技术"一关了之"或"一罚了之"等"一刀切"的做法，严重阻碍了相关技术或业态的发展。

（三）立法机制问题：立法资源紧张

所谓立法资源，是指立法机关进行立法活动所需要的时间成本和人力智力资源等必要成本。一是在时间成本方面，作为一般性法律的互联网专门立法，需要由全国人大常委会审议并通过。按照全国人大常委会议事规则，每年会召开六次左右常委会会议，而一部法律需要审议通过的话，至少需要上三次常委会进行审议。而除非有特别重大紧急立法事项外，一般性立法都需要在反复平衡后才能上会审议。所以在互联网基本立法近年来已经有四部法律出台的情况下，再制定新的互联网立法必将受制于有限的立法资源。二是在人力成本和智力支撑方面，互联网立法技术性强，需要来自科技界和法律界的专业人士共同参与。而目前既懂技术又懂法律并具有立法经验的专业人才十分匮乏，较难满足互联网新技术发展对立法的需求。

（四）立法体制问题：立法协同不足

互联网立法是国家和地方的宏观事项，虽然各地基本上都成立了网络安全与信息化工作委员会统筹各部门的互联网管理工作，但在实际立法工作中，还是需要由各地各部门协同合作，目前协同立法情况存在一定问题。

一是央地立法协同问题。尽管我国已针对互联网活动进行了体系化的立法，但是按照我国互联网属地管理的原则，地方政府不仅需要依照中央法律法规和政策文件履职尽责管理执法，还需要结合本地的实际情况和具体问题，敢于就互联网这一事务，进行地方立法创新。而当下地方政府对于创新型互联网管理立法普遍缺乏勇于担当、敢于先行先试的创业精神，导致互联网立法国家宏观规定多，地方具体落实措施少。

二是区域立法协同问题。互联网新技术的广泛应用，打破了传统的行政管辖区块的体制模式。调研中反映的经常出现的情况是，往往问题出在 A 地，运营者或者数据存放在 B 地，这就需要由具有管辖权的 B 地部门协同配合。但因为各地执法体制机制制度不同，又没有必要的协同立法，导致处置突发或重特大互联网新技术问题时工作不顺畅。

三是部际立法协同问题。这是在调研中突出反映的一类问题。按照我国互联网管理体制，网信部门负责互联网安全稳定、内容执法与宣传工作；公安部门的网络安全机构主要负责涉及违法犯罪的执法侦查工作；工业信息化部门负责关键信息基础设施建设和相关企业的管理工作；文化和旅游部门负责相关平台和内容管理工作；其他相关部门参与配合管理。尽管各部门也会协同发布一些文件，但是在调研中发现，网信部门得不到各部门的主动配合，而各部门则希望网信部门管理能够提高工作灵活性。由此就导致了部级协同立法和在后续的法律实施环节协同配合不足的问题。

三、解决互联网新技术立法滞后问题的对策建议

网络空间不是"法外之地"。网络空间是虚拟的，但运用网络空间的主体是现实的，都应遵守法律。要坚持依法管网、依法办网、依法上网，让互联网在法治轨道上健康运行。在立法资源紧张、短时间尚不明确如何制定法律的情况下，可以从党内法规建设、地方立法创新、部门命令跟进和加强公众参与等方面解决互联网新技术立法滞后问题。

（一）加强党内法规建设，强化"党管数据"顶层设计

加强党内法规建设以保障"党管数据"顶层设计具有重要意义。党的二十大报告指出，中国特色社会主义最本质的特征是中国共产党领导，中国特色社会主义制度的最大优势是中国共产党领导。报告还指出，要坚持制度治党、依规治党，完善党内法规制度体系。加强互联网和数据党内法规建设，一是有助于提高"党管数据"的领导能力和执政能力。法治具有固根本、稳预期、利长远的作用，加强数字法治领域的党内法规建设，有利于加强和改进党对数字法治建设工作的领导，不断提高党科学执政、民主执政、依法执政的能力，为党发挥总揽全局、协调各方作用提供制度保证。

二是有助于统一全党关于"党管数据"的思想。加强党内法规建设，推动中央以及地方各级党组织认真学习和遵循党内法规，能够强化相关党政主体的有关"党管数据"的认知结构和认知能力，将"党管数据"这一顶层设计内化于各级组织和广大党员的思想中[①]。

三是依托"党管数据"的党内法规建设为各地互联网和数据管理工作提供顶层设计和根本遵循。通过加强党内法规建设，有助于发挥中央和地方"两个积极

---

① 郑智航：《党内法规执行过程中的政治势能》，载《行政论坛》2021年第3期。

性",使地方在缺乏必要政策法规支持的情况下,依托党内法规的精神和指导思想,从原则上保证具体的互联网平台和数据的管理执法工作与中央保持高度一致。

为此,着力加强互联网和数字法治领域党内法规建设,必须从以下三个方面入手。

一是相关主体要高度重视互联网和数字法治领域党内法规建设。承上文所述,保障"党管数据"的顶层设计落地生效,最关键的是加快健全互联网建设和治理急需的党内法规。党的二十大报告提出,"加强重点领域、新兴领域、涉外领域立法",毫无疑问,涉及数字法治的立法是相关主体在当前和今后应当重点关注的立法领域。

二是明确数字法治党内法规建设的重点领域和方向。当前,以互联网、大数据、人工智能为代表的数字领域成为我国经济社会发展的重要方向。同时,互联网还是意识形态斗争的主阵地、主战场、最前沿。因此,数字法治党内法规建设应当围绕"发展和安全"两个方向展开。一方面,通过制定相关党内法规,贯彻党政同责,推动数字经济的发展。另一方面,通过数据安全、个人信息保护、网络安全等重点领域的党内法规建设,推动党政领导干部更好地担负起维护国家安全的职责。

三是推动数字法治党内法规与我国现行的法律法规相衔接。我国当前有关人工智能、大数据、互联网等领域的法律有《数据安全法》《网络安全法》等,通过建构数字法治党内法规并推动其与上述法律相衔接,能够更好地发挥数字法治的效能,使得数字经济、数字产业等在法治轨道上有效运行。

(二)鼓励地方立法创新,巩固地方网信创新实践经验

地方立法对地方网信创新实践具有巩固、保障和促进作用。一是我国各地区间的社会经济发展阶段有着极大的差异,单靠中央在互联网、大数据等领域进行统一宏观的立法,无法兼顾到各地区经济社会发展实际情况。如《数据安全法》指出各地区应当确定本地区以及相关行业、领域的重要数据具体目录,对列入目录的数据进行重点保护,这就要求地方通过立法作出符合本地区实际情况的相关规定。二是从实践来看,部分地区通过先行先试总结经验,进而将具有长期价值的政策举措固化在地方法律文件中,能够为中央立法提供宝贵经验。为此,在中央互联网法制不断完善的同时,以地方为主导结合本区域实际情况进行的地方立法有必要紧跟中央立法精神,从可操作和有特色的角度来为我国互联网法治体系

添砖加瓦。

为此，地方立法机关应当高度重视发挥制度供给的引领性作用，推动互联网领域法规制度建设。

第一，地方立法机关在立法中应当遵循以下原则。一是严格遵循《立法法》和上位法的授权，防止任意立法。二是兼顾"发展和安全"两个主题。地方立法中既要明确促进数字经济、互联网、云计算等产业发展的相关内容，也要注重个人信息和数据的分类分级保护，维护公民和国家安全。三是满足地方数字法治的特殊需求。数字经济发展存在区域差异，因而地方应当有针对性地对上位法进行细化落实或者作出创制性规定，以解决本地区网络信息治理中的现实问题。如2020年12月1日，天津市在全国率先出台地方性法规《天津市网络虚假信息治理若干规定》，在规范网络传播秩序，保护公民、法人和其他组织合法权益，维护国家安全和社会公共利益方面作出了先行先试的表率贡献。

第二，地方立法机关可以重点从以下三个方面推进地方互联网管理法治化。一是创新立法体例，采用综合性立法模式，制定互联网管理的综合性地方性法规。在此种立法模式下，互联网经济发展、互联网安全、个人信息保护、互联网数据流转等内容得以在一部地方性立法中同时存在，实现体系性的协调，提供互联网管理的综合框架。二是开展重点领域立法。如网络安全、审慎监管、数据资源共享、个人信息保护等。三是寻求区域间互联网合作管理的立法创新。《立法法》第83条第2款规定，省、自治区、直辖市和设区的市、自治州可以建立区域协同立法工作机制。互联网数据流转并没有地域局限，因而通过区域间互联网管理立法的协同，能够降低交易成本，优化资源配置。如天津"京津冀大数据协同处理中心"成为三省市数据协同处理的重要基础设施。这些实践尝试体现出互联网数据共享流通的可行性，为互联网管理立法的区域协同提供了基础。

（三）适时出台部门命令，聚焦前沿技术化解潜在风险

习近平总书记于2016年4月19日在网络安全和信息化工作座谈会上指出：互联网是技术密集型产业，也是技术更新最快的领域之一。[1]为此，网信部门要根据技术发展和社会形势的实际需要，适时出台部门命令，聚焦前沿技术，化解潜在风险。

---

[1]《习近平：在网络安全和信息化工作座谈会上的讲话》，载《人民日报》2016年4月26日，第2版。

第一，网信部门要加大对互联网技术研发应用情况的掌握程度。一是要持续开展对网信前沿技术发展的跟踪研究和应对储备，强化互联网新技术新应用安全评估，加强国家网络安全审查工作，切实防范化解各类网上风险，坚决维护网络意识形态安全和政治安全。二是加快构建关键信息基础设施安全保障体系。

第二，网信部门要增强对新技术风险的识别、排查能力。习近平总书记指出，维护网络安全，首先要知道风险在哪里，是什么样的风险，什么时候发生风险，正所谓"聪者听于无声，明者见于未形"。[①] 因此要坚持以技术对技术、以技术管技术，运用新技术改进创新互联网管理模式，努力跟上日新月异的技术发展新形势。为此必须打造高水平技术人才队伍，要建立适应网信特点的人事制度、薪酬制度，把优秀人才凝聚到技术部门、研究部门、管理部门中来。同时，充分调动企业家、专家学者、科技人员的积极性、主动性、创造性，为相关技术人才发挥聪明才智创造良好条件，营造宽松环境，提供广阔平台。在此基础上，加大对大数据、云计算、人工智能、智慧汽车、元宇宙、深度伪造等领域风险识别和预警技术的研发力度。

第三，网信部门要与立法部门、法学研究单位加强合作，提升部门命令的实效性。一方面，网信部门应当加强与立法部门的沟通协调，及时推动将互联网管理实践探索中的有益经验转化为"小、快、灵"的法律制度。另一方面，网信部门应当加强与法学研究单位的合作。成立专家咨询委员会等，成员以法学专家为主，同时吸收互联网技术、互联网经济等领域的专家。推动上述领域专家参与到部门命令的制定中来，实现互联网管理的科学化、法治化和民主化；还要明确上述专家参与网信部门命令制定的相关事项的范围、基本工作方式、专家建言献策的权利等。如在起草和审核部门命令时，网信部门可以书面征求有关专家的意见、召集有关专家进行研讨论证，提出意见。

（四）健全公众参与制度，形成互联网多元共治新格局

政府依法行政，是进行互联网管理的重要手段，但同时应当看到互联网建构的是一个虚拟的公共领域，推动互联网产业发展、净化网络环境、维护国家网络安全是一项系统工程，是全社会、全体民众的责任。从我国互联网管理的实践来看，公众参与在互联网多元共治新格局中发挥了重大作用。中国互联网络信息

---

① 《习近平：在网络安全和信息化工作座谈会上的讲话》，载《人民日报》2016年4月26日，第2版。

中心（CNNIC）发布的《第 50 次中国互联网络发展状况统计报告》显示，截至 2022 年 6 月，全国各级网络举报部门共受理举报 8601.4 万件，较 2021 年同期增长 14.3%。①

为此，需要进一步通过法制保障推动互联网管理中的公众参与。一是要大力提升公众参与互联网管理的意识，在全社会形成人人重视互联网管理、人人参与互联网管理的良好氛围。如进一步发挥国家网络安全宣传周的作用，向全社会普及网络安全知识，提高公民参与互联网管理的积极性。二是要大力培养公众参与互联网管理的素质。习近平总书记指出，互联网是一个社会信息大平台，亿万网民在上面获得信息、交流信息，这会对他们的求知途径、思维方式、价值观念产生重要影响，特别是会对他们对国家、对社会、对工作、对人生的看法产生重要影响。②目前我国互联网上部分网民存在盲目跟风、狂暴甚至极端反动的现象。"地域黑""网络喷子""键盘侠""水军"通过"带节奏"的形式引导公众走向非理性的极端方向。为此，网信部门应当积极弘扬主旋律，加强网络公民素养教育，有效引导网络公民参与互联网管理的行为。三是建立公众参与机制，畅通公众共同参与互联网管理的渠道。第一，建立有效的举报渠道，同时做好举报信息的反馈和公开工作，对人民群众反映强烈的问题及时进行曝光。第二，促进社会组织发展，有针对性地组织社会力量参与到互联网管理中来。第三，加强行业自律。通过推动行业协会建设，实现行业的自我监管。

（**作者简介**：仲思静，天津大学智慧法治研究院助理研究员；赵燊，天津大学智慧法治研究院助理研究员。）

---

① 中国互联网络信息中心：《第 50 次中国互联网络发展状况统计报告》，载中国互联网络信息中心网站，https://www.cnnic.cn/NMediaFile/2023/0807/MAIN1691371428732J4U9HYW1ZL.pdf，2023 年 10 月 31 日访问。

②《迈出建设网络强国的坚实步伐》，载《人民日报》2019 年 10 月 19 日，第 1 版。

互联网条件下人民法院工作面临的机遇、挑战和应对[*]

詹飞飞　廖志明

以习近平同志为核心的党中央高度重视人民法院现代化建设，高度重视通过互联网让司法更加便利人民群众，获得广泛的社会认同。互联网时代的司法公开，也将人民法院工作全面置于社会监督之下，大到司法改革，小到法官个人生活，社会大众通过各种媒体传播的法院其人、其事打量着人民法院干警的"定力、功力、魅力"。如何抓住机遇，迎接挑战，运用互联网全面推进人民法院工作，是我们当前必须直面的重大课题。

一、互联网给人民法院审判工作带来的机遇

互联网新技术的快速发展，给人民法院自身管理和审判工作带来机遇，我们要发现新机遇、利用新机遇，充分利用互联网技术促进和发展人民法院工作。

互联网给人民法院自身管理和审判工作带来的机遇主要有以下几方面。

（一）有助于提高法官工作效率

全国各级法院通过搭建互联网平台，在互联网上为当事人和社会公众提供诉讼指南、在线咨询、案件查询、网上信访、远程立案、异地开庭等现代化的信息服务，大大提高了工作效率。比如，浙江法院近年来运用大数据技术进行司法统计分析，精准分析审判执行工作的突出特点和薄弱环节，有针对性地改进不足，有效提高了办案效率。

---

[*] 本文在孙佑海教授《互联网：人民法院工作面临的机遇和挑战》（《法律适用》2014年第12期）一文基础上进行了修改和完善。

（二）有助于改进办案质量

统计数据表明，截至 2022 年 4 月，中国庭审公开网已直播的案件超过 1850 万件，观看量超过 475 亿人次，有的庭审累计观看量突破千万。[①] 在信息化手段的辅助下，开放、动态、透明、便民的阳光司法机制已形成。庭审直播有助于公众了解和评判法院裁判规则与法律适用尺度，这既是生动鲜活的普法形式，也是倒逼司法权规范运行的重要方式。在执行方面，多年来浙江省高级人民法院确定部分基层法院作为网上司法拍卖试点法院，并与淘宝网联合推出网络司法拍卖平台，无论从竞拍价格还是占用时间来看，网络司法拍卖的效果都远好于以往的传统拍卖。广大法官通过互联网渠道，开拓学习的广度和深度，办案水平有所提高，边远地区法官司法能力的提升效果更为明显。

（三）有助于改善与社会的沟通

互联网为人民法院提供了沟通民意的新渠道，可以更加广泛地吸引社会公众监督审判活动，与人民群众形成"良性互动"，取得社会的理解和支持。例如，最高人民法院十年来开通微博、微信、新闻客户端，及时向社会介绍人民法院工作，减少了人民法院工作的神秘感，消除了很多社会误解。再如，在最高人民法院门户网站开设院长信箱，及时回应社会呼声，增强了人民群众对人民法院工作的信任度。

（四）有助于建设司法公开的可靠平台

为贯彻中央关于进一步深化司法体制改革的总体部署，党的十八大以来，最高人民法院大力推进人民法院的司法公开工作，先后建成裁判文书、审判流程、执行信息和庭审公开四大司法公开平台，司法案件从立案、审判到执行，全部重要流程节点实现信息化、可视化、公开化，构建出了开放、动态、透明、便民的阳光司法机制。[②] 四大司法公开平台的建设必须依托互联网技术的应用。如果离开了互联网技术的支撑，全面深入的司法公开建设是难以实现的。

---

① 《司法公开脚步不停歇 中国庭审公开网直播案件超 1850 万件》，载百家号"中国青年报"，2022 年 4 月 22 日。
② 《最高法：四大司法公开平台构建阳光司法机制》，载网易新闻，https://www.163.com/news/article/DBLPQ74G00018AOR.html，2022 年 12 月 6 日访问。

（五）有助于推进人民法院反腐工作

由于互联网的公开透明特性，网络反腐成为人民群众开展反腐斗争的新利器。事实表明，网络反腐的出现大大推进了人民法院的反腐败工作。2013 年某地高院四名法官集体违纪等案件，都是在互联网上曝光并引起各方高度关注的，继而有关部门追究相关人员的责任。互联网的发展和连续出现的网络曝光，促使人民法院工作人员的违法行为大大减少，比起过去多年的思想教育工作，效果更加显著。

（六）有助于推进科技创新和金融改革

互联网的每一次技术革新都会导致网络行为方式的更替，给知识产权等民事审判工作带来新的挑战。知识产权、金融等民商事法律所确立的基本法律原则和一般法律规则，在通常情况下可以调整和规范互联网的民商事法律关系，但面对 P2P、云视频、IPTV 等不断更替的信息网络新技术，人民法院通过裁判与互联网相关的知识产权案件，明确裁判规则，激励技术创新，惩治违法行为，为实施国家创新驱动发展战略、建设创新型国家提供了有力的司法保障，还通过对互联网金融案件的审判为金融体制改革提供了有力的司法支持。

（七）有助于促进人民政府依法行政

随着互联网的普及，社会公众对人民政府信息上网公开的需求越来越迫切，涉及政府信息公开的行政诉讼案件越来越多。与此同时，随着政府对互联网监管的加强，不服人民政府的互联网监管行政行为的行政诉讼案件也逐渐增加。人民法院审理与互联网相关的行政案件，不仅有力地保障了公民知情权等合法权益，也促进了政府信息公开工作的有效推进，还支持了行政机关对网络行为依法履行监管职责，促进了各级人民政府依法行政。

（八）有助于维护国家和社会安全

在美、英等国，网络犯罪已成为第一大犯罪类型，我国网络犯罪占犯罪总数近 1/3，且每年以近 30% 幅度上升。[①] 到 2021 年 11 月，全国共破获电信网络诈骗

[①]《孟建柱：中国网络犯罪占总数近 1/3，每年增加近 30%》，载澎湃新闻·法治中国，https://www.thepaper.cn/newsDetail_forward_1547385，2022 年 12 月 6 日访问。

案件 37 万余起，抓获违法犯罪嫌疑人 54.9 万余名。2021 年前 11 个月，针对组织招募人员赴境外实施电信网络诈骗等犯罪活动，挖"金主"、打"蛇头"，迅速开展落地核查和收网抓捕，共打掉 3 人以上结伙非法出境团伙 10600 余个，破获刑事案件 5300 余起，抓获犯罪嫌疑人 44690 余名。[①] 由此可见，网络犯罪呈现高发态势。此外，实践中还存在针对我国政府网站和重要计算机系统实施攻击，窃取政治、军事、经济等机密，危害我国信息安全；利用网络窃取企业秘密，对竞争性企业进行网络攻击；利用互联网获取并泄露公民个人信息，给公民的人身和财产安全构成极大威胁的情况。人民法院及时审判各类新型网络违法犯罪案件，有力维护了国家和社会的安全。

二、互联网技术给人民法院工作带来的新挑战

互联网是一把"双刃剑"，主要表现为互联网相关新类型案件大量涌现，人民法院一旦应对不力，将可能给国家和社会造成负面影响，同时给人民法院的司法公信力造成损害。我们在抓住机遇发挥互联网积极作用的同时，也要正视困难迎接挑战。

互联网技术运用给人民法院工作带来的新挑战主要来自以下几个方面。

（一）人民法院工作稍有差错就被上网传播

互联网犹如一个"放大镜"，人民法院工作中任何一个差错都可能被别有用心者甚至被敌对势力放大并加以利用，借此损害人民法院司法权威。法官开庭期间看手机，法警对律师安检等都是网络炒作的话题。此外，裁判文书上网后，各地法院在法律适用上存在的裁判标准和裁判尺度不一致的问题，也可能引发当事人不服生效裁判而申诉上访，有瑕疵的裁判文书网上公开后，会给一些法院造成工作的被动。

（二）互联网舆情应对不力将会引发更大负面效应

一些法院没有掌握网络舆情的传播规律，采取了错误或不当的舆情应对方式，

---

① 《打击电诈这一年：破获案件 37 万余起 发案数持续下降》，载公安部网，https://app.mps.gov.cn/gdnps/pc/content.jsp?id=8294713，2022 年 12 月 6 日访问。

应该公开真相时却试图掩盖、应该及时回应时却保持沉默，应该冷处理时却引发争议，导致工作被动。例如，前述某法院的法官违纪事件被网络视频曝光后，由于法院应对缺乏经验，招致网民激烈抨击。还有的法院在应对微博炒作时适用法律有问题，引发社会的强烈质疑，形成更大的负面效应。

（三）人民法院自身信息安全形势空前严峻

习近平总书记强调，网络安全和信息化对一个国家很多领域都是牵一发而动全身的，要认清我们面临的形势和任务，充分认识做好工作的重要性和紧迫性，因势而谋，应势而动，顺势而为。[①] 截至 2022 年 6 月，我国各类网民达到 10.51 亿，[②] 各行各业对互联网的依赖程度越来越高。与此同时，我国已经成为网络攻击的最大受害国之一。由于历史原因，我国政府的通信网络基础设施，法院的重要信息系统大多基于国外的关键基础软硬件，被入侵、被渗透、被控制的安全风险很大。已有多家法院网站受过黑客攻击、有的网站经过若干时间才能恢复。因此，互联网在方便人民法院开展工作的同时，也使审判机密信息有了更多泄露的可能，对此我们要有清醒的认识。根据中国互联网络信息中心（CNNIC）发布的数据：截至 2019 年 12 月，CNCERT 监测发现我国境内被篡改网站数量达 185573 个，和 2018 年年底的 7049 个相比增长较大；我国境内被植入后门的网站数量达到 84850 个，同比增长 259.4%。[③] 这些数据对人民法院工作有警示意义。人民法院工作信息化程度不断提高，务必防止重大网络安全事故的发生。

（四）对民商事审判工作提出的挑战

1. 对知识产权案件审判提出新挑战。当前，网络侵权形式复杂多变，新型的网络侵权层出不穷。互联网技术日新月异的发展与知识产权立法以及司法解释的相对滞后形成了鲜明的对比，如何在激励技术创新的同时有效遏制新型网络侵权

[①]《习近平谈治国理政．第一卷》，外文出版社 2018 年版，第 197 页。
[②]《我国网民规模达 10.51 亿》，载中国政府网，https://www.gov.cn/xinwen/2022-08/31/content_5707605.htm，2023 年 10 月 26 日访问。
[③] 第 45 次《中国互联网络发展状况统计报告》，载中国网信网，http://www.cac.gov.cn/2020-04/27/c_1589535470378587.htm，2022 年 12 月 6 日访问。

行为，成为知识产权审判中的一大难题。

2. 对电子商务、物联网等新型案件审判提出新挑战。互联网商业模式的创新是互联网发展的基本动力。网络购物平台、网络游戏平台、物联网等新型互联网商业模式的出现，有效带动了新兴互联网行业的发展，成为新的经济增长点。网络交易平台突破了传统的合同订立方式和案件管辖的司法规则，在审判实践中引发了大量争议。由于缺乏相应规则，人民法院对该类案件的审判工作比较被动。

3. 对互联网金融案件审判提出新挑战。以"余额宝""支付宝"等为代表的借助互联网技术、移动通信技术实现资金融通、支付和信息中介一体化的新兴互联网金融模式，以低廉的交易成本和灵活的交易模式，对银行等传统金融业造成了"颠覆式"的冲击。然而，涉及数千万用户和数千亿资金规模的"余额宝""支付宝"等互联网金融业务却缺乏相应的法律规范，法律风险极高，至今已有相当数量的互联网企业跑路，涉及资金量巨大。这些问题形成纠纷诉至人民法院后，人民法院面临难以及时依法作出裁判的窘境。

4. 对公民隐私权的救济也面临新挑战。"人肉搜索""互联网视频曝光"为公民行使监督权提供了便利，但如果超越限度也将直接侵害公民的隐私权，社会秩序将无法维护。如果企业不加限制都可以制造、销售间谍器材，任何个人都可以利用间谍器材收集、发布、播放他人隐私，这个社会必将陷入混乱。人们熟知的携程网因故泄露客户宾馆开房的资料，在网络上大肆传播，已经引发纠纷起诉到人民法院，将人民法院置于法理与情理冲突的两难之地。处置稍慢或者与社会大众的心理预期不符，都会影响到社会的稳定。

（五）对刑事审判工作提出的新挑战

在刑事诉讼领域，目前审理互联网犯罪案件存在诸多法律依据不足等问题。例如，对于为网络犯罪提供帮助的"利益链条"进行惩治的法律依据不足，对于为实施网络犯罪在互联网上发布信息、设立网站等预备行为难以独立定罪处罚，对于通过互联网组织、针对不特定人实施犯罪行为难以进行有效认定，等等。

更为重要的是，美国互联网企业配合美国政府情报机构，利用其掌握的互联网核心技术和垄断地位，利用对网络设备预先设置的"后门"，大量窃取我国政治、军事、经济、法律、社会情报，对于该类犯罪行为，如何取证、如何定罪处罚，都存在大量的法律难题。①美国情报机构和互联网企业，利用窃取的数据进行大数据分析，对我国国家安全构成严重危害，在司法领域如何与其斗争，还有很多的难题需要破解。如果相关的刑事司法工作跟不上，将会严重影响我国的国家利益。

国内互联网企业利用预先设置的后台掌握客户大量敏感数据，同样存在国家安全问题，亟须研究司法对策。某些互联网头部企业以及其他重要的互联网电信企业，利用其技术优势，掌握了大量的敏感数据，如果任其对这些信息无约束地进行大数据分析并输出，将产生严重的政治、军事、经济等后果。据了解，美国一些基金公司对我国一些电信企业的上市有着极大的兴趣，原因在于他们对我国的核心经济数据极为感兴趣。如何确定司法惩治的边界，是制定刑法相关司法解释和网络安全立法必须解决的重大问题。

（六）对行政审判工作提出的新挑战

当前，要求政府履行信息公开义务和依法履行网络监管职能的行政案件逐渐增多，由于法律依据和审判经验不足以及互联网管理体制机制等原因，这些案件的审理都存在很大的难度。如果处置不当，将对社会秩序的稳定和人民法院司法权威带来负面影响。

三、互联网条件下人民法院工作的应对方略

（一）人民法院要清醒认识互联网技术应用对自身的影响

1. 人民法院要满腔热情对待互联网和大数据。互联网的发展是任何力量也阻挡不了的，我们只有满腔热情地拥抱它，运用它，适应它，驾驭它，才能做互联网的主人，让其为人民法院的各项工作推进发挥积极作用。十多年来，人民法院运用互联网大数据推进司法公开和审判执行工作，也取得显著成果和宝贵经验。

2. 人民法院要清醒认识互联网对自身工作的新挑战。过去的挑战主要来自"网络谩骂"和"网络审判"，影响人民法院形象和独立公正行使审判权。在新的

---

① 孙佑海：《"数字立国"，必须在法治的轨道上运行》，载《中国信息安全》2016年第4期。

历史条件下，网络的安全问题日益凸显。因此，我们要进一步强化互联网对人民法院工作是一把"双刃剑"的认识，全面改善和提升人民法院的互联网工作，全力维护自身安全和国家社会安全。

（二）人民法院要运用互联网完善自身的内在管理

1. 建章立制防范互联网技术应用时的泄密问题产生。人民法院的计算机网络系统，存储了大量的死刑案件数据等审判信息、当事人的商业秘密和个人隐私信息以及其他重要信息，必须依法保护这些信息。因此，要千方百计做好互联网条件下的保密工作。人民法院建设的用于审判工作的法院专网，必须与互联网物理隔离；审判人员对使用各种互联网工具，要有制度规范，切实做到"上网不涉密，涉密不上网"；审判委员会和审判组织研究案件，如何应对互联网——特别是无线网络条件下的泄密隐患，要提出严格规范。出国访问、外地出差和居家办公，电脑设备如何保密，要提出严格要求。某些重要岗位人员是否允许用国外品牌手机，需要认真研究。建议各级法院都建立明确的责任制，健全完善严密的管理制度和责任追究制度，切实筑牢防止泄密的铜墙铁壁。

2. 抓紧制定全国法院互联网应对行动计划。全国法院如何应对互联网的新形势，需要有一个通盘的考虑和计划安排。建议最高人民法院加快完善全国法院互联网影响应对行动计划，提出发展战略、工作目标、落实的责任单位和时间表。并切实保障互联网应对计划的资金投入保障，提高人民法院应对互联网影响的执行力。

3. 深入推进大数据分析手段的规范运用。人民法院要千方百计开发利用大数据分析手段，切实找准审判工作存在的不足之处，尤其是裁判依据和管理制度方面存在的漏洞，及时提出可行的建议方案，为司法政策和司法决策提供准确的参考依据。近年来，各级法院在大数据开发利用方面取得了显著成绩和宝贵经验，建设了一支很好的队伍，今后应研究如何更好发挥他们的作用，提升能力和水平，使他们的聪明才智得到充分发挥。建议加强对国外新情况的研究，美国已经连续多年发布法院大数据报告，值得关注。

4. 强化互联网技术应用的全员培训。建议各级法院积极组织广大法官和专业技术人员参加中央党校、国家行政学院、重点大学科研机构举办的互联网技术和舆情应对的培训，大力培养运用大数据的审判和调研人才，通过培训大力提升广大法官和舆情应对人员的能力。在条件成熟的人民法院，适时建立互联网培训基地，全面提高法官对互联网技术问题和法律问题的认知水平。

5. 有效做好互联网的舆情应对。习近平总书记指出，做好网上舆论工作是一项长期任务，要创新改进网上宣传，运用网络传播规律，弘扬主旋律，激发正能量，大力培育和践行社会主义核心价值观，把握好网上舆论引导的时、度、效，使网络空间清朗起来。① 人民法院要在现有工作基础上，进一步建好"法院微博"、"法院微信"和"法院新闻客户端"，打造民意沟通平台。要保证"法院微博"、"法院微信"和"法院新闻客户端"的权威性、严肃性、及时性，牢牢掌握网络舆论宣传的主动权。当前的工作重点之一，是与时俱进，在巩固原有成果的基础上，创新健全良好的工作机制，保证舆情应对工作的及时性、有效性和稳定性，补强薄弱环节。

6. 精心建设互联网司法问题研究的公共平台。构建"互联网与人民法院"的整体研究框架，采取自主研究与组织研究相结合方式，做到"加强合作为我所用"。中央政法委和最高人民法院十分关心人民法院互联网司法问题研究公共平台建设。最高人民法院有关部门积极与中国邮电大学、中国传媒大学、中国科学院等高校科研机构以及著名互联网企业密切联系，强化人民法院关于互联网司法问题的研究工作，积极调动社会资源和力量，为人民法院工作提供更大的支持。

（三）人民法院要充分运用互联网进一步履行国家审判职能

1. 积极开展互联网相关审判工作。一要做好互联网应对的刑事审判工作。要加大对危害国家网络安全犯罪活动的打击力度，通过刑事审判，严厉惩罚攻击互联网、窃取国家秘密的犯罪行为，维护国家和社会的安全稳定。要在刑事审判中厘清言论自由边界，规范信息网络秩序。二要在民事审判中依法平衡网络各方利益，促进互联网技术和相关产业发展。在激励网络技术创新、推动网络技术进步的同时，应当注意有效保护知识产权、互联网金融等各方当事人合法权益，遏制网络侵权等违法行为的蔓延，切实维护广大网络消费者的合法权益。三要在行政审判中保障公民权益，支持依法行政。既要有利于保障公民知情权等合法权益，

---

①《总体布局统筹各方创新发展 努力把我国建设成为网络强国》，载《光明日报》2014年2月28日，第1版。

也要有利于政府信息公开工作的有效推进，还要支持行政机关对网络言论和网络行为依法履行监管职责。网络纠纷数量大，处理时间要求急，取证又更加困难，如何建立网络纠纷案件的特殊处理程序，也是互联网司法问题的研究重点和难点之一。

2. 适时出台相关司法解释。法律无法对互联网的快速发展作出超前性的制度规范，在互联网立法相对滞后的情况下，人民法院依法加快出台与互联网有关的司法解释，可以有效弥补法律的漏洞与不足。在符合立法精神和法律规则的前提下，通过形成裁判规则及时审理新型互联网案件，既可及时有效维护网络社会的基本秩序，又可为国家互联网立法工作提供重要的案例积累。

3. 及时发布相关指导性案例。相对于抽象的法律和司法解释条文而言，案例具有较强的针对性和适应性，既有利于形成裁判规则、明确裁判尺度，又可以将抽象法条具体化，指导全国法院正确适用法律、统一裁判标准。要抓紧多发布若干互联网领域的指导性案例，指导全国法院审理新型疑难的互联网案件，及时解决司法实践中的突出问题，彰显人民法院互联网司法的公正、高效和权威。

4. 尽快研究形成一批互联网司法应对的理论研究成果。互联网的深度社会化催生了众多重大、新颖、疑难的法律问题，网络技术的不断发展给人民法院的审判工作带来了严峻挑战，新的网络现象层出不穷，新的矛盾纠纷迎面而来，但互联网立法和司法理论却相对滞后，难以及时有效地回应巨大的现实法律需求，人民法院在审理互联网案件的司法实践中面临重重困难。为此，各级人民法院要尽快组织人民法院内部和外部的力量，下决心拨付一定的经费，支持开展相关理论研究。有的课题可向社会公开招标，有的可作为内参性课题，尽快研究推出一批互联网司法应对的理论研究成果，及时进行成果转化，为人民法院审判工作和国家社会的安全稳定提供及时有效的服务。

四、结语

互联网的大发展，对于当前和今后长时期的人民法院工作而言，既是难得的历史机遇，又是严峻的现实挑战。在特定的时期，互联网技术的应用对人民法院和广大法官开展工作，可能是极为困难的。我们应深入学习贯彻习近平新时代中国特色社会主义思想,深入学习贯彻习近平法治思想,抓住机遇,迎接挑战,充分利用互联网技术应用全面推进人民法院的自身管理,有效提升审判工作水平。

(**作者简介**:詹飞飞,山东省德州市中级人民法院民二庭法官助理;廖志明,中共福建省委政法委员会政策研究处二级主任科员。)

反思与重构：在线诉讼与线下诉讼交互转换规则的现状检视与完善

——以S市H区人民法院相关实践运行态势为分析样本

张 练

在线诉讼[①]在我国最初应用于互联网法院对互联网案件的审理[②]，最高人民法院先后出台了《关于互联网法院审理案件若干问题的规定》《人民法院在线诉讼规则》《人民法院在线运行规则》对此进行规制，《民事诉讼法》确立了在线诉讼的等效原则，在线诉讼不再受纠纷种类限制，在全国法院范围内推行。然而受制于必要技术条件、当事人对网络技术使用能力等，在线诉讼目前尚无法替代线下诉讼，将形成与线下诉讼长期并行的双轨制样态，并根据当事人需求或客观情况需要，进行在线与线下诉讼的交互转化，如何顺畅、有序地实现该种交互转换和衔接，值得我们深入研究。

一、在线诉讼与线下诉讼的实践运行态势分析

根据《人民法院在线诉讼规则》第 5 条的规定，在线与线下诉讼的交互转化可以由当事人提出申请、法院进行最终审查，也可以由法院根据实际情况依职权进行转换，实践中包括在线与线下之间的双向转换，可以发生在同一诉讼环节中，也可以发生在不同的诉讼环节，涉及两种不同诉讼方式的启动与转换。本文针对自 2020 年以来 S 市 H 区法院的在线与线下诉讼适用情况开展了实证研究。

[①] 在线诉讼在既往研究中，也被称为电子诉讼、线上诉讼或网上诉讼、远程审判，本文统一采用在线诉讼说法。
[②] 2017 年，杭州互联网法院正式挂牌，标志着中国开启在线诉讼时代；2018 年 9 月，北京互联网法院、广州互联网法院相继成立，案件类型限定为与互联网有关的网上纠纷。

（一）不同诉讼环节的在线适用情况存在较大差异

根据《人民法院在线诉讼规则》的规定，个案诉讼环节可以全部或者部分采取在线的方式，前者为全流程型在线诉讼，后者为阶段型在线诉讼。全流程型在线诉讼最早应用于我国互联网法院，形成了"网上纠纷网上审理"的司法模式，据统计目前三大互联网法院近九成案件实现了全流程型在线审理，而在其他普通法院，在线诉讼的适用呈现阶段性特征，通常仅对适宜在线的环节采取在线方式。就S市H区法院2022年1—5月不同诉讼环节的在线适用情况来看（如图1所示），其中网上立案率83.18%，在线庭审适用率39.86%（在线庭审中异步庭审占比28.52%），电子送达适用率31.23%，移动执行适用率84.87%，在立案、执行阶段适用在线方式较多，庭审阶段适用在线方式较少。

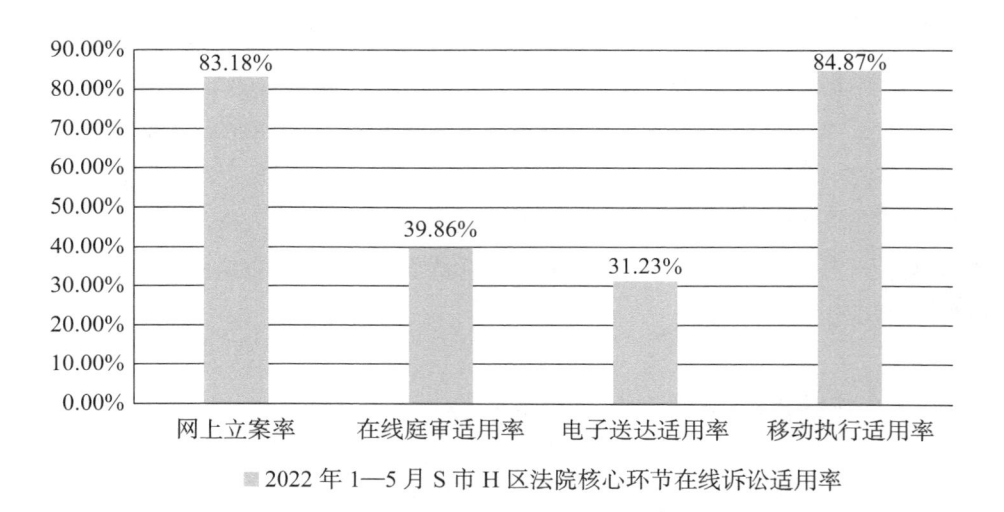

图1　S市H区法院2022年1—5月不同诉讼环节在线适用情况

（二）在线诉讼的适用范围从"广泛适用"缩减为"适宜案件"

自2020年新冠疫情发生以来，在线诉讼被广泛应用于不同种类的案件，包括民商事、行政、刑事等案件，涵盖简易程序和普通程序，本文通过对S市H区法院2020年1月—2022年6月网上立案率、在线庭审适用率进行考察（如图2所示），疫情形势变化一定程度上影响了在线诉讼的适用，立案、庭审阶段的在线适用率从最初的骤增到逐渐趋于稳定，案件适用范围也从最初的"广泛适用"缩减为"适宜案件"。案件是否"适宜"在线诉讼，由法院进行审查判断，考量因素主要包括案件复杂程度、当事人意愿、技术条件等,"适宜案件"类型主要包括当事人对案件的事实争议不大或者仅存在法律争议,案件涉及证据数量较少且不需要证人出庭等。

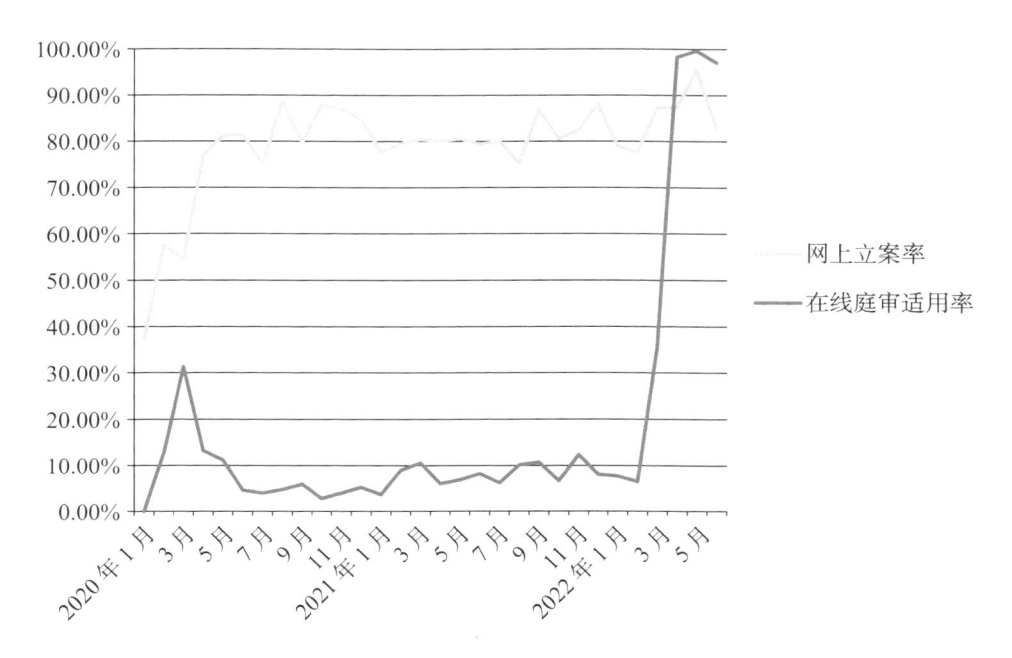

图 2　S 市 H 区法院 2020 年 1 月—2022 年 6 月网上立案率、在线庭审适用率

(三)不同诉讼环节中发生在线、线下交互转换的概率不等

在线诉讼以网络技术为基础,基于不同诉讼环节的目的、作用、参与主体、相互关系等各不相同,对互联网技术、移动技术要求不一样,故发生诉讼方式转换的情形存在差异。起诉受理阶段,仅涉及原告与法院之间的互动,在线立案主要依赖移动技术,技术要求相对比较简单,发生程序转换的情况较少,从图2可以看出,在线立案率仅在疫情发生之初出现了骤增的趋势,此后趋于平稳,波动较小。最复杂的是庭审阶段,其次是证据交换阶段,不仅有当事人双方以及与法院之间的互动,还可能存在证人、鉴定人以及其他诉讼参与人之间的互动,对互联网技术、移动技术以及电子诉讼平台提出较高的要求,在相应技术与平台条件发生变化的情形下则会导致诉讼方式的转换。在其他如文书送达、提起上诉、再审等阶段,也存在一定比例的诉讼方式转换。

（四）诉讼参与各方对在线、线下诉讼的态度不尽相同

经与 S 市 H 区法院法官开展访谈，被访谈的法官表示愿意接受并实际开展了在线庭审，主要是基于效率、安全、便捷的考量，但实际上审理时间成本并未有实质减少，庭审效果也往往不及线下诉讼。而多数律师对在线诉讼的选择大多是无奈之举，更多地体现为传统诉讼方式的替代方案，如果情况允许，大部分律师倾向选择线下诉讼，原因大体包括：在线庭审高度依赖互联网络的质量，受网络交互环境的影响，掉线、卡顿、图像和声音不清晰等状况时有发生；对方当事人所处环境不可控，庭审秩序容易被干扰，违反庭审秩序的行为比较隐蔽，当事人行为失范时法官也难以纠正；各地的电子网络平台不统一，难以逐一学习了解平台功能，庭审时不能充分表达意见，诉讼效果受到影响等。当事人对此也存在不同的声音，部分人对在线、线下诉讼的区别并未深入了解，故无明显倾向性，关注重点在诉讼是否便捷、能否得到公正审判，还有部分当事人对在线诉讼态度较为积极，会主动提出适用在线诉讼的方式，认为快速、便捷、节省成本。

（五）实践中在线、线下诉讼交互转换缺少统一规制

司法实践中在线诉讼以混合型适用为主，体现为具体案件的部分环节适用在线诉讼，或是部分当事人适用在线、部分当事人适用线下诉讼方式，在线与线下方式的交互转换比较灵活但相对随意，一定程度上影响了诉讼功能的实现。通过考察 2020 年以来 H 区法院诉讼方式转化的情况，发现线下转在线居多，诉讼参与者各方均会提出申请，原因主要包括疫情防控要求、时间冲突、路途遥远、具有尽早解决纠纷的需求以及其他参与线下诉讼不方便的因素，如经由法院提出，则需征求双方当事人意见，如是律师或当事人提出，需经法院最终审查。实践也不乏在线转至线下的情形，通常是法院直接告知诉讼参与人或者律师向法院提出建议，当事人通常不会主动申请，最终的审查决定权在法院。如果当事人或律师针对法院的审查结果提出异议，如何处理并无统一做法。

综上，在新冠疫情影响下，在线诉讼的适用从无到有、从有到多，随着时间推进，数量下降但趋于稳定，范围有所减缩且更偏向于阶段型、混合型的适用，诉讼参与者对待不同诉讼方式的态度、不同诉讼阶段或环节对网络技术的要求不尽相同，实践中在线、线下诉讼并行不悖、交互转换情形时有发生，呈现出相对混乱、零散、衔接不顺畅的态势，缺乏统一规制，影响诉讼效果的实现。

二、在线、线下诉讼交互转换存在实践短板的原因透视

（一）立法留白：司法实践先行与在线规则立法之间存在落差

不可否认的是，我国的在线诉讼实践走在了世界前列，但立法规范相对滞后，最初的《最高人民法院关于互联网法院审理案件若干问题的规定》针对的是特定案件类型、特定法院，如今的《人民法院在线诉讼规则》从司法解释层面对一般案件的在线诉讼进行规范，效力层级低于《民事诉讼法》，虽然新修改的《民事诉讼法》规定了等效原则，但是《民事诉讼法》主要是针对线下诉讼进行规定，线下诉讼与在线诉讼并不能完全等同，等效性规定并不能实现规范的针对性。在现行《民事诉讼法》框架下设定在线诉讼程序是很有局限性的，针对在线与线下诉讼在诉讼环节的交互转换有且仅有一个条文规定，针对转换的条件、程序和法律效果并无体系化的规定。

（二）法理阙如：权宜之计或是未来主流——在线诉讼独立性缺乏论证

在线、线下诉讼程序有序转换的前提在于两者均为独立的、有效的程序，而对于两者的关系，学术界并无明确结论，仅在实践中总结出两种适用模式：辅助模式、并列模式。前者强调在线诉讼对传统诉讼模式的补充，注重填补线下诉讼的不足；后者则强调当事人对不同诉讼模式的选择，体现在线诉讼的独立性。立法虽然规定了在线诉讼的等效原则，但仅从司法解释的层面将当事人同意作为在线诉讼启动的条件，当事人"反悔"也可以促成在线诉讼与线下诉讼的转换，但无论是"同意"还是"反悔"，性质尚不明晰，不足以佐证在线诉讼的独立地位。同时在司法实践中，随着新冠疫情形势的起伏变化，在线诉讼出现了明显"降温"，然而疫情防控的常态化趋势，使得在线诉讼在之后很长一段时间内依然得以保留，但其究竟是疫情环境下的权宜之计还是未来司法活动的主流，尚存有争议。

（三）理念束缚：在线、线下诉讼方式是否存在优先级尚无定论

通常认为，司法应该是一种现场性活动，目的在于实现正义，其具有物理空间在场性、公开性、当事人亲历性等特征，在线诉讼具有空间虚拟性、当事人非现场化等特征，两者差异明显，在线诉讼的推广必然会带来一系列问题，体现为如何

平衡与传统线下诉讼在程序保障、司法功能实现、公众参与度保障等方面的冲突。

如果两种诉讼方式之间存在明显优劣之分，又允许当事人自由选择，必然会因个体能力、条件的不同，导致不公正结果的出现。亦即，只有在线下诉讼明显优于在线诉讼的情形下，有条件的当事人才会选择在现场空间开展诉讼活动，导致进一步扩大当事人之间的差距，影响诉讼效果的实现，对此司法者应在尽量缩小程序差异的基础上尊重当事人的选择。

如果两种诉讼方式在程序保障、司法功能实现上并无差别，仅是因为当事人内心形成了不符合实际的差异化认识或是基于当事人对互联网技术、移动技术的掌握存在局限，司法者则应致力于消除当事人顾虑或协助当事人妥善应用网络技术，引导当事人在诉讼方式交互转换中作出更符合自身利益的最优选择。

三、线上诉讼与线下诉讼并存与交互转换的理论续造

（一）在线诉讼、线下诉讼相关概念辨析

从词源学上看，"法院"一词在法语、拉丁语和古希腊语里均指一块圈起来的空间或场地，线下诉讼则是发生在实体法庭中的诉讼活动，具有现场性、公开性、当事人亲历性等特征，实体法庭正是由审判台、国徽、法槌、法袍、审判席等构成的司法场域，法官在这一场所内对庭审秩序和当事人行为具有较强的掌控力，庄严感、仪式感、司法的权威性得到凸显。

在线诉讼作为与线下诉讼相对应的概念，是指利用互联网技术和移动技术，通过法院的诉讼平台，使法院、当事人以及其他诉讼参与人能够在线实施诉讼行为，具有空间虚拟性、当事人非现场化等特征[①]。

与在线诉讼相关联的两个概念，一个是远程审判，一个是线上法院。前者的核心是视频技术，从20世纪80年代通过视频来连线多个庭审室，到如今利用笔记本电脑或者手持移动设备就可以实现的高效网络交互，再到"元宇宙"司法背景下的沉浸式远程呈现，未来甚至可以创造出近乎真实的虚拟现实体验。远程审判既包括部分诉讼参与人在实体法庭、部分诉讼参与人在线上的情形，也包括所有参与方均通过视频参与审理的情形。

---

① 《人民法院在线诉讼规则》第1条规定了在线诉讼的含义，指人民法院、当事人及其他诉讼参与人等在线完成从立案到执行的全部或部分诉讼环节。

线上法院，与传统法院相对应，主要包括两个层面的内涵，一是线上裁判，这也是最核心的内容，法官对案件作出裁判，无需当事人聚集在一个实体法庭中，也无需通过视频连线完成诉讼活动，当事人通过网络平台提交诉讼证据，法官通过网络平台作出裁判，不同于线下诉讼、远程审判中的同步实时沟通，线上裁判采取了异步审理方式，对法院公开审理、直接互动等均提出了挑战。二是依托信息技术的发展，线上法院可以向当事人提供超出传统功能的更多拓展服务，包括帮助用户理解司法、协助当事人管理证据、组织论点、作出预判，提供司法之外的纠纷解决建议等。

随着数字化社会的快速发展，法院将是线下诉讼（实体法庭）、远程庭审和线上法院的融合体，个案诉讼环节可以进行拆分并匹配最合适的流程，本文讨论的在线诉讼不仅包括远程同步视频庭审，还包括线上异步审理以及与之相关的拓展服务，这不仅符合《人民法院在线诉讼规则》的设计，也符合当前信息化发展与纠纷解决结合的需要。

（二）在线诉讼的比较法考察

自 21 世纪伊始，英国、韩国、新加坡、奥地利[①] 等国就将互联网作为公众接近正义的重要手段，探索引入在线立案、电子卷宗技术，在线法院也出现在一些国家的改革规划中。

现有研究表示，早在 20 世纪 70 年代，美国联邦民事诉讼规则就采纳了电子发现程序（电子审前证据开示程序），2001 年密歇根州议会通过《电子法院法》，次年密歇根电子法院正式成立并运作，还有不少州法院对"在线纠纷解决平台"以及"在线法庭"进行了试点运营，最早的线上法院之一出现在犹他州，试图处理大多数低于 11000 美元的小额诉讼，协助当事人尤其是大量不请律师的当事人自行化解纠纷、解答法律问题、促成调解、起草和解协议、准备诉讼文书等，但受制于司法理念、制度环境和法官习惯等因素，美国联邦最高法院仅仅是尝试了"电话庭审"。

英国、爱尔兰等国将在线诉讼的范围严格局限于起诉立案、卷宗传递、文书送达领域，或仅对小额诉讼案件进行在线审理。英格兰、威尔士在民事方面，目

---

① 奥地利的电子诉讼实践较早，1990 年就建立了能够安全传输数据的电子诉讼系统，并于 2000 年起向所有当事人开放。

前仍然主要依赖纸质材料,其中"线上民事金钱索债"的项目,被设计用于支持不聘请律师的当事人处理金额为 1 万英镑以下的案件,当事人可以通过线上系统解决金钱索债问题。

加拿大不列颠哥伦比亚省的民事纠纷裁判庭于 2016 年中期上线,解决 5000 加元以下的小额诉讼、任何金额的公寓纠纷、5 万加元以下的机动车事故和人身损害纠纷,该系统为当事人提供法律指导,包括促成当事人之间通过非正式谈判的方式达成协议等。

新加坡早在 2000 年,就强制要求所有民事案件的传统文书必须以电子方式提交,2013 年,新版系统上线,其中的互动式线上表格自带合规检查能力,2017 年,支持当事人之间电子谈判的线上系统在小额诉讼裁判庭、社区纠纷解决裁判庭和劳动诉讼裁判庭启用。

关于澳大利亚新南威尔士州的线上法院,法官和律师可以讨论案情而无需到庭,针对的仅限于无争议的民事法律事项,例如庭审日期、文书提交期限等,还有一种"电子法庭",法官可以用来处理破产程序中的单方申请、核查令申请等问题,并配合相关笔录,所有参与者和公众都可以在线查看法官与当事人之间的信息往来记录。

尽管部分域外国家对在线诉讼的探索早于我国,并具备先进的技术条件和前沿的构想,但基于很大程度上无法得到诉讼参与人的认可,实际推进程度以及推广范围要远落后于研究本身。而在我国,为解决案多人少的矛盾,恰逢民事诉讼繁简分流试点改革的推进,加上新冠疫情对非接触式交往、工作提出了要求,在线诉讼反倒得到了普遍积极的推广。

(三)在线诉讼的独立性论证

新冠疫情形势一定程度上影响了在线诉讼适用率的高低,但并不意味着在线诉讼是传统诉讼模式的权宜之计,恰恰相反,疫情发生前在线诉讼就作为应对案多人少矛盾的重要解决办法,有效地提升了司法效率,本质上是一种独立的诉讼方式。

首先,实践效果层面,设立互联网法院的初衷在于集中探索在线诉讼新机制,确立网络空间治理的新规则。[1] 作为在线诉讼运用最集中的场域,互联网法院并非

---

[1] 段厚省:《论互联网法院的功能定位与程序创新》,载《上海师范大学学报(哲学社会科学版)》2020年第 6 期。

简单的"互联网+审判",而是综合运用互联网新兴技术,推动审判流程再造和诉讼规则重塑,是对传统审判方式的重构。在线诉讼也并非简单地将线下诉讼搬到线上,而是对传统诉讼方式的重塑。

其次,立法沿革层面,全国人大常委会通过的《关于授权最高人民法院在部分地区开展民事诉讼程序繁简分流改革试点工作的决定》、最高人民法院印发的《民事诉讼程序繁简分流改革试点实施办法》标志着在线诉讼从各地的零星探索上升到国家战略层面,《人民法院在线诉讼规则》构建了较为系统的在线诉讼规则体系,《民事诉讼法》规定了在线诉讼的等效原则,均体现了在线诉讼从互联网法院全面扩展到全国各级人民法院的趋势。虽然目前尚无专门法律对在线诉讼予以规制,但其作为人民法院实施的互联网司法战略的重要组成部分,系构建"中国特色、世界领先"的互联网司法新模式的具体体现。

最后,运行机制方面,在线诉讼的启动以当事人的同意为前提,当事人可以根据其需求选择诉讼环节的适用方式;在线诉讼的适用范围也从最初简单的民事案件,扩展到绝大多数类型的民事、行政案件,还包括减刑假释等刑事案件,以及将"其他适宜在线审理的案件"作为兜底条款;在线诉讼已覆盖了诉讼活动的全部阶段,不仅在《人民法院在线诉讼规则》中得到明确,在司法实践中也是可以实现全流程覆盖。

综上,在线诉讼作为与线下诉讼并存的独立诉讼方式,并非传统诉讼模式的替代品,此系在线诉讼、线下诉讼方式转换的前提所在。

(四)当事人"同意"或"反悔"的性质认定

《人民法院在线诉讼规则》第 4 条规定在线诉讼的启动应征得当事人同意,第 5 条规定了当事人在诉讼过程中存在"反悔"的情形,进而导致诉讼程序的转换。无论是"同意"还是"反悔",其本质均为当事人在诉讼中的程序选择权[①]。

1. 理论基础。首先,根据当事人程序主体性理论,当事人应有机会对程序启动、运行发挥积极作用,其在适用何种程序解决自己纠纷上具有选择的自由,而不是消极、被动地接受法院强制性的程序适用。其次,诉讼程序是根据公共利

---

① 针对当事人同意的性质,有诉讼契约说、同意授权说、程序选择权说三种学说,本文认为当事人同意是一种程序选择权。程序选择权在《人民法院在线诉讼规则》中有着举足轻重的地位,39 个条文中有 18 条涉及当事人程序选择权,主要包括在线诉讼基本原则、适用条件、程序启动、权利告知、异步庭审、视频庭审、电子送达等内容。

益、双方当事人的合理需求、程序的一般情形而设置的,可能不能满足个案中当事人的特殊需要,在不损害社会公益的前提下,赋予当事人程序选择权,可以使具体案件程序的运用更加符合当事人的意愿。最后,在线与线下诉讼程序的二元区分,为当事人提供了选择空间,也为程序的交互转换提供了条件。当事人在两种程序运行中需要投入的时间、金钱、人力等资源并不相同,在两种程序中获得的亲历性、公正性等程序利益也并不相同,通过程序的交互转换,可实现不同利益的转换。

总之,将当事人同意、反悔界定为程序选择权,进一步凸显了当事人程序主体的地位、使程序的运作更加人性化,还有利于提升当事人对裁判的信服度。立法者会更加注重充实、扩大程序选择权的内容和范围,司法者也会在审判实务中切实保障程序选择权的实现。

2. 法律特征。主体层面上,程序选择权是各方当事人均享有的诉讼权利,并非专属于某一方,各方当事人都可以根据自身状况和程序利益来主张适用何种诉讼方式。利益层面上,程序选择权是程序性诉讼权利,并非实体性诉讼权利。在线诉讼体现了便利性、快捷性的程序利益,线下诉讼体现了亲历性、仪式性的程序利益。程序选择权的处分对象是程序利益,并不涉及当事人实体权益。效力层面上,是形成权,而非请求权。[1]差异在于法院是否进行实质审查,行使程序性形成权,法院大多数情况下进行形式审查,通常不会过多干预或限制当事人行使权利。

3. 具体类型。根据程序选择指向的诉讼环节是否具体,分为概括性程序选择和具体性程序选择,前者系当事人概括性地申请法院适用在线诉讼,并未明确具体适用环节,会产生"推定同意"的法律效力[2]。具体性程序选择体现了当事人在具体诉讼环节的程序选择意愿,《人民法院在线诉讼规则》第4条第2款第4项规定了具体性程序选择"禁止推定"的法律效力。

根据是否需要达成一致意思表示,分为合意性程序选择和单方性程序选择。前者如《人民法院在线诉讼规则》第22条关于异步审理的规定,后者不以达成合意为条件。《人民法院在线诉讼规则》确立了以单方性为基础,合意性为例外的程序选择权制度,是因为在现有网络技术、移动技术水平下,实现对各方当事人差异化程序选择的平等保护并不存在技术性障碍。

---

[1] 在消极性程序选择中体现得尤为明显,《人民法院在线诉讼规则》第4条第1款为消极性程序选择权的规定。
[2]《人民法院在线诉讼规则》第4条第2款第1项就赋予了当事人概括性程序选择推定同意的法律效力。

根据权利行使方式，分为积极性程序选择和消极性程序选择，前者如《人民法院在线诉讼规则》第 4 条第 2 款第 1 项的规定，由当事人向法院主动申请，法院审查后决定是否适用。《人民法院在线诉讼规则》第 4 条第 1 款，第 2 款第 2 项、第 3 项则规定了消极性程序选择的法律效果，该种"法院决定＋当事人同意"模式，决定了该选择具有消极性、依附性，法院如果不决定，当事人就没有行使消极性程序选择权的机会，但可以弥补当事人因欠缺诉讼经验或法律知识而导致无法行使程序选择权的问题。

根据当事人行使程序选择权的时间，分为事前程序选择和事后程序选择，前者是在程序启动前选择，如《人民法院在线诉讼规则》第 4 条；后者则是在程序启动后，当事人又作出相反的意思表示，本质上是一种反悔行为，如《人民法院在线诉讼规则》第 5 条第 1 款、第 2 款的规定。

不同类型的程序选择，适用程序转换的条件不同，如概括性程序选择所产生的推定同意效力，可能会与当事人真实意思相悖，程序转换的条件相对宽松；再如，事前程序选择权引发诉讼程序的启动，事后程序选择权则会产生程序转换的法律效果，但同时增加程序运行的成本，损害对方当事人合理预期，故需要限定事后程序选择权的适用范围和条件。

（五）在线、线下诉讼方式并无优先级区分

在对线上、线下诉讼进行优先级论证时，主要围绕能否实现司法功能、能否实现正义、程序保障是否一致展开。本文拟从实质正义（公正判决）、程序正义（正当程序）、公开正义三个方面展开论证。

1. 实质正义。意味着判决结果应该是公正的，首先要遵循已有的法律，其次要符合大众的是非观，最后判决结果要尽量让个案中的诉讼参与人普遍认为是公正的。在线、线下只是不同的程序或是纠纷解决模式，形成的裁判结果并无根本不同。实际上大部分普通民众并不能完全理解法院的运作流程，其目的或是寻求法律救济，或是定分止争，又或是寻求心理上的安慰，对其而言，公正的判决结果，与作为手段的在线、线下方式并无必然联系。

2. 程序正义。程序正义[①]要求司法过程的公正性，即诉讼当事人感受到程序是

---

① 相当于美国法中的"正当程序"原则，具体包括：同案同判、当事人应该有机会在法官面前陈述案件，且法官在该纠纷中无个人利益；法官应当诚实、中立、独立和不持有偏见，就职于独立的司法机关；法官应当审查案件本身而不是当事人。

公正的。目前在线诉讼无法实现"亲历性",与线下诉讼相比,威严性也有一定程度的淡化,对程序正义的实现是否有影响?支持者认为,正义只有在面对面中才能妥善实现,双方当事人都出现在法官面前才能实现平等,只有现场出席才能创造平等的对抗环境。[1] 本文认为,该种观点仅是一种基于过往经验,在内心形成的根深蒂固的观念,是一种情感和心理上的主张。"亲历性"体现的是法官与当事人之间的人际互动,法官近距离地感受庭审的氛围、细节,与当事人、其他诉讼参与人之间进行互动,然而这些举止、细节对法官认定事实、作出裁判能有多大影响,值得反思[2]。相反在司法实践中,法官对案件事实的查明更多地依赖文字证据和已经确认的事实,某种程度上也就意味着可以书面完成。值得一提的是,当前信息技术发展催生了情感计算领域的发展,依据数字化系统可以在线对当事人的情绪状态与可信度进行判断。

此外,多数普通人对法院、司法并不熟悉,在实体法庭内易受环境影响,若改为适用在线程序,反倒会觉得更能自由地表达,实现了更有效的互动,类似结论在心理治疗领域也得到了印证。基于当事人之间财富、诉讼能力的不均等、有无聘请律师等,体现在实体法庭中的差距更加突出,而在线诉讼中法官不会受当事人特征影响,会更专注于案件本身,有利于实现程序正义。

针对在线诉讼削弱了司法的威严性等问题,可以通过将传统法院的某些象征、符号如国徽、审判台、法槌等,以信息化方式加入到在线诉讼中[3]。再者,威严仅是法院的特点,并非根本价值,我们更应注意司法威严性所带来的公正结果。

3. 司法公开。认为线下诉讼优于在线诉讼的人,通常以《欧洲人权公约》第6条第1款[4]为依据,认为在线诉讼并不是在"现场"公开审讯,判决结果也不是在实体法庭"公开宣布",无法达到公开的要求。本文认为,不能机械地将"现场"与"公开"画上等号,人权公约颁布的时候互联网尚未出现,当下应将通过网络

---

[1] 大律师安德鲁·朗登(Andrew Langdon)在2016年就职英格兰及威尔士大律师公会主席时候的演讲中持此观点。
[2] 已有裁判者提出不同的观点,如麦肯纳(MacKenna)大法官、勒加特(Leggatt)大法官,均对法官根据证人举止等认定事实提出质疑。
[3]《人民法院在线诉讼规则》第24条规定人民法院在线开展庭审活动时,应当设置环境要素齐全的在线法庭,在线法庭应当保持国徽在显著位置,审判人员及席位名称等在视频画面合理区域。
[4]《欧洲人权公约》第6条第1款规定:"在决定某人的公民权利和义务或者决定对某人的任何刑事指控时,每个人都有权在合理时间内接受公正和公开的审讯,该等审讯由依法设立的独立而不偏倚的裁判机关开展,判决应当公开宣布……"

进行诉讼纳入"公开"的范围。

司法公开作为正义的核心要义之一，要求法院应该是可见的、可以理解的、可以被问责的，个案诉讼过程是公开的，裁判结果是开放被监督的。首先是"信息公开"，包括整体上的诉讼流程和运行机制、案件处理效率与数量等，以及个案中的庭审安排、庭审记录、案件性质、当事人信息、裁判依据、内容等。其次是"实时公开"，除例外情况，案件审理应在公开场所进行，大众可以现场观摩庭审，媒体可以依法实时报道。

线下诉讼通过发布庭审信息、互联网直播等手段，实时公开程度较高，但受到数据分享（如文书上网等）的滞后或是法院本身不配合的影响，信息公开状况不甚理想。在线诉讼引入后，电子诉讼平台的广泛应用与全程留痕，使得公众获取信息更加快递便捷，信息技术的发展实现了对案件相关数据的抓取、整合、统计与分析，供大众参考，虽在现场观摩庭审体验上不及线下诉讼，但在信息公开上已远超线下诉讼了。值得注意的是，如果在个案中对实时公开有特别的要求，法官有权在任何阶段将在线诉讼转化为线下诉讼。

综上，在线诉讼并没有阻碍正义的实现，其在程序保障、实现司法功能方面，与线下诉讼并无明显差异，两者均为独立的、有效的诉讼方式，并无优先级的区分。当事人对在线、线下诉讼方式的选择，完全可以根据自身技术条件、主观意愿来进行，作为司法者，法院应尽量弥补当事人在技术条件上的不足，通过保障当事人的知情权，来引导当事人作出符合其自身利益的最优选择，这便是在线、线下诉讼有序转换的根本价值所在。

四、在线与线下诉讼交互转换的具体制度构建

（一）程序转换的特有原则——方便原则、安全原则

在线与线下诉讼的交互转化，应在坚持诉讼法基本原则[①]的基础上，将"方便原则""安全原则"作为特有原则。《人民法院在线诉讼规则》第 2 条规定了在线诉讼应遵循的若干原则，包括"便民利民原则""安全可靠原则"等，但这是开展在线诉讼的总体要求，体现了价值追求或理念，并非规范意义上的原则。"方便原则"虽然文义上与"便民利民原则"类似，但其体现了原则的规范性、约束性、技术性。

---

① 如平等原则、处分原则、辩论原则、诚信原则等。

在线诉讼适用的前提是掌握并运用互联网技术、移动技术，如果不能或者不会掌握互联网技术、移动技术，不仅不会给当事人带来便捷，反而会产生更多的不便，此时依据"方便原则"应转化为线下诉讼。同样，如果采取线下诉讼给当事人带来诸多不便，例如时间成本的大幅增加，也应依"方便原则"转换为在线模式。法院审查是否需要转换诉讼方式，应以"方便"为标准，判断当事人是否具备技术条件、是否方便、客观情况是否发生了变化导致既有的程序无法继续适用等。

由于在线诉讼将个人信息和数据暴露在网络中，"安全原则"则从规范角度强调了对个人信息安全的保护，防止信息泄露侵害个人隐私，在线诉讼与线下诉讼的转换，也要求法院保障线上线下材料流转的统一性、便捷性与安全性。

（二）确定案件适用的基础程序为程序转换的前提

判断具体案件适用的基础程序，目前仍以特定法院和纠纷类型为分界，如互联网法院审理的案件，以在线诉讼为基础程序[①]。《人民法院在线诉讼规则》仅对可以适用在线诉讼的案件范围进行了界定，但并未对应当适用在线诉讼模式的案件类型进行规定[②]。因此，针对普通法院审理的案件，以线下诉讼为基础程序。但随着互联网技术、移动技术的快速发展，在线与线下方式的差异逐步缩小后，所有类型的案件都存在在线与线下诉讼并行的情形，则需根据不同诉讼环节对技术的不同要求，来判断基础程序。

（三）在线、线下诉讼交互转换的具体流程

针对基础程序是在线诉讼的案件，在线程序启动前需经当事人申请或同意，程序启动后，如基于当事人申请或法院依职权需要进行程序转换，则需符合"当事人申请+法院审查"或"法院决定+当事人同意"模式。若当事人在程序启动前选择线下诉讼，需经"当事人申请+法院审查"模式，但在启动后要转回基础在线程序，仅告知法院即可，无需再经审查。

[①]《最高人民法院关于互联网法院审理案件若干问题的规定》第1条第1款规定互联网法院以在线诉讼为基本运作方式。

[②] 依据有些学者的观点，在未来立法中，如果案件适于线上审理，除非客观原因受限制，就应强制采用在线诉讼方式（至少在案件进入诉讼程序早期），对于某些类型的纠纷，在线诉讼就应当是唯一的诉讼方式，因为如果给予当事人完全自由的选择，必然要受到自身能力的限制，从而可能导致不公正结果的出现。

针对基础程序是线下诉讼的案件，若需要转换为线上诉讼，则需符合"当事人申请＋法院审查"或"法院决定＋当事人同意"模式。若由在线方式转回线下诉讼，告知法院即可，除非有恶意拖延诉讼之嫌，否则无需审查。

针对概括性程序选择[①]，无论是积极性选择还是消极性选择，基于推定效力可能与当事人的真实意思相违背，因此程序转换条件相对宽松，当事人提出申请，法院做形式审查即可。

针对具体性程序选择，依当事人申请进行程序转换，是对此前选择意思的反悔，属于对此前意思表示的撤销，仅在例外情形下允许当事人作出变更。当选择涉及的利益重大，不改变已经作出的选择可能对当事人的权益造成严重损害，并且允许改变不会对程序进行造成重大不便时，赋予当事人变更是恰当的，有利于消除当事人的顾虑，让其敢于行使程序选择权。此时需由当事人说明转换的理由，由法院根据"方便原则"进行判断，同时还要从法定事由、时间限定、程序限定[②]上来进行约束，合理限定程序转换的适用条件，防止当事人滥用事后程序选择权。

此外，诉讼程序是由不同诉讼环节构成，每个诉讼环节对开展在线诉讼所依赖的互联网技术、移动技术的要求也不同，因此针对不同的诉讼环节，进行程序转换的要求和条件应有所区分。

（四）完善程序转换相关配套机制

为消除当事人内心不符合实际的差异化认识，提升其使用网络技术的能力，引导当事人作出符合自身利益的最优选择，法院应完善相应的配套保障机制，主要包括如下几个方面。

1. 适当拓展法院释明义务的适用范围

选择的前提在于知情，人真正的自由并不仅仅在于不受他人的强制性干预，而是在于其掌握的知识是否能让其理性地作出最优选择。映射到在线与线下诉讼

[①]《人民法院在线诉讼规则》第4条规定了积极概括性选择的推定效力，积极具体性选择、消极具体性选择的"禁止推定"的效力，唯独没有规定消极概括性选择的推定效力。

[②] 第一，反悔应当在开展相应诉讼活动前的合理期限内提出，考虑到不同诉讼环节的准备时间存在差异，《人民法院在线诉讼规则》未对合理期限作出"一刀切"的规定，可由各地法院具体细化或者审判组织根据案件情况确定；第二，反悔需通过申请方式提出，并经法院审查同意；第三，反悔不得基于恶意诉讼目的，如果能认定当事人反悔是为了故意拖延诉讼或者增加对方当事人诉讼成本，法院可以不予批准。

方式的选择过程中，即要充分保障当事人的知情权。绝大部分当事人对在线诉讼与线下诉讼的运行方式、法律后果并不了解，导致其对程序的选择、转换可能无法满足自身的利益，故法院的释明义务不仅要体现在在线诉讼程序启动之前，同时要体现在线上与线下的程序转换过程中。另外，《人民法院在线诉讼规则》仅对当事人的消极性程序选择，即需当事人同意时规定了释明义务，笔者认为，应将法院的释明义务拓展到当事人的积极性程序选择、转换过程中。

2. 为遭受数字化排斥[①]的群体提供多方位的协助

当前，全世界互联网的使用程度已经大幅提升，截至 2021 年 12 月，我国网民规模达到 10.32 亿，互联网普及率达到 73.0%；手机网民规模达到 10.29 亿，使用手机上网比例达到 99.7%；农村网民规模达 2.84 亿，占网民整体的 27.6%，农村地区互联网普及率为 57.6%；60 岁及以上老年网民规模达 1.19 亿，互联网普及率达 43.2%，可见城乡上网差距继续缩小，老年群体加速融入网络社会。[②]

针对遭受数字化排斥的群体，采取线下诉讼方式往往也是费时费力的，故可以采取"帮助使用互联网技术或移动技术"的做法。帮助主体包括法院工作人员、提供公益服务的律师、志愿者等，具体包括面对面协助、电话服务、网页服务等，对于一些特殊人群如老年残障人士等，也可以提供纸质渠道，允许其填写纸质表格并寄给法院，由法院转化为电子信息并上传。

针对有条件使用但不愿使用网络技术的人群，可以通过设计流畅的线上指导、进一步丰富移动设备端提供的支持与服务等方式促进其使用在线诉讼方式。

（五）程序转换的法律效果

程序转换后，当事人依照转换之前的诉讼程序实施的诉讼行为将不能产生相应的法律效果，属于无效诉讼行为，法院也应受程序转换的约束，不得再按照此前的诉讼程序进行案件审理。

此外，只要法院作出对当事人诉讼权利义务有影响的行为，当事人至少要有提出异议的权利和机会，故完善当事人异议机制成为必要。针对当事人提出的程序转换申请，法院在合理期间内不做审查，或者当事人对法院依职权作出的程序

[①] 在线诉讼要求具备一定的网络条件与技术使用能力，数字化排斥指"那些无法触及互联网或者数字设备的人，或者缺乏技术、能力、信息或动力去使用互联网或数字设备的人"被排斥在外，即便是线下诉讼，也有很多人因为疾病、行动不便等原因无法前往法院，占比未必低于数字化排斥的人群。

[②] 数据来源详见中国互联网络信息中心（CNNIC）发布的第 49 次《中国互联网络发展状况统计报告》。

转换决定有异议时，可以向法院提出异议，并对其异议理由承担举证责任，经法院审查异议成立的，应及时作出纠正，如异议不成立，也应向当事人释明理由。

五、结语

在线诉讼与线下诉讼虽是不同的诉讼方式，但是两者并非对立的，而是差异中存在着统一，尤其体现在两者的交互转换过程中。随着元宇宙与纠纷解决的智能化应用进一步发展，在线诉讼的场景真实局限等有望被克服，从而打破线下诉讼的传统优势，在线与线下两种诉讼方式之间的差异将逐渐缩小，两者的交互转换将会更集中地发生在证据交换和庭审阶段，对此进行规制应以司法实践者的需求为导向，并始终秉持一种积极、谨慎的态度稳步前进。

（作者简介：张练，安徽省宿松县人，上海市虹口区人民法院三级法官助理。）

游戏视频侵权案件中游戏画面的合理使用

——以国内首例《王者荣耀》短视频侵权案为切入

张　铮

随着 5G 时代的来临，短视频和直播行业在人们的精神生活中占据越来越重要的地位。视频与直播行业的兴起使每一个普通人都可以通过 vlog 成为自己频道的主播，成为有趣视频的创作者，又或者成为活跃于各大电商平台的"带货者"。形形色色的直播与短视频服务平台的兴起，又成了互联网经济中的一个爆点。

在短视频领域中有一股不容小觑的力量——游戏视频，在悄然影响着一大批以年轻人为主要群体的游戏玩家的娱乐生活。这些游戏视频或以展现普通玩家难以察觉的通关技巧的"游戏攻略"面目出现，或以展示达人玩家娴熟的"操作集锦"的面貌示人，又或者只是因操作失误而博君莞尔的"搞笑时刻"。与此同时，据统计，2020 年我国游戏用户规模逾 6.6 亿人，中国游戏市场实际销售收入 2786.87 亿元。[①]

从司法层面观之，广州知识产权法院审理的深圳市腾讯计算机系统有限公司（以下简称腾讯公司）与运城市阳光文化传媒有限公司、广州优视网络科技有限公司关于《王者荣耀》的侵害作品信息网络传播权系列案件（以下简称《王者荣耀》案件）备受关注。[②] 该系列案件认定《王者荣耀》游戏的画面构成类电作品，运城市阳光文化传媒有限公司未经腾讯公司许可在西瓜视频网站上向用户传播《王者荣耀》游戏视频的行为构成对腾讯公司著作权的侵犯。该判决一经作出就在游戏视频领域中引起较大的反响，而支持此判决的理论基础为广东省高级人民法院出台的《关于网络游戏知识产权民事纠纷案件的审判指引（试行）》（以下简称《网

[①] 数据来源于游戏时光官方网站，https://www.vgtime.com/topic/1108649.jhtml，2021 年 7 月 12 日访问。
[②] 详见广州知识产权法院（2020）粤 73 民终 574—589 号民事判决书。

游案件指引》)。该系列案件的判决结果在游戏画面的作品种类归属和是否构成合理使用问题上非常值得研究和检视。

一、管中窥豹——对《王者荣耀》案件的实证分析

作为国内首例游戏短视频著作权侵权案件，《王者荣耀》系列案件判决书中体现了诸多游戏视频侵权案件中可能出现的事实认定争议，如游戏画面是否构成类电作品、游戏视频对游戏画面的引用是否构成合理使用等。

在本案中，腾讯作为《王者荣耀》著作权人，主张运城市阳光文化传媒有限公司作为西瓜视频的开发者和运营主体，未经授权，在西瓜视频网站和App上允许用户上传与《王者荣耀》相关的游戏视频320000余条；广州优视公司作为西瓜视频的视频分发者，应与运城市阳光文化传媒有限公司共同承担停止侵权和赔偿责任的民事责任。该系列案件经一审审理，认定侵害著作权的事实成立，运城市阳光文化传媒有限公司不服，向广州知识产权法院提起上诉；经二审审理，广州知识产权法院作出二审判决，维持了一审法院的判决结果。此系列案件主要争议内容及法院认定结果如表1所示。

表1 《王者荣耀》案件中的合理使用认定

	游戏画面是否构成作品	玩家对游戏视频是否享有著作权	游戏视频能否构成合理使用和转换性使用	被告是否侵犯原告著作权
原告主张	是，属类电作品，虽然《王者荣耀》剧情相对简单，但符合类电作品的基本条件	否，画面为厂商预设，玩家与游戏互动不产生著作权	否，不符合《著作权法》对于合理使用的规定	是，构成侵权，应赔偿原告损失并停止侵权
被告抗辩	否，非作品	是，如法院判定《王者荣耀》属于作品，则玩家与游戏互动产生了新的作品，游戏视频著作权归玩家所有，或玩家与游戏开发者共同享有著作权	是，《王者荣耀》总包含123位可选角色，按每场比赛玩家5v5进行比赛，每场比赛30分钟计算，则视频需要2亿多年才能完整展现游戏内容	否，不侵权，游戏视频属合理使用或玩家独立创作的内容

续表

	游戏画面是否构成作品	玩家对游戏视频是否享有著作权	游戏视频能否构成合理使用和转换性使用	被告是否侵犯原告著作权
法院认定	是，具备独创性，属作品；系有伴音或者无伴音的画面组成，且可以由用户通过游戏引擎调动游戏资源库呈现出相关画面，游戏整体属类电作品	否，用户仅调用了游戏厂商预设的建模、图片等内容，无创作意图	否，游戏画面占视频比例达70%—80%，构成视频的实质部分，超出了适当引用的合理限度；在某些视频中，游戏用户使用的画面较少，但也是为了视频创作	是，理由如前所述

如表1所示，原被告及法院对游戏视频是否系作品，系何种作品，可否构成合理使用和转换性使用等问题可谓观点并不一致。由于该系列判决以及广东高院出台的《网游案件指引》必将对今后人民法院审理游戏视频侵权案件产生较大影响，故对该判决及《网游案件指引》有检视的空间和必要。

（一）游戏画面是否属于类电作品的再审视

在《王者荣耀》系列判决中，法院认定游戏画面整体属于类电作品的逻辑推理过程如图1所示。

符合《著作权法实施条例》第2条对于作品的规定，具备《著作权法》规定的独创性要件 → 《王者荣耀》整体游戏画面构成作品 → 符合一系列有伴音或者无伴音的画面组成的特征，并且可以由用户通过游戏引擎调动游戏资源库呈现出相关画面 → 《王者荣耀》整体游戏画面构成类电作品

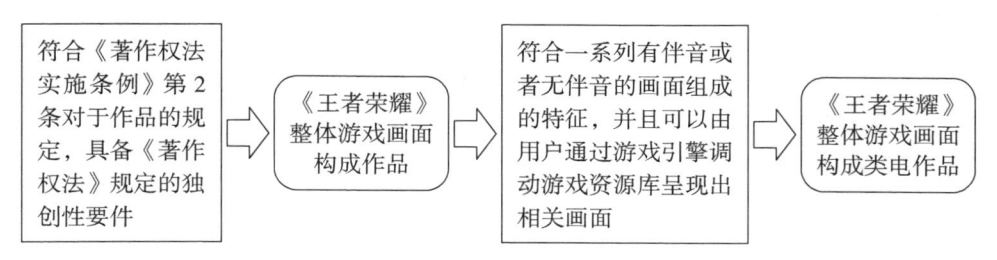

图1 《王者荣耀》案类电作品认定过程

如果单独以有无伴音和连续的游戏画面来判定游戏画面是否构成类电作品，那么本案中的《王者荣耀》游戏画面无疑符合类电作品的判定标准，但是这种判定是否合理是有一定商讨余地的。

虽然有学者认为，网络游戏整体游戏画面系有伴音或无伴音的连续动态画面，且摄制在一定介质上，故网络游戏整体游戏画面符合电影作品的定义，[①] 但是，在

---

① 王迁、袁锋：《论网络游戏整体画面的作品定性》，载《中国版权》2016年第4期。

游戏种类日趋复杂，网络游戏与单机游戏的界限逐渐模糊的今天，仅以《著作权法实施条例》的标准去判断游戏画面的作品类型并不符合游戏产业发展规律。

对于游戏画面是否应当认定为类电作品，或者顺应新《著作权法》的改变，将游戏画面归入"视听作品"进行保护，应当依据现有游戏的类型来进行细致划分。

（二）游戏画面合理使用的空间

《王者荣耀》系列判决从整体上排除了玩家合理使用游戏画面的可能性，认为大部分涉案视频中游戏画面占比较高。即使有些视频画面占比较低，也是因为视频创作者想表达视频主题。此种对待合理使用的态度亦有值得商讨之处。

1. 整体保护游戏画面是否合理的问题

以《王者荣耀》系列判决的论断来看，只要是游戏视频中包含了哪怕较少比例的游戏内容，也就不可能构成合理使用。早有学者认为，对游戏的整体保护，范围不能模糊不清，应有较为合理的保护范围。①

首先，不能仅以游戏画面在游戏视频中占比的多少来衡量是否构成合理使用。例如，为介绍一首七言绝句而在某篇论文中引用了该绝句的全部内容，再将该论文发表在期刊上，那此举是否会因为百分之百引用了该绝句而不能适用合理使用规则呢？如果不认为这构成合理使用，显然是很荒唐的，所以"比例"不适合作为判定合理使用的主要标准。

其次，如果将"比例"作为判断游戏视频合理使用的标准，那么依照《王者荣耀》有100余名可选角色，其在5v5比赛中的排列组合又是天文数字的情况下，似乎游戏视频所引用的"比例"又算不上高，所以比例说显得比较苍白。

最后，《王者荣耀》系列判决在未查证的情况下，即认为即使视频中所含游戏画面比例较小，也是为视频作者的创作意图服务的，也就构成侵权。举一个相对极端的例子，如果涉案的某一游戏视频中仅仅有几幅静态的游戏截图，那在游戏画面在视频中所占"比例"如此小的情况下，能不能构成对游戏画面的合理使用呢？这显然又是比例说的一个漏洞。

2. 现有判决中对游戏画面的整体保护

笔者在中国裁判文书网上以"整体游戏画面"为关键字，不分地域、审级地以"知识产权权属、侵权纠纷"为案由，搜索民事判决书。在搜索结果中剔除

---

① 张伟君：《网络游戏"整体"保护不能"圈图"保护》，载《中国版权》2020年第3期。

"侵害商标权纠纷"以及由网吧提供盗版游戏下载的著作权侵权纠纷案件,得到了生效判决书共计35份。其中有30份判决书中认定整体游戏画面构成类电作品,1件未认定构成类电作品,4件回避了游戏画面属于何种作品的判定。(如图2所示)

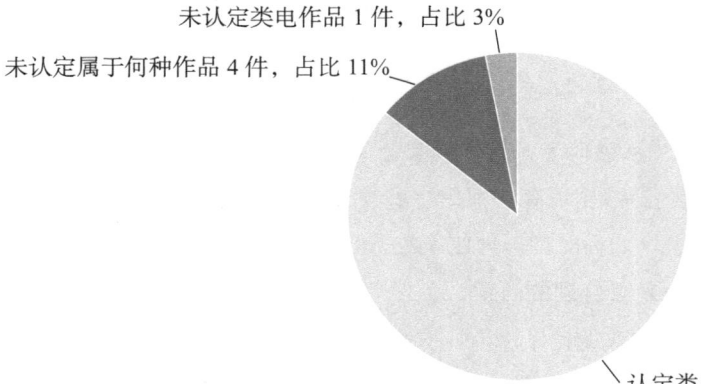

未认定类电作品1件,占比3%
未认定属于何种作品4件,占比11%
认定类电作品30件,占比86%

图2 整体游戏画面的判决分析

由图3可知,在认定游戏整体画面构成类电作品的案件中,大部分为角色扮演类网游侵权案件,这也与我国游戏市场前些年MMORPG[①]较为兴盛有直接关系。值得注意的是,在占比为87%的MMORPG侵权案件中,原告均主张被诉游戏侵害其著作权的方式是"换皮",即被告的游戏在UI、任务机制、人物成长和画面全面抄袭了原作品。

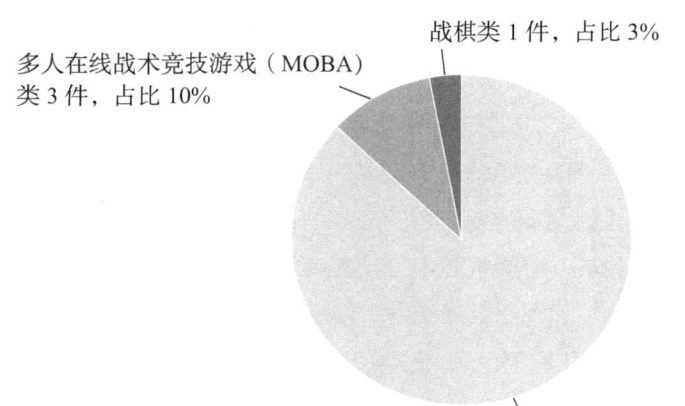

战棋类1件,占比3%
多人在线战术竞技游戏(MOBA)类3件,占比10%
角色扮演类26件,占比87%

图3 认定类电作品的判决分析

[①] MMORGG,即 Massive Multiplayer Online Role-Playing Game 的缩写,在中国比较常见的译法是"大型多人在线角色扮演游戏",是网络游戏的一种。

基于此理由，法院对被诉侵权游戏与原告的游戏进行了全面比较。判决中认定游戏画面构成类电作品的表述主要有："（与电影相比）在创作过程中的选择与安排上，二者均围绕一定人物角色，选择与安排一定情节，推动故事演变，使受众获得情节推进的感知。""角色扮演类电子游戏与类电作品的创作者在对大体相同的创作元素进行选择与安排时，所进行的智力创造劳动存在很大的相似性。""在创作完成后最终呈现出的形态上，二者均存储在一定介质上，由一系列有伴音或者无伴音的连续动态画面组成，并可借助适当装置呈现。"[1]

这恰恰说明了角色扮演类游戏在被认定为类电作品方面有先天优势，那就是其是以角色和剧情推动游戏进程的，这与强调竞技性的 MOBA 类游戏显然是不同的。此外，虽然这些案件无一例外认定了被诉游戏侵权，但游戏之间的全面对比与游戏视频对游戏的引用显然是有数量级上的区别的，这也进一步证明了游戏视频合理使用的可能性。

二、游戏画面的种类判定[2]

如前所述，广州知识产权法院的《王者荣耀》系列判决将游戏画面认定为类电作品，而原告的请求权基础亦在于请求法院认定《王者荣耀》游戏画面构成类电作品。但是，在我国游戏市场日趋成熟的今天，仅凭《著作权法实施条例》中对于类电作品的定义来简单判断游戏画面是否属于类电作品是缺乏科学性的。应当在对游戏类型作合理划分的前提下讨论游戏画面是否构成类电作品，进而讨论哪种具体类型的游戏画面可以作为《著作权法》意义上的作品进行保护，从而进一步为游戏视频的合理使用找到相应的空间。

此外，在与电子游戏有关的判决中虽然以网络游戏侵权为主，但是单机游戏与网络游戏之间在游戏内容和游戏类型方面的界限亦不明显，故本文对二者一并讨论。

---

[1] 浙江省高级人民法院（2019）浙民终 709 号民事判决书。
[2] 2021 年 6 月 1 日起修改后的《著作权法》将原《著作权法》中规定的电影作品、类电作品和录音录像制品统归于视听作品，本文为讨论方便，仍使用类电作品之称谓。

（一）可归为类电作品的游戏画面

游戏业界按照游戏内容来划分游戏类型，有如下几个大类及子类。（如表 2 所示）

表 2　主流游戏种类及特点

游戏大类	游戏子类	游戏特点	代表作品	剧情与角色塑造
体育类游戏	球类游戏、竞速游戏（赛车游戏）	模拟赛车、足球、篮球等体育竞技项目	《FIFA》《GT赛车》《NBA2K》	无
射击类游戏	主视角射击游戏、第三人称射击游戏、横版射击游戏	注重玩家的射击体验和玩家间的射击对抗	《使命召唤》《和平精英》	越来越趋向于玩家之间的对抗，剧情与角色塑造部分日趋减少
MOBA类游戏	无	注重玩家所操控的英雄之间的对抗	《王者荣耀》《英雄联盟》《Dota2》	以玩家对抗为主，间有角色背景故事，但角色、剧情均服务于玩家间的竞技体验
策略类游戏	策略角色扮演游戏、策略冒险游戏、历史模拟策略游戏	以玩家和计算机之间的回合制为主，但大致以玩家所展示的策略为核心，基本没有玩家之间的角力	《火焰纹章》《三国志》《太阁立志传》	依子类型有所区别，如策略角色扮演游戏侧重角色、任务、剧情，而历史模拟策略游戏则偏向于玩家所做的决策以及决策的反馈
角色扮演类游戏	回合制角色扮演游戏、动作角色扮演游戏	以角色和剧情为核心来进行游戏，玩家可以较强烈地代入角色的成长和剧情演绎之中	《最终幻想》系列、《暗黑破坏神》系列	以剧情和角色塑造为核心，其体验就是力求让玩家沉浸在角色之间的互动与剧情之中
冒险类游戏	电影化冒险游戏、文字冒险游戏	以故事为核心，玩家的选择可能影响剧情走向和游戏解决，越来越趋向于电影化叙事	《心跳回忆》系列、《逆转裁判》系列、《隐形守护者》、《底特律：变人》	以剧情推进为核心，玩家选择不同分支影响游戏结局，随着技术的进步越来越像电影

依据游戏中角色塑造和剧情所占比重，换言之接近类电作品的程度来划分游戏类型，如图 4 所示。

```
玩
家          体育类游戏
间             ╲
对               射击类游戏
抗                  ╲
与                    MOBA 类游戏
竞                       ╲
技                         策略类游戏
                              ╲
                                角色扮演类游戏
                                   ╲
                                     冒险类游戏

              角色塑造与剧情演出
```

图 4　游戏画面与类电作品近似度分析

如图 4 所示，以游戏类型来划分，从体育类游戏到冒险类游戏，玩家之间竞技与对抗的比重越来越低，而角色塑造与剧情演出的比重越来越高。如《最终幻想》系列，作为老牌日式角色扮演类游戏的代表，其每一部作品均有大段的即时演算和 CG（Computer Graphics）动画来表现游戏剧情，其角色成长体系的不断进化更是为玩家津津乐道。而在冒险类游戏向互动电影发展的今天，如《底特律：变人》这种采用了最先进面部表情捕捉技术的游戏，得益于电子计算机技术的飞速发展，甚至比电影的表现力更为细腻，其剧情分支之广就连具有开放式结局的传统电影也难以望其项背。由世界著名游戏制作人小岛秀夫担纲制作人的动作冒险游戏《死亡搁浅》更是请到了美剧《行尸走肉》中的著名演员诺曼·瑞杜斯担纲主演。因为其曲折的故事和大段的剧情演出，《死亡搁浅》也被称为"买电影送游戏"式的游戏。

结合现今电子游戏的分类，以及各类游戏在游戏体验上的不同侧重点，一款游戏的画面能够被称为类电作品，至少要呈现三个要素：一是游戏应当围绕情节和人物来编排游戏进程，让受众感受到情节的推进；二是游戏应当让受众感受到游戏创作者与类电作品创作者对作品元素进行了大抵相同的安排；三是由一系列有伴音或者无伴音的连续动态画面组成。（如图 5 所示）

之所以认定构成类电作品的游戏画面需要达到以上三个条件，其原因有三。

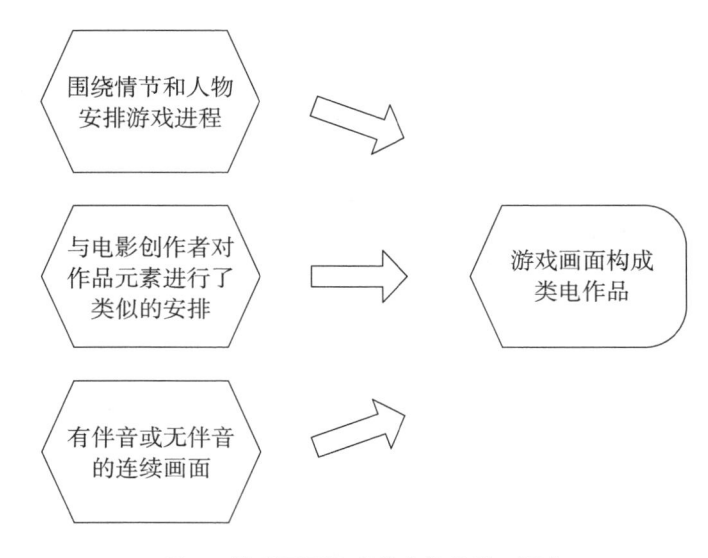

```
┌─────────────┐
│ 围绕情节和人物 │──▶
│ 安排游戏进程  │
└─────────────┘

┌─────────────┐        ┌─────────────┐
│ 与电影创作者对 │        │ 游戏画面构成 │
│ 作品元素进行了 │──────▶│  类电作品   │
│  类似的安排   │        │             │
└─────────────┘        └─────────────┘

┌─────────────┐
│ 有伴音或无伴音 │──▶
│  的连续画面   │
└─────────────┘
```

图 5　游戏画面构成类电作品的三要素

第一，有观点认为，虽然写实纪录类电影也缺乏故事情节，但不妨碍纪录片被认定为类电作品。[①] 角色扮演或者互动电影类游戏有强烈的电影元素，但其与电影或者类电作品又存在不同之处。以《动物世界》节目为例，即使其不存在电影中的情节要素，但是导演精心安排的镜头、不同场景之间流畅的切换以及赵忠祥老师的精彩解说都使《动物世界》节目的独创性达到了类电作品的程度。

反观电子游戏，除去剧情演出等与电影作品高度类似的元素，其他重视玩家对抗类游戏，如 MOBA 游戏，其游戏进程均需玩家之间的互动与对抗方能成行，其精髓也在于玩家展现技艺并提高水平，以便与更高段位的对手在游戏中角逐胜负，其在运镜、画面的安排等方面并没有达到类电作品的程度。

第二，在知识产权领域，也可以将知识产权的专用性作为垄断的一种表现，将专利权和著作权作为垄断的一种类型。[②] 由此可见，著作权有一定的垄断权属性。无论是买断制游戏还是免费游戏，游戏制作人和游戏发行商都已经从游戏售卖或者虚拟道具的买卖中获得了巨大的利润。如《王者荣耀》这类游玩免费，道具皮肤收费的游戏，玩家在游玩过程中已经为游戏公司创造了非常可观的盈利，即使

[①] 详见广州知识产权法院（2020）粤 73 民终 574—589 号民事判决书。
[②] 冯晓青：《论知识产权的专有性——以"垄断"为视角》，载《知识产权》2006 年第 5 期。

没有付费的玩家，游戏公司也已经从其中获得了大量的因流量产生的广告费等收入。如果此时还允许游戏公司通过垄断游戏短视频的方式实现盈利，那么这将更大限度地挤压玩家的创作空间。

第三，角色扮演类游戏，尤其是单机类的角色扮演游戏，其有赖于精彩的剧情演出、游戏角色之间的情感互动给予玩家游戏体验，其往往有通关一次，经历过所有剧情之后，游戏对玩家的吸引力就会大幅下降的特点，玩家之间戏称的"云通关"就是很好的例证。角色扮演和互动电影类游戏在接近电影的同时，其卖点很大程度上就在于剧情，此时如果允许"游戏视频"肆无忌惮地呈现剧情内容，那么游戏厂商的利润空间将受到不合理的挤压。日本著名游戏厂商 ATLUS 在其人气角色扮演游戏《女神异闻录 5》发售初期，通过技术手段禁止玩家对游戏直播、录制视频就是基于此种考虑。

（二）其他游戏画面的认定

综观著作权法中作品的类型，游戏画面最可能被归入的作品类型就是类电作品。基于此，无法归入类电作品的游戏画面，包括 MOBA、体育竞技类的游戏的画面则不应再作为《著作权法》意义上的作品得到保护。究其原因，一方面是因为这些类型的游戏的画面本身不能达到类电作品的标准，另一方面则是因为《著作权法》已经从计算机软件的角度对该些类型的游戏进行了合理适当的保护。因此，法院在审理 MOBA、体育竞技类等以玩家对抗为主要内容的游戏画面侵权案件中，应采取更为审慎的态度。

三、游戏视频的合理使用

在确定了可作为作品保护的游戏画面类型之后，讨论游戏视频制作者对游戏画面的合理使用就具备了理论基石。对于常态化的网络"众创"来说，动辄需要事前许可的规则设定，使得普通网络用户在既有作品基础上的创作行为无法在合理交易成本范围内实现。[1] 在全民众创的时代，对于游戏画面的合理使用，司法应该在法律允许的范围内给广大玩家以更大限度的自由。

---

[1] 熊琦：《"用户创造内容"与作品转换性使用认定》，载《法学评论》2017 年第 3 期。

鉴于游戏视频的巨大基数，在确定了以情节推进和角色塑造为核心的游戏画面方适宜作为类电作品保护的前提下，游戏视频对于可作为类电作品保护的游戏画面仍有合理使用的余地。

（一）游戏视频合理使用的空间

广东高院认为，只有在游戏为游戏用户预留创作空间或创作工具，且游戏用户创造了不同于游戏预设内容的新的表达的前提下，用户才拥有相应游戏画面的著作权。言外之意，只有在这种情况下，游戏视频制作者才能达到合理使用游戏画面的程度。①

一方面，在现在游戏类型越来越丰富、游戏类型的边界越来越模糊的情况下，使用此类二分法来对游戏画面的著作权进行划分略显粗犷，也不符合游戏业发展的潮流，是否为游戏"预设内容"也不能作为评价玩家是否享有游戏视频相关著作权的唯一标准；另一方面，为"用户预留创作空间并提供创作工具"的游戏数量并不多，其中比较有代表性的就是《我的世界》和与其类似的沙盒游戏②。就笔者多年玩网游的经验来看，虽然有的沙盒游戏有联机要素，但是可以称为网络游戏的沙盒类游戏是比较少见的，所以"为游戏用户预留创作空间并提供创作工具"只有在少量游戏中有适用的空间。这显然不能适应游戏视频众创火爆的现实情况。依据本文对游戏类型的分类，游戏视频的合理使用在现今的著作权体系中就可以找到答案。

（二）《著作权法》体系中的合理使用

在谈论游戏视频的合理使用问题之前，我们有必要对现在主流的游戏视频类型进行简单的梳理，具体内容见表3。

---

① 《关于网络游戏知识产权民事纠纷案件的审判指引（试行）》第20条第2款："若游戏为游戏用户预留创作空间并提供创作工具，游戏用户在游戏预设的视听表达范围以外创作了其他表达元素，相关创作成果符合作品构成要件，该游戏用户作为相关创作成果的作者享有相应著作权。"

② 沙盒游戏（Sandbox Games）是由沙盘游戏演变而来，自成一种游戏类型，由一个或多个地图区域构成，往往包含多种游戏要素，包括角色扮演、动作、射击、驾驶等。创造是该类型游戏的核心玩法，利用游戏中提供的物件制造出玩家自己独创的东西。

表3 游戏视频类型分析

视频类型	特　　点	时长及占游戏整体流程比例
攻略类	力图教会玩家游玩过程中的难点问题和操作要点，以此博得流量	有的视频只讲述游戏中的一两个难点，时长只有几分钟；有的则较长，接近整个游戏流程
流程类	展现游戏的整个或一大段过程，包括剧情和游戏角色互动的整个过程	几乎涵盖了游戏的整个流程
评测类	对新发售的经典游戏进行评测	时长从几分钟到半小时不等，占游戏整体流程比例很小，有的视频制作者为防止"剧透"，还故意删去剧情发展的关键节点画面
介绍鉴赏类	与评测类基本相同，侧重于过往的经典游戏	与评测类大致相同
操作集锦类	收录玩家的精彩操作，并时常以摇滚类的动感音乐取代原本的游戏背景音乐	时长较短，占游戏整体流程比例较小，基本只是浓缩了操作的一些瞬间
轻松搞笑类	收录玩家失误所造成的令人啼笑皆非的场面，并常常伴有网络流行表情等增加喜剧效果	时长较短，占游戏整体流程比例不大

1. 游戏视频合理使用的法律适用

就以上总结的游戏视频内容而言，人民法院在审理可能涉及现今流行的几类游戏视频侵权案件时，除了完整展现游戏流程或关键剧情节点类的视频外，都可以将之归入《著作权法》第24条第1款第2项中"为介绍、评论某一作品或者说明某一问题，在作品中适当引用他人已经发表的作品"的情形。

就"介绍、评论某一作品或者说明某一问题"而言，攻略类视频都是为了向玩家展示如何攻克游戏中的疑难之处，符合"说明某一问题"的情形；介绍、评测类视频符合"介绍某一作品"的条件；操作集锦类视频和轻松搞笑类视频也反映了游戏的不同侧面。唯独通关流程视频或者大段的攻略视频将游戏进程的全部或者关键部分在玩家未玩游戏之时，就将游戏内容公之于众，难以构成对游戏画面的合理使用，这种游戏视频"云通关"的方式也挤压了游戏厂商本该占有的市场份额。

需要特别说明的是，有些视频制作者将整个游戏流程分为数十个视频，行业术语将这种行为称为"分P",游戏视频制作者一般会借此来增加用户流量。在此种情况下,法官应将这些"分P"的视频作为一个整体来看待,以防止视频制作者利用此举来达到规避侵权的目的。

2. 合理使用的比例判定

《王者荣耀》系列判决中在谈及游戏视频是否系合理使用时论述了两个观点:其一,涉案视频中游戏画面占视频整体比例在70%到80%,即使占比较小,也是视频制作需要而非视频制作者自身意愿;其二,游戏视频已经反映了游戏内容的方方面面,构成对整体游戏画面的侵犯。这种判定方式存在一定的问题。首先,人民法院对待"比例"问题,其应比较的对象是游戏视频所体现的内容与游戏整体内容之间的比例,而非游戏画面在游戏视频中所占比例,这种判定合理使用的方式也比较符合著作权法判定对具体作品的引用是否构成合理使用的一般标准。其次,对比普通游戏动辄十几小时到几十小时的游戏流程,显然游戏视频中很难真正体现游戏方方面面的内容。所以,法官在判定游戏视频是否系合理使用时,应当以游戏视频具体的游戏画面内容与游戏整体内容的比例来作为判定合理使用的标准。

四、结语

社会生活的纷繁复杂,往往使其与法律的对接产生不适应,这种情况在游戏视频侵权案件中尤为突出。这就要求我们另辟蹊径,充分利用现有著作权法体系中合理使用条款,在现有法律框架内,解决游戏视频的作品种类归属和合理使用问题,进而更合理地解决游戏视频众创与著作权人权益之间的矛盾。

(作者简介:张铮,天津市第三中级人民法院知识产权法庭一级法官。)

升级版"面对面"：数字时代背景下在线庭审对直接言词原则的稀释与拓展

——基于T市H区人民法院在线庭审的实践展开

姚依凡　刘　欣　刘　书

引言：数字法治之路

党的二十大报告中明确了要严格公正司法，深化司法体制综合配套改革，全面准确落实司法责任制，加快建设公正高效权威的社会主义司法制度，努力让人民群众在每一个司法案件中感受到公平正义。这对新时代坚持和完善公正高效权威的社会主义司法制度提出了明确要求，为新时代加强和创新社会主义司法改革指明了方向。数字时代背景下，科技发展日新月异，社会主义司法制度也必须依靠科技进步才能集中彰显优势。自党的十八大以来，全国法院一直认真贯彻落实习近平总书记关于网络强国的重要思想，围绕司法为民、公正司法，推动法院工作与现代科技深度融合，大力推进智慧法院建设，创新纠纷解决和诉讼服务模式，构建在线庭审新模式，努力实现审判体系和审判能力现代化，为实现更高水平的公平正义注入数字动能，让群众共享司法"数字红利"。为深入研究当前地方智慧法院建设情况，本文选取T市H区人民法院的实践情况作为实证研究的样本，着重研究T市H区的在线庭审实践，以为今后进一步推进全国各地智慧法院建设提供思路参考。

一、实证检视：在线庭审现状的追根溯源与实践图景

近十年来，互联网呈现高速发展态势，我们也悄然进入了一个前所未有的在线时代，疫情在全球多点式暴发，这进一步催生了人类社会尤其是中国社会对在线方式的多样化需求。公众对于司法运行模式创新的期待体现于数字科技与司法

审判的新兴产物——在线诉讼模式。在线诉讼从广义上指的是法院、当事人以及其他诉讼参与人通过在线方式全流程参与诉讼，包括当事人网上立案、上传证据、缴纳诉讼费用、参与庭审、发表口头及书面意见、法官利用网络平台传唤诉讼参与人、送达文书、主持举证质证及庭审等，是全方位、全流程的在线模式。在线诉讼模式下，通过网络空间开展诉讼活动，打破了传统庭审活动中法官与原告、被告等诉讼参与人同时聚集在法庭的时空限制，[①]几乎所有诉讼环节均可实现在线形式，并具有相应的法律效果，极大便利了诉讼当事人参与诉讼，也大大减少了诉讼参与人在时间、精力、金钱上的耗损。除此之外，法院大力推广适用在线诉讼模式能满足司法活动亲历性的要求，作为在线诉讼模式中心环节的在线庭审，又称电子庭审、网上审判等，具体指的是诉讼参与人通过运用网络科学技术，借助计算机、手机等网络终端设备媒介，通过声音、图像等的传递和呈现，实现不同地点诉讼参与人之间的信息沟通，从而完成举证、质证、辩论和裁判等庭审活动的诉讼方式[②]。实际上，早在疫情暴发前，杭州、广州和北京三家互联网法院已开始探索推行电子诉讼和在线审理机制，但案件数与各地法院受理案件总数相比，占比很低，绝大多数纠纷还是沿用传统线下审理方式。[③]2018年最高人民法院出台《关于互联网法院审理案件若干问题的规定》，规定互联网法院以在线方式完成案件的全流程审理，从受理、送达到证据交换、开庭审理、宣判等均通过线上方式进行。随着新冠疫情的暴发，在线审理获得了一个意想不到的"推广机会"，法院和当事人都倾向于选择在线庭审从而避免直接接触式交往。最高人民法院也于2020年、2021年及2022年相继发布《关于新冠肺炎疫情防控期间加强和规范在线诉讼工作的通知》《人民法院在线诉讼规则》《人民法院在线运行规则》，其中均明确了要大力支持和推进在线诉讼活动，完善人民法院在线运行机制，方便当事人及其他参与人在线参与诉讼活动。这使得越来越多的案件通过在线方式审理，为诉讼模式的创新带来了机遇。经技术研发，现全国统一适用的在线庭审有两种方式，一种是利用"云间"网上视频系统进行互联网融合开庭，另外一种是利用人民法院在线服务微信小程序进行在线庭审，两种方式均可实现线上开庭，从形

[①] 陶杨、付梦伟：《互联网法院异步审理模式与直接言词原则的冲突与协调》，载《法律适用》2021年第6期。

[②] 郑世保：《电子民事诉讼行为研究》，法律出版社2016年版，第349—350页。

[③] 左卫民：《中国在线诉讼：实证研究与发展展望》，载《比较法研究》2020年第4期。

式上将"面对面"改为了"屏对屏"。以 T 市 H 区的实践为例，2020 年以来适用在线形式进行庭审的数量和比例不断提高，这在一定程度上体现了在线诉讼庭审被接受和使用的程度，也是本文研究的基础。（如图 1、图 2 所示）

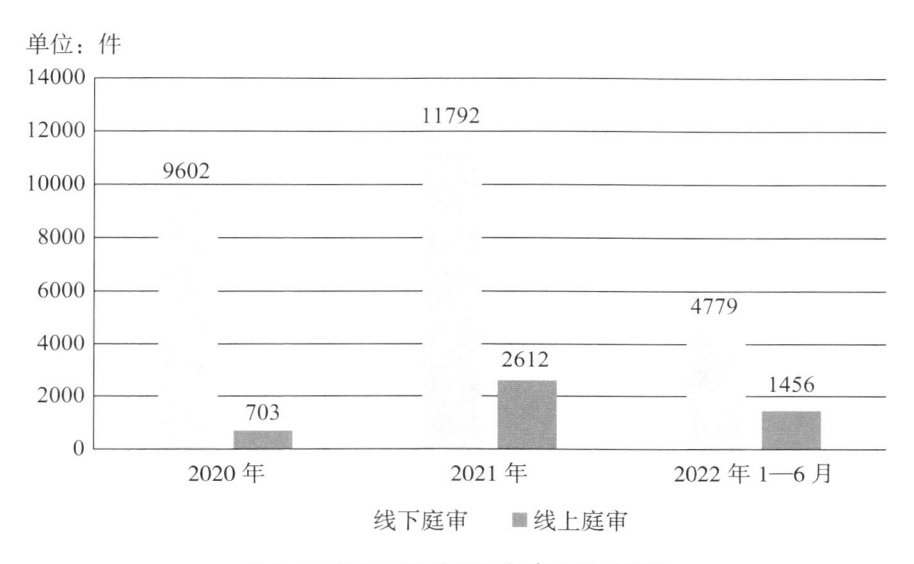

图 1　T 市 H 区法院近三年庭审数量情况

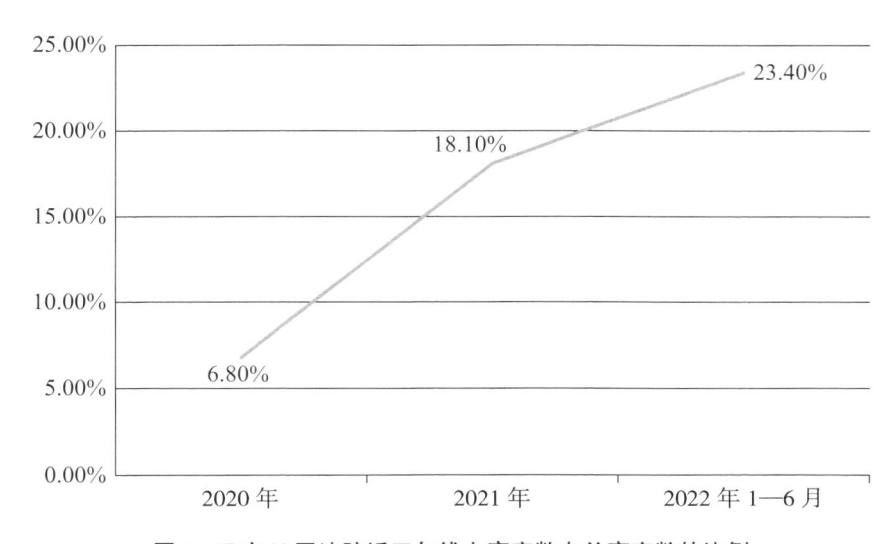

图 2　T 市 H 区法院近三年线上庭审数占总庭审数的比例

从 T 市 H 区法院近三来的庭审数据来看，在线庭审次数及在线庭审占总庭审数的比例均逐年攀升，代表了当事人及代理人对在线庭审新模式的接受度提高。

这在一定程度上体现出在线诉讼宣传推广工作的成功和法院的正确引导，也印证了在线庭审机制的全面适用。但是，其在给法官及当事人带来便利的同时，也对既有诉讼规则以及传统诉讼理论造成了一定的冲击和挑战。

二、理论稀释：在线庭审对直接言词原则的实践挑战

为充分保障审理者裁判，传统庭审模式严格要求直接言词原则，各方处于同一物理空间，法官随时倾听各方发表言词意见，整个庭审活动具有强烈的审判仪式感，法庭氛围庄重严肃、庭审秩序规范有序、庭审纪律严格，彰显着法律的威严与威慑力。直接言词原则背后的价值理念首先是司法亲历性，通过对证据的直接感知，法官更易准确认定事实，避免判者不审带来司法谬误。直接原则是指审判人员应直接接触当事人，经历案件全过程，亲自听取当事人、其他诉讼参与人的陈述和辩论，其背后的根本旨意是反对以书面审理代替口头审理，"凡未经言语说出者，均不得考量之"①。言词原则相对于书面审理而言，是指不经言词辩论不得判决，只有透过言词辩论得以陈述和显示的内容，才属于判决的资料。② 直接言词原则体现了程序正当性和公平价值。

然而，在线庭审中审判人员与当事人通过视频方式开展庭审，证据材料也可通过电子方式进行传输，对物理空间的打破意味着法官在庭审过程中不与当事人面对面沟通交流。这种各方诉讼主体处于不同物理空间参与庭审的"面对面"模式，在实践中对直接言词原则这一理论产生了一定的冲击。

（一）庭审严肃性减弱

传统审理模式具有鲜明的对抗色彩，主要通过一系列的法庭仪式传达特定的感情和价值，通过法官入场时所有人员起立、庭审过程中法官居高中立就座以及当事人两造对立的形式营造出庄严肃穆的氛围，使当事人在一定程度上产生敬畏感，进而促使其审慎发言，很好地实践了直接原则和言词原则。③ 然而，在线庭

---

① 胡萌：《在线庭审适用直接言词原则的多维分析》，载《人民法院报》2021 年 12 月 16 日，第 8 版。
② 李峰：《传闻证据规则，抑或直接言词原则？民事诉讼书面证言处理的路径选择》，载《法律科学（西北政法大学学报）》2021 年第 4 期。
③ 王禄生：《刑事案件在线诉讼制度的实践观察与前景展望》，载《西南民族大学学报（人文社会科学版）》2021 年第 12 期。

审颠覆了法官居高临下、当事人相向而立的布局，[1]当事人在相对自由的空间参加庭审活动，空间布局在一定程度上缺乏严肃性，该种情况下难以营造出庄严氛围，削弱了当事人的敬畏感。

在线庭审模式中，各方影像在屏幕中显现，背景较为杂乱，受制于网络设备、电子技术等，可能出现难以进入庭审平台、无法有效收音、画面不清晰、中途掉线、未经审判人员许可私自下线等情况，法庭的严肃性难以得到有效的保障。

（二）情态证据可得性减弱

我国古代"五声听狱讼"，包括"辞听"、"色听"、"气听"、"耳听"和"目听"，即司法人员通过观察被讯问人的语言陈述、面色变化、呼吸频率、听力反映和目光神态，以判断其陈述的真伪。[2]这便是情态证据在古代诉讼中的体现。诉讼参与人在陈述过程中所表现出来的神色、呼吸以及细微动作等肢体信息，往往成为司法人员认定陈述内容真伪以及案件事实的重要证据。[3]审判人员只有在庭审中充分感知诉讼参与人的表情、神态、表达、肢体语言等才能对其陈述有更深刻的认识，准确地掌握案件事实。

在线庭审中，法官与诉讼参与人不在同一物理空间，缺少面对面交流的机会，诉讼参与人的心理压迫感大大减弱，虚假陈述的风险增加。以证人在线作证为例，传统线下庭审的仪式感会对证人发言进行"有益"约束，而线上作证会使得证人心理压迫感减弱，进而增加作伪证的概率。在线庭审中法官对情态证据的观察效果也会受到影响，难以发现诉讼参与人的虚假陈述，情态证据的可得性大大减弱。根据 T 市 H 区人民法院的实践经验，存在部分当事人在线开庭期间摆放设备位置不当，导致视频画面无法完全显示当事人的神情，察言观色环境不复存在，法官亲历感体验不强，针对一些疑难复杂的案件，很难查清案件事实，形成内心确信，这对直接言词原则造成了一定的冲击。

---

[1] 陶杨、付梦伟：《互联网法院异步审理模式与直接言词原则的冲突与协调》，载《法律适用》2021年第 6 期。

[2] 何家弘、刘品新：《证据法学》，法律出版社 2019 年版，第 31 页。

[3] 张鸿绪：《论我国远程作证中情态证据的程序保障——兼评〈人民法院在线诉讼规则〉》，载《政法论丛》2021 年第 4 期。

（三）质证认证难以进行

首先是证据真实性问题，在通过人民法院在线服务系统互相查阅对方当事人的证据材料的情况下，虽然现有技术可以帮助诉讼主体实现证据的电子传输，然而电子形式的证据容易被技术手段篡改，[1] 法官或对方当事人无法接触证据原件，只能通过视频或影像方式查看证据。质证和法官亲历证据是法官自由心证的基础，对正确认定事实有决定性作用。无法查看证据原件违背了直接原则，诉讼参与人无法对证据进行充分有效的质证，削弱了言词原则，不利于法官心证的形成。

其次，在证据较多的案件中，通过在线形式举证质证效果不佳，庭审中易受电子技术和网络环境影响，制约举证质证的清晰度和流畅度，无法像线下庭审那样各方诉讼参与人一一查看发表意见，法官也无法判断诉讼参与人是否完全了解证据内容，在这种情况下，质证认证工作难度较大。对T市H区法院所做问卷调查结果表明，实践中法官普遍认为线下庭审对于质证认证的效果更好。

三、势在必行：在线庭审顺应数字时代法院工作的发展

与传统庭审模式相比，在线庭审一定程度上稀释了直接言词原则的适用。但不可否认的是，作为中国司法改革的产物，在线庭审的发展是中国法院在科技和疫情两重背景下的经验探索，顺应了人类交互方式和生活方式的变革，也与党的二十大在数字背景下对司法的时代要求相契合，是新时代人民法院工作高质量发展的"必选项"。

（一）严格公正司法的必然要求

习近平总书记强调："公正司法是维护社会公平正义的最后一道防线。"[2] 严格公正司法事关人民切身利益，事关社会公平正义，事关全面推进依法治国。同时，习近平总书记指出："没有信息化就没有现代化。"[3] 审判体系和审判能力的现代化，

---

[1] 姜丽萍、黄亚洲：《民事电子庭审与直接言词原则的冲突与协调》，载《沈阳大学学报（社会科学版）》2019年第6期。

[2] 习近平：《高举中国特色社会主义伟大旗帜 为全面建设社会主义现代化国家而团结奋斗》，载《人民日报》2022年10月26日，第1版。

[3]《迈出建设网络强国的坚实步伐》，载《人民日报》2019年10月19日，第1版。

同样离不开信息化。大数据、云计算、区块链、人工智能、5G 等技术的发展，为人民法院提供了新的机遇。[①] 对于人民法院而言，践行司法为民宗旨、满足人民群众互联网时代司法新需求是进行在线庭审领域各类司法实务与技术探索的出发点，在将司法为民宗旨贯穿人民法院审判执行工作全过程、各环节的基础上，必须加快法院工作与前沿科技的对接，发展在线庭审模式，保障司法在信息化领域"不掉队"，为人民群众提供更便捷的诉讼途径。

（二）在线庭审符合现实需求

1. 在线诉讼可有效应对"诉讼爆炸"

传统庭审既要考虑到双方当事人出庭的时间，还要考虑到法官的排期、法庭的使用等情况，以 T 市 H 区人民法院为例，通过对不同审判业务庭的书记员进行调查了解，在线庭审发展之前，由于基层法院案件开庭数量大、法庭数量有限，经常出现需要提前一个月预定法庭，或因为需近期开庭但没有空闲法庭而与其他法官协调法庭的情况。疫情发生后，线下审理可能涉及跨省跨市情况，各地疫情防控政策的不同为案件庭审带来难度，直接影响了案件的审理进度。在线庭审发展以后，由于减少了空间限制，审判效率得到提高，有效应对了"诉讼爆炸"。

2. 在线庭审可有效节约司法资源

早在疫情暴发之前，各地法院为改善审判一线法官"5+2、白加黑、8+X"[②] 的艰难处境，已经提出了全流程办案"无纸化"的应对措施，[③] 但并未收到理想反馈。审判实践中，纸质化的办公已经成为法官的习惯，疫情暴发后，在线庭审被重点推广。对 T 市 H 区人民法院来说，疫情发生后，从立案、送达、开庭、询问均实现了在线完成，仅送达一项来说，从最开始的邮寄送达到现在的电子送达普及，大大节约了司法成本，在一定程度上实现了司法领域的"无纸化"办公。与线下传统庭审相比，在线庭审既节约了当事人的时间成本，也免去了法院送达纸质传票、当事人入院安检、庭前联系当事人等程序，节约了法院的司法资源。

[①] 陈杭平：《在线诉讼开启新篇章》，载《人民法院报》2021 年 7 月 5 日，第 2 版。
[②] "5+2、白加黑、8+X"指代：一周工作 7 天、工作夜以继日、每天工作超 8 小时。
[③] 张进德、岳本凤：《疫情防控背景下中国在线诉讼的发展与挑战》，载《中国应急管理科学》2021 年第 9 期。

四、守正创新：在线庭审下直接言词原则的拓展适用

在线庭审是在网络信息技术的推动下，为响应互联网新时代司法的现实需求而展开的重要司法创新。在当代法治环境及数字时代背景下，在线庭审的推广应用确有必要，虽然本文仅是对 T 市 H 区一个基层人民法院的实践情况进行了研究，但因各地人民法院在线庭审形式基本相同，分析结果在一定程度上具有普适性。在线庭审虽在一定程度上造成了对直接言词原则的稀释，但在现有环境下，这种稀释确有必要。为不断完善在线庭审，实现该模式下直接言词原则的拓展适用，应对其加以一定约束，实现制度价值与时代发展的完美结合。

（一）强化法官在在线庭审中的主导性

在传统庭审模式中，法官在法庭调查和法庭辩论环节均发挥着积极的主导功能，从而确保两方当事人紧密围绕案件争议焦点展开质证和辩论，避免庭审节奏出现散乱、拖沓的问题。并且，对于违反法庭纪律的人可依法处理。如今，在线庭审中，当事人能够以一种更加自由、方便的姿态发表质证意见，享有充分的诉讼便利性，但也可能会导致法庭调查和法庭辩论环节节奏的无序和拖沓，有降低庭审严肃性的风险，[①] 且对于私自对庭审活动进行录音录像的行为也难以发现。以 T 市 H 区人民法院的实践经验来看，虽在线诉讼中法官客户端有"闭麦"当事人的功能，但在民事案件中少有使用。

因此，应当进一步加强法官在在线庭审中的主导作用，由其推进诉讼活动开展，对于不遵守法庭纪律的当事人巧用"闭麦"功能，且发现当事人有违法违规披露、传播和使用在线诉讼数据信息的行为时，依照法律和司法解释关于数据安全、个人信息保护以及妨害诉讼的规定追究相关单位和人员的法律责任，在最大程度上减少庭审过程中各类突发事件的出现，防止各方滥用诉讼权利，干扰法庭秩序，促进庭审有序、流畅进行。在此基础上，为保障在线诉讼与线下庭审具有同等的庭审对抗性、法庭严肃性，在线庭审应当保持国徽在显著位置，审判人员及席位名称等在视频画面合理区域，法官必须做好庭前的准备工作，开庭时严格

[①] 谢登科、赵航：《论互联网法院在线诉讼"异步审理"模式》，载《上海交通大学学报（哲学社会科学版）》2022 年第 2 期。

按照线下诉讼的着装以及秩序要求,在庭审中准确整理和明确案件争议焦点,引导当事人围绕争议焦点展开辩论,提高掌控法庭的能力。

(二)限定在线庭审优先适用的案件类型

公正价值和效率价值在诉讼法领域通常具有一致性,为保证案件审理中情态证据以及质证认证的顺利进行,应限定在线庭审模式适用的案件类型,在部分特殊案件中优先适用在线庭审,回应实际需求,遵循诉讼作为纠纷解决机制的初衷。

1. 事实简单清楚,标的不大,双方当事人争议不大的案件应当优先采用在线诉讼。比如小额诉讼,此类案件当中证据相对较少,争议焦点明显,采证相对简单,在此种案件情形下适用在线诉讼可在保证公正价值的同时,提高审判效率。对比来说,对于当事人人数较多、需要证人或鉴定人出庭等诉讼关系复杂,需要在法官的当场指挥下才能够确保庭审有序推进的案件,不适用在线庭审模式。① 此类案件参与人较多,在线审理极易造成难以控制或网速受限、庭审画面收录不佳等情况,线下诉讼才能做到准确核对当事人信息,掌控庭审秩序。

2. 证据多为电子数据的案件应当优先采用在线诉讼。最高人民法院设定互联网法院的审理范围也完美地印证了这一点,电子数据证据的电子化较好地适应了电子庭审的证据交换,体现了直接证据原则,而且此时双方当事人多处于不同的地点,采用在线诉讼模式将极大地便利诉讼,提高诉讼效率。

(三)在技术层面上保障在线庭审有效运行

在线庭审模式的适用,需要借助电子送达、网络交互、无纸化办公等一系列的配套机制,同时也表现出对网上诉讼平台的高度依赖性,因此,在技术层面上提供保障很重要。而在线视频是电子庭审的基本方式和要求,应在庭审中完善以下具体措施,从而避免在线诉讼与直接言词造成冲突。

1. 建立实名认证、人脸识别系统和电子签名相结合的制度,在现有实名认证功能的基础上,确保在线诉讼进行时已完成身份认证,在进行庭审时进行人脸识别,在提交的身份证明文件上进行电子签名,并进行相关法律后果弹窗提示,确

---

① 谢登科、赵航:《论互联网法院在线诉讼"异步审理"模式》,载《上海交通大学学报(哲学社会科学版)》2022年第2期。

保当事人身份真实性。

2. 在全国统一的人民法院在线服务平台的基础上，确保高度还原传统庭审模式下的景象，保障诉讼平台的公正性和防范系统安全性。在保证平台运行稳定性与流畅度的基础上，使平台操作更加人性化，为每一步诉讼程序设置显著清晰的提示和指引。此外，可增加声音识别功能，根据系统识别的声音，向法官提示当事人处在场人员情况，避免他人违法干预案件审理。

3. 完善人民法院在线服务平台，确保在线庭审时图像以及声音传输的清晰度和流畅性，在达不到标准时自动提示各方，待网络稳定继续开庭，保障图像以及声音传输，保障直接言词原则的有效适用。

（四）完善相关配套机制

1. 探索新型送达方式

在司法实践中，送达率通常会直接影响到应诉率。近年来，T市H区人民法院创新采取了"弹屏短信"等新型送达方式，同时利用集约送达中心的建立，在送达效率和送达准确性上有了进一步的提高，但"弹屏短信"的法律定位还存在争议，其并非一种附带法律责任的送达方式，故而无法使当事人承担相应的期间责任，对当事人应诉的保障效果有待评估。因此，如何在法律允许的框架下促进被告积极应诉是一个值得思考的问题。在司法实践中，影响被告应诉答辩的因素有很多，在送达方式较为单一的情况提高被告应诉答辩率存在一定的困难，各法院应当在扩大在线诉讼普及度和公众接受度的基础上，进一步探索新型的送达方式，从而更好地为在线庭审的顺利进行打好基础，保障当事人参加庭审并充分发表辩论意见的诉讼权利。

2. 建立法院协作便利机制

出庭人员参加在线庭审，应当选择安静、无干扰、光线适宜、网络信号良好、相对封闭的场所，不得在可能影响庭审音频效果或有损庭审严肃性的场所参加庭审。必要时，人民法院可以要求出庭人员到指定场所参加在线庭审。从T市H区人民法院实践来看，由于没有合适可利用场所，尚未出现人民法院指定在线庭审场所的情况。但为了更好地贯彻《人民法院在线诉讼规则》，可通过建立法院协作便利机制保障在线庭审的严肃性。

除因身体等原因无法外出的当事人外，法院协作便利机制可以为受地域限制的当事人提供就近法院或法庭参加庭审的便利，这既能解决部分不会操作在线诉讼系统以及无合适在线庭审场所的当事人的现实困境，又能保证庭审的现场感、仪式感，使得庭审过程在庄重、严肃的气氛中进行。这样，既防止了一些当事人以技术以及其他理由干扰在线庭审的正常进行，避免非当事人、代理人在视频画面外指导、控制当事人应诉行为的情况发生，又可以在异地法院的技术保障下对突发问题进行临时应对和技术处置，避免网络中断、画面卡顿等影响庭审效果的情况出现，保证当事人在在线诉讼模式下也可感受到线下庭审般的对抗、严肃。通过两个法院之间系统的连接，可保障图像和声音的准确、及时传输，并确保各方当事人对在线诉讼数据的保护，充分保障直接言词原则的拓展适用。

五、结语

在线庭审顺应了人类生活方式的变革，可在一定程度上提高司法效率，并为身处异地维权困难的当事人增加便利，且不会对案件审理结果的公平公正产生影响。通过对直接言词原则根本旨意的探析可发现，在线诉讼模式并未与其构成直接冲突，在线庭审图像以及声音传输的清晰度和流畅性可保证言词意义的实现，而互联网技术的发展也决定了"同一物理空间"不再是判断是否符合直接言词原则的绝对标准。随着实践经验的积累，在线庭审对于直接言词原则的稀释将伴随着技术的发展和机制配套的创新而消失，人们对此的质疑声也会变成惊讶于司法改革成效的赞叹，而这些的实现需要一线法官的探索，也依赖于上层制度的不断优化。希望本文的一些浅见可以引起大家对该问题的共同思考。在线诉讼模式的发展已是大势所趋，是党的二十大精神的时代要求，是贯彻落实习近平法治思想的重要举措，是践行司法为民、满足人民群众互联网时代司法需求的重要环节。在线诉讼被广泛运用虽是因为疫情，但其发展并不依赖于此。未来，成熟的在线诉讼模式会继续为司法服务，为人民群众提供更便捷的诉讼途径服务。

（作者简介：姚依凡，天津市和平区人民法院行政庭三级法官助理；刘欣，天津市和平区人民法院立案庭五级法官助理；刘书，天津市和平区人民法院行政庭五级法官助理。）

图书在版编目(CIP)数据

"数字中国"背景下公正司法研究 / 孙佑海主编. —北京：中国法制出版社，2023.12
 ISBN 978-7-5216-3998-8

Ⅰ.①数… Ⅱ.①孙… Ⅲ.①司法—研究—中国 Ⅳ.① D926.04

中国国家版本馆 CIP 数据核字（2023）第 241302 号

责任编辑：宋　平　　　　　　　　　　　　　　　封面设计：杨泽江

"数字中国"背景下公正司法研究
"SHUZI ZHONGGUO" BEIJING XIA GONGZHENG SIFA YANJIU

主编 / 孙佑海
经销 / 新华书店
印刷 / 北京虎彩文化传播有限公司
开本 / 710 毫米 ×1000 毫米　16 开　　　　　　印张 / 21　字数 / 365 千
版次 / 2023 年 12 月第 1 版　　　　　　　　　　2023 年 12 月第 1 次印刷

中国法制出版社出版
书号 ISBN 978-7-5216-3998-8　　　　　　　　　　定价：89.00 元

北京市西城区西便门西里甲 16 号西便门办公区
邮政编码：100053　　　　　　　　　　　　　　　传真：010-63141600
网址：http://www.zgfzs.com　　　　　　　　　　编辑部电话：010-63141825
市场营销部电话：010-63141612　　　　　　　　　印务部电话：010-63141606
（如有印装质量问题，请与本社印务部联系。）